KÄTHE FRAEDRICH

IM GULAG DER FRAUEN

KÄTHE FRAEDRICH

IM GULAG DER FRAUEN

UNIVERSITAS

2. Auflage 2000
Sonderausgabe

Schutzumschlag: Marianne Hartkopf, München
Schutzumschlagmotiv: Archiv für Kunst und Geschichte, Berlin
Satz: Fotosatz Völkl, Puchheim
Druck: Jos. C. Huber KG, Dießen
Binden: Buchbinderei Oldenbourg, Heimstetten
Printed in Germany
ISBN 3-8004-1345-0

In memoriam Charlotte Heyden

Mein Dank gilt Gerhard Löwenthal, Claus P. Clausen und Gerhard Uhle, die dazu beigetragen haben, das schon vergessen geglaubte Manuskript wieder »auszugraben«.

Vorwort

Dieses Buch schildert die düsteren Jahre der Haft in einem Lager der sowjetischen Geheimpolizei, die sich damals GPU nannte. Es basiert auf den Aufzeichnungen zweier Frauen, die ihren Widerstand gegen die Sowjetisierung Mitteldeutschlands mit einem langjährigen Leidensweg im GULag bezahlen mußten. Der britische Publizist Bernhard Levin schrieb 1978 in der *Times* in einem Artikel über die Flucht einer Familie im Schlauchboot aus der damaligen DDR unter anderem: »Wenn es gelingt, nachzuempfinden, was jene Familie empfand, können wir uns ins Gedächtnis zurückrufen, was in mancher Hinsicht die wunderbarste und außergewöhnlichste aller menschlichen Gaben ist: der unauslöschliche Funke Freiheit in unserer Seele.« Dieser Satz trifft in vollem Umfang auch auf die Schilderungen in diesem Buch zu. Der Krieg war gerade zu Ende gegangen, als in Berlin deutlich wurde, daß die Sowjets im Osten der Stadt und in der Sowjetisch Besetzten Zone (SBZ) keinen Zweifel aufkommen ließen, daß sie ein kommunistisches Deutschland errichten wollten. Das war für viele Westberliner der Grund, sich dem Widerstand des damaligen SPD-Vorsitzenden Kurt Schumacher anzuschließen, was auch für die Verfasserin dieses Buches zutraf.

Käthe Fraedrich, geboren 1916 in Berlin, wo sie noch heute lebt, verbrachte eine unbeschwerte Kindheit und Jugend in einem liberalen und toleranten Elternhaus; ihr Vater war ein angesehener Bankkaufmann. Nach einem guten Abitur träumte sie von einem Studium der Medizin und der Kunstgeschichte, bis sie von den Realitäten der Naziherrschaft eingeholt wurde. Als Voraussetzung für das Studium wurde die Ableistung des Arbeitsdienstes verlangt, was sie ablehnte. Statt Studium kam es so 1936 zu einem Volontariat bei der Deutschen Bank in Berlin. Mit Kriegsbeginn wurde sie dienstverpflichtet, dem Oberkommando der Wehrmacht zugeteilt und im Amt Abwehr des Admirals Canaris – der 1945 von den Nazis kurz vor Kriegsende im KZ umgebracht wurde – in Finnland, Estland und Frankreich als Zivilangestellte eingesetzt. Das Ende des Krieges erlebte sie in Potsdam, wo sie die Barbarei der Roten Armee miterleben mußte.

Entsetzt von diesen Bildern, floh sie zu Freunden nach Hamburg. Doch sie dachte immer an Berlin und kehrte 1946 trotz des großen Risikos dorthin zurück – was ihr zum Verhängnis wurde. Sie arbeitete in einem Antiquitätengeschäft. Unter den vielen ausländischen Kunden war auch eine angebliche russische Emigrantin aus Dresden, die in Wahrheit eine Agentin der sowjetischen Geheimpolizei GPU war und sie in eine Falle lockte. 1948 wurde sie verhaftet. Hier beginnt das Buch, das die Tragödie ihrer langen Leidenszeit in sowjetischer Lagerhaft beschreibt.

Ihr Schicksal verbirgt sich im Buch hinter dem Namen »Karla«. Bereits 1948, während der Untersuchungshaft bei der GPU in Dresden, teilte »Karla« die Zelle mit Charlotte Heyden, geboren 1902, die aus einer Fabrikantenfamilie stammte und bis 1934 Leiterin der Berufsberatung in Görlitz war. Sie wurde von den Nazis als »unzuverlässig« entlassen, schloß sich 1945 der LDPD in Görlitz an und wurde zur Stadträtin für Wirtschaft gewählt. Die Kenntnis der politischen und wirtschaftlichen Verhältnisse in diesem Teil der SBZ und der immer stärker werdende Druck der Sowjets führten zur Bildung einer Widerstandsgruppe der LDPD, die zu Berliner Stellen und zur Presse Kontakte aufnahm und über die wirklichen Zustände berichtete. Diese Gruppe flog im Oktober 1947 durch einen GPU-Spitzel auf, und alle Beteiligten wurden verhaftet.

Charlotte Heyden heißt in dem Buch »Irmgard Heintze«. Die schlimmen Lagerjahre im GULag standen beide Frauen gemeinsam durch. Während »Irmgard« als Kranke in einem Invalidentransport Ende 1953 entlassen wurde, sie starb 1985, kam »Karla« erst im Oktober 1955 im Zuge der Verhandlungen Konrad Adenauers mit der Kreml-Führung frei. Danach beschlossen beide, gemeinsam ihre Erfahrungen aus der Haft- und Lagerzeit niederzuschreiben, um zu vermitteln, wieviel Energie und Überlebenswille dazu gehörte, fern von Heimat und Familie, ohne jede Verbindung und Informationen und ohne Verständigungsmöglichkeiten eine so schwere Zeit zu überstehen.

Neben den physischen Belastungen in den langen entbehrungsreichen Lagerjahren durch unzumutbare Schwerstarbeit in einem entsetzlichen Klima ohne entsprechende Kleidung und bei mangelnder Ernährung, waren fehlende Hygiene und medizinische Hilfe besonders für die Frauen auch psychisch nur sehr schwer erträglich. Zum Alltag des Lagers gehörten permanente Schikanen, Demütigungen und Diskriminierungen. Nur die enge Kameradschaft mit Gleichgesinnten ließ die Hoffnung auf Heimkehr nicht schwinden. In den Wolgasümpfen der mordwinischen ASSR, einem alten Verbannungsgebiet aus der Zarenzeit, liegt der Rayon Potjma mit einer Vielzahl von Frauen- und Männerlagern, in denen die deutschen Frauen eine winzige Minderheit bildeten, im sechsten Lager waren es nur 36 von rund 3000. Sehr hilfreich verhielten sich die Frauen aus Estland, Lettland und Litauen, denen dafür großer Dank gebührt.

Ablehnung des Kommunismus und der Wille, die Erfahrungen aus langer Haftzeit dennoch positiv umzusetzen, waren für »Irmgard« und »Karla« die wesentlichen Gründe, nachdem sie endlich wieder in Freiheit leben durften, in der Flüchtlingsbetreuung in Berlin und im Ostbüro der SPD mitzuarbeiten. Das Ostbüro der SPD, 1946 unter dem damaligen SPD-Vorsitzenden Kurt Schumacher gegründet und 1971 im Zuge einer illusorischen »Entspannungspolitik« der Regierung Brandt/Scheel aufgelöst, war damit beauftragt, die Tätigkeit jener Sozialdemokraten und ihrer Freunde in der Sowjetzone zu koordinieren, die infolge des Verbots der SPD in der Zone nicht legal wirken konnten. Zu den Aufgaben des Ostbüros gehörte auch die Abwehr kommunistischer »Westarbeit«, Infiltration, Subversion und Bündnispolitik sowie die offensive Auseinandersetzung mit dem kommunistischen Regime in Mitteldeutschland. Ein wesentlicher Teil der Arbeit des Ostbüros bestand in der Betreuung der vielen Sozialdemokraten, die in den Westen flüchteten, weil sie nicht bereit waren, sich der kommunistischen Diktatur zu unterwerfen.

Die Aktualität des Buches ergibt sich daraus, daß nicht nur bei vielen Menschen die Erinnerung an die Unmenschlichkeit der kommunistischen Regime zu verblassen beginnt, sondern sich im

Bundestag vertretene Linksparteien darauf einzustellen beginnen, mit Hilfe der kommunistischen PDS/SED den Machtwechsel zu erreichen. Die SPD ist zum zweitenmal dabei, die Ideale ihrer großartigen Führer der Nachkriegszeit wie Kurt Schumacher, Ernst Reuter, Max Brauer, Herbert Weichmann und vieler anderer zu verraten. Da man schnell zu vergessen scheint, wie gering der Unterschied zwischen der braunen und der roten Diktatur ist, sollte mit dem vorliegenden Tatsachenbericht ein deutliches Signal gesetzt werden.

Gerhard Löwenthal

I.

Bereits zwei Jahre schwiegen die Waffen. Mitten durch das Herz Deutschlands, zwischen Mecklenburg und Schleswig-Holstein, der Altmark und Hannover-Land, durch den Harz, Thüringen und den Freistaat Sachsen war eine Linie gezogen worden, die Deutsche von Deutschen trennte. Aber nicht genug damit. Durch die Potsdamer Verhandlungen Ende Juli 1945 wurde alles Land östlich von Oder und Neiße unter polnische Verwaltung gestellt, und alle Deutschen aus Schlesien, der Grenzmark, aus Pommern, West- und Ostpreußen wurden zu Freiwild. Diese Trennungslinien bargen so viel Sprengstoff, daß das Überspringen eines einzigen Funkens nicht nur in Deutschland einen verheerenden Brand auslösen müßte, sondern Europa, ja vielleicht sogar die ganze Welt, in Brand setzen würde. Nur durch vernünftige Erwägungen jener Mächte, die das Gesetz des Handelns in der Hand hielten, hätte durch eine sinnvolle Korrektur diese Bedrohung abgewandt werden können. Die anfänglich gehegten Hoffnungen auf den Durchbruch solcher Vernunft waren durch den Ausspruch genährt worden: »Die Hitler kommen und gehen, aber das deutsche Volk bleibt bestehen!« Jedoch wurde gerade bei den am stärksten Betroffenen, nämlich jenen, die östlich der Elbe ausharren mußten, der Glaube daran immer unsicherer und schwankender. Dazu trugen auch die Taten der Besatzungsmacht bei, die im Widerspruch zu jenem Wort standen, an das viele Menschen voller Hoffnung geglaubt hatten. Dieser Glaube an die ehrliche Bereitschaft zu Gerechtigkeit, von der immer und immer wieder im Rundfunk die Rede war, sank langsam, aber sicher in sich zusammen. Doch noch war in der ehemaligen Reichshauptstadt Berlin ein Kontrollrat, dessen gemeinsame Beschlüsse für alle vier Besatzungszonen verbindlich sein sollten und doch für eine von ihnen ohne jede Bedeutung blieben. Während aus dieser Zone lange Güterzüge mit wahllos demontierten Maschinenteilen, mit Raubgut aus den Privatwohnungen, mit den letzten Erzeugnissen eines einst so fruchtbaren und jetzt so verstümmelten Bodens und nicht zuletzt mit Menschenfracht über die Grenze in das reiche Siegerland rollten, führten in den Städten offene Speditionswagen die vom Hunger Weggerafften in ausgeliehenen Pappsärgen ihrem letzten Bestimmungsort zu. Keine Stimme erhob sich, die diesem Treiben Einhalt gebot. Zu einer Zeit, da Züge mit Menschenfracht schon lange aus dem Land rollten, erklärte der Oberkommandierende einer westlichen Besatzungsmacht: »Es ist mir nicht ein Fall von Menschenentführung bekannt!«

Aber die Menschen in der Ostzone wußten es anders. Hier waren schon längst Menschen zum gehetzten Freiwild geworden.

Überall an den Grenzen der Dorfgemeinschaften warnten immer noch mit Totenschädeln verzierte Tafeln: »Achtung! Seuchengefahr – Typhus!« Auch der drohende Befehl an die Ärzteschaft: »In 14 Tagen gibt es keinen Typhus, kein Fleckfieber mehr«, konnte an dieser Tatsache nichts ändern. Die Ärzte behalfen sich, indem sie harmlosere Bezeichnungen wählten, denn warum sich einsperren lassen, wenn damit weder dem Arzt noch dem Patienten gedient war. Die neuen *Kinderfreunde* erklärten in Anbetracht der hohen Kindersterblichkeit mit zynischer Offenheit: »Noch lange nicht genug!«

Zunächst bemühte sich die aus der *Sozialistischen Einheitspartei Deutschlands,* der *Liberal-Demokratischen Partei* und der *Christlich-Demokratischen Union* gewählte Führungsschicht gemeinsam, das Chaos zu ordnen, aber schon bald beherrschten Lüge und Korruption das politische Tagesgeschehen. Die anfänglich gewahrte demokratische Form verlor ihr Gesicht, und der Kampf gegen die bürgerlichen Parteien wurde offensichtlich. Eindeutig demaskierte sich das gesetzte und anfangs mit schönen Redensarten kaschierte Ziel der *einen* Partei, die in blindem Gehorsam den Weisungen des fernab sitzenden Diktators zu folgen hatte; Weisungen, die darauf ausgingen, die letzten Reste einer vorhandenen deutschen Mentalität zu vernichten. »… das deutsche Volk wird bestehen«, hatten sie einmal gesagt.

Doch noch gab es, für die breite Öffentlichkeit ersichtlich, die Vertreter der bürgerlichen Parteien, die bremsten und warnten. Kaum jemand ahnte jedoch etwas von den mehr oder minder offenen Drohungen durch die Besatzungsmacht, die von den an allen Besprechungen teilnehmenden Politoffizieren ausgingen und zum Teil durch einen vorgehaltenen Revolver verstärkt wurden. Wer wußte schon etwas davon! Die Beteiligten sprachen nur in sicherem Kreise davon, die einen in hämischer Schadenfreude, die anderen in der klaren Erkenntnis der sich ergebenden Eventualitäten.

Die breite Öffentlichkeit wußte auch nichts von einer anderen Gefahr, die weit bedenklicher war, alle betraf und die jegliche Hoffnung auf eine spätere Lösung für immer zu zerstören drohte. Noch war Berlin ein Loch im Eisernen Vorhang, das offene Tor zu einer sich als frei bezeichnenden Welt. Das Verschließen dieses Loches wäre die endgültige Preisgabe der Ausharrenden gewesen. Das Schicksal Berlins war auch das Schicksal der sowjetisch besetzten Zone. Daß es aber um Berlin ging, war dem aufmerksamen Beobachter schon längst kein Geheimnis mehr. Westliche Dienststellen brachten bereits wertvolles Aktenmaterial in Sicherheit; das beunruhigte und durfte all jenen nicht gleichgültig sein, die, wenn auch in einem begrenzten Rahmen, Verantwortung für andere trugen. Für sie gab es nur die Wahl zwischen zwei Entscheidungen, von denen die eine hieß: Mut zur vollen Verantwortung mit allen voraussichtlichen Folgen, Verlust von Hab und Gut, Freiheit und möglicherweise auch des Lebens; die andere bedeutete Kapitulation – mit einer relativen persönlichen Sicherheit, aber Verrat an all denen, die ihnen vertrauten. Einen Mittelweg gab es nicht; weder für Deutschland noch für Europa. Es galt zu begreifen, daß Deutschlands traditionelle Aufgabe nicht abgeschlossen sein durfte. Hier schlug das empfindsame Herz Europas, und hörte es auf, würde mit ihm Europa und damit die gesamte abendländische Kultur sterben. Was für Amerika noch möglich war, nämlich in seinem eigenen Land Kompromisse als höchste Lebenskunst zu entfalten, war Europa nicht mehr gestattet, da es an einem Scheideweg stand. Es mußte eine klare Entscheidung getroffen werden, da keine Mittelwege mehr gangbar waren.

In dieser Erkenntnis saßen sich in einem kleinen, nüchternen

Anwaltszimmer zwei Männer gegenüber. Der ältere von ihnen, klein und zierlich, mit ergrautem Haar, klugen Augen und einem vergeistigten Gelehrtengesicht, von vollendeter Sicherheit und Würde in Bewegung und Sprache, hatte sich in seinen Sessel zurückgelehnt und forschte in dem Gesicht des anderen, eines großen blonden Mannes von ungefähr 36 Jahren, dessen unternehmende Züge von einem stets angedeuteten Lächeln erhellt waren, aber dessen Kinn Energie und Beharrlichkeit verriet. Ein längeres Gespräch schien seinem Ende zuzugehen.

»Es bleibt dabei, daß wir diesen Kreis so eng wie nur möglich halten. Vergleichen Sie ihn mit einem Stoßtrupp, der für ein sehr gewagtes Unternehmen angesetzt wird. Ein verantwortungsbewußter Führer wird sich hierfür nur wenige aussuchen, auf die er sich im Augenblick höchster Gefahr bedingungslos verlassen kann. In diesem Falle steht alles auf dem Spiel. Das Versagen eines einzigen von ihnen bedeutet das Ende aller Beteiligten. Wir wollen uns klar darüber sein, daß die Chance, das gesteckte Ziel zu erreichen, mehr als fragwürdig ist, aber selbst ein Teilergebnis läßt sich nur durch die Höchstwertigkeit des einzelnen erzielen. Die von uns ausgemachten Personen sind mir seit Jahrzehnten bekannt. An ihrer Qualität und Haltung besteht nicht der geringste Zweifel. Durch die Schlüsselstellungen, die sie zudem einnehmen, genügen sie für unseren Zweck vollauf. Mitläufer könnten nur eine Erhöhung des Gefahrenmoments sein. Ein solches Risiko muß ich im Interesse aller ablehnen. Ich darf wohl annehmen, daß wir uns verstanden haben, Herr Dr. Walther?« schloß eben der besonnene Rechtsanwalt Dr. Werner Scheeler.

»Die Ausweitung des Kreises habe ich nur unter der Voraussetzung vorgeschlagen, daß die zusätzlichen Personen nicht näher in die Absichten und Pläne eingeweiht werden«, antwortete ausweichend der Jüngere.

»Das wäre unfair und ist dadurch indiskutabel.« Die Stimme des Sprechers hatte eine gewisse Schärfe angenommen.

»Gut, aber Dr. Franck sollten wir wenigstens mit einbeziehen, denn er vermag uns wertvolle Dienste durch seine genaue Kenntnis auf dem kulturellen Sektor zu leisten!«

»Können Sie sich für Dr. Franck verbürgen?«

»Das kann ich, denn wir sind Freunde seit unserer Schul- und Studienzeit. Franck hat sich bisher in der gefährlichsten Situation als Mann erwiesen«, entgegnete mit Überzeugung Dr. Walther.

»Ihre Bürgschaft genügt mir, denn Sie wissen, um was es geht«, gab ernsten Tones Dr. Scheeler seine Zustimmung.

»Ich werde alle Beteiligten schon für den heutigen Abend, sagen wir für acht Uhr, zu mir bitten. Haben Sie etwas gegen Ort und Zeit einzuwenden?«

»Nein, nur schlage ich vor, daß Sie aus Gründen der Vorsicht die Zeit gestaffelt wählen. Sie wissen, wenn mehr als zwei Personen zusammenkommen, glaubt man hierzulande schon an einen Anschlag auf die Besatzungsmacht.« Damit erhob sich Dr. Scheeler lächelnd und wandte sich wieder seiner Arbeit zu.

»In Ordnung! Ich darf Sie also um acht Uhr erwarten?«

»Ich werde pünktlich sein!«

Wenige Minuten später ließ sich im Vorzimmer der Dezernentin Frau Irmgard Heintze Dr. Walther melden. Nach einer höflichen Erkundigung über ihr Befinden, steuerte er ohne Umschweife auf sein Ziel zu: »Auf ausdrücklichen Wunsch von Dr. Scheeler, dem ich mich voll und ganz anschließe, möchte ich Sie für heute abend acht Uhr zu einer vertraulichen Besprechung in meine Wohnung bitten. Es werden außerdem noch anwesend sein: Direktor Liebelt, Direktor Lundberg, Lehrer Hofmann und Dr. Franck. Die beiden letzteren werden Sie vielleicht noch nicht kennen. Darf ich mit Ihnen rechnen?«

Prüfend sah die Dezernentin den Sprecher an. Doch ohne eine nähere Erklärung zu fordern, sagte sie sofort zu. Der Hinweis auf Dr. Scheeler war für sie ausschlaggebend.

Dr. Walther setzte seine Runde weiter fort. Nicht einer der Aufgesuchten machte Ausflüchte oder äußerte Bedenken. Alle Namen, die Walther nannte, hatten in diesem Kreis einen guten Klang. Ein jeder glaubte zu wissen, was er vom anderen zu halten habe.

II.

So fanden sie sich an diesem Sommerabend in dem großen, aber sparsam ausgestatteten Zimmer von Dr. Kurt Walther ein. Die besten Möbel hatten neue Besitzer gefunden und waren über die Grenze abgewandert – aber man hatte sich längst an ein neues Puritanertum gewöhnt. Es schien, als hätte sich die kleine Gruppe zu einer unbeschwerten Geselligkeit aus längst vergangenen Zeiten zusammengefunden. Man plauderte und scherzte, und die Abendsonne füllte den Raum mit einem warmen Glanz. Gerda, die Frau von Dr. Walther, ging mit Charme ihren Hausfrauenpflichten nach, und dennoch lag über dieser Zusammenkunft eine Atmosphäre voll fiebernder Spannung, die mit einem Schlag deutlich sichtbar wurde, als sich plötzlich Walther verbeugte und begann:

»Ich habe Sie nach einer vorangegangenen Aussprache mit Herrn Dr. Scheeler hergebeten, um mit Ihnen über einen Vorfall und seine Folgen zu beraten. Den ersten Teil des Vorgangs wird Ihnen am besten Herr Hofmann berichten.«

Dieser, ein früherer und nach der Kapitulation aus dem Dienst entlassener Lehrer, begann damit, daß vor einigen Tagen in seine Wohnung ein aus der westlichen Kriegsgefangenschaft entlassener Oberleutnant eingewiesen worden sei, von dem man im Grunde nichts wisse, der aber über hinreichende Mittel verfüge. Am gestrigen Abend nun sei ein ortsfremder junger Mann erschienen, der nach dem gerade abwesenden Oberleutnant fragte. Er habe ihm angeboten, in seinem eigenen Arbeitszimmer auf die sicherlich baldige Rückkehr des Nachgefragten zu warten. Man sei in ein oberflächliches Gespräch gekommen, in dessen Verlauf der junge Mann erwähnte, daß er aus Süddeutschland käme und illegal die Grenze überschritten habe. Der Oberleutnant sei ihm aus der gemeinsamen Kriegsgefangenschaft bekannt. Kurz darauf sei der Erwartete aber schon zurückgekehrt und habe den jungen Mann sofort mit in sein Zimmer genommen, wo es zu einer sehr lebhaft geführten Unterhaltung gekommen sei. Nach ungefähr einer Stunde hätten beide zusammen das Haus verlassen. Aus einem ihm selbst unerklärlichen Impuls heraus sei ihnen Hofmann unbemerkt gefolgt, wobei er festgestellt habe, daß der Oberleutnant seinen Besucher in einem zweitrangigen Hotel untergebracht habe. Nach dieser Feststellung sei er auf dem kürzesten Weg in seine Wohnung zurückgekehrt. Etwas später sei auch der Oberleutnant eingetroffen und habe ohne sichtliche Veranlassung ihm gegenüber die Bemerkung abgegeben, daß sein Besucher bereits wieder abgereist sei, offenbar eine Unwahrheit, die ganz bewußt ausgesprochen wurde. Ein dadurch bestärktes Mißtrauen habe ihn heute morgen Dr. Walther aufsuchen lassen, um ihn von diesem ungewöhnlichen Vorfall in Kenntnis zu setzen.

»Danke, Herr Hofmann«, unterbrach ihn Walther, »das Weitere werde ich nun selbst erzählen. Im Hotel hat sich eine Stunde nach Weggang des Oberleutnants folgendes zugetragen. Zwei uniformierte Polizeibeamte erschienen beim Portier und verlangten, zu dem Zimmer des Fremden geführt zu werden. Nach längerem Pochen an dessen Tür wurde auch geöffnet. Die beiden Beamten drangen in das Zimmer ein und erklärten den Mann für verhaftet. Sie nahmen sofort eine gründliche Durchsuchung vor, wobei ihnen ein Notizbuch mit acht Adressen aus der Ostzone in die Hände fiel. Der junge Mann, übrigens ein Fähnrich zur See, verlor die Nerven und bat die Beamten mit Hinweis darauf, daß sie doch Deutsche seien, ihn entwischen zu lassen. Darauf ließen sie sich natürlich nicht ein. Das Notizbuch ist in meinen Besitz gelangt, auf welche Weise lassen Sie mein und Dr. Scheelers Geheimnis sein. Außer den acht Adressen befand sich noch die Anschrift der in Österreich lebenden Mutter des Verhafteten darin. Ich habe ihr inzwischen bereits von dem Verbleib ihres Sohnes Kenntnis gegeben. Mehr für ihn zu tun, war mir leider nicht möglich, denn er befindet sich seit heute morgen in den Händen des NKWD. Was das bedeutet, wissen wir alle. Es ist bei dem Schock des Fähnrichs wohl mit Sicherheit anzunehmen, daß er die Namen dieser acht von ihm aufzusuchenden Familien preisgibt. Selbst wenn er das nicht möchte, werden die üblichen brutalen

Druckmittel ihr Ziel erreichen. Wir kennen die Stelle in Nürnberg nicht, die den Fähnrich nach hier entsandt hat, wissen nichts von seiner Aufgabe, aber wir können annehmen, daß beim Ausbleiben jeglicher Nachricht eine andere Person mit möglicherweise anderem Adressenmaterial zum Zwecke der Nachforschung hierher entsandt wird. Acht Familien sind bereits in Gefahr, die Zahl der durch sie Gefährdeten kann sich in Kürze ins Hundertfache erhöhen.« Dr. Walthers Augen wurden undurchsichtig. »Die Tatsache, daß man nicht mehr weiß, ob man abends zurückkommen wird, ob ein Revolver den Weg entscheiden wird, ob irgendwo schon die Gier nach den berühmten 30 Silberlingen aufgewacht ist oder der Trieb nach Macht und Abenteuer in uns.« Gerda hatte ihm in atemloser Bewunderung zugehört, und Walther erschrak etwas. Mit beherzter Nüchternheit setzte er fort: »Es erhebt sich also für uns nach Kenntnis der Dinge die Frage, können und dürfen wir den Vorfall ignorieren, oder sollen und müssen wir zur Verhütung ähnlicher Vorgänge, die das Unglück ahnungsloser Menschen unausweichlich zur Folge haben, eingreifen? Das ist die Frage, die ich hier zur Diskussion stelle.«

Atemlose Stille lag über dem Raum. Aufmerksam und ernst glitten die Blicke des Anwalts von einem zum anderen, um die Wirkung dieses Berichtes zu ergründen. Er sah eine inkongruente Gruppe; aber das noch Unausgesprochene wurde von allen verstanden. Da saß Direktor Hans Liebelt, in sich zusammengesunken, die Augen von der einen Hand bedeckt. Scheeler fühlte, was in diesem Mann, dem reinen Idealisten und ehrlichen Kämpfer für die marxistische Lehre, in diesem Augenblick vor sich ging. Liebelt hatte sich 1933 nicht ins Exil gerettet, sondern hatte tapfer die Jahre der Verfolgung durchgestanden, immer im Glauben an den Sieg der von ihm vertretenen Idee. Als das große Chaos hereinbrach, war er zur Stelle; unermüdlich, verständig und hilfreich – ohne Haß gegen das Erlittene. Ein Mann, der die Heimat liebt und ihr in Treue dient. Wieviel Zweifel mußten ihn in diesen letzten beiden Jahren gequält haben? Ihn, der jetzt mit in vorderster Linie stand und der so gerne glauben wollte, daß er auch dahin gehöre. Man mußte ihm Zeit lassen. Neben ihm Direktor

Lundberg, von der Kraft des Christentums durchdrungen und anders verwurzelt als Liebelt; doch gleich diesem bereit, mit dem ganzen Einsatz seiner Person für ein glücklicheres Deutschland zu kämpfen. Dort Gerda Walther, politisch unbeschrieben, aber ihrem Mann blind ergeben, anspruchslos und zuverlässig. »Schade um sie«, dachte Scheeler. Neben ihr die ältere, beinahe zart wirkende Irmgard Heintze, Leiterin eines der schwierigsten Dezernate der Stadtverwaltung, Vorstandsmitglied der gleichen Partei und nicht ohne Charme; die mit überraschendem Überblick und aus täglicher Erfahrung die Fallstricke ihrer Gegner erkannte und mit zähem Widerstand bekämpfte. Als Scheeler sie betrachtete – sie, deren Weg er seit ihrer Mädchenzeit ständig verfolgt hatte, ohne daß sie es wußte, und die jetzt zurückgelehnt die Augen geschlossen hielt –, überkam ihn eine weiche Regung. Ein guter Kamerad, der sich nicht ergeben wird, wie sie sich 1933 nicht ergab. Und als schien sie seine Gedanken zu erahnen, begegneten sich jetzt ihre Blicke. Etwas entfernt saß Hofmann, dessen Brillengläser funkelten. Die wenigsten wußten, in welch gefährlicher Arbeit der bescheidene Mann seit Jahr und Tag stand. Auch auf ihn war unbedingter Verlaß. Und weiter? Ein Heißsporn, eigenwillig, von großer Befähigung, den man unmerklich lenken mußte, aber auch jemand, auf den man zählen konnte. Wäre da noch Dr. Franck. Ein Mann mit geschliffenen Manieren, der Walther wie ein Ei dem anderen glich. Von ihm wußte man wenig. Als Wissenschaftler hatte er einen anerkannten Ruf. Was Scheeler störte, war die Kälte, die von ihm ausging. Was trieb ihn zum Handeln? Die Gier nach Macht, Ehrgeiz oder wie bei den anderen die Liebe zur Heimat? Ihn würde man im Auge behalten müssen.

In unveränderter Haltung sprach Liebelt leise vor sich hin: »Es steht wohl außer Frage, daß wir eingreifen müssen, wenn Menschen in Gefahr sind. Aber was Sie letzten Endes von mir verlangen, bedeutet – Verrat!«

Schwer hing dieses Wort im Raum. Gab es aber wirklich noch Verräter und Verratene? Ehre? Gesetz? Recht, das zwei Seiten bindet? Abwehrend hob der Anwalt seine Hand: »Bevor wir weiterreden, möchte ich betonen, daß ein jeder von Ihnen aufstehen und gehen kann. Ich erwarte nur so viel von ihm, daß er über das Gehörte schweigt.« Nach einer kleinen Pause, in der keiner sich erhob, fuhr er fort: »Wir alle, die wir hier sind, bekennen uns zu den verschiedensten politischen Ansichten. Wir haben aber eines gemeinsam, nämlich daß wir das Beste ehrlich wollen und dieses Wollen über unseren persönlichen Vorteil stellen. Wir waren alle gegen eine Diktatur, ob sie nun braun oder rot ist, auch Sie, Herr Liebelt! Sie üben keinen Verrat, wenn Sie sich gegen eine Diktatur stellen; so wie Sie es in der Vergangenheit taten. Aber Sie werden zum Verräter an sich selbst – und an Ihrer Partei –, wenn Sie gewaltsam die Augen schließen vor einer Katastrophe, über deren Umfang Sie sich schon selbst vollkommen klar sind. Es ist nicht die Zeit für eine politische Auseinandersetzung in diesem Kreis – wir haben sie auch nicht nötig. Sie alle wissen es, daß ich kein Sozialist bin, aber ich achte Dr. Schumacher, der drüben seine Partei neu aufbaute. Dort ist *Ihre* Partei, Herr Liebelt, nicht hier im Osten. Wir haben von Frau Heintze gehört, daß es drüben aufwärtsgeht. Es ist nicht alles Gold, aber es geht vorwärts. Wer von uns könnte eine solche Prognose für unseren Teil stellen? Wir werden in fünf Jahren im besten Fall wirtschaftlich da stehen, wo wir heute stehen. Aber Jahr für Jahr werden wir weiter an Freiheit verlieren, die uns allen doch die Grundlage unseres Lebens ist.«

Liebelt hatte bei diesen Worten langsam den Kopf erhoben, flehend blickte er zu Irmgard hinüber:

»Sie waren im Westen, sagen Sie mir, was ich tun soll!«

»Das kann Ihnen keiner sagen, ein jeder muß seine Entscheidung für sich selbst treffen. Für mich persönlich gibt es keinen anderen Weg. Ich kann Ihnen das, was Ihnen Dr. Scheeler über den Westen sagte, lediglich bestätigen, nicht mehr!«

Mit unsicherer Hand steckte sich Liebelt eine Zigarette an und zog den Rauch tief ein; er hatte sich gefunden: »Gut, ich gehe mit Ihnen! Kommen wir also zum nächsten Punkt.«

»Auch ich bin der Meinung, daß wir jetzt alles wagen müssen, notfalls unter dem Einsatz unseres Lebens«, erklärte sich Lundberg.

Beobachtend hatte Dr. Franck die Szene verfolgt. Auf einen fragenden Blick von Dr. Scheeler bemerkte er sachlich: »In Ordnung!«

»Nun, die anderen brauche ich nicht erst zu fragen«, wandte sich Dr. Scheeler lächelnd an Irmgard, die nur eine zustimmende Geste machte.

Schnell wurde der Plan, wie von Scheeler und Walther vorher bereits eingehend besprochen, skizziert und in einigen Punkten vervollständigt. Demnach würde Gerda nach Nürnberg fahren, um die Ausgangsstelle des jungen Fähnrichs zu ermitteln und diese von dem Geschehen zu informieren. Um etwaigen Komplikationen zu begegnen, wollten Walther und Irmgard sich zur gleichen Zeit nach Berlin begeben und Kontakte zur westdeutschen Presse herstellen, um besonders krasse Fälle von entstellender und verleumderischer Berichterstattung, wie sie hier allgemein üblich waren, berichtigen und anprangern zu können. Ob und wie diese Verbindung zu erreichen war, würde sich an Ort und Stelle ergeben. Scheeler wußte, daß es gelingen würde. Über das Ergebnis aller Bemühungen würde man zu gegebener Zeit in der Wohnung von Dr. Walther berichten. So trennten sie sich mit einem festen Händedruck, der einem Gelöbnis gleichkam.

Allein gelassen, nahm Dr. Walther ein Heft zur Hand und schrieb auf die erste Seite unter das Datum: 1. Zusammentreffen! Sodann folgten die Namen aller soeben Gegangenen und einige Stichworte über Zweck und Sinn dieser Aussprache. Durch diese Tagebuchnotizen, die mit der Zeit immer ausführlicher wurden, wollte er für spätere Zeiten eine chronologische Feststellung über Ursachen und Entwicklung der Zusammenarbeit sichern.

III.

Von der kleinen Bahnstation einer Nebenstrecke kommend, schritt ein großer blonder Mann durch die Felder, den schlaffen Rucksack über die Schulter geworfen. Dicht vor ihm lag schon das Dorf und dahinter der Wald; sein Wald, auf den er sich die ganzen Tage schon gefreut hatte. Es war ein warmer Sommertag, und die Sonne brannte, was ihn veranlaßte, die Dorfschenke anzusteuern. Das Gasthaus und die Wirtsleute waren ihm nicht fremd. Schon als junger Student hatte er in den Semesterferien mit seinem Freund und Studienkameraden, dem Sohn vom Heidehof, viele feuchtfröhliche Stunden in dem alten Baumgarten verbracht. Wo aber waren die Tische mit den lustigen bunten Decken geblieben? Es gab nicht einmal eine Bank! So blieb ihm nichts anderes übrig, als sich zu einem kurzen Trunk in die Wirtsstube zu begeben. Hier war es sauber, aber der große Raum war spärlich eingerichtet und wirkte deshalb kahl und ungemütlich. Aber als der Wirt in dem Gast seinen alten Bekannten Dr. Walther erkannte, kamen sie ins Gespräch.

»Aber, sagen Sie, Sie wollen doch nicht etwa rüber?« und machte dabei eine Bewegung mit dem Kopf in Richtung des Waldes. »Lassen Sie es lieber bleiben. Seit so ein Dahergelaufener draufsitzt, verludert das Gut Heidehof. Der hat bloß die Fischteiche im Kopf, weil da noch am meisten herausspringt. Kein Mensch weiß, woher der Kerl gekommen ist, und von den alten Leuten will keiner bei ihm arbeiten.«

»Na, na«, antwortete Dr. Walther, »weil er ein Bayer ist, mögt ihr ihn nicht und macht ihm das Leben schwer. Schließlich hat er auf dem Gut doch kaum etwas vorgefunden; weder an Geräten noch an Vieh, das macht das Wirtschaften nicht gerade leichter.«

»Nun, das geht allen Bauern so, und trotzdem rackern sie sich mit dem Boden ab. Aber nicht, weil er ein Bayer ist, mögen wir ihn nicht, sondern weil bei ihm andauernd die hohen russischen Offiziere hocken, saufen und alles, was ihnen vor die Büchse kommt, abknallen. Das muß wohl etwas abwerfen. Und dazu kommen noch manche Landsleute, die wir lieber zum Teufel jagen möchten als hier sehen, euren Polizeipräsidenten zum Beispiel. Dabei wird so manche Suppe ausgekocht, sag ich Ihnen.«

»Also, passen Sie auf, ich war schon öfters dort und habe mit dem Mann gesprochen. Er ist gar nicht so übel, wie Sie meinen. Aus seinem eigenen Mund habe ich gehört, welche Gäste ihn manchmal aufsuchen, die auch er lieber gehen als kommen sieht. Aber was kann er schon dagegen machen? Entweder würde man ihn davonjagen oder einsperren, was wahrscheinlicher ist.«

»Um den wär's bestimmt nicht schade«, entgegnete der Wirt ungerührt, »manch armer Teufel, der keinem Hund etwas zuleide getan hat, sitzt hinter Schloß und Riegel. Der aber hält's mit den Russen, sag' ich Ihnen. Dem trauen wir alles Schlechte, bloß nichts Gutes zu. Und ich denke, Sie sollten sich das merken, Herr Doktor.«

Dr. Walther ärgerte sich über diese Aussage und brach mit einer unwilligen Geste das Gespräch ab: »Schön ist es hier auf dieser Seite, man möchte gar nicht glauben, daß hier ganz in der Nähe der Krieg getobt hat. Wenn man dagegen von der Hauptstrecke kommt, da sieht es freilich noch arg aus. Tausende von Morgen Wald sind niedergebrannt und auf Tausenden stehen noch verkohlte Baumstümpfe. Ein versteinerter Wald!«

»Ja, und was noch nicht verbrannt ist, wird auch noch niederbrennen«, warf der Wirt mit einer gewissen Hartnäckigkeit ein, »selbst dort, wo keine Bahn in der Nähe ist, so daß man von Funkenflug reden könnte, gibt es riesige Waldbrände. Komisch bloß, daß es immer eine ganze Anzahl von Brandherden auf einmal gibt. Die Bauern haben sich schon überall zusammengetan und kämmen systematisch den Wald durch. Und ob Sie es glauben oder nicht, da haben sie neulich doch eine ganze Anzahl solcher Brandplättchen gefunden. Ich habe sie selbst gesehen; ganz einfache Metallplättchen, an denen an beiden Seiten getränkte Wattebäuschchen angebracht waren. Wenn die Sonne intensiv darauf scheint, fangen sie zu brennen an, und was das bei der momentanen Dürre bedeutet, weiß jedes Kind. Übrigens brennen an der polnischen Grenze gerade jetzt wieder 2000 Morgen ab.«

»Und was tut man dagegen?«

»Na, die Nazis, die man zum Schlagen des Brandholzes herangeholt hat, müssen auf unserer Seite eine Straße schlagen, damit das Feuer nicht übergreifen kann. Das ist alles für die Katz. Nur ein tüchtiger Regen könnte noch etwas retten, aber auch der Herrgott hat's schon aufgegeben.«

Dr. Walther seufzte. Wohin man kam, Klagelieder über Klagelieder, immer dasselbe. Er zahlte und verabschiedete sich.

»Lassen Sie sich bloß von dem Kerl nicht einsacken«, rief ihm der Wirt noch nach.

Die vorher so gute Stimmung war etwas beeinträchtigt, und irgendwie ging ihm die Anklägerei des Wirtes nach. Der Pächter des Heidehofes, des jetzigen Staatsgutes, war kein solcher Schuft. Einige Wochen hindurch hatte er einen Freund verborgen gehalten und ihm dann noch weitergeholfen. Das tut heute auch nicht jeder. Das Mißtrauen konnte man allerdings diesen einfachen Menschen nicht verargen. Tatsache war, daß schon so mancher dunkle Ehrenmann aufgetaucht war und im trüben fischte. Mitteilsam war Burgner ja nicht, und ein richtiger Bauer war er auch nicht; aber er war heute sicher so antikommunistisch wie früher einmal antinazistisch.

Der Wald nahm ihn auf, und die Stille, die nur von Vogelrufen unterbrochen wurde, ergriff ihn.

Als der Wald sich lichtete, sah er den geliebten Heidehof vor sich liegen. *Heideschlößchen* nannte ihn der Volksmund. Wirklich, wie ein kleines Schlößchen lag es da mit einem großen Rondell davor, von Edeltannen eingesäumt. Die Wirtschaftsgebäude des Gutes waren von hier nicht zu sehen. Wie viele glückliche und unbeschwerte Stunden hatte er hier schon verbracht. Man mußte Burgner dankbar sein, daß so ein Stück Heimat erhalten blieb, wohin man sich retten konnte, wann immer es einem beliebte. Wie ein großer Junge sprang er die Stufen zum Portal hinauf und schellte. Burgner öffnete ihm selbst. So gewöhnt war er schon an dessen Anblick, daß ihm der merkwürdige Kontrast dieses Mannes zu seiner Umgebung nicht mehr zum Bewußtsein kam. Ungepflegt, mit Bartstoppeln in dem schmalen Gesicht, leicht vornübergebeugt, glich er eher einem älteren Knecht als dem Herrn des Gutes. Die kalten grauen Augen blitzten einen Moment auf, als er Dr. Walther herzlich begrüßte, um sofort wieder den üblichen, undurchsichtigen Ausdruck anzunehmen. Er führte seinen Gast durch eine geräumige, hell bespannte Diele, die jetzt als Ablagerungsraum für alle möglichen Produkte diente, in ein großes Zimmer, das in seiner geschmackvollen Vornehmheit ein würdiger Raum in diesem *Schlößchen* war. Kostbare Orientteppiche und Brücken bedeckten das Parkett vollkommen und dämpften die Schritte. Ein nicht minder kostbarer Gobelin verdeckte fast ganz die eine Wandseite, während an den anderen Wänden einige wenige Gemälde von Meisterhand den Betrachter fesselten. Edle und bequeme Möbel verbreiteten eine Atmosphäre von vornehmer Behaglichkeit. Wahrhaftig, ein vollendeter Geschmack hatte sich hier bewiesen, nichts störte – nur die Bewohner. Sie paßten nicht in diese Umgebung. Kein Wunder, daß sich Walther in einem solchen Raum wohl fühlte. Hierher führte Burgner seine Gäste stets mit Stolz und weidete sich an den oft entzückten Ausrufen. Die beiden Männer machten es sich bequem, und während der jüngere frohgelaunt von seiner Wanderung erzählte, wozu der Gastgeber nur selten eine Bemerkung machte, erschien die Frau des Hauses, um den Angekommenen zu begrüßen. Sie war jung und hübsch, doch mit vernachlässigter Kleidung. Sie war ein wenig befangen, und hie und da streiften scheue Blicke den eigenen Mann. Sie entfernte sich sofort gehorsam und rasch, als dieser das leichte, oberflächliche Geplauder brüsk unterbrach und sie auf eine noch nicht erledigte Arbeit hinwies. Nein, wahrlich, diese Menschen paßten nicht hierher.

Allein gelassen begann Burgner von den Schwierigkeiten zu sprechen, die ihm die Leute immer wieder bereiteten. So war neulich in dem von Arbeitern bewohnten Gutsgebäude ein Brand ausgebrochen, der ihm erheblichen Schaden zufügte. Ohne Zweifel war es Brandstiftung, aber bei den Vernehmungen zeigten sich die Leute verstockt und hielten gegen ihn zusammen wie Kletten.

Walther meinte beschwichtigend, er solle mit den einfachen Leuten noch etwas Geduld haben. Die alteingesessene Bauernbevölkerung würde begreiflicherweise jedem Fremden eine Portion Mißtrauen entgegenbringen, was durch die augenblicklichen Zustände mehr als berechtigt sei. Aber das würde sich sicher bald geben. Ob es sonst noch etwas Neues gäbe?

Nein, nur daß sich in der kommenden Woche drei hohe Offiziere der Besatzungsmacht bei ihm wieder zur Jagd angemeldet hätten. »Schade, hat man sie schon im Haus – und was ist der Vorteil davon?« setzte er wie beiläufig hinzu und knetete dabei gewohnheitsmäßig an seinen langen, spinnenartigen Fingern herum, die in den Gelenken knackten.

Walther überlegte. »Sagen Sie, Herr Burgner, wie spielt sich das eigentlich ab? Ich meine, haben Sie überhaupt Gelegenheit, mit den Offizieren eingehender zu sprechen, und verstehen Sie Russisch?«

»Sie bringen immer reichlich Wodka mit, den sie aus Wassergläsern trinken. Es geht dann oft die Nächte durch, und dabei wird manches geredet, was im nüchternen Zustand nicht herauskäme. Sie wissen ja, ich habe lange in Warschau gelebt und an der Untergrundbewegung der Polen gegen die Deutschen mit ganzem Herzen teilgenommen. Da bin ich auf meine Kosten gekommen. Wer Polnisch kann, versteht auch etwas Russisch. Außerdem sprechen die Offiziere mit mir häufig deutsch und wägen das, was sie im Trunk ausplaudern, nicht so genau ab.«

»Hm, in der Untergrundbewegung müssen Sie doch eigentlich eine ganze Menge Erfahrung gesammelt haben?«

»Das kann man wohl sagen!«

Daß Burgner die Bezeichnung *gegen die Deutschen* wählte, fiel Walther nicht weiter auf. Selbstverständlich, daß damit die Nazis gemeint waren. Es kümmerte ihn auch nicht weiter, daß damit mancher Deutsche, der keineswegs auf Hitlers Seite gestanden hatte, ins Gras gebissen hatte. Als Reserveoffizier bei der Wehrmacht und von je ein fanatischer Nazigegner hatte er dergleichen aus der Nähe mit angesehen. Ihn beschäftigte jetzt aber nur der eine Gedanke, daß ein Mann mit solchen Erfahrungen und solchen Möglichkeiten, wie sie Burgner bot, für eine Widerstandsgruppe, wie er sie gemeinsam mit Scheeler aufgestellt hatte, einfach ein unbezahlbarer Fund war. Auch die abgelegene Lage des Gutes war nicht zu unterschätzen. Hier gab es im Ernstfall Unterschlupfwinkel, die nicht so leicht aufzuspüren waren. Und da gab es für Walther kein Halten mehr. Wie konnte man diesen Fuchs im Bau so richtig in die Hand bekommen? Es war einen Versuch wert. Er nahm das Gespräch wieder auf und wechselte scheinbar das Thema: »Burgner, wissen Sie, was ein Strohwitwer ist? Oder kommt die Ihrige nie abhanden? – Gerda ist im Westen, wird nach Nürnberg fahren.«

Burgner spannte, daß sich hinter diesen Worten mehr verbarg, als auf den ersten Anhieb sichtbar war: »Na, und?«

Da sprach Walther wie ein Trunkener, fast wie zu sich selbst, und erzählte von jenem Abend in seiner Wohnung, von dem Fähnrich; von den Menschen, die sich vor schwere Fragen gestellt sahen und die sich zur Gegenwehr entschlossen hatten; von der Mission, die Gerda zu erfüllen sich angeschickt habe, und von der geplanten Reise nach Berlin, die unverzüglich erfolge, sobald von Gerda das verabredete Telegramm eingehen würde.

Burgner war begeistert. Endlich war das Ziel erreicht, auf das er lange genug hingearbeitet hatte. Und das Vertrauen sollte nicht enttäuscht werden. »Ich stelle mich Ihnen gern zur Verfügung, Dr. Walther; in den nächsten Tagen muß ich in Fischereiangelegenheiten ohnehin nach Karlshorst. Wir könnten uns bei dieser Gelegenheit leicht treffen, und ich nehme Sie und Frau Heintze im Wagen mit zurück. Sie können sich auf mich verlassen! Günstig ist, daß ich den roten Fahrbefehl habe, bei dessen Vorzeigen mein Wagen nicht durchsucht werden darf. Die Bahn ist für Sie viel zu unsicher. Eine ungefährlichere Beförderungsart, als ich sie Ihnen zu bieten habe, gibt es nicht.«

Walther triumphierte innerlich, er hatte sein Spiel gut gespielt.

»Übrigens«, fuhr Burgner fort, »haben Sie auch daran gedacht, daß Sie einen Kurier benötigen werden, denn zu oft können Sie beide doch nicht fehlen, ohne aufzufallen?«

»Ich habe schon daran gedacht, aber diese Frage wird nicht so einfach zu lösen sein. Schließlich müßte eine weitere Person ins Vertrauen gezogen werden, was Scheeler unbedingt ablehnen wird.«

»Wozu eine weitere Person? Nehmen Sie mich! Mein Fahrbefehl ist zeitlich unbegrenzt. Ich bin viel unterwegs, das fällt keinem auf. Außerdem läßt sich für mich eine Fahrt nach Berlin immer motivieren. Das ist eine Kleinigkeit. Für ein solches Ziel lohnt sich schon ein Einsatz!«

Dieses glückliche Zusammentreffen aller augenscheinlich günstigen Momente ließ Walther jede Vorsicht übersehen. »Ausgezeichnet! Auf diese Weise kann nach menschlicher Voraussicht in der Tat nichts schiefgehen«, sagte er lachend.

Diesem Gespräch folgte ein so heiterer Abend wie seit langem nicht mehr. So aufgeräumt war Burgner, daß selbst seine Frau einmal alle Scheu verlor. Als Dr. Walther endlich das ihm so vertraute Fremdenzimmer im oberen Stockwerk aufsuchte, war es schon sehr spät. Am weitgeöffneten Fenster stehend, überschlug er noch einmal das Ergebnis dieses Tages. Er durfte zufrieden sein, mit sich selbst, mit Burgner und dem ganzen Heidehof. Da konnte auch Scheeler nichts zu tadeln finden. Auf dem kleinen Tisch lagen Zigaretten. Behaglich ließ er sich in den tiefen Sessel fallen, der auch hier nicht fehlte. Vergnügt vor sich hinpfeifend, zog er sich schließlich aus und begab sich zu Bett. Und während draußen der Wald geheimnisvoll rauschte, dachte er noch kurz an Gerda. Schade, daß er sie jetzt nicht bei sich hatte.

IV.

Auf den Berliner Fernbahnhöfen liefen aus der sowjetisch besetzten Zone längst keine direkten Züge mehr ein. Die Reisenden mußten die S-Bahn benutzen, um die ehemalige Reichshauptstadt zu erreichen. In dem Menschenschwarm, der erleichtert dem Stadtausgang vom Bahnhof Zoo zustrebte, befanden sich auch Irmgard Heintze und Dr. Walther. Alles mögliche war während der Fahrt besprochen worden, und man verabredete sich für 18 Uhr in Frau Heintzes Pension.

Als Irmgard der von ihr gewählten Pension zustrebte, war ihr die Durchführung des Unternehmens noch keineswegs klar. Es galt, erst einmal die rein dienstliche Angelegenheit zu regeln, um dann ausreichend Zeit für die Besprechungen zu gewinnen. Der Tag schien unter einem guten Stern zu stehen, es klappte alles großartig. Die Dienststellen hatten viel Verständnis für die besonders schwierige Lage ihrer Stadt, so daß dieser Punkt bereits bis Mittag abgewickelt war. Irmgard wußte, was von ihrer Initiative in der nun folgenden, weitaus diffizileren Angelegenheit abhing. Jede Minute war kostbar. Entschlossen wählte sie am Fernsprecher eine bestimmte Nummer. Der Partner am anderen Ende des Drahtes, ein führender Funktionär ihrer eigenen Partei, erklärte sich sofort zu einer persönlichen Aussprache bereit. Ohne sich auch nur eine Minute Zeit zu gönnen, fuhr sie zu dem verabredeten Treffpunkt. Nach einer kurzen, aber klaren Darstellung der wachsenden Unsicherheit und des mysteriösen Verschwindens von Personen sicherte der Parteifreund seine Mitwirkung bei der Herstellung einer Presseverbindung zu. Ein gewisser Volkert Grundmann wäre der hierfür bestens geeignete Mann, vertrauenswürdig, klug und journalistisch außerordentlich befähigt. Ein Anruf bei diesem, der zwischenzeitlich schon auf Irmgards Besuch vorbereitet war, brachte dieser ein gutes und rasches Ergebnis. Ein Zusammentreffen in dessen Wohnung wurde für den nächsten Morgen festgelegt.

Etwas abgespannt, aber äußerst zufrieden kehrte Irmgard

Heintze in ihre Pension zurück. Verabredungsgemäß sollte Dr. Walther nun bald auftauchen. Die Wartezeit benützte sie dazu, den Tag von seinem Anbeginn an noch einmal Revue passieren zu lassen. Es war ein guter Tag. Ohne Zwischenfall hatte sich spielend eines zum anderen gefügt. Wenn es in diesem Tempo weiterginge, könnte man morgen bereits wieder abfahren, denn ihre dienstliche Tätigkeit vertrug keine längere Abwesenheit in einer Zeit, wo man täglich vor dem Unvorhergesehenen stand. Außerdem war auch kein Anreiz vorhanden, länger als unbedingt notwendig in dieser zerbombten Stadt zu bleiben, obwohl ihr der eminente Lebenswille, der sich schon wieder allen Schwierigkeiten zum Trotz zeigte, imponierte. Sie mußte an die früher oft in dieser Weltstadt verbrachten Stunden zurückdenken. Ihr unerhörter Rhythmus, der selbst von weniger wohlwollenden Fremden, wenn auch manchmal nur widerstrebend, anerkannt wurde, hatte sie hier gerne verweilen lassen. Die einst glanzvollen Straßen waren verschwunden, Trümmer und Ruinen gaben der Stadt ein gespensterhaftes Gepräge, und dennoch pulsierte das neue Leben. Es erschütterte und zwang doch gleichzeitig Bewunderung und Hochachtung ab. – Die festgelegte Uhrzeit war längst überschritten, aber immer noch wartete Irmgard geduldig auf Walthers Erscheinen. Nun ja, ein Wiedersehen mit alten Freunden; man muß auch dafür Verständnis haben. Morgen früh wird er sich gewiß melden; eine gute Gelegenheit, um sich nach Monaten zermürbender Arbeit endlich wieder einmal auszuschlafen.

Doch auch am nächsten Morgen erschien weder Dr. Walther noch erfolgte ein Anruf. Etwas verstimmt machte sich Irmgard allein auf den Weg, denn die fest verabredete Stunde mußte eingehalten werden. In Grundmann begegnete ihr ein quicklebendiger, sympathischer Pressemann, der bereits vom ersten Augenblick an keine Fremdheit aufkommen ließ. Sie informierte ihn über den Zweck ihres Besuches. »Man hat mir gesagt, daß Sie in der Lage seien, mir den notwendigen Weg zu weisen. Ich bitte Sie um Ihren Rat und Ihre Unterstützung.«

»Da ich über Ihre Zuverlässigkeit und über die sachliche Genauigkeit Ihres Berichtes unterrichtet bin, will ich Ihre Frage mit der gleichen Offenheit beantworten. Natürlich bringt es mein Beruf mit sich, daß ich mit allen hier bestehenden Dienststellen in Berührung komme. Ich weiß daher, daß man sich über die volle Tragweite der sowjetischen Maßnahmen nur sehr langsam klar wird. Der westlichen Mentalität ist die östliche zu fremd. Vieles hält man darum einfach für Übertreibungen nazistischer Elemente, anderes wiederum für zwar peinliche, aber höheren Ortes nicht erwünschte Übergriffe untergeordneter Organe. Auf diese Weise macht die Sowjetisierung in der Zone unbehindert rasche Fortschritte. Ihren Entschluß, sich sehenden Auges nicht mitschuldig zu machen, verstehe ich voll und ganz. Wissen Sie aber auch, daß es für Sie ein gefährlicher Job ist?« Dabei griff er schon zum Fernsprecher. Aus dem nun folgenden Hin und Her war zu entnehmen, daß in kürzester Frist jemand zur Stelle sein würde.

»Ein gefährlicher Job, sagen Sie«, nahm Irmgard nachdenklich das Gespräch wieder auf. »Die Wahrheit zu sagen, war fast zu allen Zeiten gefährlich und sicher heute mehr als je. Hat man aber nicht in Anbetracht der Vorfälle in den KZs von einer Kollektivschuld der Deutschen gesprochen? Hat man es nicht Passivität und Barbarei genannt, daß niemand dagegen aufstand? Und wie viele haben von den Vorgängen gewußt? Und haben die wenigen, die etwas wußten, nicht aus Angst geschwiegen? Und hat das Ausland nichts von dieser Angst gewußt – ja nichts wissen wollen? Wir werden jedenfalls nicht mehr schweigen, auch wenn es noch so gefährlich ist, denn die ganze abendländische Kultur, alles, was wir für erstrebenswert halten und lieben, steht jetzt auf dem Spiel. Wir wollen auch nicht einfach eine Diktatur gegen eine andere austauschen; wir wollen endlich einmal die Freiheit, die man uns versprochen hat, und darum wird man uns hören müssen!«

Ehe Grundmann sich dazu äußern konnte, war schon ein Wagen vorgefahren. Unmittelbar darauf betrat ein gutangezogener, mittelgroßer, trotz seiner Jugend schon zur Korpulenz neigender Mann das Zimmer. Ohne Umschweife ging man an den Kernpunkt dieser Besprechung heran. Wieder berichtete Irmgard von dem Auftauchen des Fähnrichs, seiner Verhaftung; von der großen Gefahr, in der sich dadurch ganze Familien befänden, und von der gefährlichen Mission Gerdas, die sich vermutlich zur gleichen Zeit in Nürnberg aufhielt. Die Sorge um Gerda würde hier aber auch eine Demarche notwendig machen.

Der Unbekannte hörte aufmerksam zu, und ohne auf die Ausführungen näher einzugehen, erwiderte er: »Aus verständlichen Gründen bitte ich Sie, mich unter dem Namen ›Stein‹ im Gedächtnis zu behalten. Dann sagen Sie mir noch: Wissen Sie, von welcher Stelle der Fähnrich abgesandt wurde, und weiter, wer sind Ihre Kameraden?«

Auch diese Fragen wurden wahrheitsgemäß beantwortet, wobei sich Stein einige Notizen machte. »Ich kann selbst zu der Sache noch keine Stellung nehmen, da ich sie erst meiner vorgesetzten Dienststelle vortragen muß. Eine nochmalige Aussprache wird aber notwendig sein. Wann wollen Sie wieder zurückfahren?«

»Nach Möglichkeit wollte ich heute schon reisen. Ich hielte es für zweckmäßig, wenn Sie das Weitere mit Dr. Walther besprechen, dessen Anschrift ich Ihnen geben kann.«

»Ich wäre Ihnen trotzdem dankbar, wenn Sie morgen noch hierblieben und an der Besprechung mit Dr. Walther teilnehmen wollten.«

Irmgard überlegte kurz, wieviel ihr an Zeit erlaubt sei, und sagte zu. Es wurde für den nächsten Vormittag ein Zusammentreffen in Irmgards Pension vereinbart. Mit dem Hinweis auf dringende anderweitige Verpflichtungen verabschiedete sich Stein rasch und ging.

»Kannten Sie den Mann, Herr Grundmann?«

»Nein! Aber Sie dürfen versichert sein, daß kein Anlaß zu irgendeiner Besorgnis vorliegt. Vermutlich wird man jetzt den Draht spielen lassen, um Ihre gemachten Angaben zu überprüfen. Morgen wird er sicher mehr aus sich herausgehen. Im übrigen wäre ich dann anschließend gerne noch mit Ihnen und Dr. Walther zusammen.«

Dieser Vorschlag kam Irmgard sehr entgegen, und sie verriet ihm, daß ja ein nicht minder wichtiger Punkt die Publikation ihrer Entgegnungen in der Westpresse sei. Solche Erörterungen wurden von Grundmann mit Feuereifer aufgegriffen und zum Anlaß einer lebhaften Diskussion. Einen besonders aufsehenerregenden Fall brachte er unverzüglich zu Papier, damit er noch in der Abendausgabe erscheinen konnte. Angeregt von diesem Thema, legte er einige aus seiner Feder stammende Leitaufsätze vor, die durch die gründliche Kenntnis des Stoffes und ihre unbedingte Sachlichkeit bestechend waren. Als man sich später trennte, hatte jeder von dem anderen die Gewißheit gewonnen, daß man für keine politische Partei wirken wollte, aber für das gleiche Ziel, und dieses Ziel hieß ganz einfach: Deutschland! Jetzt mußte Walther unbedingt in Aktion treten. Durch einen Anruf in dessen Unterkunft ließ Irmgard ihn davon unterrichten, daß sie ihn dringend so schnell wie möglich zu sprechen wünsche. Angenehm überrascht war sie, als ihr bei Betreten der Pension erklärt wurde, daß in ihrem Zimmer bereits seit einer Stunde ein Herr auf sie warte. Natürlich Walther! Also hatte ihn doch sein schlechtes Gewissen noch vor dem Anruf hergetrieben. Doch der sich da bei ihrem Eintreten aus dem Sessel erhob, war nicht Walther, sondern ein Fremder.

»Entschuldigen Sie, daß ich bei Ihnen eingebrochen bin – Burgner, Otto Burgner –; Herr Dr. Walther, ein guter Freund von mir, verwies mich an Sie. Er selbst wollte ebenfalls um 17 Uhr hier sein, muß also jeden Augenblick kommen«, erklärte der Fremde.

Instinktiv schrak Irmgard vor diesem Mann zurück. Nicht nur das ungepflegte Äußere, das abstoßend genug war, erregte in ihr einen nahezu physischen Widerwillen, sondern noch mehr seine kalten Augen, das Lauernde in seiner Haltung und die aufdringliche Art, sich einzuführen. Das ist ja eine Spinne, eine ganz große Spinne, dachte sie, als er nun wieder in seinem Sessel hockte und seine Fingergelenke knacken ließ. Mühsam wurden ein paar konventionelle Belanglosigkeiten ausgetauscht. Wenn nur bloß Walther käme, daß er sie von der Gegenwart dieses Menschen befreite; doch der kam und kam nicht. Eine heftige Empörung ergriff sie gegen Walther, der ihr bisher alles überlassen hatte und über ihren Kopf hinweg diesen unangenehmen Burschen bestellt hatte. Endlich traf der Säumige ein und begrüßte fröhlich die beiden. Als sei es das Selbstverständlichste von der Welt, daß man so lange auf ihn wartete, erzählte er von dem Wiedersehen mit einem alten Freund, das natürlich hatte gefeiert werden müssen.

Verständnislos starrte Irmgard Dr. Walther an, der ihr versicherte, daß sie Burgner vertrauen könne. Nun, dann hatte wohl Schweigen keinen Zweck mehr, den Zweifel würde sie auf jeden Fall noch äußern. Knapp und kurz gab sie ihren Bericht ab. Morgen also würde Stein hier sein, anschließend daran Grundmann. Ein so schnelles und positives Ergebnis hatte Walther nicht erwartet, und bedenkenlos sprach er vor Burgner alle seine Gedanken aus, die jenem nicht neu zu sein schienen. An der lebhaften Debatte beteiligte sich Irmgard kaum, was Dr. Walther nicht einmal bemerkte. Als sich endlich Burgner, der angeblich noch Geschäfte zu erledigen hatte, verzogen hatte, war der Zeitpunkt gekommen, an dem sie ihren Eindruck und ihre Meinung über den Abwesenden äußern konnte. »Ich habe keine Beweise in der Hand, die gegen Burgner sprechen, aber mich warnt ein Gefühl!«

Mit nachsichtiger Handbewegung schob Walther ihre Bedenken von sich und betonte, daß er Beweise für Burgners Zuverlässigkeit habe. Er erzählte von dem Freund, den er wochenlang bei sich verborgen gehalten und dem er schließlich zur gelungenen Flucht verholfen habe. Sie, Irmgard, sei als Frau nur von der äußeren Erscheinung des Mannes beeindruckt, die zugegebenermaßen nicht besonders ansprechend sei. Man könne auf seine Mitarbeit schwer verzichten, da diese für alle außerordentlich vorteilhaft wäre. Mit der Zeit würde sie sich davon noch selbst überzeugen müssen.

Alle diese Erklärungen konnten jedoch Irmgards Mißtrauen nicht beseitigen, und noch lange kreisten ihre Gedanken um die fragwürdige Erscheinung dieses Mannes, durch den in das ganze Unternehmen Unsicherheit hineingetragen wurde und über den sie unbedingt mit Dr. Scheeler sprechen wollte.

Am nächsten Morgen erschien Dr. Walther pünktlich, und beim gemeinsamen Frühstück wurden noch einmal alle Fragen durchgesprochen. Burgner wurde dabei mit keinem Wort erwähnt; um so peinlicher war die Überraschung, als er unvermutet ein wenig später auftauchte und zu erkennen gab, daß er an den Besprechungen teilnehmen wollte.

Nein, dieser Mann war nicht abzuschütteln, und wenn seine Anwesenheit nicht in den Plänen Walthers eingerechnet war, so ließ er sich zumindest nichts anmerken. Jener aber ignorierte das abweisende Verhalten von Frau Heintze. Als Stein gemeldet wurde, atmeten alle, wenn auch aus verschiedensten Beweggründen heraus, erleichtert auf. Der begrüßte Irmgard wie eine alte Bekannte: »Ich konnte gestern noch mit Nürnberg sprechen, all Ihre Angaben wurden bestätigt.«

Dr. Walther übernahm die weitere Führung des Gesprächs. Er streifte dabei nochmals kurz die Motive ihres Hierseins, charakterisierte treffend die wenigen Menschen, die sich aus Besorgnis um die Entwicklung der Ostzone zu einer aktiven Gegenwehr entschlossen hatten, und endete mit den Worten:

»Wir in der Zone wissen, welche Bedrohung die Sowjetisierung Deutschlands für Europa bedeutet. Man soll sich nicht täuschen, es gibt heute keine deutsche Frage mehr, nur noch eine europäische. Morgen ist es vielleicht schon eine Frage der gesamten westlichen Welt. Hier liegt der Schnittpunkt Ihrer und unserer Interessen. Wir wollen Ihnen aber nicht verhehlen, daß wir unser Heil auch nicht aus dem Westen erwarten. Wir wollen weder Russen noch Amerikaner sein, sondern einfach Deutsche, wobei wir uns aber bewußt sind, daß wir der westlichen Hilfe bedürfen. Daraus ergibt sich, daß wir niemals irgendwelche Agententätigkeit im Interesse der einen oder anderen Seite ausüben würden. Betrachten Sie uns vielmehr als eine Widerstandsgruppe, die auf ihre Weise an der Gesundung Deutschlands mitarbeiten will. Die zahlenmäßig kleine Gruppe rekrutiert sich aus Menschen, die auf wichtigen Gebieten genauen Einblick in die Planungen und Absichten des bei uns herrschenden Klüngels haben. Sie steht aber auch in engster Berührung mit breiten Bevölkerungsschichten. Diese Bevölkerung ist nicht und wird niemals kommunistisch sein. Zwei Jahre haben genügt, um etwaige Illusionen restlos zu zerstören. Betrachten Sie es nicht als Übertreibung, wenn ich Ihnen sage, daß wenigstens 80 Prozent der Bevölkerung ansichtsmäßig hinter uns stehen. Die Mitgliedschaft bei der SED dokumentiert nicht die tatsächliche öffentliche Meinung. Praktisch ergeben sich für uns folgende Erwägungen: Die gesamte westliche Hemisphäre muß wissen, wie es östlich der Elbe in Wirklichkeit aussieht. Sie soll mitverantwortlich sein. Wörter wie Menschlichkeit, Gerechtigkeit und Freiheit müssen wieder einen Sinn bekommen. Man darf mit ihnen nicht unentwegt operieren und in der Praxis das Gegenteil stillschweigend dulden. Damit nicht Fehler über Fehler gehäuft werden, die sich eines Tages verhängnisvoll auswirken müssen, werden wir in aller Offenheit Dinge, die alle angehen, zur Sprache bringen. Mehr können wir nicht tun. Es wird an Ihnen liegen, ob Sie uns an verantwortlichen Stellen Gehör verschaffen können, denn wir wollen uns nicht im luftleeren Raum bewegen.«

Eindeutig und klar war damit ausgesprochen worden, was man wollte und wozu man nicht bereit war. Erwartungsvoll hingen die Augen an Stein, der nun dazu Stellung nehmen mußte.

»Herr Dr. Walther, schon Frau Heintze hat mir gestern ähnliches angedeutet. Ich darf Ihnen sagen, daß aus gleichen Beweggründen und gleichen Sorgen heraus schon mancher aus Ihrer Zone den Weg zu mir gefunden hat. Es ist unnötig zu betonen, daß ich solche Einstellung achte und respektiere. Ich werde darum das, was Sie zu sagen haben, entsprechend weiterleiten. Je mehr Stimmen sich erheben, desto wirksamer wird es sein. Vergessen Sie aber nicht, daß die Propagandamaschine seit Jahren auf vollen Touren gegen Deutschland läuft, und daß das Rad nicht so schnell umgestellt werden kann. Es wird viel Mühe kosten, alles wieder ins rechte Licht zu rücken, und dafür ist deutsche Mitarbeit unerläßlich. Ich fürchte aber, daß Sie selbst nicht zu oft abkömmlich sind, oder?«

»Weder ich noch Frau Heintze können öfters nach Berlin kommen. Herr Burgner wird daher Botendienste leisten.«

Burgner griff sofort dieses Stichwort auf: »Ich bin ja halb in Berlin zu Hause, habe außerdem einen eigenen Wagen zur Verfügung, da gibt es gar keine Schwierigkeiten. Übrigens gehört zu meinem Gut ein größeres Jagdgebiet, das von hohen russischen

Offizieren gerne aufgesucht wird. Sie steigen natürlich bei mir ab, und wenn es dann hoch hergeht, da kann man was lernen. Nur so unter uns, Herr Stein, haben Sie etwa keinen Bedarf an ›militärischen Mitteilungen‹?«

Irmgard war zuerst starr, dann aber empört über dieses unverblümte Spionageangebot. Sie forschte in Walthers Gesicht, das aber vollkommen teilnahmslos schien.

»Hm, sehr interessant«, antwortete Stein, der dabei Burgner von Kopf bis Fuß musterte. »Ich bin aber an solchen Geschäften nicht interessiert.« Und zu den anderen gewandt, fuhr er fort: »Haben Sie noch irgendwelche Fragen?«

»Ja, wir haben gehört, daß die Alliierten mit dem Gedanken spielen, Berlin zu verlassen?«

»Vor 14 Tagen ist diese Frage endgültig entschieden worden, bis dahin bestanden allerdings derartige Erwägungen. Ich weiß zuverlässig, daß die Westmächte in Berlin bleiben, es wird nicht aufgegeben.«

»Gott sei Dank! Es wäre ein verhängnisvoller Schritt gewesen. – Wie stellt man sich zu der Tatsache, daß in zunehmendem Maße Deutsche ohne Unterschied des Alters und des Geschlechts verschwinden und nach Rußland verschleppt werden?«

»Man war anfänglich der Auffassung, daß es sich hierbei ausschließlich um belastete Nazi-Angehörige handelte. Inzwischen sind uns häufig anderslautende Meldungen gebracht worden. Um wirklich intervenieren zu können, müßten wir einwandfreie und präzise Angaben haben. Der Name allein genügt nicht; Wohnung, Geburtsdatum, Beruf usw. sind ebenso erforderlich. Wissen Sie solche Fälle, und können Sie mir amtliche Ermittlungen zur Verfügung stellen?«

»Natürlich können wir das! Wenn Sie wüßten, wie oft verängstigte Frauen und Mütter mich hilfeflehend aufsuchen, nachdem Nachfragen bei den Polizeipräsidien und den Kommandanturen vollkommen ergebnislos geblieben sind. Es muß doch ein Mittel geben, diesem offenen Menschenraub, der nicht einmal vor Kindern haltmacht, ein Ende zu setzen«, warf Irmgard leidenschaftlich ein.

»Gut, schicken Sie mir eine solche Liste zu! Und Sie, Herr Walther, bleiben morgen noch hier? In diesem Falle möchte ich Sie bitten, mich noch einmal anzurufen. Hier ist meine Nummer.«

Bereitwillig sagte Walther zu, worauf sich Stein von diesem und Irmgard ungezwungen und kameradschaftlich, von Burgner aber merklich kühl verabschiedete.

Es war keine Zeit, die ersten Eindrücke über diese Unterhaltung auszutauschen, da schon Detlef Grundmann auf der Bildfläche erschien. Die sympathische Art des Pressevertreters blieb auch auf Walther nicht ohne Wirkung. Vergnügt schwenkte er das druckfrische Abendblatt in seiner Hand und breitete es vor Irmgard aus. Sie las mit Genugtuung, daß über den besprochenen Fall sachlich und ohne die geringste Entstellung berichtet war. Ganz so, wie sie es sich gewünscht hatte. Eklatante Fälle sollten in Zukunft laufend berichtet werden. Auch in diesem Falle würde Burgner der Überbringer entsprechender Artikel sein.

Wenige Minuten später verließ der kleine graue DKW mit Burgner und Irmgard Berlin, passierte den Kontrollpunkt und erreichte die Autobahn in Richtung Zone. Das merkwürdige Verhalten Burgners beschäftigte Irmgard immer noch.

»Wie kamen Sie um Himmels willen dazu, sich Stein in dieser Weise anzubieten, nachdem Sie genau wußten und Walther es noch ausdrücklich betonte, daß eine illegale Spionagetätigkeit für uns nicht in Frage kommt?«

Burgner sah angestrengt in die Fahrtrichtung. Erst nach einer Weile antwortete er: »Ich wollte ihm nur auf den Zahn fühlen!«

Welch dumme Ausrede, dachte Irmgard, laut aber sagte sie: »Hoffentlich bringen Sie uns nie mehr in eine derart peinliche Situation. Auf jeden Fall war ich Stein für die Art, wie er reagierte, sehr dankbar.«

Außer einer Bemerkung hie und da verlief die Fahrt einsilbig. Die Hälfte des Weges war beinahe zurückgelegt, als sie bemerkten, daß einige hundert Meter vor ihnen auf der gegenüberliegenden Fahrbahn ein Lkw stand, der von 20 bis 25 russischen Soldaten umringt war. Bei Annäherung ihres Fahrzeugs sprangen zwei Mann davon mitten auf ihre Fahrbahn und zwangen sie so zum Anhalten. Offensichtlich waren die Leute betrunken. Der eine lümmelte sich nun in das heruntergelassene Fenster mit der Frage: »Woher kommen?« Die anderen warteten angriffsbereit die Entwicklung der Dinge ab. Oft genug war von Überfällen des russischen Militärs auf Privatwagen berichtet worden, wobei man von Glück sagen konnte, wenn man nur bis aufs Hemd ausgeraubt und dann davongejagt wurde. In einer solchen Situation befanden sie sich jetzt. Burgner hatte die an ihn gestellte Frage beantwortet und nestelte seinen roten Fahrbefehl hervor. Der Soldat schien dadurch unschlüssig zu werden. Da tauchte wie ein rettender Engel in der Ferne ein neuer Wagen auf. Durch eine hinweisende Geste Irmgards aufmerksam geworden, trat der Rotarmist einige Schritte zur Seite. »Geben Sie Gas!« rief Irmgard ihrem Begleiter zu, und im gleichen Moment schoß der kleine Wagen davon. Verdutzt schaute die trunkene Horde dem enteilenden Fahrzeug nach, doch der immer näher kommende zweite Wagen hinderte sie, einige Kugeln nachzujagen. Irmgard versuchte durch Winken, ihre Landsleute, die aber anscheinend nicht verstanden, auf die Gefahr aufmerksam zu machen. Sie sah noch, daß der Wagen angehalten und von den Soldaten umringt wurde. Gott sei Dank war keine Frau darin. Männer waren wenigstens physisch sicherer. Helfen konnte man nicht, es blieb nur die Hoffnung, daß es bei einem gemeinen Straßenraub blieb. So wie auf dieser Straße regierte noch immer brutale Gewalt in allen Dörfern und Städten. In Irmgard loderte helle Empörung. Man muß es hinausschreien, damit die tauben Ohren in der Welt von dieser Not und diesem Jammer hören. Nicht Worte, sondern Taten müssen sprechen! Was gilt das eigene Leben, wenn Tausende geschändet und gemordet und Abertausende verschleppt werden. Jedes Mittel ist recht, um diesem kulturschändenden Treiben ein Ende zu setzen. Nur aus Anstand und Sitte kann sich Neues formen. Alles in ihr sagte ja zu dem Entschluß, zu dem sie und ihre Freunde sich durchgerungen hatten. Nichts konnte sie mehr bestärken als das eben gehabte Erlebnis.

V.

Nach dieser ersten Fahrt folgten Wochen und Monate in unermüdlicher und zermürbender Arbeit, die einerseits ein immerwährender Kampf gegen die schier unüberwindliche Not des täglichen Lebens war – das Gespenst des Hungers, des Erfrierens, der Krankheit und der Hoffnungslosigkeit ging noch immer um – und andererseits ein Kampf gegen die nunmehr unverhüllten Bemühungen, anstelle der bisherigen freien Wirtschaftsform ein Kollektivsystem nach sowjetischem Muster aufzubauen. Dazu kam der Kampf gegen das diktatorische Auftreten einer Partei, die sich zum absoluten Werkzeug der Besatzungsmacht machte und gegen alles vorging, was eine andere Ansicht vertrat und sich dabei auf die anfänglich zugesicherte demokratische Zusammenarbeit in freier Meinungsäußerung berief. Es war ein sehr ungleicher Kampf, da die eine Seite systematisch aller Hilfsmittel wie Rundfunk und Presse beraubt wurde, während die andere all das in der Hand hielt, was ihre Positionen festigte, und auch vor Lüge und Verleumdung nicht zurückschreckte. Skrupellos wurden Tatsachen verfälscht. Gewissenlos wurden zu einem nahen Termin Zukunftsbilder projiziert, zu deren Verwirklichung jede Voraussetzung fehlte. Asoziale Leistungsprämien wurden ausgeworfen, die ausschließlich jenen zugute kamen, die führende Posten innehatten und damit allzuleicht gekauft werden konnten. Es ließ sich mit höchster Wahrscheinlichkeit der Zeitpunkt berechnen, an dem diejenigen liquidiert wurden, die als Bremsklotz fungierten und sich nicht als käuflich erwiesen hatten.

Die kleine Widerstandsgruppe war in den Wohnungen von Dr. Walther oder Irmgard Heintze in unregelmäßigen Abständen heimlich zusammengetroffen, hatte sich beraten und erforderliche Gegenmaßnahmen gemeinsam beschlossen. Ob Linkssozialist oder Rechtsdemokrat, ob liberal oder christlich-sozial, sie verband ein Ziel: Überleben! Dr. Walther und Irmgard Heintze waren in dieser Zeit einige Male zum Zwecke persönlicher Aussprache in Berlin gewesen, während Burgner in kürzeren Zwischenräumen regelmäßig die frühere Reichshauptstadt aufsuchte und Artikel, aber auch Privatpost, die einer Kontrolle ausweichen sollte, überbrachte. Durch derartig unzensierte Veröffentlichungen war es gelungen, manche für die Allgemeinheit gefährliche Planungen unmöglich zu machen, zumindest aber zu verschieben. So blieb der Widerstand einer kleinen Gruppe nicht ohne seine beabsichtigte Wirkung. Erhöhte Wachsamkeit war geboten, da mit einer Beschattung gerechnet werden mußte. Vorsorge für die materielle Sicherheit von wehrlos ausgelieferten Familienmitgliedern im Falle einer Verhaftung wurde eine zusätzliche Aufgabe für Irmgard. Alle diese Gegenmaßnahmen und alle Besprechungen hielt Dr. Walther in seinem Tagebuch fest, von dessen Existenz nur Dr. Franck etwas wußte.

Eine günstig lautende Nachricht, die eine heimliche Hilfe für Kranke, Alte und Kleinstkinder andeutete, ließ eine baldige Reise wieder notwendig erscheinen. Das letzte Drittel des Monats Oktober war dafür vorgesehen.

Es war ein leuchtender Herbsttag, an dem Irmgard wieder einmal dem Bahnhof zuschritt. Doch diesmal lag eine unerklärliche Unruhe über ihr. War der ungewöhnlich schmerzliche Abschied der Mutter wirklich nur der Ausdruck eines alternden Herzens für die quälende Unsicherheit, die jeder Tag mehr und mehr mit sich gebracht hatte, oder war es das unfaßbare Ahnungsvermögen einer zärtlichen Mutter? Hatte Irmgard in den vielen öffentlichen Referaten der letzten Wochen zu deutlich ihre Ansichten bekundet? Das waren die Fragen, die sie auf ihrem Weg beschäftigten. So sehr sie auch überlegte, nichts Auffallendes oder Ungewöhnliches hatte sich ereignet, das Anlaß zu einem Aufschieben dieser Fahrt hätte sein können. Überarbeitung, so meinte sie, ein paar Tage Ausruhen würde man einschalten müssen, und damit schob sie gewaltsam die bedrängenden Gedanken von sich.

Suchend ging sie jetzt an dem Zug entlang, der aus uralten, schon längst einmal abgestellten Wagen zusammengesetzt war. Überall hatte man herausgeholt, was nur zu holen war. Die neueren deutschen Waggons liefen jetzt in Polen, in der Tschechei, in Rußland. Der sonst so pünktliche Dr. Walther war nicht zu entdecken. Nur wenige Minuten fehlten noch bis zur Abfahrt des Zuges, sie mußte einsteigen. Sie blieb am Fenster stehen und überdachte die durch seine Abwesenheit veränderte Situation. Am besten würde es sein, entgegen der ursprünglichen Abmachung den Zug in R. nicht zu verlassen und einfach bis Berlin durchzufahren. Im Westsektor konnte man in Ruhe das Weitere abwarten. Schon setzte sich der Zug in Bewegung, als die Tür zu ihrem Abteil aufgerissen wurde und Dr. Walther aufsprang.

»Na, das hätten wir ja noch geschafft! Stellen Sie sich vor, die Uhr war stehengeblieben, ohne daß ich es bemerkte. Ein Glück, daß unsere Züge nicht mehr mit deutscher Pünktlichkeit verkehren«, stieß er atemlos hervor.

»Weiß Gott, lieber Walther, sollte das nicht eher ein schlechtes Omen sein?«

»Hauptsache, daß wir es geschafft haben«, lachte er sorglos zurück. »Ich bin eigentlich recht froh, daß wir selbst wieder einmal sehen werden, was in Berlin los ist. Ehrlicherweise muß ich Ihnen gestehen, daß mir die Fahrten Burgners etwas auf die Nerven gingen.« Um aber Irmgard von dem etwas überraschenden Bekenntnis abzulenken, fügte er hinzu: »Lassen Sie uns die kurze Fahrt dazu benützen, um das Wichtigste allein durchzusprechen.«

Irmgard überreichte ihm einen Umschlag. »Bitte, nehmen Sie den an sich. Er enthält einige wichtige Artikel, die als Erwiderung auf irreführende Veröffentlichungen im *Neuen Deutschland* gedacht sind. Lesen Sie sie vorher noch durch.«

Walther entfaltete die Blätter und las mit Bedacht eines nach dem anderen, während Irmgard hinaus in die fliehende Landschaft blickte. Ein merkwürdig erhebendes und fremdes Gefühl wollte sie nicht verlassen. Sie sah die endlose Fläche verbrannter Erde, aus der vereinzelte Baumstümpfe wie in stummer Klage herausragten. Sie war so sehr in ihre Gedanken versunken, daß sie zusammenfuhr, als des Begleiters Stimme zu ihr drang: »Wenn wir in Berlin nichts anderes erreichen würden als die Veröffentlichung dieser Artikel, hätte sich die Fahrt bereits gelohnt.«

»Damit wäre ich aber keineswegs zufrieden. Diesmal müssen wir etwas Positives mit nach Hause nehmen. Wir dürfen nicht vergessen, daß über andere eine Hölle hereinbricht, wenn uns etwas passiert.«

Wider Erwarten stimmte Walther ihr zu: »Sie haben recht! Sagten Sie nicht, daß Sie auch in dieser Beziehung bereits schriftlich etwas angebahnt hätten?«

»Es bestehen berechtigte Hoffnungen, daß ich in Berlin ein Antwortschreiben auf einen herausgeschickten SOS-Brief vorfinde. Nur, versprechen Sie mir bitte eines, erzählen Sie Burgner nichts davon und halten Sie ihn von den sich möglicherweise ergebenden Besprechungen fern, bei denen ich Sie aber zugegen wissen möchte. Ferner möchte ich, daß er diesmal nicht an den Zusammentreffen mit Stein und Grundmann teilnimmt.«

Erstaunlicherweise wurde auch darauf bereitwilligst eingegangen. Vermutlich hatte doch Dr. Scheeler ihren wiederholt geäußerten Bedenken Nachdruck verliehen, daß ein solcher Umschwung erreicht werden konnte.

Die kleine Station, an der sie beide in den Personenkraftwagen überwechseln sollten, war erreicht. Nach einer flüchtigen Begrüßung nahm Irmgard wie immer neben dem Fahrer Platz, während Walther es sich auf dem Rücksitz bequem machte.

»Irgend etwas ist mit dem Wagen los«, erklärte Burgner, »ich möchte ihn deshalb erst noch einmal in meiner Reparaturwerkstatt durchsehen lassen, wozu wir allerdings 15 Kilometer zurückfahren müssen.«

»Wozu zurückfahren? Das kann ebensogut in einer am Weg gelegenen Werkstatt geordnet werden«, entgegnete sie schroffer, als es ihrer sonstigen Art entsprach.

Burgner ließ sich nicht aus der Ruhe bringen: »Natürlich könnte man das. Bei den augenblicklichen Verhältnissen ist es nur sehr fraglich, ob uns auch dort geholfen werden kann. Anders ist es in einer Werkstatt, in der ich bekannt bin.«

»Zurückfahren ist nicht gerade sympathisch, aber wenn es sein muß, dann fahren wir halt. Schließlich ist es besser, wir treffen mit einer nur einstündigen Verspätung ein, als daß wir unterwegs liegenbleiben«, entschied Walther begütigend.

So wendete der Wagen und fuhr ein Stück des Weges, den man

soeben mit der Bahn gekommen war, zurück. Die unvermeidliche Spannung überbrückten die Männer mit einem leichten Gespräch. Auf der Durchfahrtsstraße des kleinen Kreisstädtchens hielt der Fahrer plötzlich vor dem einzigen größeren Gebäude an und verließ ohne weitere Erklärung den Wagen.

»Sagen Sie, Dr. Walther, ist das nicht die Kommandantur, in die Burgner eben hineinging?«

»Ja. Gleichzeitig ist aber auch die Bürgermeisterei dort untergebracht. Wahrscheinlich will er noch wegen des Fahrbefehls etwas regeln.«

Merkwürdig! Sollte ihm das jetzt erst eingefallen sein? Im allgemeinen pflegte man solche Dinge vor Antritt der Fahrt klarzumachen, um Schwierigkeiten bei den häufigen Kontrollen auszuweichen. Außerdem war auch nur von einer Reparatur gesprochen worden.

»Aber sehen Sie, dort kommt er schon. Übrigens fällt mir heute auf, daß er eine viel straffere Haltung als sonst hat. So gefällt er mir eigentlich viel besser«, unterbrach Walther Irmgards Betrachtungen.

Tatsächlich, der da die Stufen elastisch herabsprang, war ein veränderter Burgner, zielbewußter. In der Hand hielt er ein zusammengefaltetes Papier. »So, das wäre getan. Nun kann es gleich losgehen«, bemerkte er leichthin, als er den Wagen erreicht hatte. Doch vorher breitete er das Papier aus, es war der allgemein übliche, also nicht mehr rote Fahrbefehl, zog seinen Füller heraus und trug sorgfältig und deutlich in die Rubrik »Mitfahrende« ein: 1. Frau Irmgard Heintze, 2. Dr. Kurt Walther.

Mit mäßiger Geschwindigkeit rollte der Wagen zum Zweck der angeblichen Reparatur der Werkstatt zu.

VI.

Mitten durch die kleine Ortschaft R. schlängelte sich die früher einmal stark befahrene Fernverkehrsstraße 1. Ordnung, in deren Asphalt deutsche und sowjetische Panzerkolonnen tiefe Spuren eingegraben hatten. Damals benutzten sie nur noch wenige motorisierte Fahrzeuge, und die trugen zudem überwiegend die Nummernschilder der Besatzungsmacht. Am Ausgang des Ortes hinter der letzten scharfen und unübersichtlichen Kurve lag schnurgerade die von der Oktobersonne beschienene Straße wie ein breites silbernes Band inmitten weiter Felder. Im Hintergrund stieg dunkel ein Stück noch unbeschädigten Waldes auf. Auf der rechten Seite, ungefähr 150 Meter hinter der Kurve, jedoch etwas abseits von der Straße, befand sich das letzte Wohnhaus von R., in dem die Hausfrau so wie alle Tage ihrer gewohnten Arbeit nachging. Die Straße hatte längst keinen Reiz mehr, und so bemerkte sie nicht einmal, daß drei Personenwagen abbogen und auf dem freien Platz rechts vom Wohnhaus parkten. Erst als ein russischer Offizier und einige in lange Ledermäntel gehüllte Männer, denen etwas unschlüssig in respektvoller Entfernung ein deutscher Volkspolizist folgte, vor ihr standen und sie ansprachen, fuhr sie erschrocken ob des unwillkommenen Besuches zusammen. Einer der Männer, anscheinend ein Dolmetscher mit unverkennbar russischem Akzent, bedeutete ihr, dem Offizier für nur kurze Zeit ein im ersten Stock liegendes, der Straße jedoch zugewandtes Zimmer zur Verfügung zu stellen. Sie selbst sollte ihrer Arbeit unbekümmert nachgehen und sich jedoch nicht von dem Grundstück entfernen. Nichts würde ihr geschehen, ginge es doch nur darum, einige »Verbrecher« dingfest zu machen. In dieser Situation blieb ihr nichts anderes übrig, als den Offizier in das kleine Wohnzimmer zu führen, von dem aus alle Vorgänge auf der Straße gut zu beobachten waren. Nach einem kurzen Wortwechsel entfernten sich die Männer und nahmen Aufstellung am Straßenrand – nicht ohne der Frau noch einmal einzuschärfen, daß sie mit keinem Wort und keiner Geste die Verbrecher zu warnen habe. »Sonst, Frau, schlecht für dich!« Dabei hielten sie in nicht mißzuverstehender Weise die gespreizten Finger gitterförmig vor das Gesicht. Lächerlich, wie hätte sie die Bedrohten wirklich warnen können? Eine Möglichkeit dazu war nur dann gegeben, wenn sie die Straße erreichen würde, die aber bereits blockiert war. Doch ihre Neugierde war geweckt, und sie überlegte, wie sie, ohne sich selbst zu schaden, Augenzeuge der bevorstehenden Ereignisse werden konnte. Der rückwärtige Holzschuppen erschien ihr günstig, denn von dort aus konnte man durch die Bretterritzen in der Türe den davorliegenden Platz im Auge behalten. So nahm sie einen Eimer zur Hand und schlenderte, ganz ihrer häuslichen Arbeit hingegeben, zum Holzschuppen hinüber und verschwand in ihm. Die Türe zog sie vorsichtig hinter sich wieder zu. Die Männer achteten nicht auf sie. Sie gaben dem Vopo gerade noch letzte Anweisungen, wie er sich auf ihr Zeichen hin auf die Straße zu stellen und das Fahrzeug anzuhalten habe.

Indessen rollte ein kleiner grauer DKW die Straße entlang. Kaltblütig und entspannt saß Otto Burgner am Steuer. Auch der aufmerksamste Beobachter hätte an ihm nicht die geringste Erregung feststellen können. Ein belangloses Gespräch tröpfelte hin und her. Jetzt fuhr man in R. ein, die Bahn war passiert, die letzte Kurve noch, dann konnte man wieder Gas geben, um von der verlorenen Zeit etwas aufzuholen, so dachten es sich zwei der Insassen, während der dritte es besser wußte. Plötzlich standen, wie aus dem Boden gewachsen, zehn oder zwölf Personen auf der Straße, eine Polizeiuniform darunter gab ein offizielles Gepräge.

»Straßenkontrolle?« murmelte Irmgard Heintze fragend. Im gleichen Moment wurde ihr aber auch schon die Bedeutung dieser Kontrolle klar. Die Bremsen knirschten, die Türen wurden aufgerissen. Diabolisch grinste Burgner den herangetretenen Russen an: »Nun hätte ich Sie beinahe noch umgefahren!« Der reagierte darauf nicht, sondern forderte kurz angebunden die Papiere; ein flüchtiger Blick hinein, dann der Befehl: »Steigen Sie aus!« Mit einem Begleiter verschwand Burgner im Wohnhaus. Jeder Nerv an Irmgard war gespannt. Sie sah auf die Straße, den Zündschlüssel, der noch steckte. Aber wenige Schritte vor dem Wagen standen in einer geschlossenen Kette die Männer, eine Hand immer in der Manteltasche vergraben. Derjenige, der Burgner angesprochen hatte, lümmelte in der offenen Wagentüre und beobachtete sie scharf. Der deutsche Polizist war zur Seite getreten und hielt den Kopf gesenkt. War doch noch eine Spur von Scham in ihm ob seiner Mitwirkung an diesem Stück? Irmgard sah ein, daß sich keine Chance zum Entkommen bot. Unter diesen Umständen muß nun auch Dr. Walther klargeworden sein, daß sein Vertrauen zu Burgner ein verhängnisvoller Trugschluß war und daß mit diesem Augenblick ein Leidensweg begann, dessen Ende unabsehbar war. Vom Wohnhaus herüber kam barhäuptig der Offizier und forderte die beiden auf, den Wagen zu verlassen.

Jeder Widerstand, jedes Schreien wäre sinnlos gewesen. Stumm bestieg Irmgard den ihr zugewiesenen Wagen, in dem noch drei der Männer und der Fahrer Platz nahmen. Um ihr den Ernst der Situation zu demonstrieren, brachte man eine Maschinenpistole in Anschlag. Vier bewaffnete Männer, dazu diese Waffe, und das alles wegen einer wehrlosen Frau! Welche Unsicherheit spricht daraus, dachte Irmgard geringschätzig. Aber sie sah noch etwas! Sie sah, wie sich die Türe des Schuppens öffnete, eine Frau heraustrat und sich, ohne aufzublicken, nach dem Wohnhaus entfernte. Würde diese Frau über das Mitangesehene schweigen oder die Gefahr des Weitergebens auf sich nehmen? Irmgard hoffte das letztere.

Vom Volkspolizisten gelenkt, fuhr der kleine DKW in den Ort zurück. Burgner und der Offizier aber waren nirgends zu sehen. Viel später erst wurde ihr die Gewißheit, daß er seine Fahrt nach Berlin in einem russischen Wagen und in russischer Begleitung fortgesetzt hatte, um auch Grundmann in einen Hinterhalt zu locken. 30.000 Mark brachte ihm dieses Geschäft ein, ein rundes Sümmchen für den Verrat von acht Menschen. Und er würde alles tun, um diese Quelle nicht versiegen zu lassen.

Zu dieser Stunde aber preschten zwei russische Wagen mit einer deutschen Frau und einem deutschen Mann als Gefangene durch die sonnenbeschienene Landschaft dahin. Es war die Fortsetzung des Krieges mit anderen Mitteln, aber nicht minder brutal. Dazu gehörte auch, daß man aus dem besiegten Land herausholte, was ging. Alles konnte man im reichen Siegerland brauchen, selbst die Nähmaschinen der Hausfrauen. Auch hintergründige Geschenke gehörten dazu, z. B. Villen, die einem gar nicht gehörten, was aber der großartigen Geste keinen Abbruch tat. Wer es aber wagte, über solche Danaer-Geschenke die rechte Beleuchtung einzuschalten, war ein Verbrecher und Faschist, ein Demagoge und Reaktionär. Wie oft noch würde Irmgard Heintze solche Bezeichnungen auf sich angewandt hören müssen. Vorerst einmal ging es dem Schicksal entgegen, über dessen Erbarmungslosigkeit sie sich keine Illusionen machte. Unentwegt schaute sie zum Fenster hinaus, Sträucher und Bäume, Häuser und sehr viele Ruinen huschten vorüber, aber auch neugierige oder erschrockene Blicke fing sie auf. Alles das ist die Heimat, für die man sich eingesetzt hat und wofür man jetzt bezahlen sollte, genau wie der Soldat, der für seine Pflichterfüllung Tod oder Gefangenschaft auf sich nahm. Man war eine unter vielen, doch nicht darauf kam es an, sondern auf das Bewahren der Heimat. Und sie wußte sich einig mit den Millionen, die so wie sie dachten, das konnte ihr nicht genommen werden. Sie sah zum erstenmal so richtig die Gesichter ihrer Begleiter im Wagen an. Nein, sie bereute nichts und wird es niemals bereuen.

»Kalt?« fragte eine Stimme neben ihr.

»Nein!« kam es fast schroff zurück.

Aber diese Frage genügte, um sich mit ihren Gegenspielern zu befassen. Sie sah ein Grinsen auf den falschen Gesichtern der dunklen Rundschädel, und eine jähe Welle des Hasses wollte sie überfluten, von der sie im selben Moment wußte, daß sie töricht und ungerecht war. Diese Männer folgten nur Befehlen und taten nicht mehr oder weniger als ihre Pflicht. Man mußte ihnen zugute halten, daß sie an die Notwendigkeit solcher Befehle glaubten, denn Kritik setzt eigenes Denken und Erkenntnisse voraus, die sich unter Diktaturen nicht entwickeln können. Und so griff sie, wenn auch zögernd, zu der angebotenen Zigarette. Diese persönliche Bereitwilligkeit sollte sie aber unmittelbar darauf bedauern, denn sie schien von ihrem Begleiter falsch verstanden worden zu sein. Der rückte peinlich nahe an sie heran und stieß sie mit dem Ellenbogen an: »Nu, Frau!« Sie begriff. So drückte sie die Zigarette wieder aus und warf sie zu Boden. Sie hüllte sich fest in ihren Mantel ein und rückte ostentativ, so weit sie eben vermochte, in ihre Ecke. Auch der andere hatte verstanden und entfernte sich wieder, während er leise fluchte: »Verdammte Njemka!«

Man war in eine der ehemals schönsten Großstädte eingefahren, an deren Peripherie noch die luxuriösen, vielräumigen Villen über die grausamen Verwüstungen des Stadtkerns hinwegtäuschten. Vor einem mit einem hohen Bretterzaun umgebenen Grundstück hielt der Wagen an. Die Männer sprangen hinaus und bedeuteten auch Irmgard auszusteigen. Von ihnen in die Mitte genommen, wurde sie durch einen parkähnlichen Garten in ein Haus geführt, von dem noch ein Fluidum kultivierter Würde ausging, das aber jetzt zum Sitz einer Institution degradiert worden war, deren Wirken Schrecken und Grauen verbreitete. Wohl hat sich der Name im Lauf der Zeit mehrfach gewandelt, nicht aber Methode und Ziel. Die Leibesvisitation ließ Irmgard mit kühlem Hochmut über sich ergehen, ehe sie von einem Zimmer ins andere gezogen wurde. Stunden vergingen. Der Russe hatte keinen Begriff für Zeit, er wartete mit stoischer Gelassenheit. In diesem Hause aber wurde das Warten als erste Tortur der Eingelieferten gehandhabt, denn man wußte, wie zermürbend dieses Warten für Deutsche war. Die Nacht war längst hereingebrochen, als man sich endlich an Irmgard zu erinnern schien. Man brachte sie in ein ungewöhnlich großes, mit dicken Teppichen ausgelegtes Zimmer, das taghell erleuchtet war. Hinter dem mächtigen, mit rotem Tuch bespannten Schreibtisch saß ein Bär von einem Mann in voller Uniform. Strähniges schwarzes Haar fiel tief in das schwere Gesicht mit starken Backenknochen. Gefährlich glimmende Augen ließen Irmgard vom Augenblick ihres Eintritts an nicht mehr los. Mit einer Handbewegung forderte er sie auf, an dem kleinen rohen, offenbar für Vernehmungszwecke hingestellten Tisch Platz zu nehmen. Nicht weit von ihr ließ sich ein jüngerer Zivilist, der Dolmetscher, nieder.

»Frau Heintze«, so eröffnete der Mann mit den protzigen Goldepauletten das Gespräch, das von dem Dolmetscher in dem gleichen Tonfall übersetzt wurde, »wissen Sie, wo Sie sich befinden?«

»Man hat es bisher nicht für nötig befunden, mir über Ziel und Zweck dieser seltsamen Fahrt etwas zu sagen, und ich bitte, mir zu erklären, warum man mich gewaltsam hierhergeschleppt hat.«

»Sie befinden sich vor der höchsten sowjetischen Militär-Dienststelle, vor dem General der sowjetischen Spionageabwehr!«

Diese mit einer unnachahmlich theatralischen Geste hervorgestoßenen Worte erzielten keineswegs die beabsichtigte Wirkung.

»Und was soll ich hier? Ich protestiere gegen die Anwendung von Gewalt!«

Der General ließ sich ein Aktenstück reichen. »Frau Heintze, hören Sie genau zu. Ich habe hier von einem unserer Vertrauensleute einen Bericht über Sie. Er ist gut, sehr gut sogar. Ich weiß, Sie haben sehr viel für die werktätige Bevölkerung getan, aber was Sie jetzt getan haben, war gar nicht gut. Frau Heintze« – und jetzt steigerte er seine Stimme zu voller Lautstärke, ja, er brüllte es fast hinaus –, »Sie sind eine Spionin geworden!«

»Ich – eine Spionin?« war die ehrlich erstaunte Gegenfrage.

»Ja, ja – eine kleine Spionin! So ein alter Bulle wie ich kennt alle Tricks!«

Der General begann dröhnend zu lachen, und pflichtschuldigst fiel der Dolmetscher ein. Mit dem Finger der ausgestreckten Hand wies er auf die vor ihm sitzende Frau und lachte – lachte wie über einen Witz, der ihn köstlich amüsierte. Angeekelt von dieser würdelosen Komödie, jedoch keineswegs außer Fassung gebracht, fixierte Irmgard Heintze diesen Mann, der immerhin als General dem berüchtigten NKWD vorstand, bis sein Gelächter fast abrupt aufhörte. Doch jetzt sprach unverhüllter Haß aus seinen Augen, als er seinen Oberkörper vorbeugte und beide Arme breit auf den Schreibtisch legte, während seine Hände in gleichmäßigem Rhythmus übereinanderschlugen.

»Jawohl«, stieß er hervor, »und Sie sind nicht erst jetzt eine Spionin, Sie sind es schon seit vielen Jahren. Hier, haben Sie das geschrieben oder nicht? Lesen Sie! Gehen Sie vor den Spiegel, und lesen Sie selbst!« Damit warf er dem Dolmetscher das Aktenstück zu, der damit vor einen seitwärts angebrachten Spiegel trat. Vollkommen beherrscht erhob sich Irmgard. Auf den ersten Blick erkannte sie, daß es sich um Kopien handschriftlicher Privatbriefe handelte, die sie Dr. Walther zur Weiterbeförderung nach Berlin übergeben hatte. Gewiß, es waren Briefe an Freunde in den USA, die offen von der unvorstellbaren Not ihrer Stadt sprachen und um dringende und baldige Hilfe baten. Briefe dieser Art durfte man nicht ungestraft in der sowjetischen Zone aufgeben, da es sich um Tatsachen handelte, die durch Feststellungen internationaler Kommissionen längst kein Geheimnis mehr waren.

»Ja, das habe ich geschrieben. Sie wissen so gut wie ich, daß es die reine Wahrheit und nichts als die Wahrheit ist. Wie wollen Sie das mit Spionage begründen?«

»Oh, Sie sind eine gute Schauspielerin, aber eine schlechte Spionin«, war die überraschende Feststellung. In unveränderter Haltung, aber sich zur Sachlichkeit zwingend, fuhr er fort: »Sie werden sehen, ich weiß noch mehr, ich weiß alles! Als Sie die ersten derartigen Briefe schrieben, habe ich Sie nicht wichtig genommen. Ich hatte große Geduld mit Ihnen, aber solche Aussagen kann ich nicht dulden, denn Sie verleumden darin ein großes Land, das dem Ihren nur helfen will. Sie sind politisch anderer Meinung, das wäre nicht schlimm, denn nirgendwo in der Welt gibt es eine größere Meinungsfreiheit als bei uns, darum haben wir auch in Deutschland alle Parteien zugelassen. Das Volk soll erzogen werden. Sie als Mitglied eines Parteivorstandes hetzen das Volk gegen uns auf, anstatt es zu erziehen. Und trotzdem wird Ihnen nichts geschehen. Ich gebe Ihnen mein Ehrenwort als General, daß Ihnen nichts geschehen wird. Sie werden in einigen Tagen wieder zu Hause sein und werden ganz in unserem Sinne für die Werktätigen arbeiten. Es wird für Sie wieder alles gut werden, aber Sie müssen uns jetzt die Wahrheit sagen, die volle Wahrheit! Wir kennen sie zwar, aber wir wollen sie von Ihnen selbst hören, damit wir wissen, ob wir Ihnen weiter vertrauen können. Sie werden jetzt essen und dann alles aufschreiben. Haben Sie mich verstanden?«

Wie plump, wie unerhört plump, dachte Irmgard, aber sie machte sich nichts vor, dieser Mann war eine gefährliche Bestie – Zuckerbrot und Peitsche. Laut erklärte sie: »Ich habe nichts niederzuschreiben!«

»Gehen Sie und schreiben Sie die ganze Wahrheit. Ich habe Ihren Dr. Walther gesprochen. Er ist hier im Haus und schreibt bereits alles nieder, denn er ist klug und erst 36 Jahre alt! Er will noch leben, verstehen Sie, er will *leben!*« Wieder verlor er jegliche Selbstbeherrschung, als er keinen Zug der Schwäche in dem Gesicht der Deutschen erkennen konnte. Er sprang auf und schrie sie an: »Raus mit Ihnen!«

Auch Irmgard hatte sich erhoben. »Ich habe noch eine Frage: Wo ist Burgner?«

Diese Frage versetzte ihn in eine maßlose Wut. »Das geht Sie einen Dreck an! Aber eines sollten Sie noch wissen: Morgen verhaften wir Dr. Scheeler und Dr. Franck. Herrn Liebelt, Herrn Lundberg, Frau Walther, Herrn Hofmann und Herrn Grundmann werden wir auch noch kriegen!«

Bei den letzten Worten hatte Frau Heintze das Zimmer schon grußlos verlassen. Keine Bewegung verriet die ungeheure Erregung, die durch diese Namen in ihr hervorgerufen wurde. Ein Offizier übernahm sie im Vorzimmer des Generals und brachte sie in einen kleinen Raum. Ein Stoß Schreibpapier, Tintenfaß und Federhalter wurden auf den ebenfalls rotbespannten Schreibtisch gelegt, sogar Zigaretten und Feuerzeug wurden nicht vergessen. »Es ist besser, Sie schreiben. Man wird Ihnen gleich zu essen bringen.« Damit verließ er sie und begab sich in den Nebenraum, ohne jedoch die Türe zu schließen. Sie war allein. Doch das Bewußtsein, auch jetzt noch beobachtet zu werden, ließ die Wohltat einer Entspannung ihres inneren Aufruhrs nicht zu. In ihr brannte der qualvolle Schmerz, daß den Freunden nicht mehr zu helfen wäre, die zu dieser Stunde ahnungslos in ihren Betten ruhten, und daß kostbarste Zeit unaufhaltsam verging, die für sie noch die Rettung in die Freiheit sein könnte. Zu dem Wissen um kommende, unvermeidbare Ereignisse und zu der eigenen Rat- und Hilflosigkeit kam noch die Angst um alle diejenigen dazu, deren Namen zwar nicht gefallen waren, die aber in gleicher Abwehr standen und allein schon durch die persönlichen Beziehungen zu ihr, der *Spionin,* diskreditiert wurden. Sie war sich klar, daß der Parteiapparat schon zu arbeiten begann, der den Angeklagten reif für ein Geständnis machen sollte. Von ihr würde Übermenschliches verlangt werden. Jedes Wort, zu dem man sich zwingen ließ, jeder Ausdruck ihres Gesichtes, jede unbeherrschte Bewegung konnten eine verhängnisvolle Wirkung haben. Dieses Wissen um eine unbedingt notwendige und niemals nachlassende Selbstkontrolle gab ihr den Mut zu einer Maske, die sich auf ihre sonst so beweglichen Züge legte, ihr selbst zum Schutz wurde und den Gegner verwirrte oder zumindest unsicher machte.

Eine Ordonnanz brachte ihr warmes Essen, das sie jedoch nicht anrührte. Vor nunmehr 20 Stunden hatte sie ein kleines Frühstück zu sich genommen, doch alle physischen Bedürfnisse und Regungen wurden von der unerhörten psychischen Anspannung verdrängt, die sie rein körperlich unempfindlich machte. Noch einmal trat der Offizier in die geöffnete Tür mit seinem drängenden: »Schreiben Sie doch!« Es war, als spräche er in einen leeren Raum hinein.

Sie begann nachzudenken. Das Papier vor ihr blieb leer. Was man aus der Vergangenheit nimmt und was verwirft, verdeutlicht uns. Die Verantwortlichkeit dieses Auswählens zeigt unsere Persönlichkeit. Jeder Weggenosse muß zurückgelassen werden. Da war nichts niederzuschreiben.

»Kommen Sie!« Wortlos folgte sie dieser Aufforderung. »Geben Sie Ihren Schmuck her!« Langsam streifte sie die beiden Ringe von den Fingern, löste die Uhr vom Handgelenk und legte alles mit fast vorsichtiger Gebärde auf den Tisch. Plumpe Hände griffen rasch danach. Eine Stimme diktierte: ein Ring – gelbes Metall mit einem großen weißen Stein; ein Ring – gelbes Metall; eine Armbanduhr! Gold – gelbes Metall! Ach, gleichgültig! »Unterschreiben Sie!«

»Ich unterschreibe nicht, was ich nicht selbst lesen kann!«

»Sie sind sehr vorsichtig! Es wäre besser für Sie, Sie wären schon früher so vorsichtig gewesen«, war die ironische Antwort, auf die einzugehen sich nicht lohnte. Mit rascher Schrift schrieb sie nieder: »Es wurde mir abgenommen: ein goldener Ring mit Kamee; ein goldener Siegelring; eine Damensportuhr, Schweizer Fabrikat«, Datum, Unterschrift. Dann schob sie das Stück Papier zurück. Das auf russisch geführte erregte Palaver wurde von einem eintretenden Offizier unterbrochen, der Irmgard aufforderte, ihm zu folgen. Wieder glitt eine große Limousine mit russischen Offizieren und einer deutschen Frau in der Mitte durch dunkle, von Trümmern gesäumte Straßen und hielt endlich an der Seitenpforte eines drohend aufragenden Gebäudekomplexes – das Gefängnis! Eine vergitterte, eiserne Tür öffnete sich. Mit ihren Begleitern betrat Irmgard Heintze den Aufnahmeraum. Kurz danach führte ein russischer Posten sie durch einen schmalen Gang. Wieder tat sich klirrend eine eiserne Tür auf und fiel mit einem lauten, fast schmerzhaften Krachen ins Schloß zurück. Zum erstenmal überfiel Irmgard ein Frösteln. Die graue gewaltige Halle, an deren Seiten sich Tür an Tür drängte; die steile eiserne Wendeltreppe, die sich in der Mitte emporschraubte und die Stockwerke miteinander verband; die neugierig grinsenden Gesichter der Wachmannschaften, deren Aufzug aus einer Kombination von militärischer und ziviler Kleidung bestand, alles verbreitete Furcht und Schrecken, noch gesteigert durch das grelle Licht, das unbarmherzig bis in den entferntesten Winkel drang. Fast körperlich fühlbar überfiel Irmgard Heintze hundertfaches, nein tausendfaches Leid; sinnlose Schreie gequälter Kreaturen, die nie durch diese dicken Mauern nach draußen drangen. In dieser Stätte voll zweckmäßiger und nüchterner Härte, einst erbaut zum Wägen von Schuld und Sühne, ballte sich Unmenschlichkeit, Brutalität und Gewalt. Wer durch dieses Tor ging, konnte in Wahrheit jede Hoffnung auf Gerechtigkeit vergessen. Wer hier eintrat, war bereits ein Toter für die Außenwelt, auch wenn seine Schreie pausenlos durch diese Halle gellten, an deren undurchdringlichen Mauern sie ungehört erstickten. Hinter jeder Tür ein lebender Leichnam! Was für ein Totenhaus, dachte Irmgard mit Schaudern.

»Komm, Frau!« Willenlos kletterte Irmgard die eiserne Stiege hinauf, und eine Zelle nahm sie auf. Sie sah sich nicht um, als die Tür hinter ihr krachend ins Schloß fiel und die Riegel vorgeschoben wurden. Ein unbescholtenes, sauberes Leben versank unabwendbar, und ein Grab tat sich auf. Regungslos verharrte sie an der Tür. Ihre Augen durchstreiften die kleine Zelle, die von einer schirmlosen Birne hell erleuchtet war; sie glitten über den kleinen Wandtisch, das schmutzige Regal zur Aufnahme der wenigen, falls vorhandenen Habseligkeiten; das kleine schmale Fenster, das noch mit einer Holzblende von außen abgedichtet war, damit kein Lichtstrahl und keine Luft hereindringen konnten; das herabgelassene Wandbett, auf dem eine zerrissene, dreiteilige Matratze lag, deren Inhalt hervorquoll, und in der Ecke, gleich neben der Tür, eine verbeulte und verdreckte Schüssel mit einem leeren Wasserkrug. Die muffige Gefängnisluft nahm ihr den Atem. Mit ein paar Schritten war sie an der gegenüberliegenden Wand und stellte das Fenster hoch. Hier nun also würde sie vegetieren müssen, losgelöst von allem, was Leben hieß. Jeder Bettler draußen war ein König gegen die Verdammten hier. Er hatte wenigstens die Landstraße und die Hoffnung, daß eine Tür sich öffnen und eine mildtätige Hand ihm eine Gabe reichen würde. Sie taumelte. Trotz ihres Ekels warf sie sich mit einem erstickten Schluchzen auf das nackte Bett. Lautlos rannen ihr die Tränen über das Gesicht. Ein armseliges Bündel »Mensch« krümmte sich unter einem qualvollen Schmerz. Und durch den engen Raum geisterten die letzten Worte des vergangenen Morgens: Diesen Tag vergesse ich nie in meinem Leben! Die, die diesen unfaßbaren Satz getan hatte, war die – Mutter. Oh, ahnungsvolles, weises Mutterherz, das sich nicht täuschen und betrügen läßt. Und sie flüsterte, was alle im Augenblick tödlichster Gefahren tun – was der sterbende Soldat auf dem Schlachtfeld flüstert: Mutter, Mutter! Dann nahm die Erschöpfung sie auf und hüllte sie in einen ohnmachtähnlichen Schlaf.

VII.

Pünktlich um sechs Uhr morgens ertönte die Klingel. Als nächstes folgte ein Fußtritt oder Faustschlag an die Türen. Zur Vervollständigung des Konzertes brüllten die Wachmannschaften »Aufstehen – Aufstehen!« durch den Zellentrakt. Eine solche unmißverständliche Aufforderung konnte auch der Erschöpfteste nicht überhören. So wurde Irmgard Heintze zum erstenmal aus einem von wirren Träumen gepeinigten kurzen Schlaf in die Wirklichkeit zurückgerufen. Mit ihren Händen versuchte sie sich die Ohren zuzuhalten.

In den einzelnen Stockwerken wurden Türen geräuschvoll aufgerissen und wieder zugeknallt. Alles hier geschah mit Krach und Getöse. Sie vernahm zwar Männer- und Frauenstimmen, doch sie blieben leerer Klang. Im Kostüm mit Mantel stand sie mitten in der Zelle, und sie fror jämmerlich, denn die Nächte dieses Oktobers waren empfindlich kalt. Über allem Denken und Fühlen lag eine eisige Starre, sie war ausgebrannt und leer. Automatisch setzte sie einen Fuß vor den anderen und begann, die Schritte von dem Fenster bis zur Tür zu zählen. Es waren genau sechs kurze Schritte. Sie drehte sich und wollte ihre sinnlose Tour fortsetzen, doch mitten in der Bewegung hielt sie inne. Das Schloß ihrer Tür wurde geöffnet, und ein Augenpaar musterte sie mißtrauisch. Da stand die Frau in der Zelle und der fremde Soldat in der offenen Tür, zwei unüberbrückbare Welten. Er war keiner der ganz Jungen, und sein Mantel schlotterte offen um die verwahrloste Gestalt, dann wanderten die Augen des Mannes in einer fast hündisch-demütigen Art hin zu dem leeren Krug. Er machte Zeichen, die die Frau verstand. Ganz langsam ging sie zu der Ecke, nahm den Krug und stellte ihn vor die Tür. Der Mann nickte. Hinter ihr krachte die Tür ins Schloß, und ein Schlüssel wurde herumgedreht. Sie war wieder allein. Viel Zeit würde es brauchen, um sich an solch einfache Begebenheiten zu gewöhnen und zu begreifen, daß man nie mehr selbst eine Tür würde öffnen können, wenn man es wünschte; und daß jede Minute des Tages und der Nacht unter einer unerbittlichen Kontrolle stand. Aber welche Bedeutung hatte hier noch die Zeit? Sie nahm wieder ihre unterbrochene Wanderung auf und ging hin und her. Der schmerzende Kopf konnte noch keine Gedanken fassen. Nur einmal tauchte ganz kurz das Bild eines gefangenen Tieres vor ihr auf, das unentwegt an den Stäben eines engen Käfigs entlangwanderte, unermüdlich und unter einem dumpfen Zwang – genau wie sie jetzt.

Das Schließen und Türzuschlagen nahm kein Ende. Es kam immer näher, und schließlich war sie an der Reihe. Wieder eine wortlose Geste des Wächters. Auf dem schmutzigen Steinboden, dicht an der Tür, lag ein Kanten trockenes Brot mit einem Klecks Rübenmarmelade, daneben eine verbeulte, mit großen abgeblätterten Stellen verzierte Emailleschüssel voll hellgelb gefärbten Wassers, das nicht das Wort Kaffee verdiente, und ein gefüllter Wasserkrug. Das Entwürdigende dieser Situation wurde ihr schmerzhaft bewußt. Ganz schmal waren ihre Lippen, als sie sich langsam bückte und alles in ihre Zelle trug. Dabei beobachteten sie die Augen des Mannes. Sie konnte ja noch nicht ahnen, daß er einer der wenigen Gutmütigen war. Der Blechnapf mit seinem undefinierbaren Inhalt stand auf dem kleinen Tisch, in dessen Holz Namen, merkwürdige Zeichen und Daten geschnitzt waren, daneben lag das Brot. Sie verspürte auf einmal Hunger. Ganz deutlich sah sie den verschmutzten Boden vor sich. Sie konnte das Brot nicht brechen, und sie konnte auch nicht die Lippen an diesen verbeulten Napf legen, der schon längst in den Müll gehörte. Voller Ekel wandte sie sich ab und ging wieder hin und her. In ihr wuchs die Furcht vor der Persönlichkeitszerstörung.

Die einzige praktische Tätigkeit der Posten, für die sie auffallend hoch bezahlt wurden, schien darin zu bestehen, Türen aufzureißen und wieder zuzuschlagen. Diesmal mußten die Schüsseln herausgestellt werden. Auch Irmgard tat das. Daß sie aber nichts angerührt hatte, war dem Posten nicht recht. Beinahe traurig schüttelte er den Kopf: »So nicht gut!« Entschieden aber lehnte er die Rückgabe des Brotes ab, und ein unverständlicher Redeschwall ergoß sich über Irmgard, ehe sie wieder allein sein durfte.

Sie wollte ihre Gedanken ordnen, doch es gelang ihr nicht. Auf den Gängen schrien die Posten und fluchten. Etwas später würde sie wissen, daß keine Sprache der Welt so viele und so entsetzliche Flüche enthielt wie die russische. Nicht nur aus den Mündern der Soldaten stürzten sie; Männer und Frauen jeglichen Bildungsgrades, ja selbst die Kinder bedienten sich ihrer sorglos bei jeder passenden und unpassenden Gelegenheit. Die verhängnisvolle, bereits eine Generation währende Erziehung eines Volkes, die keine Ehrfurcht vor den Mysterien des Lebens mehr kannte, enthüllte sich am deutlichsten in der Sprache des Alltags. Spätere Generationen würden nicht ohne Scham an die Ausdrucksform dieser Epoche zurückdenken können.

Die Neuen kannten den Sinn dieser Flüche noch nicht, das Ohr wurde nur verletzt durch den unverkennbar erbarmungslosen Klang. Das sich ergebende Geräusch durch das Heben und Senken der Klappe am Spion irritierte. Darum setzte sich Irmgard auf das Fußende ihres Bettes und verbarg den Kopf hinter der schmalen Heizung, die nicht in Betrieb war. Auch das war eigentlich verboten, doch der beobachtende Posten ließ sie gewähren. In den Mauern hob geheimnisvolles Leben an, überall klopfte es leise in bestimmtem Rhythmus – die Sprache der Gefangenen. Es klopfte auch an ihre Wand, einmal, zweimal, dann hörte es auf. Der Nachbar begriff wohl, daß dort ein Neuer war, der nach einem tödlichen Sturz in den Abgrund noch etwas Zeit benötigte und sich daher noch verkroch. Was war geschehen? Irmgard atmete, aber sie tappte wie blind, wie mit zerbrochenen Gliedern in diesem Abgrund herum. Durch das Gehirn zogen Bruchstücke des Geschehens, zusammenhanglos. Es war alles so unsagbar quälend – eine nicht mehr heile Welt! Instinktiv suchte sie einen Halt, und aus dem Dunkel stiegen plötzlich Gesichter auf. Da war zunächst das Gesicht einer gütigen alten Frau – ihrer Mutter –, die mitten in der Nacht aufschreckt und die Dunkelheit befragt; ein anderes, das sich in sorgender Menschenliebe über ein Krankenbett beugt, und ein geistvolles drittes, dessen wissende Augen die Ferne durchforschen. Die drei Gesichter neigten sich ihr jetzt zu, wurden überdeutlich, flüsterten ihr Worte zu. Es waren gute, trostreiche Worte; Worte des Glaubens und Vertrauens. Sie lauschte und streckte die Arme nach den Gesichtern aus; sie blieben, und sie würden immer bei ihr sein. Langsam lösten sich die ersten Tränen. Sie stürzten nicht hervor, sondern sie rannen nur langsam die Wangen herunter. Sie wußte kaum, daß sie weinte. Sie dachte an unzerstörbare Dinge, an die Kraft der Liebe, die nicht an Ort und Zeit gebunden war. Das war das Licht in diesem Dunkel, das unverändert leuchtete und sie führte. Aber es war noch mehr. In diesem Moment erkannte sie erst die volle Bedeutung; die Würde und Größe der drei Menschen, die sie, ihr selbst bisher unbewußt, geformt und ihr Handeln bestimmt hatten. Ihr wurde klar, daß nun ein neuer Lebensabschnitt begann, der nichts mit der Außenwelt zu tun hatte. Die Zelle war Anfang oder Ende. Und das war der Anfang einer Welt, in der die späte Reife kommen sollte. Und so verrannen die Stunden, die bedrückende Enge der Zelle wurde gegenstandslos. Ein Mensch hatte begonnen, die zerstörenden Kräfte seines Schicksals auf seine Weise abzuwehren und neu geboren zu werden. Keine Geburt ohne schmerzvolle Wehen, diese sollten Wochen und Monate dauern, und viele dunkle Stunden sollten kommen. Sie stand erst am Anfang ihres Leidensweges. Aber ein Licht leuchtete, und ein Quell speiste.

VIII.

Zwei Tage und drei Nächte hatte Irmgard Zeit, sich mit den Gepflogenheiten eines NKWD-Gefängnisses vertraut zu machen. Glockenzeichen befahlen sowohl das Wachwerden als auch das Einschlafen. Die Wache hatte ihr auch die Verbote eingebleut. Verboten war, am Tage auf der Pritsche zu liegen, war bequemes Sitzen und das Anlehnen an die Wand; wenn es nicht klappte, gab es Karzer. Sie hatte noch keine Vorstellung davon, wie ein Karzer hier aussehen mochte, aber an seiner Unangenehmheit bestand kein Zweifel. Ein Tag dauerte 17 Stunden, von morgens sechs bis nachts um elf Uhr, nur von drei kümmerlichen Mahlzeiten unterbrochen, die zwar reichlich genug waren, um ein Schwein zu füttern, aber zu schlecht, um es gesund zu erhalten. Eine Schüssel voll dickem grauem Wasser mittags mit einigen darin schwimmenden ungereinigten Mohrrübenstücken und abends mit zählbaren Graupen. Dazu gab es noch 500 Gramm Brot. Aber alles das waren nicht die Dinge, die Irmgard am Anfang sonderlich berührten. Sie überwand sich sogar und fischte den kärglichen Inhalt heraus.

Wirklich schlimm und eine echte Nervenbelastung waren die nächtlichen Postenspiele, an denen sich auch die Kalfaktoren und eine deutschsprechende Gefangene beteiligten. Da tobte eine wilde Meute durch die Gänge, es krachte an den Zellentüren, Wasser wurde verspritzt, mit den Eßnäpfen der Gefangenen Fußball gespielt und auf umgekehrten Tischen die Stiegen heruntergeritten. Zu allem Überfluß wurden draußen im Hof auch noch die Hunde bis aufs Blut gereizt, was ein stundenlanges, rasendes und am Ende heiseres Gebell zur Folge hatte. Kurz, von elf bis zwölf Uhr nachts, war die Hölle los. Dann aber war Wachablösung, und die neuen Posten begannen rücksichtslos ihre Runde, die Spione klappten auf und zu, und endlich trat Ruhe ein. Die Posten wickelten sich in ihre Mäntel und legten sich hin, wo immer sie gerade standen. Sie schliefen den Schlaf der Gerechten! Nur der Gefangene vermochte die aufs äußerste verkrampften Nerven nicht so rasch zu entspannen. Das irrsinnige Gebell der gequälten Köter ließ ihm seinen eigenen Jammer merklich deutlich werden, bis auch das langsam verebbte und ein kurzer Schlaf, von Alpträumen zerrissen, ihn die trostlose Wirklichkeit vergessen ließ. Das war das Fazit der ersten zwei Tage und drei Nächte.

Ein Szenenwechsel trat am dritten Tag ein. Am Vormittag wurde die Tür geöffnet, und neben dem Posten stand der *Holer.* Er führte sie durch den Gang die Stufen hinauf, durch eine stark gesicherte Tür, endlose Gänge entlang, Treppen hinunter und hinauf und an Türen vorbei, hinter denen nichts Wohnliches war. Sie waren im Gerichtsgebäude mit seinen unzähligen Zimmern. Und plötzlich stand sie in einem solchen. Sie saß vor einem kleinen aufgedunsenen NKWD-Major, dem Untersuchungsrichter, dessen schwarze flinke Augen die Vorgeführte einzuschätzen versuchten. Ein Dolmetscher befand sich noch im Raum – ein junger, arroganter Kerl mit verlebten Zügen, in dessen Augen Bosheit und unverhohlener Haß lauerten. Es war eine angespannte Atmosphäre, die sich bald entladen mußte. Irmgard spürte das und wappnete sich dagegen mit kühler Beherrschtheit. Der Major sah nicht vom Schreibtisch auf und las von einem Blatt ab:

»Name?«

»Irmgard Heintze.«

»Alter?«

»45 Jahre.«

»Amtstitel?«

»Dezernentin.«

»Eingeliefert?«

»28. Oktober 1947.«

Warum sie nach Berlin fahren wollte? – Dienstliche Verhandlungen im Allgemeininteresse.

Sie sei Vorstandsmitglied der Stadtgruppe einer bürgerlichen Partei gewesen? – Ja!

Sie habe sich in diese Partei eingeschlichen, um ihre schon seit Jahrzehnten ausgeübte Spionagetätigkeit weiter und noch besser ausüben zu können? – Falsch, sie habe weder früher noch jetzt irgend etwas mit Spionage zu tun gehabt.

Da schrie sie der betriebsame Bursche zum erstenmal an: »Lügen Sie nicht so schamlos! Wir wissen es, denn wir haben die Beweise in der Hand!« Und er klopfte auf seinen Aktenstoß. »Gestehen Sie!«

»Erstens verbitte ich mir diesen Ton, zweitens verlange ich einen Verteidiger und die Benachrichtigung meiner Verwandten«, war die zwar energische, aber immer noch ruhige Antwort. »Und wofür bin ich überhaupt angeklagt?«

Das war zuviel, und so geiferte der Jüngling los: »Sie haben sich gar nichts zu verbitten, verstehen Sie! Unser Verfahren beinhaltet keine Anklage, es untersucht nur. Wir fragen, und Sie antworten. Und sollte es zu einem Prozeß kommen, so wird der Staatsanwalt Ihr bester Verteidiger sein. Eine Benachrichtigung von Angehörigen ist überflüssig. Wir können mit Ihnen machen, was wir wollen. Wir haben ganz andere Mittel in der Hand, um Sie zum Reden zu bringen. Und wir werden sie anwenden, verlassen Sie sich darauf. Der Beweis für Ihre illegale Tätigkeit, damit Sie es genau wissen, ist in den Aussagen von Dr. Walther angegeben. Der ist nicht so dumm wie Sie!«

Scharf schlug sie zurück: »Ich lehne jede Verhandlung mit Ihnen ab und verlange einen Dolmetscher, der weniger rüpelhaft und parteiisch ist. Ich verlange auch eine Gegenüberstellung mit Dr. Walther, da er solche Aussagen nicht gemacht haben kann.«

Sprachlos starrte ihr Gegenüber sie an. Eine Gefangene »verlangt«; so etwas war ihm in seiner bisherigen Praxis noch nicht vorgekommen. Eine Frau, eine Njemka, die auf Einschüchterungsmethoden nicht wunschgemäß reagierte und nicht auf Anhieb winselnd zu Kreuze kroch – lachhaft. Ganz schmal wurden seine Augen, als er endlich nach dem Überwinden der ersten Verblüffung loslegte: »Das könnte Ihnen so passen! Bis zum Ende werde ich Ihr Dolmetscher sein, und ich werde dafür sorgen, daß Sie die Strafe erhalten, die Ihre Unverfrorenheit verdient. Schuldig oder unschuldig, das interessiert uns nicht. Die Gegenüberstellung mit Walther werden Sie bekommen, wenn es uns paßt, und dann werden Sie noch weinen lernen. So weit will ich Sie kriegen!«

Der Major sah verständnislos von einem zum anderen, denn er verstand in der Tat kein Wort von dem raschen deutschen Wortwechsel. Aber sein langsam arbeitendes Gehirn begriff doch, daß hier etwas schiefzulaufen drohte, was seiner Absicht, durch ein schnelles Geständnis der Deutschen das Wohlwollen seiner Vorgesetzten zu erwerben, gefährlich werden konnte. Darum fuhr er seinen Gehilfen erregt an, der ihm in der gleichen Weise parierte. Wenn zwei Russen streiten, dauert es geraume Zeit, bis sich ihr Wortschatz erschöpft hat. Es gab Augenblicke, in denen die Annahme durchaus berechtigt war, daß Tätlichkeiten greifbar nahe waren. Schließlich siegte aber doch das Rangabzeichen des älteren Offiziers, und etwas kleinlaut wandte sich der Dolmetscher an die Gefangene: »Wann sind Sie Agentin des amerikanischen Geheimdienstes geworden?« Irmgard ignorierte diese Frage und sah unbeteiligt geradeaus. Wohl oder übel begegnete sie dabei dem Blick des sie gespannt beobachtenden Offiziers. »Antworten Sie! Wir wissen, daß Sie eine Spionin sind! – Bitte, antworten Sie doch endlich.«

Wie schwer mochte diesem Jüngling diese manierlichere Form gefallen sein. Als auch jetzt keine Antwort kam, schob der verdrossene Major geräuschvoll seinen Stuhl zurück und stapfte auf seinen kurzen Beinen durch das Zimmer zur Tür hinaus. Das schien dem Dolmetscher ein bedrohliches Zeichen zu sein, weshalb er das Alleinsein nutzte, um die Deutsche doch noch zum Sprechen zu bringen. Ölig schmeichlerisch begann er: »Bitte, bitte antworten Sie mir endlich!« Als auch das nicht verfing, erhob er sich, trat in ihre Blickrichtung, legte mit der schelmisch wirkenden Gebärde eines kleinen Jungen die Hände zusammen und versuchte so auf etwas ungewöhnliche Weise einen neuen Start. Die Fruchtlosigkeit des Unternehmens war nicht zu übersehen, und resigniert ging er auf seinen alten Platz zurück. Während tiefes Schweigen im Zimmer lag, rückten die Zeiger der Uhr an der Wand langsam, aber beständig weiter. Eine Stunde war so vergangen, als sich die Türe endlich wieder öffnete und der Major mit einem jüngeren Oberleutnant eintrat, der ihm an Gewandtheit überlegen war. Dieser ließ sich von dem Dolmetscher berichten, dann setzte er sein hübschestes Lächeln auf und wandte sich verbindlich Irmgard zu: »Ach, du lieber Himmel, warum antworten Sie denn dem Dolmetscher nicht mehr?«

»Ich bitte, mir zunächst zu sagen, ob der Dolmetscher Ihre Zustimmung für Beleidigungen und Drohungen hat.«

»Aber nicht die Spur! Ein reines Mißverständnis!«

»Nun, da er sie anzuwenden beliebt, verlange ich einen anderen und geeigneteren Dolmetscher. Das ist alles.«

»Wir haben im Augenblick keinen anderen Dolmetscher zur Verfügung, vielleicht aber morgen. Er wird von nun an Fragen und Antworten korrekt übersetzen. Mein Wort darauf. Das Protokoll wird Ihnen Satz für Satz in Ihrer Sprache vorgelesen werden. Sie können Ihre Aussagen dann selbst kontrollieren.«

Irmgard hegte berechtigte Zweifel an der Korrektheit eines solchen Verfahrens, doch hielt sie es für ratsamer, nicht durch eine weitere Weigerung die Angelegenheit auf die Spitze zu treiben. »Danke!«

Mit einer höhnischen Erklärung an den Major verschwand der Oberleutnant. Danach begannen wieder die Fragen, die alle grundsätzlich von einem vollendeten Tatbestand ausgingen, was unweigerlich, wenn auch in gemäßigterer Form, zu entsprechenden Kontroversen führte. Immerhin, der Major kam mit seinem handschriftlichen Protokoll etwas besser voran, zumal er besonders verfängliche Fragen zunächst vermied. Jede Antwort, die er schriftlich festhalten konnte, begleitete er mit einem befriedigten »Tak«. Unaufhörlich rückte der Zeiger der Uhr vor, Stunde um Stunde verging. Kurz vor elf Uhr vormittags hatte Irmgard dieses Zimmer betreten. Jetzt, um 18.30 Uhr, lehnte sich der Major in seinen Sessel zurück und knurrte: »Genug für heute; abtreten.« Er drückte auf einen unter der Schreibtischplatte angebrachten Knopf, der das Signal für den Wärter auslöste. Wenige Minuten später war Irmgard wieder in ihrer Zelle, vor deren Tür noch immer das erkaltete und nunmehr besonders übel riechende Essen stand, auf das sie gerne verzichtete. Draußen im Gang setzte der Kalfaktor bereits neue Schüsseln nieder. In einer Stunde würde sie die allabendliche Graupensuppe empfangen. Sie brach sich kleine Stücke von dem Brot und nahm, an ihnen kauend, ihre Wanderung wieder auf, während sie versuchte, sich zurückzurufen, was sie gesagt hatte, was man herausfinden wollte und wie sie sich schützen konnte. Es schien nicht mehr viel Zeit zu sein, denn noch hatte sie die Abendsuppe nicht empfangen, als sie der Wärter schon wieder zum Mitkommen aufforderte. »Die da oben haben Gefallen an Ihnen gefunden«, meinte er grinsend. Es war ein Grundsatz des NKWD, alle Hauptvernehmungen nachts zu führen. Als sie dann in ihre Zelle zurückkehren durfte, hatte sie ein 17stündiges Verhör mit jener Unterbrechung am Abend hinter sich. Erschöpft warf sie sich auf ihr Bett und hüllte sich in die fleckige, dünne Baumwolldecke, die man ihr inzwischen gegeben hatte. Nur zwei Stunden Ruhe waren ihr in dieser Nacht vergönnt.

Der neue Tag begann wie der vorhergehende und endete wie alle anderen. Doch er wies ein Ergebnis auf, das Irmgard noch lange beschäftigen sollte. Sie hatte sich, zunächst wenigstens, einen anderen Dolmetscher erzwungen, einen ebenso jungen Mann, aber mit weicheren Zügen und ruhigerem Wesen. Seiner betont femininen Art widerstrebten grobe Aufforderungen. Seine Erfolge schienen nicht ausschließlich auf der Dolmetscherebene zu liegen, was sich noch erweisen sollte. Auf dem Schreibtisch vor ihm lagen Stöße von beschlagnahmter Privatpost, darunter auch West-Zeitungen und Manuskripte von Referaten. Er hatte die Aufgabe, Brief um Brief mit ihr durchzugehen und belastendes Material aufzuspüren. Was sich als ungefährlich erwies, schichtete er auf einen gesonderten Stoß, was aber auf eine politische Färbung hindeutete, behielt er zurück. Während dieser stundenlangen Sichtung fiel ihm ein Schreiben in die Hand, das sich keineswegs in ihrem Schreibtisch, sondern zur Beförderung bereits im Besitz von Dr. Walther befunden hatte und das offen die sowjetfeindliche Einstellung des Schreibers bekundete. Irmgard Heintze war zutiefst erschrocken, ging es doch dabei um einen Menschen, der ihr nahestand und der unter keinen Umständen in diese Affäre hineingerissen werden durfte. Sie wußte, daß es gar nicht mal eines Faktums bedurfte, um schon als Mitwisser angeklagt zu werden. Irmgard gefror förmlich das Blut in den Adern, als der Dolmetscher jetzt halblaut einige Sätze vor sich hin las. »Sie haben eine weitläufige Korrespondenz geführt? Sehr interessant.« Plötzlich blickte er zu ihr auf. An seinem Blick war unzweifelhaft zu erkennen, daß er sich über die Tragweite dieses Schriftstückes im klaren war. Lächelnd hielt er ihr den Bogen Papier hin, und ohne sie aus den Augen zu lassen, fragte er: »Was ist das?«

Auch Irmgard sah ihn fest an. Kein Muskel in ihrem Gesicht zuckte, als sie antwortete: »Eine rein private Notiz, nichts weiter!«

»Rein privat?« kam es gedehnt zurück, während seine Hand auf das Papier klopfte. – »Ja!« – Noch immer zögerte er, dann, endlich, geschah das Unbegreifliche, er faltete aufreizend langsam das Schriftstück zusammen, streckte den Arm aus und legte es auf den Stoß der belanglosen Privatbriefe. »Also rein privat«, wiederholte er dabei mit eigenartiger Betonung. Nun erst ließen seine Augen sie los, und gleichmütig griff er zum nächsten Brief.

Irmgard hätte aufschreien können über diesen unerwarteten Ausgang, der über Freiheit oder Gefängnis eines Menschen, der ihr lieb und teuer war, entschied. Doch nur der aufmerksame Beobachter hätte das leichte Zusammensinken feststellen und als Reaktion auf eine übermenschliche Anspannung deuten können. Der Dolmetscher hatte sich bereits in das vor ihm liegende Blatt vertieft. Aber der Major? Jetzt erst bemerkte sie, daß der ein großes Stück Speck bearbeitete, wovon er unwahrscheinlich große Brocken auf die Spitze seines Taschenmessers spießte und in den Mund schob. Diese Tätigkeit nahm seine Aufmerksamkeit voll und ganz in Anspruch.

Was aber hatte den Dolmetscher zu seinem Handeln bewogen? Hatte ihm die Haltung der Frau gefallen? Hatte ihn nur seine Eitelkeit dazu verführt, oder stand er gar in Opposition zum eigenen Regime? Unberechenbare russische Seele, die immer anders reagiert, als man erwartet. Fast unaufmerksam folgte sie dem weiteren Verlauf der Vorgänge. Ohne Zögern gab sie eigene Aussprüche zu, die sie belasten mußten. Das alles war nicht mehr wichtig. Wichtig war einzig und allein nur, zu verhindern, daß Unbeteiligte mit hineingezogen wurden.

Der Major hatte inzwischen die sich selbst gestellte Aufgabe bewältigt. Ungeniert rülpsend lehnte er sich behaglich in seinen Sessel zurück und schloß die Augen. Der Dolmetscher und die Gefangene waren noch für Stunden mit einem Berg von Briefen beschäftigt. Auf die Dauer ist aber auch das Hocken und Dösen in einem Sessel langweilig. So beugte er sich über den Schreibtisch und kratzte mit Inbrunst seinen juckenden Kopf. Das nächste Interesse galt seiner Nase, in der der dicke Finger fast verschwand. Als hier nichts mehr zu holen war, stand er schwerfällig auf und wurde lange Zeit nicht mehr gesehen.

Als Irmgard Heintze an diesem Tag in ihre Zelle zurückkehrte, hatte sie ein 18stündiges Verhör hinter sich. Fragen waren wiederholt und wiederholt worden, Versprechungen und Drohungen hatten sich darunter gemischt. Kaum eine Stunde Schlaf, schneidendes weißes Licht, der Geruch von Antiseptik in den Amtsräumen und Mangel an Nahrung hatten das Verhör verschärft. Es folgten noch weitere 14 Tage, in denen sich diese langatmigen Verhöre wiederholen sollten. Die einzige Ausnahme war der Sonntag. An ihm warf sie sich auf ihre Pritsche und schlief, ohne zu fragen, ob sie es durfte oder nicht. Die Posten hatten ein Einsehen und ließen sie schlafen. Selbst in den Soldaten regte sich leise Mitleid mit der Frau, und Baschmak, der alte Posten, brachte ihr aus eigenem Antrieb den gefüllten Freßnapf in die Zelle und stellte ihn vor ihr auf den Tisch. Schlaf, das wußte er, war für diese Frauen, die nie mehr nach Hause gehen würden, notwendiger als das Essen.

Bei den Verhören der letzten Zeit waltete wieder der erste Dolmetscher seines Amtes. Beschimpfungen und unmißverständliche Drohungen wechselten sich mit widerlichen Schmeicheleien ab. Es war ihr längst egal. Aber sie brach nicht zusammen und stand die Verhöre durch. Es war wenig aus ihr herauszubringen. Es genügte auch dem kleinen Oberst nicht, der eines Nachts breitbeinig vor ihr stand und zu toben begann. Sie musterte ihn nur und bemerkte seine seltsam geformten, abstehenden Ohren, die mitten am wulstigen Rand eine groteske Spitze aufwiesen. Der übergroße Schatten an der Wand, der alle Konturen vergröberte, wies einen Teufel aus, der seine Hörner statt auf dem Kopf auf den Ohren trug.

»Sie sind keine Frau«, brüllte er, »so was wie Sie habe ich hier noch nicht gesehen. Ich werde Sie woanders hinbringen und Ihnen alle Knochen im Leib brechen lassen, wenn Sie nicht endlich gestehen.« Als er keine Antwort bekam, setzte er hinzu: »Dr. Walther hat längst alles gestanden. Ich gebe Ihnen noch eine Nacht Zeit, wenn's dann nicht wird« – und plötzlich stand er mit einem Satz vor ihr, hob seine beiden geballten Fäuste, aber ließ sie nicht niedersausen. Sie hingen in der Luft wie festgehalten. »Reden Sie!« knurrte er zwischen den Zähnen hervor.

Kalt klang es ihm entgegen: »Ich werde nur die Wahrheit sagen, nichts als die Wahrheit, nicht was Sie wollen. Aber die Wahrheit habe ich bereits gesagt.«

Da wandte er sich ab, schrie noch den Dolmetscher an, und mit lautem Krach schlug die Tür hinter ihm zu. Der junge Mann hatte durch das Verhalten des Oberst einen Freibrief für seine eigene Methode erhalten und wandte sie hemmungslos an. Er erreichte nicht mehr als schon zuvor.

Am nächsten Tag wurde Irmgard nicht geholt. Die Ruhepause tat ihr gut, zudem durfte sie baden. Sie hatte noch immer kein Handtuch, keine Seife, keine Zahnbürste. Am Ende des Ganges war eine größere Zelle mit einer Badewanne. Sowohl der Boden als auch die Wanne wiesen noch alle Spuren der Benutzung auf. Was braucht's auch sauber zu sein für diese Deutschen? »Zehn Minuten und nicht mehr«, schrie der Posten. Die Tür konnte nicht verschlossen werden. An der Stelle des Spions war ein rundes offenes Loch, so daß jedermann ungehindert hineinsehen konnte. Sie ließ das Wasser laufen und säuberte mit der bloßen Hand notdürftig die Haut. So gut es ging, spülte sie sich mit dem Wasser ab, putzte sich mit dem kleinen bunten Ziertüchlein ihres Kostüms die Zähne, trocknete sich mit dem Hemdchen ab, zog nur die Kleider über und wusch schnell noch die Unterwäsche und die Strümpfe aus. Sie war noch nicht einmal fertig, als der Posten die

Türe öffnete. »Schluß, Frau!« In der Zelle angekommen, breitete sie die Wäsche aus und wickelte sich die Decke um, denn die Heizung wurde nur am Mittag für kurze Zeit lauwarm. Man mußte sich warm laufen. An die Wände klopfte es; durch die Mauern liefen Gedanken, Ängste, Trotz und Geheimnisse. Aber sie vermochte sich nicht zu konzentrieren, um die Zahl der Schläge mitzuzählen und auf diese Weise Buchstaben zu Wörtern zusammenzusetzen. Sie hatte nur das Bedürfnis, in Ruhe gelassen zu werden. Doch der Schein trog. Es wurde aufgeschlossen. Neben dem Posten stand der diensthabende Offizier, ein Mongole, »Tsching-Tsching« nannte sie ihn, und so nannten ihn alle im Haus: »Sachen packen.«

Da gab es nichts zu packen. Sie raffte die nassen Wäschestücke zusammen und folgte den beiden Männern. Es ging nicht weit. Wieder öffnete sich eine Tür, und sie stand in einer Zelle, die nichts aufwies – kein Wandbett mehr, kein Tischchen, keinen Hocker –, nichts, nur die nackten Wände und den Steinboden. Sie begriff: Haftverschärfung! Auf dem hohen, aber breiten Fenstersims breitete sie die Wäsche aus. Nun gut, man würde auch das überstehen, doch es ging ein bitteres Lächeln über die eingefallenen, jetzt schon arg gezeichneten Züge. Sie tat nichts, als die unterbrochene Wanderung notgedrungen wieder aufzunehmen. Aus der Abendschüssel holte sie stehend die 20 Graupen heraus. Noch vier Stunden oder 240 Minuten bis zur Nachtruhe. In Freiheit fliegt die Zeit nur so dahin, in einer Zelle ohne Bett und ohne Stuhl sind vier Stunden eine Ewigkeit. Sie wurde müder und müder, und immer noch ging sie sechs Schritte hin, sechs Schritte her, hin und her. Sie kannte ihre Zelle so gut, daß sie nirgendwo anstieß. Endlich kam das Zeichen zur Nachtruhe. Die Spione gingen auf, die Posten machten ihren Rundgang. Auch an ihrer Tür war jemand und beobachtete sie, dann entfernten sich die Schritte. Doch sie kehrten zurück, und ungewohnt vorsichtig wurde aufgeschlossen. Es war Baschmak, der hinter sich her eine der üblichen dreiteiligen Matratzen schleifte. Er legte den Finger an den Mund und wartete, bis sie ein Lager ausgebreitet hatte. Kritisch betrachtete er es, dann schlich er sich wieder fort, ohne die Tür abzuschließen; und noch einmal brachte er einen Matratzensatz und fragte: »Gut?« Sie nickte mit dem Kopf und lächelte ihm dankbar zu. Da strahlte er und ging. Doch noch einmal steckte er den struppigen Kopf herein: »Gut schlafen, Frau!«

»Gute Nacht, Baschmak!«, und ehe sie sich auf dem Lager ausstreckte, mußte sie an die Widersprüche in diesen fremden Menschen denken. Dann aber galt ihr letzter Gedanke ihrem Zuhause.

IX.

»Aufstehen! Aufstehen!« brüllte es wieder einmal weniger melodiös als kräftig aus rauhen Soldatenkehlen. Fröstelnd und zerschlagen erhob sich Irmgard. Die Kälte der feuchten Zelle war vom Steinboden an ihr hochgekrochen und hatte sich in die Glieder eingenistet, dagegen hatte auch die doppelte Matratzenunterlage nicht geholfen. Sie erledigte notdürftig die Morgentoilette, was nur in Etappen vor sich gehen konnte, da gerade während dieser Zeit die Posten mit besonderer Vorliebe Aufstellung an den Spionen der Frauenzellen nahmen. Auch dagegen gab es keinen Schutz. Es gab nur das eine: unbändigen Hochmut!

Die Matratzenteile wurden zu einer Art Fauteuil aufgeschichtet, so schuf sie sich die Sitzgelegenheit für den Tag. Damit war die Tagesarbeit schon beendet, und der gewohnte Zellenrundgang konnte beginnen. Tröstlich war die Entdeckung, daß die Holzblende des Fensters einige Zentimeter niedriger als die ihrer früheren Behausung war, was einen Ausblick auf einen schmalen Wolkenstreifen erlaubte. Sie konnte sehen, daß Nebel über dem Land draußen hing und daß ein feiner Regen niederging. Wenn man ein Stückchen weiter hätte sehen können, bis in Mutters Garten, so würden dort noch die roten und blauen Astern stehen. November draußen – und auch hier in der Zelle. Noch etwas konnte sie sehen, nämlich das große Zifferblatt der Uhr an der Kuppel des Gerichtsgebäudes. Das Laufen der schwarzen Zeiger und ein schmaler grauer Wolkenstreifen, das war wenig, aber doch schon viel für einen Menschen in Haft. Insofern bot also die neue Zelle einen Vorteil gegenüber der alten, aber es war auch der einzige, und er würde bald verschüttet sein von etwas Unheimlichem, das in diesem kleinen Raum umging. Wie von ungefähr fiel der Blick auf die kahle Wand und wurde magnetisch von etwas angezogen – offenbar eine kleine Zeichnung. Sie trat näher und erkannte, was diese Zeichnung darstellen sollte. Drei winzige Grabhügel waren es mit einem Kreuz dahinter. Am Fußende jedes einzelnen Hügels stand eine Tafel, und auf jeder Tafel stand ein Name, der Name eines deutschen Gefangenen, darunter noch zwei Daten. Das erste Datum war der Verhaftungstag, das zweite aber lag noch kein Jahr zurück, und wenn sie es bis jetzt noch nicht begriffen hätte, das Kreuz hinter diesem Datum sprach eine deutliche Sprache. Nur unter dem letzten Namen fehlte das Datum; das winzige Kreuz stand verlassen da. Als der Träger dieses Namens hinausgeführt wurde, blieb keiner mehr zurück, der diesen letzten Liebesdienst erweisen konnte, damit die Welt einmal erführe, wie viele Tote es hinter diesen Mauern gegeben hatte. Die Frau stierte lange auf diese strengen Zeichen, dann löste sich der Krampf in einem gurgelnden Laut, der nichts Menschenähnliches mehr hatte. Der sichtbare Tod geisterte durch die Zelle! Alles Elend, alle Ängste, das langsame Sterben dieser drei vollzog sich noch einmal an ihr in jeder Phase des Geschehens. Drei Männer, drei unter den namenlosen vielen, auf die Mütter, Frauen und Kinder heute noch warteten und immer noch hofften. Wie gehetzt suchte sie weiter an den Wänden, alles wollte sie wissen, ja mußte sie wissen. Viele Namen fand sie noch an verborgenen Stellen. Sätze las sie, die ein einziger Aufschrei waren, und irgendwo stand groß und deutlich: »Was taten wir dir, Gott, daß du uns so verstoßen hast? Warum? – Du, Gott!« Gott aber schwieg!

Bisher war nichts, was sie zu Boden hätte zwingen können, doch jetzt vollzog es sich an ihr. Denn schwieg auch Gott, die Wände schwiegen nicht, und wer ihre Sprache vernommen hat, der war gezeichnet ein Leben lang. Um der Gerechtigkeit und um der Wahrheit willen würde er sich durch Schweigen nicht schuldig machen, wenn er aus dieser Stunde hervorgehen sollte.

Sie sah an sich einen langen Zug schemenhafter Gestalten vorüberziehen, Männer und Frauen, viele Frauen! Hört ihr es, ihr dort draußen? Könnt ihr noch lachen und so tun, als sei das alles nicht geschehen? Seht, wie sie mit ihren erloschenen Augen flehend nach euch schauen, wie sie die Hände bittend ausstrecken, und seht das Blut, wie es nicht aufhören will zu tropfen. Die Frau in der Zelle sah sie alle, nannte sie Bruder und Schwester, und sie vernahm den leisen Flüsterton: »Komm, du gehörst zu uns! Schließe dich an an den letzten und wandere mit!« In Schmerz und

Grauen wich sie zurück bis in den letzten Winkel und schlug die Hände vors Gesicht. War das der Wahnsinn, der nach ihr nun griff?

Stunden vergingen, sie wußte nicht wie. Dem Posten fiel das blutlose Gesicht der Frau auf, doch es beunruhigte ihn nicht. Sie tat das Notwendige zwar wie eine Maschine, aber sie tat es doch. Also bestand kein Grund zur Besorgnis. Immerhin schaute er öfter als sonst durch den Spion. Regungslos, mit angezogenen Knien, den Kopf darauf gesenkt, so kauerte die Gefangene auf ihren Matratzen.

Am späten Abend stand Iwan, der Wärter, vor der Tür. Sie folgte ihm wie ein Automat. Er brachte sie diesmal nicht zu dem Major, sondern zu dem Leiter der Vernehmungsabteilung, einem jüdischen Oberstleutnant. Nun saß sie dort und wurde kaum beachtet. Der Oberstleutnant diktierte aus den vor ihm liegenden Protokollen ihrem Major, der mit offenem Mund schrieb. Keine Fragen wurden an sie gerichtet. Nur einmal herrschte der Oberstleutnant sie an: »Was haben Sie hinzuzufügen?« Doch ohne eine Antwort abzuwarten, diktierte er weiter. Warum ließ man sie nichts sagen? Sie hatte doch bisher bis in den Schlaf hinein Rede und Antwort stehen müssen. Das rasch gesprochene russische Diktat schloß die Gefangene aus. Sie war nur ein Zuschauer.

Dazwischen läutete das Telefon, ein langes Gespräch wurde geführt, und ein bekannter Name fiel: Buchwitz. Wer kannte diesen Namen nicht in der Zone? Es war der Name eines vielgenannten führenden Funktionärs der früheren Sozialdemokratischen Partei, der sich auf die Seite der jetzigen Machthaber geschlagen hatte. Der Oberstleutnant wandte rasch den Kopf nach ihr. Es wäre ihm peinlich gewesen, wenn sie durch diese Unvorsichtigkeit den Gesprächspartner erkannt hätte. Ihr maskenhaftes Gesicht verriet ihm nichts, und beruhigt führte er das Gespräch mit »Towarischtsch Buchwitz« in freundschaftlichster Weise zu Ende. Viel Bitterkeit war in ihr. Die Helfershelfer im eigenen Land erschienen ihr verachtenswerter als diese hier. Über sie mochte das Blut der vielen kommen!

Gegen Morgen wurde sie abgeführt. Unverständlich, warum sie dabeisein mußte, aber was war hier schon verständlich. Sie schwieg den ganzen Weg. Iwan tat die Frau leid, deren Bewegungen heute so müde wirkten. Verstohlen blickte er sie von der Seite an. Er wollte ihr so gerne helfen, damit diese Schwere, die er spürte, von ihr wich. Sie mußten durch die Tür, da sprang er vor, riß sie weit auf und ließ die Frau mit einer einladenden Geste, die von einem possierlichen Kratzfuß begleitet wurde, an sich vorübergehen. Er war fast traurig darüber, daß sie seine Ritterlichkeit nicht beachtete. Der Oberstleutnant mußte sie heute sehr gequält haben. Da fiel ihm ein, wie er es sagen mußte, damit sie ihn auch verstünde. Im schmalen Gang hielt er sie am Arm fest, mit der anderen Hand zeigte er nach rückwärts: »Frau, die –«, dann klopfte er mit dem Zeigefinger in bezeichnender Weise mehrmals an seine Stirn. Das deutsche Wort dafür konnte er nicht finden. Er erhielt von ihr ein verzerrtes Lächeln als Antwort. »Frau, lachen serr gutt. Frau, lachen!« Sie nickte nur mit dem Kopf. Dann ließ er sie in die Zelle treten und sagte wie Baschmak am Abend zuvor: »Gutt schlafen!«

Wer aber könnte in dieser Zelle schlafen? In dieser Nacht konnte sie keine Ruhe finden. Sie lag mit geschlossenen Augen auf ihrer dreckigen Matratze und war hellwach. Wie mancher vor ihr und noch viele, die ihr folgen sollten, befand sie sich mitten in einer Krise, die über Tod und Leben entscheiden sollte. Der manchmal in ihr aufsteigende Wunsch, in einen Schlaf ohne Erwachen zu versinken, überkam sie, nahm Formen an und wollte Wirklichkeit werden. Wünsche gehen irre Wege. Ein Schulgedicht fiel ihr ein. Was mochte das kleine Mädchen davon verstanden haben, ehe es vergessen wurde? Hebbels Worte stiegen aus der Tiefe auf, gewannen Gewalt über sie, lockten und versprachen.

»Schlafen, schlafen, nichts als schlafen! / Kein Erwachen, keinen Traum!« / – und wie ging's doch weiter? Manche Verse wollen nicht mehr kommen. – »Kein Erwachen, keinen Traum, – daß ich, wenn des Lebens Fülle / nieder klingt in meine Ruh', / nur noch tiefer mich verhülle, / fester zu die Augen tu!«

Unbewußt fast flüsterten es die Lippen, wieder einmal, zweimal, immer wieder, bis die Worte sich einstellten. Und dazwischen die harte Frage einer fremden Stimme: Was taten wir dir, Gott? –

Verstoßene, das waren wir alle hier in diesem Haus. Das ewig gestellte und niemals beantwortete Warum zermarterte ihr Gehirn. Das Netz einer nie gekannten und nun erbarmungslosen Einsamkeit legte sich um sie. Der regungslos liegende Körper sank immer tiefer in den Frieden der Erde, den sie herbeisehnte. Doch der Mensch, der sich aus dieser Nacht erhob, war ein anderer. Die Laute des Hauses drangen nicht mehr bis zu ihr vor. Sie war zur vollen Verantwortung und Rechenschaft für das bereit, was getan werden mußte. In ihren Händen hielt sie eine unsichtbare Waage. Sie wollte es sich nicht leichtmachen. Alles, was für das Leben wichtig war, wollte sie auf die eine Schale legen, das Unwichtige aber auf die andere – und diese füllte sich schnell. Das Wissen um ein Urteil, das keine Gnade kennen würde, kam einem Todesurteil gleich; gleichgültig, ob es offen auf Tod oder endlose Jahre im Gefängnis lauten sollte. Haft hätte nur dann einen Sinn, wenn sie einen wenigstens in der Heimat beließ, und in dieser Zelle, wußte sie, würde das nicht der Fall sein. Sie aber wollte nicht wie ein Hund in fremder Erde verscharrt werden. Und doch fragte sie sich immer wieder: Was kann noch für das Leben sprechen? Die große, schmerzliche Liebe zu drei Menschen? Würde sie diesen auch, wenn sie jetzt ginge, nicht doch am nächsten bleiben? Konnte man sich durch Jahre schleppen ohne jede Hoffnung? Mußte nicht ein solcher Gedanke für jene furchtbarer sein als das Wissen um ein erlöstes Leiden? Um dieser drei Menschen willen rang sie verzweifelt, inbrünstig. Das kleinste Fünkchen eines fernen Lichtes würde die Entscheidung sein. Da überkamen sie Erinnerungen, Vorwürfe und Hoffnungen. Sie wartete auf Zeichen, aber es gab keine mehr. Und die Schale, in der das Sterben lag, senkte sich bis zur Erde. Nein, es konnte keiner sagen, daß sie es sich leichtmachte.

Als die Glocke dieses Tages den Gefangenen den Schlaf befahl, waren auch für sie die Würfel gefallen. »Fester zu die Augen tu«, sagte sie wieder vor sich hin.

Ein dritter Tag, der nur noch der Art des Sterbens galt, brach an. Nichts war in dieser Zelle, was ihrem Zweck dienen konnte. War es wirklich so? Der suchende Blick fiel auf den eingemauerten Ring an der Wand, der einmal ein Bett gehalten hatte. Er würde auch schwerere Lasten tragen als sie. Doch es bedurfte noch etwas, und dieses Etwas war das Stück Schnur in ihrer Jackentasche, das sie einmal unter einem seltsamen Zwang vom Haken des kleinen Wandregals in ihrer ersten Zelle sorgsam abgewickelt hatte. Der es dort verborgen hatte, war vielleicht schon längst tot. Sie zog die Schnur heraus und prüfte sie. Dünn war sie, doch fest und scharf. Vorsichtig, um nicht ertappt zu werden, immer auf den Schritt des Postens lauschend, stellte sie Versuche an, zunächst am Arm. Sie ließ sich auf die Knie nieder, hängte den Arm in die vorbereitete Schlinge und zog mit einem kräftigen Ruck an. Die Schnur hielt und schnitt tief ins Fleisch, daß es zu bluten begann. Bis zum Abend hatte sie gelernt, wie sie die Schlinge knüpfen mußte, damit die Wirkung eines Messers erreicht würde. So sicher ging sie zu Werke. Am nächsten Tag aber, wenn die Posten schliefen, sollte es vollendet werden, und der Schlaf würde sie umfangen, aus dem es kein Erwachen, keinen Traum mehr gab.

Der letzte Tag dieses Gefangenseins galt nur noch dem Abschiednehmen. Die Stunden des Abschiednehmens sind furchtbar, wenn sie einen das erstemal überkommen. Sie hielt die Augen geschlossen für die Bilder von innen. Zu jedem von ihnen trat sie noch einmal hin. Sie stand ihnen Rede und Antwort und war nicht mehr allein in ihrer großen Einsamkeit. Sie sprach zu ihnen, wie sie nie zuvor gesprochen hatte, und war erfüllt von überströmender Dankbarkeit. Sie hüllte sich ein in diese Liebe, alles Quälende versank, und sie empfing das Verstehen, das aus der Güte großer Herzen kommt. Als die Bilder, die sie rief, wieder gingen, war es ganz still in ihr. Wachsein war nichts als Leere. Sie wartete geduldig auf ihre Stunde. Was hier war, war nur noch leere Hülle. Noch atmete sie und war doch schon tot. Wieder ging sie in der Zelle hin und her und zählte mechanisch die Schritte – sechs hin, sechs her! Die Hand steckte in der Jackentasche und umklammerte das Stück Schnur. Irmgard Heintze war bereit. Schließlich dachte sie noch daran, daß heute Totensonntag war. Bald war es erreicht. »Was taten wir dir, Gott?«, und Gott schwieg!

X.

Jeder Mensch wird geprägt von dem Land, in dem er aufgewachsen ist. Aus seinem Wesen, seiner Sprache, seinem Fühlen und Denken spricht unverkennbar, klar und deutlich seine Heimat. Das Schicksal des Landes wird zum Schicksal seiner Menschen. Unzerreißbare Fäden weben hin und her. Ein kalt berechnendes Hirn vermag wohl auf einer Landkarte neue Grenzen zu ziehen, doch es hat vergessen, die Einheit zwischen Land und Mensch in Erwägung zu ziehen, und diese Einheit wird sich als stärker als alle kühlen Berechnungen erweisen.

Die Heimat Irmgard Heintzes war Grenzland. Und Grenzland war von jeher Schicksalsland. Fruchtbare Ebenen und eine mächtige Industrie, rauschende Wälder und sagenumwobene Berge mit geheimnisvollen Seen hielten den Neid und das Begehren des Nachbarn ständig wach. Seine Bewohner wußten das. Es machte sie verschlossen und grüblerisch. Die Vielfalt ihres Landes spiegelte sich im eigenen Wesen wider. Mißtrauen und naive Offenherzigkeit, Stolz und Bescheidenheit, Ernst und besinnliche Heiterkeit, Fernweh und Treue zur Heimat, Gottverlangen und Altruismus machten sie nachdenklich. Es ist kein Zufall, daß dieses Land der Mystik den dunkel ringenden Jakob Böhme, einen Daniel von Szepko und einen Johannes Scheffler hervorbrachte. Mystisches Gedankengut lebt und webt noch heute im Volk, ebenso wie es seine zahllosen Märchen und Sagen bewahrt und von Generation zu Generation weiterträgt.

Irmgard Heintze war ein echtes Kind ihrer Heimat. Nur so ist es zu verstehen, daß sie nicht im Affekt handelte, sondern tagelang gewissenhaft den eigenen Tod erörterte. Sorgsam hat sie alles bis ins kleinste erwogen. Und so erkannte sie, daß sie dabei nur an sich selbst gedacht hatte. Es begann für sie das Sichaussöhnen mit dem Leid, eine Gefaßtheit im Ertragen, das Wachsen einer soldatischen Tugend, der sich niemand, weder Mann noch Frau, dieser Generation entziehen konnte. Und die Hand war da, die Irmgard im letzten Augenblick gewaltsam zurückriß, und eine ferne Stimme, die befahl: Du mußt leben!

In der Nähe wurden Zellen geöffnet. Schritte näherten sich ihrer Zelle, gingen vorüber, vervielfachten sich und kamen wieder zurück. Solches war noch nie geschehen, solange Irmgard in diesem Haus war. Das Schlürfen, Stoßen, Trappen der Menschen ging den Gang weiter entlang, ließ ihre Tür aus, blieb stehen und kam wieder näher. Sie stand ganz still und starrte ratlos zur Tür. Nur die eine Angst war in ihr, daß jetzt auch bei ihr aufgeschlossen werden könnte. Nur das nicht! Und ihre Türe ging auf. »Vorwärts!« Willenlos gehorchte sie dem Befehl. Sie wußte nicht, ob der Weg kurz oder lang war. Sie wußte nur, daß sie wieder in einer anderen Zelle war, in deren Hintergrund sie verschwommen zwei Frauengestalten wahrnahm. Sie tastete sich zu dem heruntergeklappten Bett und ließ sich mit einem leisen Wehlaut darauf nieder. Die beiden Frauen waren voller Mitleid für die Neue, doch sie fragten nicht; sie lauschten und warteten darauf, daß man auch sie holen würde. Sie nahmen in Gedanken Verhöre vorweg, verteidigten sich und erschöpften sich in Bildern, ehe sie vor dem Untersuchungsrichter standen. Sie kannten die Bedeutung des Vorgangs, denn sie hatten das alles schon miterlebt. Hier und da schüttelte man die Insassen des Hauses durcheinander. Unter welchen Gesichtspunkten man die Zusammen- und Auseinanderlegungen vornahm, konnte keiner sagen. Gerade die scheinbare Sinnlosigkeit, dieses immer wieder aus Raum und Zeit Herausgenommenwerden, das Aufgeben der kleinen Freundschaften mit dem vertrauten Gekritzel an der Wand und dem Sprung im Fensterglas war ein halbes Sterben. Doch daß eine solche Großverlegung in diesem Augenblick geschah, das war das Unfaßbare. In der Zelle war es ganz still. Verlegungen dieser Art benötigten lange Zeit. Die Erfahrenen wußten, daß sie in dieser Nacht nicht mehr zum Ruhen kommen würden. In Irmgard brannten die Worte: von Gott nicht angenommen – nicht angenommen! Es war schwer zu begreifen und schwerer noch, zurückzufinden. Nein, nicht zurück, es galt, den Sprung über den eigenen Tod in eine hoffnungslose Zukunft zu tun. Zunächst war sie von einer Starre gefangen, die die Toten überkommt. Die beiden Frauen wechselten nur leise hie und da ein Wort. Sie hörte es nicht. Da endlich brach die jüngere der beiden den unerträglichen Bann. Sie saß auf einmal neben der Zusammengesunkenen, faßte sie schwesterlich um die Schulter und zog sie sanft an sich: »Es ist gut, daß Sie zu uns gekommen sind. Ich heiße Käthe!«

So einfach war das alles, so selbstverständlich und gerade dadurch eine Hilfe. Über Irmgard leuchteten zwei warme braune Augen. Sie sah das klare, von Angst vertiefte und noch so blutjunge Gesicht, das noch kaum eine Geschichte hatte. Ihr Kopf fiel müde auf die fremde Schulter. So saßen sie lange. Es tröstete, so gehalten zu werden, und das Mädchen gab ihr die Kraft, langsam, ganz langsam die ungeheure Starre zu bewältigen. Ein alter Gemeinplatz tauchte in dem gemarterten Gehirn auf: »Der Mensch bedarf des Menschen sehr!« Für Irmgard war er eine neue Wahrheit. Sie wollte dem Gedanken folgen, doch sie konnte es noch nicht. Die warme Nähe eines Menschen war der Anfang des Erwachens.

Als sich die Türe noch einmal öffnete, lösten sich beide voneinander. Eine vierte Frau trat ein. Sie war ein wenig älter als Irmgard und wirkte mit ihrem scharf geschnittenen Gesicht energisch und zielbewußt. In der Hand trug sie ihre Habseligkeiten, die zu einem Bündel in ihrer Decke verknotet waren. Sie stellte sich vor: »Gertrud!« Als sie sich die Hände drückten, sah Irmgard auch in diesem Gesicht den verräterischen Zug, der sich in tiefen Linien um den Mund eingegraben hatte. Doch der lähmende Bann, der bisher über dem kleinen Raum gelegen hatte, war mit der neu Hinzugekommenen endgültig gebrochen. In den Etagen und in den Gängen ging die Unruhe noch um, aber in dieser Zelle herrschte Ruhe. Sie fingen an zu reden und zu fragen, vorsichtig und behutsam noch. Was sie von sich selbst erzählten, war ohne Pathos und klang beinahe nüchtern.

Gisela, die 40jährige Witwe eines aktiven Offiziers, die mehr als jede andere mit sich beschäftigt war, fing an, von sich zu sprechen: »Mein Mann war auf dem Truppenübungsplatz stationiert, in dessen unmittelbarer Nähe wir auch die Wohnung hatten. Bis die

Kämpfe mit den Russen einsetzten, war alles gut abgegangen. Dann aber war die Hölle los. Mit meinen Kindern kam ich nicht mehr fort.« Sie begann, krampfhaft an den Fingern ihrer Hand zu zählen. So weit hatte auch ihr das Gefängnis das natürliche Verhältnis zu Zahl und Zeit genommen. »Fünf Kinder! Der Älteste, ein Junge, ist jetzt zwölf Jahre alt, und meine Jüngste, ein süßes Mädel, ist noch nicht einmal zwei Jahre. Furchtbar!« Sie zählte nochmals, konnte aber aus ihren Fingern nicht klug werden. »Als dann endlich alles vorüber war, ging die Jagd auf die Frauen los. Na, ihr kennt das ja alle. Das mitanzusehen, blieb aber meinen Kindern erspart, denn im letzten Augenblick schützte mich mein hochschwangerer Zustand. Wir hatten keinen Bissen zu essen. Das Weinen der Kleineren trieb meinen Ältesten hinaus. Er suchte in den Abfällen und bettelte die Russen an. Manchmal brachte er auch ein Stück verschimmeltes Brot an. Schließlich wagte auch ich mich ins Freie, im Vertrauen auf das Kind, das ich trug. Heimlich suchten wir nach meinem Mann, und nach Wochen fanden wir ihn auch unter vielen, die von niemandem mehr gesucht wurden.« Sie fing an hysterisch zu lachen. »Mein Junge und ich luden ihn auf einen Schubkarren und zogen ihn zum Friedhof hin. Gemeinsam schaufelten wir ihm das Grab und legten ihn hinein. Damals war mein Eberhard erst zehn Jahre alt! Und dann wurden wir aus der Wohnung geworfen. Ein großer Teil meiner Wohnungseinrichtung stand bei Wind und Wetter im Freien und wurde schließlich abtransportiert. Beutegut! Später habe ich bei den Russenfrauen saubergemacht, die Kinder brauchten ja etwas zu essen. So ging das bis Anfang des Jahres. Da erschien eines Nachts heimlich mein Bruder, der als Offizier an der Westfront gestanden hatte. Zu meiner großen Freude brachte er uns Lebensmittel mit. Anschließend besuchte er noch meinen Schwager und meine Schwester, die übrigens auch sechs Kinder haben. Auch dort hinterließ er Lebensmittel. In Abständen kam er immer wieder und war drei- oder viermal bei mir. Er sprach bei dieser Gelegenheit auch mit meiner Freundin Elisabeth. Es ist doch nur ganz natürlich, daß wir über die verzweifelten Verhältnisse bei uns gesprochen haben. Ob und wer nun meinen Bruder gesehen und verraten hat, weiß der Himmel. Genug, eines Tages erschien der NKWD bei mir und nahm mich mit. Meine Kinder interessierten nicht, sie blieben allein zurück. Schwester, Schwager und meine Freundin holte man auch, und sie sind jetzt hier im Gefängnis!« Gisela schwieg. Sie hatte die letzten Tatsachen nur noch mechanisch erzählt.

»Mein Gott, was wird aus den Kindern?« fragte Gertrud.

»Ich glaube fest daran, daß sie in guten Händen sind. Und wie lange wird es dauern, und ich bin auch wieder zu Hause! Ich erwarte meine Freilassung.« Und sie lebte wieder auf wie bei einem gesellschaftlichen Ereignis. »Seht her, was ich für die Kinder heimlich gearbeitet habe; man muß ihnen doch etwas mitbringen!« So froh und sicher klang das. Mit kindlicher Freude zeigte sie einige kleine Näharbeiten, die aus alten gestreiften Sträflingskleidern hergestellt waren. Geschenke für die Kinder!

Nachdenklich hielt Irmgard das Lätzchen für die Kleinste. »Gisela, woraus schließen Sie, daß Sie entlassen werden?«

»Der General persönlich hat es mir ehrenwörtlich versprochen. Wenn ich die volle Wahrheit über den Inhalt der mit meinem Bruder geführten Unterhaltung sage, dann komme ich frei, und er selbst wird dafür sorgen, daß ich so schnell wie möglich zu meinen Kindern zurückkomme.«

»Und Sie haben die Wahrheit gesagt und auch erzählt, daß Ihre Freundin einmal zugegen war und daß Ihr Bruder dann noch zu Ihrer Schwester und zu Ihrem Schwager fuhr?«

»Natürlich, es ist doch weiter nichts dabei, und schließlich war es doch alles in der Familie«, antwortete Gisela erstaunt.

»Hm – und Sie glauben tatsächlich an das Ehrenwort des Generals?«

»Aber, Irmgard, es ist doch ein – General!« Die kleine Offiziersgattin wurde fast bitter. »Wissen Sie denn nicht mehr, was ein Kommandierender General ist? Ein Mann mit dicken Achselstücken, Goldkragen, Orden.« Ihre Gedanken gingen über die Jahre zurück, in denen sie ihr enges, zufriedenes Leben gelebt hatte. Aber als sie das Gesicht der anderen sah, fuhr sie nur zögernd fort: »An dem Ehrenwort eines solchen Mannes ist doch nicht zu deuteln. Lachhaft!«

Gertrud und Irmgard hatten sich mit einem Blick verständigt. Während Irmgard noch überlegte, ob man dieser naiv-gläubigen Frau die letzte verbliebene Hoffnung zerstören konnte und durfte, hatte sich Gertrud schon entschieden. »Im Zeitalter Stalins ist es besser für Sie, wenn Sie auf das Ehrenwort eines Generals nicht gar zu fest bauen, Gisela.«

Diese sah von einem zum anderen. »Und was meinen Sie, Irmgard?«

»Ich bin der gleichen Meinung wie Gertrud. Lassen Sie sich sagen, daß mir der General auch so ein ähnliches Ehrenwort gab, das ich allerdings nicht ernstgenommen habe.«

»Nur nicht schlappmachen«, grollte Gisela. »Ich vertraue auf Gott! Er wird alles zu einem guten Ende führen, und er wird auch für meine Kinder sorgen!«

Ein paar Monate später wurden sie, ihre Freundin Elisabeth sowie Schwester und Schwager von einem sowjetischen Tribunal zu 25 Jahren Arbeitslager verurteilt – trotz des Ehrenwortes eines Generals.

Käthes Geschichte war kurz; kleine BdM-Unterführerin, die, im Besitz eines reinen Gewissens, in ihrer Heimatstadt verblieb, dann eine Anstellung als Sekretärin erhielt, in dieser Eigenschaft ohne ihr Hinzutun irgendwelche Belanglosigkeiten niederschrieb, die dem NKWD nicht genehm waren, und nun unter der Anklage antisowjetischer Propaganda stand. Zehn Jahre Arbeitslager, so lautete das Urteil, das bald danach gefällt wurde.

Danach begann Gertrud: »Meine Tochter – meine Ingrid – ist auch hier!« Unendliche Zärtlichkeit und Trauer lagen bei diesen Worten in der Stimme der herben Frau, während die Augen verloren auf die Wand starrten, als könnten sie durch die Steine hindurch bis zu jener Zelle blicken, in der Ingrid sich um die Mutter grämte. Niemand störte das entstandene Schweigen, bis sie in einer fast unbeteiligten Weise fortfuhr: »Es ist nicht viel zu erzählen. Meine Tochter, Chemiestudentin, bekam eine Anstellung als chemische Laborantin. Eine Schulfreundin von ihr lebte in West-Berlin, nachdem sie einen ehemaligen Fliegeroffizier geheiratet hatte. Es kam zu gelegentlichen Besuchen. Der Mann jener

Jugendfreundin soll eine amerikanische Spionagegruppe geleitet haben, so sagen jedenfalls die Russen. Irgend jemand hat auch unsere Namen dabei genannt. Durch die Besuche sind wir selbstverständlich verdächtig, und das genügt. Mein Mann ist inzwischen aus der amerikanischen Gefangenschaft entlassen worden. Wenn er jetzt zurückkommt, findet er nichts mehr vor, weder Heim noch Kind noch Frau.«

Irmgard schaute auf die Hände dieser Frau nieder. Kein Ring, keine Uhr – für die lag wahrscheinlich irgendwo ein unterzeichneter Zettel. Dies ist nur eine Zelle, dachte sie, eine einzige Zelle mit einer Unsumme von Leid. Und doch befanden sich hier nur die Kleinen, die kaum einen Schritt vom Weg gegangen waren. »Kann mir jemand von Ihnen sagen, wieviel Menschen diese wenig gastliche Stätte beherbergt?« fragte sie.

»Als ich eingeliefert wurde, gab es hier rund 800 Verhaftete, im Augenblick dürften es ungefähr 500 sein. Aber das besagt nichts. Transporte kommen und gehen.«

»Und – wohin gehen die Transporte?«

»In ehemalige deutsche KZ-Lager«, warf Gisela eifrig ein. »Die Posten haben es mir in der Waschküche erzählt. Ihr müßt wissen, daß ich hier drei Wochen lang die Wäsche für Offiziere und Mannschaften waschen durfte. Das war leichter zu ertragen, als hier in der Zelle zu sitzen, denn sie brachten uns reichlich zu essen, und außerdem erfuhren wir so manches.« Und Gisela liebte doch eine kleine Unterhaltung, und wenn sie noch so kurz war. »Übrigens war auch Mia dabei«, fuhr sie fort. »Ihr kennt sie doch? Sie ist eine große Sängerin, und ich schwärme fürs Theater. Wenn wir nach dem Läuten aus der Küche kamen, schäkerte ich ein wenig mit den Posten, damit Mia unbeobachtet ihrer Mutter schnell ein paar Worte durch die Tür zurufen konnte.«

»Was? Die Mutter ist auch da?«

»Ja, wissen Sie denn das nicht? Sie haben die 75jährige Mutter geholt, um Druck auf Mia ausüben zu können.«

»75 Jahre! – Entsetzlich! Und das kann Mia ertragen?« Irmgard war ebenso erschrocken wie empört. Der Gedanke an eine 77jährige Frau zu Hause ließ sie nicht mehr los.

»Was soll sie denn machen? Mia ist eine so geniale Frau, die nur in sich lebt«, schwärmte Gisela, deren Augen unheimlich leer geworden waren. »Sie hat aber gerade dadurch wieder ganz zu Gott gefunden und auch mich bekehrt. Wir haben uns gegenseitig geschworen, daß in der Zelle jede von uns in diesem Sinne weiter wirken wird. Ich bin sehr glücklich, daß ich mein Versprechen schon einlösen konnte«, dabei legte sie den Arm um Käthe, deren Stille fast ein Gebet war, und zog sie zärtlich an sich. Sie hätte wohl noch immer weitergesprochen, wenn es nicht das Frühstück gegeben hätte. Ohne daß sie es gemerkt hatten, war die Nacht vergangen. Das war gut so. Die erzählten Schicksale hatten in Irmgard das eigene Leid zurückgedrängt. Was sie in den letzten Tagen bis zum Eintritt in diese Zelle durchlitten hatte, verschloß sie tief in sich. Darüber konnte sie nicht reden. Sie konnte sich auch nicht verhehlen, daß diese harmlosen Frauen aus dem Leben heraus und ohne jeglichen Grund schon Opfer einer Persönlichkeitszerstörung geworden waren, die dort beginnt, wo Wahrheit, Wirklichkeit und die Öffentlichkeit ausgeschaltet werden und Menschen zwischen wechselnden Fragen und Aussagen leben müssen. Sie waren schon weltlose Figuren geworden – ohne freien Wettbewerb von Tat, Gedanke und Gefühl.

24 weitere Stunden waren vergangen, als Gisela zum Vernehmungsoffizier gerufen wurde. Während dieser Zeit zog Gertrud aus einem Versteck ihrer Habe einige aus Brot geknetete Masken und zeigte sie den beiden anderen. Sie hatte keine erklärenden Worte dafür und erwähnte nur, daß sie nie zuvor solche Einfälle gehabt habe, erst in der Einzelhaft seien sie ihr zwangsläufig gekommen. Die Köpfe, über diesen Teufelsfratzen, waren von einer künstlerischen Vollendung, die erstaunlich war, zumal keinerlei Hilfsmittel zur Verfügung standen. Die Arbeiten zeigten, wie diese Frau aus dem schöpferischen Unterbewußtsein heraus mit den fürchterlichen Erlebnissen fertig zu werden versuchte. Gertrud nahm ihr letztes Stückchen Brot und begann zu kneten, als ob sie allein in der Zelle wäre. Nur bemüht, das Gottvatergesicht, das sie in ihrer Kindheit gekannt hatte, wieder hervorzurufen. Es war die Anflehung des Spieltriebs gegen das Einerlei des Mechanischen.

Irmgard war ehrlich erschüttert. Sie kam zu dem Schluß, so verschieden die Menschen in dieser Zelle auch sein mochten, ihr Zusammensein versprach eine ehrliche Gemeinschaft.

Als Gisela nach zwei Stunden wieder zurückkehrte, war sie sichtlich erregt. Ohne eine Frage abzuwarten, rief sie aus: »Recht habt ihr. Der General ist ein Schuft! Jetzt weiß ich, daß wir bald vor ein Tribunal kommen werden. Essig ist's mit dem Nach-Hause-Kommen! Denkt euch, ich mußte die Anschrift meiner Kinder angeben. Ob ich noch weitere Angehörige habe, wo sie sind, ob sie die Kinder übernehmen könnten, das alles wollten sie wissen. Sie schrieben auch auf, was ich an Bettwäsche, Leibwäsche, Kleidungsstücken und Schuhen notwendig brauche. Das tut man nur, wenn jemand abgeurteilt und in ein Lager kommen wird. Was sagt ihr dazu?«

Die drei anderen schwiegen betroffen. Gisela hatte so fest dem Ehrenwort eines Kommandierenden Generals vertraut – und wie konnte sie auch anders. Worte des Trostes ließen sich so schwer finden. Mitleidsvoll nahm Käthe sie in die Arme.

»Ach, Käthe, vielleicht gehen wir gar noch zusammen auf Transport, das wäre noch das Beste.« Ihre Empörung schlug um und fiel in kindliche Sicherheit zurück. »Vielleicht ist es sogar das Beste, was uns geschehen kann. In einem Lager werden wir mehr Bewegungsmöglichkeiten haben. Wir können uns im Freien aufhalten. Schreiben dürfen wir dann auch ganz gewiß. Elisabeth wird dasein und auch meine Schwester. Mia und ihr anderen kommt dann vielleicht auch bald.«

So stellte sich Gisela das Lagerleben wie ein Manöver vor. Nur erst einmal aus diesem Kasten heraus. Was danach kam, konnte ihrer Meinung nach nur besser und unter keinen Umständen schlimmer sein. Die Kinder? Sie hatte längst zu zählen aufgehört. Gott wird schon für sie sorgen. Egoismus? Kaum! Die in der Zelle waren, wußten, daß es Flucht und Rettung zugleich war.

Etwas später wurde Irmgard geholt. Iwan, der sie zum Oberstleutnant brachte, trieb auf dem Weg seine lustigen Possen. Der Offizier blickte nicht auf, als Irmgard eintrat. Er übergab mit einigen Worten dem Dolmetscher ein Protokoll und verließ das

Zimmer. Es war ein umfangreiches Aktenstück, das dieser vorzulesen begann. Die erste belanglose Seite übersetzte er ausführlich, doch bald darauf schon hob er aus den engbeschriebenen Blättern nur noch den einen oder anderen Satz heraus. Irmgard unterbrach ihn: »Warum übersetzen Sie mir nicht alles?«

»Das tue ich doch!«

»Nein, Sie tun es nicht. Ich verlange genaue Kenntnis des Inhalts.«

Da bequemte er sich zu seiner Art der Erklärung: »Die russische Sprache ist wortreicher als die deutsche. Ich kann Ihnen darum den Inhalt nur sinngemäß angeben, da ein wörtliches Übersetzen unmöglich ist.«

»Wortreicher, das glaube ich Ihnen gern«, sagte Irmgard ironisch. »Ich fürchte nur, daß der Wortreichtum auch einen anderen Sinn verbirgt.«

Der Dolmetscher überhörte bewußt die Ironie und beeilte sich zu versichern: »Sie brauchen keine Angst zu haben, das Protokoll enthält nichts anderes als das, was ich Ihnen sage.«

Das kann glauben, wer mag, dachte Irmgard, ließ ihn aber gewähren. Am Schluß wurde er wieder genauer und übersetzte: »Frage: Warum taten Sie das? – Antwort: Aus Liebe zu meinem Vaterland!«

Niemals war an Irmgard eine solche Frage gestellt worden, sie hat darum auch eine derartige Antwort nicht geben können. Immerhin aber hatte der Oberstleutnant den Beweggrund, wie ihr schien, richtig formuliert. Sie wußte nicht, daß der Begriff Vaterland im Zusammenstoß von Ost und West untergegangen war. Der Dolmetscher schob ihr das Protokoll zu: »Bitte, unterschreiben Sie.«

»Und wenn ich das nicht tue?«

»Sie werden es unterschreiben!«

»Warum nehmen Sie das an?«

»Weil die Haft Sie dazu bringen wird. Außerdem steht nichts drin, was Sie nicht unterschreiben könnten.«

Irmgard überlegte. Sie wußte, es war für den Gang der Sache vollkommen belanglos, ob sie unterschrieb oder nicht. Den Schlußsatz wenigstens konnte sie mit reinem Gewissen unterschreiben. In die Zelle zurückgeführt, entgegnete sie auf die Fragen der Leidensgenossinnen nur kurz: »Nichts von Belang! Ich habe nur ein Protokoll unterzeichnet.«

Im Laufe des folgenden Vormittags fiel den Kameradinnen an Irmgard eine zeitweilige Abwesenheit auf. Die bescheidenen Versuche Käthes, die Stimmung etwas zu heben, fanden nur ein klägliches Echo. Schließlich setzte sie sich zu Irmgard und fragte leise: »Tut etwas heute sehr weh, Irmgard?«

»Gutes Mädel! – Meine Mutter hat heute Geburtstag! Sie wird 77 Jahre! Bitte, nicht mehr darüber reden.«

Käthe drückte der Kameradin verschämt die Hand. Sie tat in der Folge alles, um die Aufmerksamkeit der anderen von Irmgard abzulenken, und diese war ihr dafür dankbar.

Schon wieder wurde Irmgard gerufen, doch diesmal zu dem Major. Er ließ die am Anfang jeder Vernehmung üblichen Fragen an sie richten: Wie geht es Ihnen? In welcher Zelle befinden Sie sich? Sind Sie allein oder mit anderen zusammen? Die Beantwortung der letzten Frage hatte jedoch eine ungeahnte Wirkung. Er sprang auf, riß den Hörer von der Gabel, und seine Stimme überschlug sich fast. Ohne an Irmgard eine weitere Frage zu stellen, ließ er sie zurückbringen.

Es wurde ihr sofort klar, sie hätte gar nicht verlegt werden sollen. Das Versehen des Gefängniskommandanten versetzte den Major in eine unerklärliche Wut. Nur ein Versehen also hatte sie an ihrem Vorhaben gehindert, ihr die Schnur aus der Hand genommen? Ein Zufall oder doch mehr? Sollte sie erst das Leid der anderen sehen, das nicht geringer als das ihre war, ehe sie dem Leben den Rücken kehrte? Würde man sie wieder in eine Einzelzelle stecken und mit neuen Quälereien beginnen? Hatte sich aber nicht schon, und wenn auch nur durch ein Versehen, ihr Schicksal entschieden? Fragen über Fragen, die sie bedrängten. Und heute war der Geburtstag ihrer Mutter.

Irmgards wegen waren die Kameradinnen froh, als sie so schnell zurückkehrte. Sie konnten deren Worte: »Ein Versehen – bloß ein Versehen!« nicht anders auffassen, als sie es taten, und Irmgard beließ es dabei.

Nichts mehr geschah an diesem Tag. Die Glocke läutete. Sie bauten zu viert auf dem Steinboden ihr Lager und streckten sich aus. Ein heller Sopran und ein warmer Alt hoben leise zu singen an: Guten Abend, gut Nacht / mit Rosen bedacht / mit Näglein besteckt / schlupf unter die Deck' / Morgen früh, so Gott will / wirst du wieder geweckt. – Käthes Werk. Irmgard verstand, daß es ihr galt. Singen war verboten, auch dafür riskierte man Einzelhaft, ihretwegen. Gute Nacht, Kameradin!

Doch im gleichen Augenblick fuhren die Köpfe hoch. Schritte und Stimmen hinter der Tür. Gisela schrie auf: »Das gilt mir!« Irmgard aber wußte, das galt ihr. Und so war es. Mit zitternden Händen halfen sie ihr, umarmten sie wortlos, und sie ging wieder hinaus. Ein Mann im Ledermantel erwartete sie. Nicht in eine andere Zelle ging es; sie stiegen die Stufen hinab, durchschritten das große eiserne Tor, eine Limousine nahm sie auf. »Wohin? Warum?« Doch niemand war zu einer Antwort bereit.

XI.

Am nächsten Morgen war Irmgard Heintze zur gewohnten frühen Stunde wach. Minuten, Stunden, Tage bedeuteten für sie nichts mehr. Mit geschlossenen Augen lag sie und wartete auf das Klingelzeichen, doch nichts rührte sich. Da erst kehrte die nächtliche Fahrt in ihr Bewußtsein wieder zurück. Sie schlug die Augen auf und musterte ihre Umgebung, die sich unwahrscheinlich verändert hatte. Das Feldbett, in dem sie lag, war überzogen. Der Bezug war zwar nicht mehr ganz weiß, aber schließlich war sie ja in keinem Hotel, das nach jedem Besucher frische Wäsche auflegte. Der Raum war quadratisch und geräumig und wies vier Fenster auf, die natürlich mit der obligaten Holzblende versehen waren. Im Hintergrund befand sich ein ovaler Mahagonitisch mit zwei gepolsterten Stühlen, und vor dem Bett lag eine zwei Meter lange echte Brücke. Die Zentralheizung war in Betrieb und verbreitete eine behagliche Wärme. Der Wechsel aus dem Gefängnis in die private »Lubjanka« des Generals, die er sich in den Kellerräumen seiner Villa für besondere »Gäste« eingerichtet hatte, war eine Rückkehr in die seit langem verrufene bürgerliche Behaglichkeit. Sie konnte das Badezimmer benutzen, allerdings nur in Begleitung eines Postens mit schußbereiter Maschinenpistole. Er blieb aber diskret hinter der angelehnten Tür stehen. Und da gab es auch kein antreibendes »Dawai – dawai«. Die Verpflegung wurde mittels einer Menage aus der Offiziersküche gebracht; sie war gut und reichlich – ja sogar ausgezeichnet. Am Abend erschien der persönliche Dolmetscher des Generals. Er benahm sich wie der honorigste Empfangschef eines Hotels und überreichte ihr mit einer Verbeugung eine Packung Zigaretten, eine Aufmerksamkeit des Hauses. Der Posten würde ihr, wann immer sie wollte, Feuer reichen. Die beiden Posten, die draußen im Vorraum vor der Stahltür saßen, verhielten sich ruhig und belästigten sie nicht. In diesem Zimmer durfte man tun und lassen, was man wollte. Niemand scheuchte sie auf, wenn sie sich auf das Bett legte. Sie konnte wieder an einem Tisch sitzen und ihre Mahlzeit in gepflegter Weise einnehmen, rauchen, mit Riesenschritten umhergehen und nicht vor dem Klappern der Absätze erschrecken. Ja, in dieser Hochburg des NKWD wußte man, was man der westeuropäischen Zivilisation schuldig war. Der Gefangene konnte sich wieder als freier Mensch fühlen. Unwillkürlich tat sie alles etwas langsamer im Schutz dieser trügerischen Geborgenheit, als wüßte sie, daß der Rest ihrer Tage in verwirrender Eile abrollen sollte. Wer die Gefängnisse und die dort angewandten Methoden noch nicht kannte, hätte sich davon täuschen lassen können; der Erfahrene ahnte, daß es Potemkinsche Dörfer waren. So gab sich auch Irmgard keinen rosigen Illusionen hin, obwohl ihr der Zweck dieses Experiments nicht klar wurde, denn das Abschlußprotokoll der Verhöre war doch bereits unterzeichnet. Im übrigen war sie davon überzeugt, daß ihr schon sehr bald alles klar sein würde. Das war der Fall in der dritten Nacht, in der sie der Dolmetscher zu dem General brachte.

Im Vorzimmer des hohen Chefs schloß sich den beiden eine Offiziersgruppe an, die sich aber unauffällig im Hintergrund hielt und Irmgard musterte. Der General selbst, neben ihm der kleine Oberst mit den spitzen Ohren, begrüßte sie stehend. Die Kultura-Komödie wird zunächst mit gut einstudierten Szenen fortgesetzt. Mit einem raschen Blick nahm Irmgard das Zimmer und die Stellung der Menschen im Raum auf. Links hinter ihr, in einer Plauderecke, hatten es sich die Offiziere bequem gemacht; ihr gegenüber saß der General; an der rechten Tischseite hatte sich der Oberst niedergelassen, während der Dolmetscher seinen angestammten Platz zur linken Seite einnahm. So weit war die Situation eindeutig. Nur ein Zivilist, der unbemerkt dazugestoßen war, war wie ein Fehler in diesem elegant aufgezäumten Verhör. Er hatte sich einen Stuhl herangezogen und stellte ihn in die Mitte des großen, taghell erleuchteten Zimmers, schob ihn hin und her, als prüfe er die beste Sicht auf die Gefangene und den Tisch, an dem sie saß.

Der General erkundigte sich eingehend nach ihrem Befinden und fragte nach etwaigen Wünschen. Es war eine gute Gelegenheit, um sich den bisher zurückbehaltenen Koffer zu erbitten. Sofort gab er einem der Offiziere den Befehl, den Koffer herbeizuschaffen und ihr auszuhändigen. Morgen schon würde sie ihn haben, sicherte er ihr verbindlich zu. Ob sie darüber hinaus nicht ganz persönliche Wünsche habe? Von Irmgards höflichem Dank war er sichtlich enttäuscht. Er könnte sich denken, daß ihr zum Beispiel die russische Kost nicht zusagen würde und daß sie Verlangen nach einem ihrer Lieblingsgerichte hätte. Sie sollte ohne jede Hemmung Wünsche äußern; sie würden unverzüglich erfüllt. Nein, das Essen wäre hier gut, und mehr bräuchte es nicht. Diese Ablehnung gefiel dem General nicht, und er wiederholte beinahe drängend sein Angebot. Nein, wirklich nicht, aber wenn er ihr schon einen persönlichen Wunsch erfüllen wollte, dann möchte er doch gestatten, daß endlich einmal ein paar Zeilen nach Hause geschrieben werden dürften. Dem General schien die Bitte zu mißfallen. Er schob die Unterlippe vor und unterließ fürs erste eine Antwort. Statt dessen wandte er sich mit einem kurzen Befehl an den Dolmetscher, der aufstand und an einem Samowar zu hantieren begann. Noch immer behielt der General die Maske des höflichen Weltmannes. Er hielt Irmgard ein eingelegtes Ebenholzkästchen geöffnet hin, das bis zu seinem Rand mit Papirossi und den verschiedensten Zigaretten gefüllt war. »Bitte, Frau Heintze, rauchen Sie! Wir haben doch Zeit füreinander. Nehmen Sie diese Sorte«, und er wies dabei auf eine bestimmte hin, »es ist die beste, die wir erzeugen. Blumiger als die amerikanischen«, fügte er mit einem breiten Schmunzeln hinzu. Er selbst nahm sich eine Papiros. Der Oberst wollte ihm geflissentlich Feuer reichen, doch er deutete erst auf Irmgard hin. Der kleine Oberst mußte das galante Spiel zähneknirschend mitspielen. Zwischendurch flog Irmgards Blick immer wieder zu dem Zivilisten hin, der wie unbeteiligt nur das Zimmer studierte. Der General lehnte sich behaglich rauchend in seinen Sessel zurück und kam erst jetzt auf die ausgesprochene Bitte zurück.

»Sie brauchen nicht zu schreiben, denn Sie werden sehr bald zu Hause sein«, und Irmgards Ungläubigkeit bemerkend, fügte er hinzu: »Sie stehen ja nicht unter Anklage! Es ist also kein Grund vorhanden, Sie länger, als für routinemäßige Einvernahmen unbedingt nötig ist, hierzubehalten. Ich gebe Ihnen mein Ehrenwort als General!«

Das Ehrenwort eines Generals – Irmgard dachte an Gisela und an die vielen Unbekannten, aus denen er im Vertrauen auf sein Ehrenwort unbedachte Äußerungen herausgelockt hatte. Sie wußte den Ton für eine Antwort nicht zu treffen. Sie blickte auf ihre Zigarette und schwieg.

Währenddessen brachte der Dolmetscher auf einem silbernen Tablett eine kleine Teekanne mit Tasse und Zuckerschale und bediente sie aufmerksam. Kultura! Es war fast zuviel an verpöntem westlichem Wohlstand: die Möbel geschmackvoll gewählt, die Teppiche schwer, impressionistische Bilder an den Wänden, Meißner Porzellan auf dem Tisch, im Grunde eine absurde Wirklichkeit, wie aus einer alten Operette. Wozu? – In das noch andauernde Schweigen stieß der höchste Chef des ostzonalen NKWD mit der direkten Frage vor: »Ja, glauben Sie mir denn nicht, Frau Heintze?«

Die Frau sah mit einem feinen spöttischen Lächeln hoch: »Die Botschaft höre ich wohl, allein mir fehlt der Glaube!«

»Eine junge Dame, die ihren Faust noch nicht vergessen hat! Sie vergessen nicht so leicht, he? Glauben Sie mir doch! Nichts als Schutzhaft – in Ihrem Interesse!«

»Man hat mir schon einmal hier an dieser Stelle ehrenwörtlich eine ähnlich lautende Zusicherung gemacht. Warum war ich dann wochenlang den schwersten Verhören und Drohungen ausgesetzt? Warum war ich im Gefängnis? Warum in Einzelhaft?«

Der General lief etwas rot an, doch immer noch beherrschte er sich. Ablenkend wies er auf Irmgards Teetasse. »Nicht kalt werden lassen, trinken Sie doch!«

Automatisch nahm Irmgard die Tasse zur Hand, doch plötzlich stockte sie. Der Zivilist, den sie während der letzten Minuten aus dem Auge gelassen hatte, lächelte, als ob er auch sie zu einem Lächeln ermuntern wollte, dann aber ließ er den erhobenen Arm sinken. Anstelle der Uhr befand sich an seinem Handgelenk ein kleiner scharfer Fotoapparat. Jetzt stand er auf, nahm seinen Stuhl und setzte sich gelangweilt an die Wand. Er hatte seine Aufgabe in diesem Zimmer erfüllt. »Gastlichkeit im Hauptquartier des NKWD« würde morgen auf der ersten Seite der ostdeutschen Amtszeitung unter diesem Foto stehen. Nun wußte Irmgard, warum sie unbedingt eines ihrer Lieblingsgerichte bestellen sollte. Es hätte sich auf dem Bild gut gemacht: Die Gefangene vor einem opulenten Mahl! Alle Lügen von schlechter Behandlung wären wieder einmal entlarvt worden. Die Teestunde mußte nun als kleiner Ersatz herhalten! Klirrend wurde auch schon das Porzellan weggezogen, der Samowar gedrosselt und die halb gerauchte Zigarette energisch ausgedrückt. Der erste Akt einer Komödie war vorüber, die Masken konnten fallen. Und sie fielen.

»Ich habe Ihr Protokoll gelesen, Frau Heintze, und ich muß Ihnen sagen, daß ich damit gar nicht zufrieden bin. Sie haben nicht die Wahrheit gesagt, nichts als Ausflüchte und Lügen.«

»Das sind keine Lügen, das ist die Wahrheit!«

Sein Gesicht verfinsterte sich, und er fuhr fort: »Sie erweisen der Sache einen schlechten Dienst mit Lügen. Ihre Aussagen stehen im Widerspruch zu denen aller Mitverhafteten. Hören Sie doch endlich auf mit Ihrem philanthropischen Geschwätz, und gestehen Sie, was wir schon längst wissen. Sie sind neben Dr. Walther der Kopf einer Widerstandsbewegung und noch dazu eine amerikanische Agentin.« Seine Stimme war lauter und lauter geworden. »Gestehen Sie!« schrie er.

Irmgard musterte trotzig und mit ein wenig Verachtung den hohen Offizier der Roten Armee. »Weder ich noch meine Kameraden waren jemals amerikanische Agenten. Die Aussagen, auf die Sie sich berufen, stammen einzig und allein von Ihrem bezahlten Spitzel, Herrn Burgner. Vielleicht fragen Sie ihn auch einmal nach dem Ausgang der in Ihrem Auftrag erfolgten Provokation. Man wird mich weder durch ein zweideutiges Ehrenwort noch durch irgendein sonstiges Versprechen zu einer unwahren Aussage verleiten können.«

Diese Herausforderung konnte man in der gegenwärtigen Lage kaum als klug bezeichnen, aber auch ein klügeres Verhalten hätte nichts geändert, und der Sprecherin verschaffte sie zumindest ein Gefühl der Erleichterung. Eine in der Nähe niedergegangene Bombe hätte schwerlich eine andere Wirkung hervorrufen können als diese Worte. Der General und sein Oberst waren aufgesprungen; mit hochroten Köpfen und erhobenen Fäusten standen sie vor ihr, aber die Fäuste schlugen nicht zu. Triumphierend wurde der Gefangenen klar, daß sie sie nicht mehr schlagen durften, so gerne sie auch wollten. Sie nahmen ihre früheren Plätze wieder ein. Genau wie beim ersten Mal verschränkte der General beide Arme auf der Tischplatte, ließ die Hände aufeinander klappen und fixierte die Frau mit zusammengekniffenen Augen. Dann fragte er in geschäftlichem Ton:

»Welche Beträge haben Sie von den Amerikanern erhalten?«

»Da ich nicht in amerikanischen Diensten stand, habe ich auch keine Gelder von ihnen erhalten.«

»Oh, die Amerikaner sind sehr knauserig, wir sind in diesem Punkte viel großzügiger«, erwiderte er zynisch. »Noch etwas, Walther hat angegeben, daß Ihrer Organisation 200 Mitglieder angehört haben. Stimmt das?«

»200 Mitglieder? Dr. Walther muß sich geirrt haben, wenn er wirklich etwas Derartiges ausgesagt haben sollte.«

»Sehen Sie, das sage ich auch«, fiel ihr der General lebhaft ins Wort. »Dr. Walther hat hierbei stark übertrieben.«

»Ich glaube, Sie haben mich ganz falsch verstanden. Wir sind kein eingetragener Verein und können also auch keine Mitglieder haben. Wenn aber Dr. Walther damit zahlenmäßig einen Bevölkerungsanteil benennen wollte, der in unserer Stadt die gleiche politische Auffassung wie wir hat, dann sind es von 135 000 Einwohnern mindestens 95 Prozent. Die restlichen fünf Prozent sind die eigentlichen Kommunisten und ihre Funktionäre.«

Der General äußerte sich hierzu nicht, nur seine Hände klappten heftiger aufeinander. Zur Offiziersrunde gewandt, machte er eine kurze Bemerkung, worauf der eine von ihnen etwas notierte. Dann erklärte der General: »Ich werde Sie von einem meiner Offiziere noch einmal vernehmen lassen. In Ihrem eigensten Interesse rate ich Ihnen, Ihr hartnäckiges Leugnen endlich aufzugeben. Wir können auch eine deutlichere Sprache mit Ihnen reden. Sie können jetzt gehen.«

Der Dolmetscher führte Irmgard in den Keller zurück, wobei er unverändert höflich blieb. Die Gefangene bereute an ihrem Verhalten nichts, im Gegenteil, es bereitete ihr eine Genugtuung, diesem Vertreter einer überheblichen Siegernation gezeigt zu haben, daß Angehörige eines besiegten Volkes nicht unbedingt ehrlos werden müssen. Es war ihr aber doch klar, daß sie noch nicht das Ende des Leidens erreicht hatte, daß der Sinn dessen, was ihr noch bevorstand, noch nicht deutlich war, daß aber jede Aussage und jede Gegenfrage mehr und mehr die Sicherheit befreundeter Menschen bedrohen würde.

In den nächsten Tagen wurde Irmgard Heintze regelmäßig für vier bis fünf Stunden von dem schmissigen jungen Oberleutnant geholt, der damals im Gefängnis bei ihrem Zusammenstoß mit dem Dolmetscher geschickt eingegriffen hatte. Ihm zur Seite stand der junge Mann, der das belastende Schriftstück als rein privat zur Seite gelegt hatte. Durch diese Besetzung gestalteten sich die Vernehmungen erträglicher, wenngleich die Gegensätze oft genug schroff aufeinanderprallten. Daß Irmgard an ihren früheren Aussagen unverändert festhielt, machte es dem Offizier nicht leicht, der ja auf Befehl des Generals ein inhaltlich ganz anders geartetes Protokoll erschmeicheln sollte. Er war zweifellos in einer sehr zwiespältigen Lage. So war der zehnte Vernehmungstag herangekommen, doch Irmgard spürte sofort, daß sich heute etwas anderes greifbarer vorbereitete. Weder Papier noch Federhalter und Tinte zeigten an, daß in der gewohnten Weise Frage und Antwort festgehalten werden sollte. Auf der Schreibtischplatte lag nichts weiter als ein geschlossenes Aktenstück, von dem sich ein teils bedruckter, teils beschriebener Zettel länglichen Formats abhob. Der Offizier setzte sein hübschestes Lächeln auf und wandte sich Irmgard zu: »Frau Heintze, für wen haben Sie daheim noch zu sorgen?«

»Daheim?« Irmgard sah erstaunt auf. »Warum fragen Sie das?«

»Wer von uns denkt nicht an daheim?«

»Nun, für meine Mutter«, erklärte Irmgard zögernd.

»Wollen Sie nicht zu ihr zurückkehren?«

»Welche Frage! Selbstverständlich möchte ich.«

»Nun, so hören Sie gut zu, was Ihnen jetzt vorgelesen wird.«

Was der Dolmetscher mit leiser, monotoner Stimme abzulesen begann, konnte sie anfangs überhaupt nicht erfassen. Sie glaubte aber, den Namen »Sabine Hirsch« gehört zu haben – aber das war doch – nein, das war doch einfach nicht möglich. Daß er diesen Namen erwähnte, war mehr, als sie ertragen konnte. Sie fing an, Maß und Berechnung zu verlieren. Mit erstickter Stimme fragte sie: »Was – um Himmels willen – was soll das denn eigentlich heißen?«

Die beiden jungen Männer sahen sich an, dann antwortete der Offizier langsam: »Ein Haftbefehl! – Ausgestellt auf Frau Sabine Hirsch.«

Irmgard war aufgesprungen. Leichenblaß stand sie dicht vor dem Sprecher, dann schrie sie gequält auf: »Aber das ist ja gar nicht möglich!«

»Und warum nicht, wenn ich fragen darf?«

»Weil meine Mutter 77 Jahre alt ist! Darum!«

»Auch ein Grund! Ausgezeichnet!« kam es zynisch zurück.

Mit entsetzten Augen sah sie diesen jungen Offizier und gelehrigen Schüler seines Herrn und Meisters an, der vielleicht auch irgendwo in Rußland eine Mutter hatte. »Oh, diese Bestien!« brach sie los, ohne auf die Anwesenden Rücksicht zu nehmen.

Der Oberleutnant sprach kein Wort und überließ sie ihren Gedanken. Der Dolmetscher drückte die maßlos erregte Frau auf einen herangezogenen Stuhl. Unentwegt starrte Irmgard den Oberleutnant an, als müßte sie sich dessen Gesicht für alle Zeiten bis in die geringsten Einzelheiten einprägen. Minutenlang lastete eine drückende Stille in dem Raum, in der nur das rasche Atmen eines erschöpften und erniedrigten Menschen zu hören war. Aber was war schon ein Mensch!

Der Oberleutnant zuckte nur die Achseln: »Befehl ist Befehl, und ich habe ihn durchzuführen. Ich werde Sie jetzt in Ihre Kammer bringen. Überlegen Sie sich alles noch einmal gut, und morgen werden Sie mir sagen, was Ihr letztes Wort ist.«

Wie betäubt schritt sie an der Seite des Oberleutnants dahin, der sie auf den Stufen leicht stützte. Er öffnete die Tür und trat zur Seite, während sie an ihm vorüberging. Unschlüssig blieb er noch eine Weile stehen. Irmgard wollte nur, daß er ging. Als sie sich noch einmal umdrehte, machte er eine korrekte Verbeugung, dann schloß sich die Tür hinter ihm. Angeekelt und voller Haß rief sie dem sich Entfernenden nach: »Pack!«

Irmgard Heintze hatte im Gefängnis geglaubt, daß es keine Steigerung ihrer schmerzlichen Erfahrungen mehr geben könne, aber die Stunden, die nun folgten, belehrten sie eines anderen. Alles war nur ein Warten ohne Ausweg. Wie weggewischt war das gesetzte Ziel, um dessentwillen alles geschah. Ein ungeheures Schuldgefühl erwachte in Gedanken an die einsame alte Frau, die am Tag des Abschiedes so voll von Geheimnis und Sorge war und der nichts erspart bleiben sollte. Irmgard sah wieder die Worte an den Zellenwänden vor sich – »Warum? – Du, Gott?« – und lachte bitter auf. Was war geschehen? War die Gefahr näher gekommen? Konnte man die Mutter noch in Sicherheit bringen? Keine Minute mehr konnte sie daran zweifeln, daß dieser aalglatte Fanatiker in Generalsuniform seinen Befehl ohne jedes Bedenken ausführen lassen würde. Was er wollte, war ein belastendes Geständnis; jetzt würde er es bekommen, um ihrer alten Mutter willen. Mußte es immer Leichen geben? Gefängnis? Einzelhaft? Kreuze auf Gräbern? Recht und Unrecht, Schuld und Unschuld, Wahrheit und Irrtum vermochte sie nicht mehr zu unterscheiden. In der Verwirrung der Gefühle konnte sie sich noch nicht zum größten persönlichen Opfer durchringen, das man ertragen muß, wenn man einer Idee dienen will.

Als die Stunde kam, wußte sie, daß sie unterschreiben würde, was immer man von ihr wollte. Aber man holte sie noch lange nicht. Es gehörte mit zur Methode, ihr nichts an Warten zu ersparen, um so sicherer zum Ziel zu kommen. Nach weiteren 24 Stunden war es dann endlich soweit.

Lächelnd legte ihr der Oberleutnant die Bögen vor, auf denen ein Geständnis festgehalten war, das mit keinem Satz ihren eigenen Aussagen entsprach und das in ihrer Abwesenheit entstanden war. Sie hörte, daß sie gemeinsam mit Dr. Walther eine Widerstandsbewegung größten Umfangs ins Leben gerufen habe und zu diesem Zweck eine Verbindung mit dem amerikanischen Geheimdienst aufgenommen habe. Sie habe Verrat an ihrem eigenen Volk begangen, indem sie den sozialistischen Wiederaufbau der Ostzone bekämpft und ihre eigene Partei insgeheim einer reaktionären westdeutschen Gruppe zu verkaufen gesucht habe. Sie habe unwahre Berichte über die sowjetische Besatzungszone weitergegeben und sich somit schwerer Verbrechen gegen die Volksdemokratie schuldig gemacht. Tatsächlich waren dabei Einzelheiten aus Unterredungen angegeben, die durchaus zutrafen und die nun entsprechend umgebogen als Lügen und Halbwahrheiten zurückkamen. Aus diesen, teilweise sogar lächerlichen Details konnte sie sehen, daß ihre Anklageschrift aus den Protokollen der mitverhafteten Freunde mit virtuoser Logik zusammengelogen war.

Als der Dolmetscher fertig war, schob er ihr wie üblich Feder und Tinte hin und sah weg. Sie unterschrieb! Aber mit einer heftigen Bewegung, als hätte sie etwas Ekelhaftes berührt, warf sie danach die Feder auf den Tisch und stand schroff auf.

»Frau Heintze, ruhen Sie sich in Ihrer Kammer gut aus. Glauben Sie mir, es wird noch alles für Sie gut werden«, hörte sie den Oberleutnant sagen. Sie erwiderte nichts auf dieses Geschwätz. Zum letzten Mal brachte er sie persönlich in den Keller zurück und ging nach einer korrekten Verbeugung, die ohne Gegengruß blieb. Die Rollen schienen vertauscht zu sein.

Nach weiteren 48 Stunden bestieg sie einen Wagen, der sie zum Gefängnis zurückbrachte. Nur war es diesmal keine Limousine mehr, sondern die berüchtigte »grüne Minna«. Es war kein Schein mehr zu wahren.

XII.

War es Zufall oder Absicht, daß man Irmgard im obersten Stock in einer Zelle unterbrachte, deren Zustand selbst für sowjetische Begriffe menschenunwürdig war? Auf dem ganzen Stockwerk waren nur noch zwei Zellen außer ihrer eigenen belegt. Der große Abstand zwischen ihnen schloß jegliche Verständigung unter den Gefangenen aus. Es blieb nur die bohrende Frage übrig: Wer? Warum? Die Zelle starrte vor Schmutz. Durch das unverschließbare Fenster und durch Risse in der Außenwand, die noch von Bombenschäden herrührten, hatten Wind und Wetter ungehinderten Zutritt. In der Nähe des Fensters war der Steinboden mit Schnee bedeckt, und von der Decke baumelten quer durch den Raum dichte riesige Spinnweben. Auf dem schmalen, rostigen Eisenbett lagen achtlos hingefleddert einige zerlumpte Matratzenteile. Der Boden des Wasserkrugs war mit einer dicken Eisschicht bedeckt. Es war offensichtlich, daß diese Zelle seit langem nicht mehr besetzt worden war, nur der Geruch von Schmutz und Abfall des täglichen Lebens war noch vorhanden. Als Irmgard sie betrat, verschlug es ihr den Atem. Eine Decke hatte man ihr höhnisch versagt. Was tun, um bei der unzureichenden Bekleidung nicht zu erfrieren und in der amtlichen Liste derer aufzutauchen, die plötzlich an vereiterter Tbc gestorben waren? Zu überstehen, zu existieren war für den Augenblick alles. Nein, es war kein Zufall, daß man sie gerade hier unterbrachte. In diesem Gefängnis waren selbst bei starker Belegung genügend andere Zellen vorhanden. Eine Anweisung höherer Stelle lag vor. Dieses oberste Stockwerk war als Strafverschärfung jenen zugedacht, denen schwer beizukommen war und deren Verhalten zu einer Einzelhaft keinen Anlaß bot. Wenn man aber der Ansicht gewesen sein sollte, auf diese Weise eine Frau am sichersten kleinzukriegen, so hatte man sich im vorliegenden Fall verrechnet. Der Kleinkrieg persönlich zugedachter Schikanen hatte auf Irmgard keinen Einfluß mehr. Er war nur geeignet, ihren trotzigen Abwehrwillen zu verstärken. Ja, gerade das Bewußtsein, wieder in den Kreis der nichtbegünstigten Kameraden eingeschaltet zu sein, erwies sich als eine gewisse Erleichterung. Hier gehörte sie her, das war die Realität. Jede Vergünstigung hatte in diesen Zeiten einen peinlichen Beigeschmack, selbst wenn sie nur als zweckbestimmtes Mittel angewandt wurde.

Die neuerlich verschärfte Einzelhaft wies darauf hin, daß trotz der Unterzeichnung der Anklageschrift noch mit schärferen Vernehmungen zu rechnen war. Es galt also, die beabsichtigte physische Schwächung soweit wie möglich abzuwehren, und das konnte nur indirekt unter Mobilisierung einer ungeheuren Willenskraft geschehen. Am Tage schützte sie sich vor der Erstarrung, indem sie sich in der Zelle im Laufschritt bewegte. Schwieriger hingegen war es nachts. Es blieb ihr keine andere Wahl, als sich angekleidet auf den eisernen Bettstreben auszustrecken und mit den verschmutzten Matratzen zuzudecken, wenn es auch ebenso ekelerregend wie unzureichend war. In der Verpflegung war keine Veränderung eingetreten; es sei denn, daß sie hier oben nur noch den in den unteren Stockwerken verbliebenen kärglichen Rest zugeteilt erhielt. Es war kaum mehr als die Hälfte des üblichen Gefängnisfraßes. Wie lange kann wohl ein Mensch neben der ungeheuren seelischen eine derartige körperliche Belastung ertragen? Nun, jedenfalls wesentlich länger, als die Mediziner der freien Welt das annehmen würden.

Nach wenigen Tagen setzte wieder das Kommen und Gehen ein. Mit den Verhören war der Oberstleutnant betraut worden, der offenbar als bestes Pferd in diesem Stall galt und darum nur die schwierigsten Fälle zugeteilt erhielt. Im Gegensatz zum aufgedunsenen Major verhielt er sich korrekt und distanziert höflich, doch war er schwerer zu durchschauen. Zu seiner Verfügung stand diesmal eine Dolmetscherin, die, obwohl Russin, in keiner Beziehung stalinistisch wirkte. Ihre beherrschte Art, die wohltuenden Manieren, die eine außer Kurs geratene Erziehung nicht verleugnen konnten, der offene Gesichtsausdruck, das alles wirkte in Verbindung mit einer geschmackvoll gepflegten äußeren Erscheinung unbedingt überraschend. Der Oberstleutnant unterrichtete sie kurz über den Sachverhalt, und dann begann sie mit den Fragen, die weder etwas Vorsätzliches noch Bedrohliches an sich hatten. Auf Irmgards sorgfältig überdachte Antworten ging sie interessiert ein. Zwischenbemerkungen des Offiziers kümmerten sie nicht. Es erweckte den Anschein, als ob sie sich durchaus ihre Gedanken machte und zu einem eigenen Urteil über die Gefangene kommen wollte. Im Brennpunkt des Verhörs standen neue Namen. Es handelte sich dabei um Menschen, die Irmgard unter allen Umständen nicht belasten wollte. Ein unerhört glücklicher Zufall war es, daß ihr gerade diese Dolmetscherin gegenübersaß, auf deren Auffassung und Deutung alles ankam. Irmgard machte ihr klar, daß diese Bekannten nicht unbedingt auch in einem Zusammenhang mit der eigenen politischen Meinung stehen, ja teilweise sogar politisch desinteressiert waren. Unvermittelt fragte die Dolmetscherin, wobei ihr Gesichtsausdruck an Spannung zunahm: »Wir mir gesagt wurde, haben Sie sich einer Widerstandsbewegung angeschlossen. Was wollten Sie eigentlich damit? Ich meine, richtete sie sich gegen die sowjetische Besatzungsmacht, oder verfolgten Sie einen anderen Zweck?«

»Wir waren an sich nicht gegen die Besatzungsmacht. Wir sind ein besiegtes Volk und müssen eine Besatzung, ob wir es wollen oder nicht, in Kauf nehmen. Wogegen wir uns aber wenden dürfen und müssen, sind die Methoden, die eines Siegers unwürdig sind, und dieses Recht hat man uns feierlichst zugesichert. Unter keinen Umständen wollen wir eine Diktatur gegen eine andere eingetauscht sehen. Unser Widerstand richtete sich gegen eine neue Diktatur. Wir wünschen und wollen ein wirklich demokratisches Deutschland, das sich schließlich zwischen zwei verschiedenen Welten, nämlich dem Osten und dem Westen, entwickeln kann. Das und nichts anderes schwebte uns als Ziel vor Augen.«

»Das wäre nicht schlecht!«

»Nein. Dieser Auffassung bin ich auch heute noch. Nur eines überrascht mich, daß Sie das sagen!«

»Und warum?«

»Weil ich bisher an diesem Ort noch keinem Russen begegnet bin, der mir nicht ganz andere Beweggründe und damit also etwas unbedingt Schlechtes unterstellt hätte.«

Noch ehe die Russin darauf antworten konnte, wandte sich der Oberstleutnant an sie, der mit wachsendem Mißvergnügen das ihm unverständliche Gespräch verfolgte. Zwischen den beiden Russen setzte eine Diskussion ein, die von seiten des Offiziers mit gesteigerter Schärfe, von seiten der jungen Russin jedoch mit beharrlicher Ruhe geführt wurde. Daß er die unfruchtbare Unterredung mit dem Befehl abbrach, das weitere Verhör in dem von ihm gewünschten Sinn fortzusetzen, wurde auch Irmgard verständlich. Die Dolmetscherin tat das, nicht aber ohne vorher ihr Zigarettenetui hervorzuholen und Irmgard eine Zigarette anzubieten. Die Antworten der Gefangenen wurden von nun an sofort übersetzt und vom Oberstleutnant protokolliert. Am Schluß las sie nochmals das Gesamtprotokoll der Gefangenen vor. Obwohl sie die deutsche Sprache fließend beherrschte, stockte sie plötzlich mitten im Text. Eine sekundenlange Pause entstand.

Irmgard, die sie beobachtete und den Sinn des Zögerns nur zu gut begriff, bemerkte ruhig: »Die wörtliche Übersetzung fällt Ihnen jetzt sehr schwer, nicht wahr?«

Die Dolmetscherin nickte bestätigend mit dem Kopf und fuhr mit vorsichtiger Wortwahl fort. Schließlich schob sie, wie allgemein üblich, das Protokoll Irmgard zur Unterschrift zu, woraufhin diese fragte: »Was geschieht, wenn ich dieses Protokoll nicht unterschreibe?«

»Sie können Ihre Unterschrift verweigern, Frau Heintze, nur – es ändert nichts an der Sache!«

»Ähnliches hörte ich schon einmal. Ich will Ihnen keine Ungelegenheiten machen.« Zwei Augenpaare begegneten sich im Wissen um ein unaufschiebbares Ende. »Ich möchte Sie bitten, dem Oberstleutnant noch etwas zur Kenntnis zu geben. Seit einigen Tagen befinde ich mich in einer Zelle, die auch nicht den bescheidensten Anforderungen einer menschlichen Unterbringung entspricht. Es genügt wohl, wenn ich Ihnen sage, daß ich darin ohne Schwierigkeiten einen Schneemann bauen kann. Auch eine Decke durfte mir bisher nicht ausgehändigt werden. Wenn ich nicht annehmen soll, daß schwere gesundheitliche Schäden mit voller Absicht bezweckt werden, so erwarte ich eine umgehende Verlegung.«

Peinlich berührt von dieser Schilderung berichtete die Dolmetscherin eingehend dem Offizier und erklärte: »Der Oberstleutnant wird die Angelegenheit schnellstens untersuchen. Sobald es möglich ist, werden Sie in einer anderen Zelle untergebracht. Selbstverständlich muß Ihnen auch sofort eine Decke zugeteilt werden. Seien Sie versichert, daß ich mich in dieser Angelegenheit selbst bemühen werde.«

Noch in der gleichen Nacht erfolgte die Umlegung in eine saubere und warme Zelle. Auch die versprochene Decke war zur Stelle. Irmgard zweifelte nicht daran, daß sie dies der Dolmetscherin zu verdanken hatte. Sosehr sie auch später nach ihr forschte, ergab sich nur, daß sie bei Vernehmungen nie wieder mitgewirkt hatte und abberufen wurde. Für eine weitere Verwendung beim NKWD hatte sie sich vermutlich als ungeeignet erwiesen.

In größeren Zwischenräumen erfolgten noch einige Verhöre über untergeordnete Fragen. Daraus ging hervor, daß das Verfahren über ihre Gruppe im wesentlichen bereits abgeschlossen war. Es bestand aber auch kein Irrtum darüber, daß ihre Anklageschrift die letzte in der Reihe war. Immer mehr gewann Irmgard die Überzeugung, daß ihr wochenlanger Kampf von Anfang an ein sinnloses Unterfangen war, da von anderer Seite »Geständnisse« vorgelegen haben müssen. Sie erinnerte sich mancher Einzelheiten aus ihrer Anklageschrift, die den Tatsachen durchaus entsprachen und von denen außer ihr aber nur zwei Menschen Kenntnis hatten. Diese zwei Menschen waren der Journalist Grundmann und Dr. Walther. Wer von den beiden hatte unter Drohungen oder Versprechungen jene verhängnisvollen Aussagen gemacht, auf denen eine erfolgreiche Anklageschrift aufgebaut werden konnte? Derartige Zweifel fingen zu bohren an. Viele Fragen und Antworten hatten sich aus Tagen und Nächten angesammelt. Daß Burgner sie alle in die Hände der Russen gespielt hatte und somit der eigentliche Verräter war, durfte als erwiesen angesehen werden. Burgner, der sich als Freund Dr.

Walthers aufgespielt hatte, war ein zehnfach vorbestrafter Mann, wie sich später herausstellen sollte. Er war ein käufliches Subjekt und lief noch frei herum. Jeder NKWD-Offizier, vom Oberleutnant bis zum General, stellte sich schützend vor ihn. Burgner hatte sein Werk vollendet, als sie mit Walther im Wagen vor der Kommandantur saß. Die Fahrt in die Reparaturwerkstatt hatte nur zur Zeitgewinnung gedient, damit die Wagen des NKWD an der verabredeten Stelle rechtzeitig vor ihnen eintreffen konnten. Ein Rädchen hatte lückenlos in das andere gegriffen. Grundmann war aber noch im sicheren West-Berlin. Irmgard hatte keinen Beweis dafür, daß man sich seiner inzwischen bemächtigt hätte. Ihre ganze Hoffnung setzte sie auf die Gewandtheit und Klugheit dieses wendigen Journalisten, der ihrer Meinung nach alles tun würde, damit sie nicht sang- und klanglos in den Gemäuern russischer Gefängnisse verkommen würden. Dr. Walther aber war derjenige, dessen Aussagen den ihrigen immer wieder gegenübergestellt wurden. War das Methode oder Wahrheit? Bisher hatte sie dem keine Bedeutung beigemessen und darin lediglich den Versuch eines berechnenden Ausspielens gegeneinander gesehen. Zum erstenmal stiegen nun in ihr Bedenken auf, die sich nicht mehr verdrängen ließen. Es bestand keine Veranlassung, Dr. Walther selbst zu mißtrauen. Aber hatte er nicht eine bedenklich geringe Menschenkenntnis bei der Auswahl seiner Freunde bewiesen? War er nicht zu gutgläubig und freimütig Burgner gegenüber gewesen? Und wer war Dr. Franck? War es nicht naheliegend, daß er auch mit diesem alle Pläne und Absichten der Gruppe durchgesprochen hatte? Hatte vielleicht Franck, um sich selbst zu retten, seinen Freund Dr. Walther und somit sie alle preisgegeben?

Francks Fähigkeiten und Können als Naturwissenschaftler waren unbestritten, aber wer kannte den Menschen Franck so genau, um die Rolle, die er spielen wollte und in Wirklichkeit auch gespielt hat, zu durchschauen? Je mehr Irmgard Heintze über ihn nachdachte, desto mehr wurde ihr bewußt, daß sie ihn alle nicht kannten. Sie erinnerte sich privater Gespräche, die sie in den letzten Monaten vor ihrer Verhaftung wiederholt mit ihm geführt hatte und die sie mehr als einmal innerlich befremdet und abgestoßen hatten. Er liebte Gespräche über seine persönlichen Beziehungen zu Frauen, in denen bei aller Ungehemmtheit stets etwas unausgesprochen blieb. Sie erschienen ihr oft wie der Versuch einer Rechtfertigung des Unausgesprochenen vor sich selbst. Was sollte gerechtfertigt werden? Wie ein Pferd vor der Hürde scheute er am Ende vor dem letzten Wort zurück, und sie selbst hatte nicht gefragt. Sie hatte in ihm einen großen, unbekümmerten und harmlosen Jungen gesehen, der sich in seiner privaten Sphäre in extravaganten, möglicherweise auch abwegigen Vorstellungen gefiel, die sie nicht ernst nahm. Sie hatte übersehen, daß dieser große Junge mit dem festen Händedruck, der leichten Ironie und einem gelegentlichen Flackern in den Augen ein Mann war. Sicher, ein gewisses Lächeln hatte sie manchmal irritiert. Jetzt aber glaubte sie zu entdecken, daß sich hinter diesem Spielerlächeln etwas verborgen hatte, dessen Preisgabe er vermeiden wollte. Irmgard brachte viele Stunden in Erinnerungen zu. In den Beziehungen Francks zu den Frauen schien ihr der Schlüssel seines eigentlichen Wesens zu liegen. Sie fragte sich, ob er die Frauen betrog. Oder wurde er selbst betrogen?

Die Art der geführten Gespräche kehrte in allen Einzelheiten in ihr Gedächtnis zurück. Und wieder fragte sie sich, welche Rolle Franck gespielt haben mochte. Waren sie alle – Scheeler, Walther, Liebelt, Hofmann, Lundberg, Gerda und sie selbst – für diesen Mann nur ein Experiment, auf dessen Ausgang er neugierig war? Wieviel wußte er? Wieviel verschwieg er? Es berührte sie peinlich, daß von seinen Antworten Entscheidungen abhängen sollten. Ergaben sich im Wesen des Wissenschaftlers Franck nicht Parallelen zu dem des Kriminellen Burgner, vielleicht auf der Ebene zweier gleichgearteter Spieler? Blitzschnell tauchte bei diesem Gedankengang ein anderes Bild vor ihr auf. Das eiskalte Gesicht Burgners, als er seine Frau rügte, ihr angstvolles Verstummen und der wortlose gehorsame Rückzug einer Geschlagenen. Hierin, so erkannte sie, lag das Gemeinsame im Wesen dieser beiden ungleichen Männer, das zu ihrer aller Tragödie wurde. Der feinsinnige Gelehrte und hervorragende Mensch Scheeler, der gutgläubige Walther, seine glückselige Frau Gerda, der verantwortungsbewußte Liebelt, der charaktervolle Lundberg, der ehrliche Hofmann und sie selbst waren sinnlose Opfer eines gewissenlosen Vabanque-Spielers. Bei dieser Erkenntnis stöhnte Irmgard schmerzvoll auf. Wie nahe sie damit an die tieferen Ursachen eines tragischen Schicksals herankam, wurde ihr erst Jahre später vollends klar.

Tagelang kreisten Irmgards Gedanken um die dunklen Hintergründe ihrer Tragödie. In der Einsamkeit ihrer Zelle wurde sie hellsichtig. Sie zweifelte nicht mehr daran, daß Franck gesprochen hatte, um sich selbst zu retten. Eine unendliche Bitterkeit gesellte sich zu ihrem leidvollen Erleben. Bitterkeit darüber, daß seit 1945 in jedem kleinsten Kreis deutscher Menschen auch ein Judas auf seine 30 Silberlinge wartete.

XIII.

In gleichmäßigem Ablauf reihte sich Tag an Tag. Immer seltener wurde Irmgard Heintze zum Verhör geführt, dessen bedeutungsloser Inhalt in keinem Verhältnis mehr zu dem Zeitaufwand stand, den man dafür betrieb. Aber auch derartige Arbeitsleistungen unterliegen im Sowjetsystem einer Norm. Ob in den Fabriken, Kolchosen, Werkstätten, Büros oder beim NKWD, überall wurde geplant und mußte ein Soll erfüllt werden. Selbst das Schicksal der Gefangenen hing von diesem Soll ab. Es gab schlechtweg kein Gebiet, in dem das Wort Norm nicht über jedem natürlichen Ablauf stand und zum Leidwesen aller die letzte Entscheidung hatte.

Der Mensch in der Zelle kannte diese unsichtbare Peitsche noch nicht. Er würde sie erst später zu spüren bekommen, im Sakljutschonych-Lager, das ihm schon vom Augenblick der Verhaftung an sicher war. Dann allerdings würde er an sich diese unseligste Errungenschaft des »sozialistischsten Systems der Welt« gründlich kennenlernen und sich seine eigenen Gedanken darüber machen können. Solange der Apparat eines scheinbaren Gerichtsverfahrens noch in Bewegung war, schwankte er zwischen Verzweiflung und Hoffnung, denn er ahnte noch nicht, daß das Urteil über ihn bereits gesprochen war und daß das ganze Verfahren nichts anderes als eine bloße Farce bedeutete.

Irmgard Heintze gehörte zu den wenigen, die sich keiner Täuschung überließen. Ihre bereits in der Freiheit gemachten Erfahrungen bewahrten sie davor, sich irgendwelchen Zukunftsspekulationen hinzugeben. Sie brauchte sich nur an die Vergangenheit zu halten, die wie ein schlechter Film vor ihr ablief. Freud- und Leidvolles, Schwankungen und Irrtum, schuldhaftes Verspielen und ehrliches Ringen, Versagen und Bewährung – das gewöhnliche Menschenschicksal, das sich erst durch den Willen zur Tat zum Ungewöhnlichen wandelt. Diese Auseinandersetzung duldete kein Mitleid mit sich selbst. In dieser ausweglosen Situation bejahte sie dennoch die Tat, die auch am Leid ihrer Mutter schuld war. In diesem Punkt lag die unabwendbare Tragik ihres Schicksals und der Konflikt, unter dem sie am schmerzlichsten litt.

Draußen in der Welt, die jenseits der dicken Mauern wieder begann, feierte man Advent. Bald würden Kerzen brennen, und das Wort würde wieder umgehen von »Frieden auf Erden!«. Eine Welt von Gedanken, Bildern, Erinnerungen und Wünschen tauchte vor Irmgard auf. In allen Sprachen würde man die Frohe Botschaft verkünden, ohne zu erröten. Woher nahmen die Menschen den Mut zu dieser Frivolität? Sie wußten von den Dingen und duldeten das Unrecht, sie sprachen von Liebe und verschwiegen das Ausmaß an Lieblosigkeit, sie predigten Gerechtigkeit, ohne dem mannigfaltigen Unrecht die Stirn zu zeigen. Dem Menschen hinter Gittern mußte es scheinen, als sei das Wort kraftlos geworden und der fromme Schein ein Trug.

Und wieder kam eine Nacht, deren Geräusche Irmgard Heintze nicht sehr überraschten. Gleichgültig folgte sie dem Befehl, stieg wieder steile Stufen hinauf und stand vor der sich öffnenden Tür einer anderen Zelle. Auf dem heruntergeklappten Bett saßen drei junge Frauen, dicht aneinandergedrängt, mit Bündeln auf dem Schoß, fast reisefertig, und sahen der Eintretenden mit Neugier entgegen. Ein Augenpaar wechselte aber schnell in fassungsloses Staunen über. Gerda erkannte erschüttert Irmgard. Ihr Mund öffnete sich, als wollte aus ihm in der nächsten Sekunde ein Schrei brechen. »Vorsicht! Nichts merken lassen!« preßte Irmgard leise zwischen den Zähnen hervor. Erst als der Posten die Türe geschlossen und sich wieder entfernt hatte, wurde sie von den aufgeregten Frauen umringt. »Um Gottes willen, Sie auch!« Gerdas Ausruf klang, als hätte sie Irmgard nicht im Gefängnis vermutet. Aber hier traf man immer Bekannte, und nicht die schlechtesten.

»Natürlich, Gerda, wo sollte ich sonst sein? Aber erzählen Sie, warum sind Sie hier, und was ist mit den anderen geschehen?«

Hastig berichtete Gerda, daß zwei Tage nach Irmgards und Dr. Walthers Abfahrt Russen des Nachts in ihrer Wohnung Einlaß begehrten. Nach einer gründlichen Hausdurchsuchung wurde sie aufgefordert, einige Kleidungsstücke zu packen und ihnen zu folgen. Am Anfang hatte sie geglaubt, daß ihr Mann und Irmgard nach Berlin entkommen wären, dann aber erfuhr sie im Gefängnis durch die Klopfverbindung mit Nachbarzellen, daß Kurt hier war. Nur über Irmgard wußte niemand etwas zu berichten.

»Ach, Sie sind die Frau Heintze!« warf eine der zwei Frauen, anscheinend noch ein Mädchen, dazwischen. Der merkwürdige, lauernde Tonfall dieses Ausrufs berührte Irmgard unangenehm, doch noch ehe sie das Mädchen in näheren Augenschein nehmen konnte, sprudelte schon Gerda hervor: »Bitte, bitte, erzählen Sie rasch, wie es zu Ihrer Verhaftung kam. Wir müssen jeden Augenblick damit rechnen, daß man auch uns verlegt, und ich möchte doch alles wissen.«

»Das ist alles schnell erzählt. Wo Burgner uns erwarten sollte, ist Ihnen ja bekannt. Als wir dort, wie verabredet, eintrafen« – ein schmerzhafter Fußtritt ließ sie verstummen. Die andere ihr noch fremde Anwesende, eine sympathische jüngere Frau, legte warnend den Finger an den Mund und wies mit einem vielsagenden Blick auf das Mädchen, das sich gerade an ihrem Bündel zu schaffen machte. »Ach so – hm – nun also, Burgner war natürlich da, aber er fuhr uns erst einmal freundlicherweise zur Kommandantur, da er sich noch den Fahrbefehl beschaffen mußte. Eine Stunde später waren wir verhaftet, und statt in Berlin landeten wir getrennt hier. Der General nannte mir schon in der ersten Nacht die Namen derjenigen, die zu verhaften er Befehl gegeben habe. Sie sehen daraus, daß er bereits gut im Bilde war.«

»Sicher, denn er wußte ja alles durch Burgner. Wie schrecklich, daß Ihr Mißtrauen so berechtigt war.«

»Gerda, woher wissen Sie mit solcher Bestimmtheit, daß Burgner der Verräter ist?«

»Dr. Franck lag einmal in meiner Nähe und hat Sie gesucht«, mischte sich die sympathische junge Frau wieder ein. »Er bat, folgende Worte weiterzugeben: Leugnen zwecklos, Burgner hat alles verraten! Leider erfuhr ich nicht, in welcher Zelle Sie sich befanden, aber dafür konnte ich Gerda davon Mitteilung machen.«

»Und wann war das?«

»Och, das war schon vor Wochen!«

Irmgard holte erst einmal tief Atem, doch nahm sie zu dieser Mitteilung, die für sie schwerwiegend genug war, keinerlei Stellung. »Haben Sie schwere Verhöre gehabt, Gerda?« wandte sie sich wieder dieser zu.

»Nein, ich war nur zwei- oder dreimal beim Verhör.«

»Und was haben Sie erzählt?«

»Nun, ich habe gesagt, wie es war – nichts als die Wahrheit –, daß ich des jungen Fähnrichs wegen in den Westen geschickt wurde und daß ich dort die handgezeichneten Pläne Dr. Francks übergab.«

»Gerda, was für Pläne?«

»Ach so, das wissen Sie ja noch nicht. Als ich schon zum Zweck der Nürnberg-Fahrt im Zug saß, kam im letzten Augenblick Dr. Franck angerannt und übergab mir einige Zeichnungen, die ich dort übergeben sollte. Es war ein Geländeplan über die nähere und weitere Umgebung, der für den Fall des Absprungs von Fallschirmjägern über Bodensenkungen Auskunft gab.«

Irmgard war eine Weile sprachlos. »Was? Einen militärischen Plan – wußte Ihr Mann davon? Und Sie haben das ohne weiteres erzählt?«

»Dr. Franck und Kurt sind doch gute Freunde – warum sollte dann mein Mann nichts davon wissen! Verschweigen war sinnlos. Die Russen nahmen schlagartig bei uns allen Hausdurchsuchungen vor. Auf den ersten Anhieb fanden sie bei Dr. Franck das von Kurt geführte und ihm vor der Abreise übergebene Tagebuch, das von der ersten Besprechung an genaue Eintragungen über jeden Vorgang enthielt. Franck hatte es im Ofen seines Wohnzimmers versteckt.«

»Ein Tagebuch! Auch das noch!« stöhnte Irmgard auf. »Dr. Franck war mehr als leichtsinnig bei der Wahl des Aufbewahrungsortes für ein solches Tagebuch. Sie müssen wissen, Gerda, daß ich wochenlang täglich in 17- bis 18stündigen Verhören bearbeitet wurde, weil man mich für eine Lügnerin hielt, und dabei erfahre ich erst jetzt von Plänen, die mir in der Tat vollkommen unbekannt waren. Man könnte lachen, wenn es nicht zum Weinen wäre. Aber erzählen Sie weiter, worüber wurden Sie noch gefragt?«

»Besonders über das Waffen- und Lebensmittellager, das auf Burgners Gut angelegt werden sollte.«

»Waffenlager! Das sind doch Hirngespinste! Von Lebensmitteln war einmal die Rede, sie sollten bereitgestellt werden für den Fall, daß einem von uns Verhaftung drohe und er darum für eine Zeit verborgen gehalten werden müsse. Ihr Mann hielt das Gut für vorzüglich geeignet zur Aufstellung eines geheimen Senders, aber Waffen – welche Naivität!«

Die kritiklosen Mitteilungen Gerdas, die noch folgten, deckten die Unaufrichtigkeit Francks seinen Gefährten gegenüber restlos auf. Sie sah Scheeler und Liebelt vor sich, diese beiden fähigen und von hohem Verantwortungsbewußtsein geprägten Männer, denen man ebensowenig glauben würde, wie man ihr geglaubt hatte. Bei diesem Gedanken ging ihr Zorn in eine tiefe Bitterkeit und in ein neues Alleinsein über. Welch hoher Einsatz für ein von Anfang an verlorenes Spiel.

»Beim letzten Verhör fragte mich der Dolmetscher, mit wieviel Jahren ich für mich rechne«, fuhr Gerda fort. »Als ich ihm die üblichen 25 Jahre nannte, meinte er, was denn dann mein Mann und Sie, Frau Heintze, bekommen sollten, wenn ich schon mit 25 Jahren rechne.«

»Danke der Nachfrage«, erwiderte Irmgard trocken. »Aber sagen Sie, Gerda, mit welchem Strafmaß rechnen Sie nun wirklich?«

»25 Jahre sollen die Regel sein«, kam es zaghaft zurück.

»Dann wären Sie also 54 Jahre alt, und ich wäre 70 Jahre. Was dann? Auf jeden Fall also ein Todesurteil – ein wenig viel für uns, finden Sie nicht auch?« Neue Bitterkeit stieg in ihr auf. Einmal mußte das ja kommen. Einmal. Wann? Heute? Morgen? Man gestand sich längst nicht mehr ein, daß man wartete und nichts als wartete.

Während des Gespräches hatten sich die beiden Mitgefangenen abseits gehalten und ihre eigene Unterhaltung geführt. Das hatte das fragwürdige Mädchen nicht gehindert, mit einem Ohr den beiden zu lauschen.

»Todesurteil gibt's doch gar nicht mehr«, schrie sie dazwischen.

»Natürlich bekommen Sie 25 Jahre. Sie brauchen Ihre Höschen aber nicht naß zu machen, denn Sie werden von den 25 höchstens fünf Jahre absitzen, und dann kommt irgendeine Amnestie«, prahlte es mit Kenntnissen, die einer sehr undurchsichtigen Quelle entsprangen. Irmgard erinnerte sich der warnenden Geste und nahm die Sprecherin etwas schärfer unter die Lupe. Obwohl sie nicht älter als 23 oder 24 Jahre sein konnte, waren ihre an sich nicht unhübschen Gesichtszüge bereits mit einem gemeinen und lasterhaften Ausdruck gezeichnet. Die Bewegungen des schlanken Körpers waren eigenartig gewunden, beinahe schlangenhaft, und erweckten in Irmgard eine starke physische Abneigung. Es gehörte wenig Menschenkenntnis dazu, dieses eindeutige Geschöpf richtig zu klassifizieren.

»Wie heißen Sie eigentlich, und warum sind Sie hier?«

»Ich heiße Susi und bin mit meinem Ottochen hier.« Sie zierte sich ein wenig, nestelte an dem gefärbten Haar und schlug die langen getuschten Wimpern in die Höhe. »Mein Ottochen war natürlich bei der SS, und wir haben zwei Russen abgemurkst.« Diese leichtfertige Bezeichnung für ihre Untat begleitete sie mit einem glucksenden Geräusch, von dem sich Irmgard angewidert abwandte. Das hinderte Susi aber nicht an der Fortsetzung ihrer prahlerischen Geschichte, die sie mit allen Einzelheiten ausschmückte. Aus dem Wortschwall ging eindeutig hervor, daß sie sich mit den Methoden einer routinierten Straßendirne und unter Beihilfe ihres Ottochens an die Russen herangemacht hatte, um ihnen Papiere und Geld zu entwenden, wobei zweifelhaft blieb, ob ihr Zuhälter aus der SS kam und mehr als Diebstahl vorgefallen war. Sicher aber war, daß sie gefaßt wurden und, obwohl bereits vor Monaten verurteilt, als brauchbare Spitzel im Gefängnis unter den Nichtverurteilten belassen wurden. Die geile Art, verbunden mit einer vulgären Ausdrucksweise, wirkte unerträglich, so daß Irmgard die Erzählung kurzerhand unterbrach und sich der anderen Unbekannten mit der Frage nach Namen und Woher zuwandte.

»Ich heiße Elisabeth, weiß Gott, warum ich hier bin.«

»Sind Sie nicht die Freundin von Gisela?«

»Kennen Sie Gisela? Sie waren mit ihr zusammen? Wie sieht sie aus, wie erträgt sie die Trennung von den Kindern?«

Darauf war schwer zu antworten, ohne zu verletzen. »Ihre Freundin ist sehr tapfer. Sie ist überzeugt, daß alles in Gottes Hand ist, und sie freut sich schon auf ein Wiedersehen mit Ihnen«, beruhigte Irmgard die besorgte Freundin. Ihr Gesicht zeigte nichts von den Gedanken dahinter.

Auf diese Weise war die Nacht der zweiten großen Verlegung längst in den nachfolgenden Tag übergegangen. Der Eintritt eines neuen, noch unbekannten Häftlings in eine schon längere Zeit bestehende Zellengemeinschaft bringt zumindest für den Anfang Anregung und Bewegung in den tödlichen Leerlauf dieser verengten Welt, die nur auf Verhören, Aussagen und Strafterminen aufgebaut ist. Vor dem Neuling werden bereitwilligst alle Begebenheiten aus der frühesten Kindheit bis zum letzten Schicksalstag ausgebreitet. Nichts bleibt verborgen. In der Art dieser seelischen Entkleidung liegt eine Besessenheit, die hart an die Grenzen des Erträglichen heranreicht. Läppische Aussprüche führen zu unverständlichen Heiterkeitsausbrüchen, Banalitäten werden zu Weisheiten, das Undramatische wird dramatisiert, das Unbedeutende glorifiziert; kurz, viele der gefangenen Frauen bewegen sich wie agierende Schmierenkomödiantinnen. Da war keine Erde und kein Himmel mehr, nur noch Flucht aus einer Existenz, die von aller Wirklichkeit entleert war. Irmgards anfängliches Staunen wandelte sich zu einem schmerzlichen Begreifen. Sie, die bisher viele Wochen in der Abgeschlossenheit einer Einzelzelle zugebracht und schwerste Verhöre durchgestanden hatte, neigte weniger zum Reden als zum Zuhören. Sie waren alle sicher, daß sie zurückkehren würden – in die kleine Stadt, in die alte Wohnung –, daß sie in die Jahre zurücksteigen könnten, die vor diesem Alptraum waren. Ein Blick in die zerstörten Frauengesichter, auf denen Muttertum, Liebe, Anstand und Anmut gewaltsam ausgelöscht waren und die ganz insulare Vorstellungen widerspiegelten, die sich aus der Beziehungslosigkeit ihrer Existenz und der Gefangenschaft ergeben hatten, drängte Irmgard nur die Frage auf: Sind wir noch die, die wir waren?

Es bereitete den anderen ein Vergnügen, sie in die Sprache der Gefängniswände einzuführen. Von der primitiven Klopftechnik war man längst zum schnelleren Morsen übergegangen. Die Nachbarzellen wurden von der Neueinlieferung unterrichtet, während Irmgard erstmalig von den verschiedensten »Fällen« erfuhr und davon, wer zu wem gehörte. Jeder Fall wurde nach dem Namen des Hauptbelasteten benannt, und sie vernahm, daß mancher Fall eine Gruppe von 40 und mehr Personen umfaßte. Politische Meldungen wurden empfangen und weitergegeben, ohne den Wahrheitsgehalt in Frage zu stellen. Es waren aber gerade diese zweifelhaften Nachrichten, die immer wieder Hoffnungen entfachten und nährten, und darin bestand ihr nicht zu unterschätzender seelischer Wert. Andererseits reduzierten sie die Wachsamkeit der Gefangenen und verbreiteten einen nicht unbedenklichen Optimismus. So stand für viele fest, daß keine Gefangenentransporte mehr nach Rußland gingen. Sibirien war das Ende, war der gewisse Tod, womit man sich nicht mehr zu befassen brauchte. Kein Gefängnis oder Lager in Deutschland konnte aber diese Schrecken haben wie ein sibirischer GULag. Solange man in Deutschland und somit in der Nähe der Angehörigen blieb, war noch nicht alles verloren. Da war noch Heimkehr möglich. Einmal mußte das der Fall sein. Einmal. Wann? Heute? Morgen? Den optimistischen Meldungen erlagen mit der Zeit auch die Skeptiker, etwaige Zweifel verstummten mehr und mehr. Voll grausamer Zerstörung wurde aber nach Jahren solcher inneren Sicherheit der Augenblick, der viele von ihnen den Weg in die Deportation antreten hieß.

Wie Gerda und Irmgard erwartet hatten, wurden sie bereits wenige Tage nach ihrer Zusammenlegung wieder getrennt. Gerdas Stelle nahm Elfriede ein, die nur um wenige Jahre jünger als Irmgard war. Elfriede gehörte einer religiösen Sekte an, und sie verkündete aus ihrem unbeirrbaren Glauben heraus Ereignisse, die mit Beginn des kommenden Jahres ihrer aller Schicksal zum Guten wenden müßten. Ihr war durch den Mund eines wieder unter der Menschheit weilenden Jüngers des Herrn die Prüfungszeit, aber auch deren terminmäßiges Ende prophezeit worden.

Sie sagte eine Menge Dinge, die niemand verstand. Sie sprach von einer Weltmitternacht, vom Golem, von einer echten Gnosis, von einem Imago Coelestis des Gottmenschen, der seine in die Gewalt luziferischer Feinde gefallene Braut erlösen werde. Es war für sie, die unwissend Gläubige, eine tiefe innere Beglückung, ihre Kenntnis vom Kommenden weitergeben und gläubiges Vertrauen säen zu können. Nur vorsichtig tastete sich Irmgard mit Fragen an die Erlebnisse dieser Frau heran, deren Erscheinung und Leben voller Widersprüche war. Im Alltag durchaus nicht über den Wolken schwebend, hatte sie für sich und ihren aus amerikanischer Gefangenschaft zurückgekehrten Mann, einen erfolgreichen Musiker, mit unermüdlicher Geschicklichkeit den Grundstein zu einem neuen Heim gelegt. Ein gesunder Egoismus und der klare Blick für alle Möglichkeiten ließen sie alle Vorteile rasch erfassen und auch nutzen, wobei sie in der Wahl ihrer Mittel durchaus nicht wählerisch war. Herausgehoben aus diesem Frauendasein, überfiel sie eine vorbehaltlose Neigung zur Mystik, die eine andere Seite ihres Wesens ausmachte. Ihr okkulter Fanatismus verleitete sie zu Bekehrungsversuchen an Susi, die nach Kichern und Schlucken lieber wieder ihre mehr als eindeutigen Beziehungen zu den sowjetischen Wächtern aufnahm. Ihr Flüstern draußen auf dem Gang, unterbrochen von ihrem geilen Lachen, ließ auf Themen schließen, die ihr wesentlich mehr zusagten. Elisabeths unkomplizierter Art lagen aber tiefergehende Bekehrungsversuche vollkommen fern. Zwar verführte sie ihre Neugier zunächst zu einem Eingehen auf solche Fragen, doch ihre scherzhaft-kindliche Naivität lenkte bald genug wieder ab. Elisabeth war es auch, die einmal während Susis Abwesenheit die beiden Zellengenossinnen auf deren unheilvolle Spitzeltätigkeit aufmerksam machte. Es war ihr gelungen, Susi zu überführen, und in die Enge getrieben, hatte es jene zugeben müssen. Die Bezahlung für solche Tätigkeit erfolgte durch eine bessere Kost, die außerhalb der eigenen Zelle verabreicht wurde. Irmgard erfuhr, daß Susi durchaus kein Einzelfall war und daß mancher Gefangene glaubte, auf diese Weise seine Strafe zu verringern, wenn nicht gar freizukommen. Elfriede aber wußte aus ihrer nun bereits einjährigen Gefängniserfahrung noch von anderen Dingen zu berichten, die Irmgard erschauern ließen. Da war eine Zeit, in der Nacht für Nacht unheimliche Schüsse hallten, nachdem unmittelbar zuvor Menschen aus den Zellen geholt worden waren, die nicht mehr wiederkamen. Und keiner wußte, ob und wann er an der Reihe war. Irmgard sah bei diesen Worten die drei winzig kleinen Hügel mit den Kreuzen an der Zellenwand vor sich, die wohl die traurigste Bestätigung eines solchen Berichtes waren. Unglaubhaft aber wollte ihr erscheinen, daß es unter deutschen Gefangenen auch Frauen gab, die als Mitwisser derartiger Verbrechen sich ihren Wächtern an den Hals warfen und in zynischer Schamlosigkeit den Zellengenossinnen die Einzelheiten ihrer sexuellen Erfahrungen auftischten. Aber dieses Unglaubliche war dennoch wahr. Was umschlossen diese Mauern alles! Dicht neben menschlicher Größe hauste Verworfenheit, neben Reinheit das Laster, neben bedingungsloser Wahrheit die Lüge, neben tiefstem Leid geile Sexualität. Diese Erkenntnis war geeignet, dem eigenen Handeln im Glauben an Deutschland jeglichen Sinn zu nehmen. Wie viele vor ihr mußte auch sie sich fragen: Warum so viel Risiko? Warum so viel Qual? So viel Schmutz? So viele Gräber? Aus Loyalität, aber wo ist die logische Rechtfertigung?

»Ein alter Ausspruch besagt, daß der Mann in der Knechtschaft 50 Prozent seiner Tugend verliert. Die Frau scheint aber in der Gefangenschaft mehr als diese zu verlieren«, bemerkte Irmgard bitter.

»Die Frau ist ihrer ganzen Natur nach nicht geeignet für die Gefangenschaft, ohne erheblichen Schaden zu nehmen«, predigte Elfriede.

»Eine Eignung für die Gefangenschaft gibt es für keinen Menschen, Elfriede. Wir sehen hier aber, daß die Frau schamloser als der Mann werden kann, und das ist für eine Frau das Schlimmste.«

»Aber es sind doch nur einige«, warf Elisabeth beschwichtigend ein.

»Und in Anbetracht der wenigen Monate, die sie sitzen, schon zu viele, wenn es bei allen zutrifft, die Ihr genannt habt. Bedenkt, daß es sich hier zum Großteil um Gefangene mit politischen Vergehen handelt. Ihr sprachet von bedeutenden Widerstandsgruppen, denen Frauen angehörten. Die Zugehörigkeit zu einer Widerstandsgruppe setzt aber politisches Bewußtsein voraus, und das scheint mir doch nur in sehr wenigen Fällen vorhanden zu sein. Wie wäre sonst all das möglich?«

»Es gibt schon eine ganze Anzahl Frauen, die ganz bewußt gearbeitet haben«, verteidigte Elisabeth ihre Geschlechtsgenossinnen. »Ein Teil freilich ist nur durch Zufall dazugekommen, als Freundin eines Mannes, dem zuliebe sie Autonummern von russischen Einheiten aufgeschrieben hat, ohne zu wissen, für welchen Zweck. Andere wissen überhaupt nicht, warum sie hier sitzen. Unter diesen beiden Kategorien gibt es halt auch welche, die jeden Halt und jeden Maßstab für ihr Handeln verlieren. Also, Irmgard, seien Sie nicht zu hart und zu bitter. Wir sind doch keine Engel.«

»Einer meiner wertvollsten Kameraden äußerte einmal, daß nur die Besten in der Widerstandsbewegung arbeiten dürften, aber ich konstatiere, daß auch in Ihren Reihen oft sehr verantwortungslos aus reiner Abenteuerlust gehandelt worden ist. Das entschuldigt aber alles nicht das Sichwegwerfen einer Frau unter diesen Umständen.«

»Wie beurteilen Sie dann den Verräter einer Widerstandsgruppe, Burgner zum Beispiel; ist er nicht schlimmer als eine Straßendirne, die sich im Gefängnis einem Russen an den Hals wirft?« fragte Elisabeth.

»Wir verstehen uns nicht ganz. Natürlich verurteile ich einen Verräter nicht weniger scharf, nur anders als eine Frau, die sich angesichts des Todes und allen sonstigen Grauens um sie herum wie eine läufige Katze benimmt und sich selbst ihrem Todfeind wahllos hingibt.«

»Ich glaube doch, Sie zu verstehen, Irmgard«, sagte Elfriede. »Der Verräter vergeht sich an einer Gruppe von Menschen, jene Frauen aber vergehen sich am Gesamtansehen des Landes und seiner Frauen. Und das trifft Sie noch schwerer.«

»Ja, so ungefähr, Elfriede. Die Frau repräsentiert ein ganzes Volk, in diesem Hause noch mehr als draußen in der Freiheit.«

»Kinder, Kinder«, stürzte Susi aufgeregt in die Zelle herein, »denkt euch nur, als ich eben draußen mit Mischa quatschte, brachte der Kalfaktor eine Riesenschüssel mit Fleischklopsen an. Ich glaube, die kriegen wir heute zum Mittagessen. Hört doch, unten verteilen sie schon. Still! Seid mal ganz still!«

Susi und die anderen lauschten aufmerksam. Sie vernahmen ganz deutlich das Türaufschließen, und eine Welle der Erregung ging durch das ganze Haus.

»Mensch, wat sagste nu?« fragte Susi dumpf. Zweifelsohne, irgend etwas Besonderes ging vor sich. Aus einzelnen Frauenzellen klang lautes Lachen auf, und kein Posten fuhr barsch dazwischen. Endlich wurde auf ihrer Seite aufgeschlossen und die Sensation kam näher. Jetzt waren sie dran. Wahrhaftig, es verschlug ihnen die Sprache. Aus den Schüsseln dampfte eine wohlriechende Krautsuppe, auf der sogar Fettaugen schwammen. Daneben standen noch Blechteller mit zierlich angerichtetem Kartoffelbrei und – einem Fleischklops. Für Micha, den russischen Posten, war das Ganze ein ungeheurer Spaß. »Was, da staunt ihr!« rief der fleischverteilende Kalfaktor Elfriede zu. »Und ihr werdet noch mehr staunen, denn ihr kriegt jetzt alle Tage so ein Menü.«

Kein Wunder, daß in allen Zellen ein erregtes Rätselraten begann. Zwar stand Weihnachten vor der Tür, aber jedermann wußte, daß Festzeiten für die Gefangenen eines NKWD-Gefängnisses nicht verbesserte Rationen und freundlichere Behandlung mit sich brachten; eher war das Gegenteil der Fall. Humane Regungen des Sowjet-Kommandos? Ausgeschlossen! Also blieb nur übrig, daß die außenpolitische Lage der Anlaß zu dieser einschneidenden Veränderung war. Für Elfriede stand fest, daß der Messias und der Weltfrieden nahe waren. »Natürlich, können Sie uns nicht so ausgemergelt rauslassen! Wir müssen erst aufgefüttert werden«, war ihr abschließendes Argument.

Auch in den Männerzellen kam man zu gleichen Ergebnissen, und irgendeiner wußte, was vorgefallen war. Sein Morsespruch wurde vorbehaltlos von Zelle zu Zelle weitergegeben: »Zwischen Amerikanern und Russen ist in der Gefangenenfrage ein Abkommen erzielt worden. Wir werden gegen führende Kommunisten aus der Westzone ausgetauscht!« Sogar die festgesetzte Austauschquote kannte man ganz genau. Im November, so berichteten die Männer weiter, seien alle »Hauptagenten« rasiert und vollkommen neu eingekleidet worden. Sie seien nicht in irgendein Lager abtransportiert worden, sondern sie befänden sich alle in Freiheit – im Westen! An dieser Version hielten sie jahrelang fest, und erst als sie selbst am Polarkreis, in den Bergwerken Sibiriens oder gar in den Goldwäschereien auf der »Neuen Erde« landeten, erfuhren sie, daß auch nicht ein einziges Wort von diesen absolut sicheren Meldungen wahr war. Denn überall dort fanden sie die sich angeblich in Freiheit befindenden Hauptagenten wieder.

Zunächst aber versetzte das bessere Essen die politischen Gefangenen in Hochstimmung. Im nächsten Jahr würde man ganz bestimmt mit den Angehörigen vereint sein, und das alles hier läge hinter einem wie ein böser Traum. An dieser Meinung hielten sie noch fest, als die Qualität der Mahlzeiten bald schon erheblich nachließ. Aber niemand brachte es fertig, das flackernde Lichtlein der Hoffnung mit roher Hand zu verlöschen, am allerwenigsten aber Irmgard Heintze, denn der Heilige Abend kam näher. Ohne dieses Schaukeln zwischen Hoffnung und Hoffnungslosigkeit mußten die Menschen wahnsinnig werden.

XIV.

Das Geläut der Weihnachtsglocken füllte die kleinen Zellen; es brach sich an den Wänden und dröhnte mit verstärkter Kraft zurück. Mit jedem Klöppelschlag wurde ein Stück der künstlich hochgeschraubten Zuversicht zerschlagen. Es schien den Menschen, als wollten diese ehernen Stimmen nie mehr verstummen. Mit bleichen Gesichtern und verkrampften Händen klebten sie an den Wänden ihrer Zellen, verstrickt in eine tiefgründige Einsamkeit. Die Gedanken glichen flatternden Vögeln, die aus der vergitterten Enge keinen Weg zur Freiheit mehr finden und schließlich ermattet zu Boden fallen. Die Gefangenen begriffen, daß sie aus jeglicher Bindung entlassen und Ausgestoßene waren. Als es endlich still wurde, erklangen vereinzelt die verbotenen alten Weihnachtsweisen; ein mühsamer und zitternder Gesang, der ohne Kraft blieb, weil die Verheißung keinen Sinn mehr hatte. In diesen Zellen gab es nichts, woran man sich noch klammern konnte. Während man draußen allüberall, über Länder und Meere hinweg, feierte, lagen die Gefangenen von Fieber und Schwäche geschüttelt auf einem feuchten und kalten Steinboden. So mußten sie Weihnachten überstehen und in ein neues, gnadenloses Jahr eintreten, das sie bald seine ganze Härte fühlen ließ.

Wenn außenpolitische Einflüsse die Ursache zu einer zeitweiligen Auflockerung ihrer Lage gewesen waren, so deutete die wieder eingetretene Verschärfung auf eine neuerliche Spannung zwischen den »Großen Vier« hin. Der Kalfaktor hatte seinen Fleischsegen eingestellt. Statt dessen empfingen die Gefangenen eine mit stinkenden Futterrüben angefüllte Schüssel, deren Inhalt jeden mit Ekel erfüllte. Verbote nahmen zu. Die Inhaftierten, auch die Frauen, durften sich beim Sitzen nicht mehr anlehnen, um den schmerzenden Rücken zu stützen. Wurde jemand beim Zuwiderhandeln ertappt, drohte im Wiederholungsfall Einzelhaft. Keine Zellengemeinschaft durfte länger als zehn Minuten im Bad verweilen, was für die Frauen besonders unangenehm war.

Die während der Badezeit durchgeführte Filzung war so gründlich, daß die Betroffenen alle Vorsicht vergaßen und ihrer hellen Empörung Luft machten. Unangenehm war auch das Verweigern von Nadel und Faden, um die ständig getragenen und schon längst ausgefransten und zerschlissenen Wäsche- und Kleidungsstücke notdürftig zu flicken.

Susis Gefängnisaufenthalt nahm ganz unprogramm-mäßig ein plötzliches Ende. Die überraschende Aushändigung ihrer privaten Habe bedeutete ihren Abtransport in ein Lager. Susis Freude darüber war groß, denn nach Ansicht der Ärztin bedeutete ein solcher Wechsel: Männer, Blumen, Konzerte, also eitel Freude und Sonnenschein. Unter derartigen Perspektiven konnte ihr der Abschied nicht schwerfallen. Ihr Auszug vollzog sich unter Lachen und Jubel, und die Zurückbleibenden atmeten erleichtert über diesen zweifelhaften Verlust auf. Eine alte Erfahrung aber besagt, daß ein Wagen auf drei Rädern nur schlecht fährt; drei Frauen in einer Zelle ist eine Koppelung, die selten hält. Die große, nach Zärtlichkeit verlangende Elfriede und die kindlich naive Elisabeth fanden eine gegenseitige Ergänzung, die sich selbst genügte. Die herbe und nicht mitteilungsbedürftige Irmgard, die auf eine gewisse Distanz nicht verzichten konnte, war und blieb ihnen im Grunde ihres Wesens eine Fremde. Sie empfanden, daß sie zu deren ureigener Welt keinen Zutritt hatten. Hinzu kam, daß unter so glücklosen Lebensumständen die ausschließlich ihrem Gefühl folgenden Frauen zwangsläufig die Flucht in ein vergangenes Glück nahmen. Das Aussprechen von Intimitäten versetzte sie in einen Rausch, der die Gegenwart vergessen ließ. In der Gemeinschaftszelle, die keine Intimität kannte, fielen auch die Schranken vor jenen Dingen, die auszusprechen unter normalen Bedingungen Scham und Stolz verbieten würden. Hier lag der Scheidepunkt, der ihre Wege trennen mußte und der Irmgard automatisch wieder ihre stundenlangen Wanderungen aufnehmen ließ. Eine Welt, die ihr allein gehörte, nahm sie wieder auf.

Für die Gefangenen im MWD-Gefängnis vollzog sich unbemerkt der Wechsel der Jahreszeiten. Durch den schmalen Spalt der Fensterverkleidung fand erst spät ein dünner Sonnenstrahl hindurch und kündete so den Frühling an. Doch eines Abends geschah es dann, daß bei einem letzten Strahl eine verirrte Amsel ihr Klagelied zu ihnen schickte. Für die Zelleninsassen war es eine Art Wunder, vor dem alles verstummte, und eine leise Frauenstimme sprach aus, was alle fühlten:

Der Abend senkt sich leis hernieder / der Sonne letzter goldner Schein / webt um die Welt ein Strahlenmieder / und mildert so die bittre Pein. / Und auf der höchsten Kuppel sitzend / verströmt der Amsel Dankgebet / ich heb die Hände, sie zu grüßen / ein schwerer Tag vergeht.

Noch einmal vernahmen die hinter Gittern lauschenden Menschen den Gesang der Amsel, dann floh auch sie vor der düsteren Trostlosigkeit des Gefängnisses. Und als hätte sie mit ihrem Lied das Tor gesprengt, wurden nach langen luftlosen Monaten zum erstenmal die Gefangenen in den kleinen Garten geführt. Für fünf Minuten durften sie die grauen Gesichter der Sonne entgegenhalten und den Frühlingsanfang genießen. Dies sollte jedoch ein seltenes Geschenk bleiben, denn erst nach Wochen öffneten sich erneut die Türen. Sie stürzten durch die Gänge, denn jede Sekunde war kostbar, und fünf Minuten sind kurz. Wohingegen man den Rückzug in die Zellen solange wie möglich hinauszögern wollte. Man tauschte Grüße und Botschaften mit Freunden, das vulgäre Gezänk des Postens überhörend.

Irmgard hatte ihre Zelle wieder einmal tauschen müssen. Sie tat es nicht gern, wußte sie doch aus den Erzählungen der Kameradinnen, daß die in einem so engen Raum oft hart aufeinanderprallenden Gegensätze das Zusammensein zu einer Hölle machen konnten. Das Ergebnis dieses Wechsels lag keinesfalls in der Planung der Gefängnisleitung, aber es verschaffte ihr eine Genugtuung, die einmalig war und blieb. Die beiden neuen Zellengenossinnen erwiesen sich, so verschieden auch Alter, Herkommen und Lebenserfahrung sein mochten, als von so ungewöhnlichem Format, daß sich ein selten leuchtendes Dreigestirn ergab. Eine Begegnung fand statt, für die jede von ihnen dankbar war und die zum Erlebnis wurde. Ursula, erst 22 Jahre alt, Tochter eines Handwerkers, begabt, von einer beglückenden Klarheit, verband ihre jugendliche Anmut mit einem würdevollen Stolz, daß selbst der zudringlichste Posten respektvoll von ihr abließ. Die 65jährige Frau Gertraude, ehemalige Schloßherrin und Weltenbummlerin, geist- und humorvoll, war Aristokratin von Geburt und Haltung. In ungewöhnlichen Gesprächen, wie sie in diesen Wänden nicht oft zustande kamen, vergingen Tage und Wochen wie im Flug, und man vergaß die Umgebung. Die Unkenntnis der russischen Vernehmungsmethoden hätte für die beiden Frauen den üblichen verhängnisvollen Ausgang nehmen müssen, wenn eben nicht Irmgard zu ihnen gestoßen wäre und sie auf ihre Verhöre vorbereitet hätte. Sie hatten ja nichts zu verbergen, aber darauf kam es nicht an. Es kam lediglich darauf an, die Verdrehungstaktik abzuwehren, die für viele unschuldige Menschen jahrzehntelanges Unglück bedeutete. Und das Wunder gelang. Beide konnten in die Freiheit zurückkehren, denn weder durch Drohungen noch durch Versprechungen gelang es, ihnen ein unbedachtes Wort zu entlocken.

War man mißtrauisch geworden? Hatte man den Fehler erkannt, den man mit dieser Zusammenlegung begangen hatte? Es wollte so scheinen, denn plötzlich zog man Irmgard wieder heraus und brachte sie zu jenen Menschen, die wie sie selbst jahrelang bereits in Haft saßen und an denen nichts mehr zu verderben war.

Die weißhaarige Mutter eines Offiziers mit hohen Auszeichnungen wurde von nun an für mehr als ein Jahr die aufgezwungene Gefährtin. Frau Else, eine zarte und fast gebrechliche Frau, in einem dünnen altmodischen Kleid mit einer kleinen Spitze in Fetzen, löste bei jedermann ein natürliches Mitleid aus, dessen sie sich zu bedienen wußte wie Irmgard später erkennen konnte. Zunächst empfing sie Irmgard wie eine mütterliche Freundin, war sie ihr ja dem Namen nach längst keine Unbekannte mehr. Sie streckte ihr die Hände entgegen, wobei sie klagend ausrief: »Mein Gott, Frau Irmgard, so lange hat sie Dr. Scheeler vergebens gesucht, und jetzt, nach seinem Tode, kommen Sie in meine Zelle, in deren unmittelbarer Nähe er so lange gewesen ist.«

Die auf diese dramatische Weise Begrüßte stand sofort im

Bann der alten Frau und stammelte: »Was sagen Sie da? Dr. Scheeler ist tot?«

Zufrieden mit dem, was sie da angerichtet hatte, und ganz Mittelpunkt der Situation, murmelte sie nur: »Es tut mir leid, daß Sie seinen Tod durch mich erfahren mußten. Ja, Dr. Scheeler ist vor zehn Tagen verstorben.«

»Und was war die Todesursache? Bitte, sagen Sie mir alles, was Sie wissen. Hören Sie – alles!«

In einer mitleidlosen Realistik legte Frau Else los. »Dr. Scheeler, unser lieber Freund, Gott hab ihn selig, hatte ein Furunkel im Nacken, vielleicht war es auch ein Karbunkel. Die ›Nebelkrähe‹« – sie meinte die Ärztin – »quacksalberte daran herum und nahm es nicht ernst. Sein Zustand verschlimmerte sich schnell. Vor zehn Tagen, lange vor dem Wecken, trommelten seine Kameraden wie toll an die Tür und riefen nach der Ärztin. Natürlich kam sie nicht. Sie kennen das doch. Kommt sie, wenn ich Schmerzen habe?« Ein paar Tränen erschienen an den Wimpern. »Wir hier oben waren alle wach geworden und hingen am Spion. Wir hörten die Männer in der Zelle poltern und ahnten, daß es schlimm um Dr. Scheeler stand. Dann donnerten sie wieder wie verrückt an die Tür. Der Posten, der sich endlich zu kommen bequemte, fluchte, die Männer riefen aufgebracht nach der Ärztin, denn ihr Kamerad stürbe unter ihren Händen weg. Auf einmal wurde es totenstill, und ohne daß es uns jemand zu sagen brauchte, wußten wir, daß Dr. Scheeler verschieden war. Gott sei seiner armen Seele gnädig. Eine Stunde später mag es gewesen sein, als die Kameraden von Dr. Scheeler mit ihren Sachen aus der Zelle geholt und verlegt wurden. Keiner von uns konnte mehr ans Schlafen denken. Sie wissen, wie notwendig einem die paar Stunden Schlaf sind. An diesem Tage hatte der verrückte Alex Dienst. Er hatte nun seinen ganz besonderen Spaß daran, immer wieder an Dr. Scheelers Zelle zu gehen, mit dem Absatz an die Türe zu schlagen und zu brüllen: Aufstehn! Dawai! – Du nicht wollen? Na, dann gutt so!! Dabei wollte er sich ausschütten vor Lachen. Erst am Vormittag hörten wir Schritte, und Dr. Scheelers Tür wurde aufgeschlossen. Dann konnte ich es selbst genau durch den Spion sehen, wie so ein Kerl den Toten an den Beinen herauszerrte, ihn den Gang vor und die Treppen runter zog. Auf jedem Absatz schlug der Kopf hart auf. Sie können sich vorstellen, eine herzkranke Frau wie ich, die kann den Tod davon haben.«

Irmgard hatte bei der Erzählung das Gesicht mit den Händen bedeckt. Es dauerte eine Weile, bis sie verstand, daß diese alte Frau kein böswilliger Gnom war. Als alles gesagt war, entrang sich ihr nur ein unartikulierter Laut. Dann war es lange still. Jahre, nein, ein Leben lang wird sie dieses Bild begleiten: der feingemeißelte Gelehrtenkopf – auf Stufen aufschlagend! In dieser Stunde sprang etwas in ihr auf, was ihrem ganzen Wesen so fremd war, ein ungeheurer, tödlicher Haß, und sie schwor sich, nicht zu ruhen und zu rasten, bis sie der Welt dieses Bild aufgezeigt haben würde. Wahrlich, in diesem Haus entstanden Wunden, die nie mehr verheilen würden.

Der Name von Dr. Scheeler wurde nicht mehr genannt. Wollte Frau Else wieder einmal auf ihr Lieblingsthema zurückkommen, schnitt Irmgard es ihr mit einer Handbewegung ab. Ihre Aufgabe bestand darin, die notwendigen Samariterdienste an der Zellengenossin zu leisten, die in regelmäßigen Intervallen von schmerzhaften Anfällen heimgesucht wurde. Irmgard kämpfte um schmerzstillende Tabletten, die von der Ärztin oft genug verweigert wurden. Sie massierte und bettete die Kranke und redete ihr zur Nahrungsaufnahme zu wie einem kleinen Kind. Aus ihrer beider Essen suchte sie die besten Stücke für ihre Zellengenossin heraus und ging auf jede Laune geduldig ein. Sie hörte den sich täglich wiederholenden Lobgesängen einer Mutter auf ihren Sohn zu, wies aber die gelegentlich harten Beschimpfungen auf den gleichen Sohn zurück. Frau Else nahm das Mühen um sich mit Selbstverständlichkeit hin. Irmgard erkannte, daß sie in dieser Leidensgenossin einen engherzigen, kleinbürgerlichen und egoistischen Menschen vor sich hatte, dessen physische Leiden der Hysterie entsprangen. Und sie wünschte sich im stillen andere Gefährtinnen herbei, die diese bedrückende Zweisamkeit zu sprengen vermochten.

Als sie schon jede Hoffnung aufgegeben hatte, ging dieser Wunsch doch noch in Erfüllung. In der geöffneten Tür stand ein neuer Ankömmling, den eleganten Mantel über den Arm geworfen, mit einem Gesicht, das den ganzen Abscheu vor dieser Umgebung nicht verbergen konnte. Die Zelleninsassinnen verhielten sich abwartend, doch die vielleicht 32 Jahre alte Frau machte keine Anstalten, das unhöfliche Schweigen zu brechen. Der Kontrast war auch zu groß. Hier zwei Frauen in einer Kleidung, die unverkennbar die Spuren einer langen Haft trug, mit bleichen eingefallenen Gesichtern, und dort eine sportliche, gepflegte Gestalt, die geradewegs vom Boulevard einer Großstadt hereingeweht zu sein schien. Die Situation war nicht ohne Komik, der man nur mit einer bewußten Ironie begegnen mußte.

Unschlüssig sah sich die Angekommene um.

»Ich sehe, Sie sind mit unseren Gepflogenheiten noch nicht vertraut. Hier, dieses Fach steht zu Ihrer vollen Verfügung. – Bitte, reichen Sie mir Ihre Sachen, ein Dienstmädchen haben wir augenblicklich nicht.«

»Ich habe nichts weiter als diesen Mantel und Hut.«

»Ein bißchen wenig, wenn man auf die Reise geht, finden Sie nicht auch? Aber trösten Sie sich, es geht Ihnen so wie mir.«

Damit war der Gesprächsstoff wieder erschöpft. Die Fremde hatte absolut keine Neigung für ein Verweilen. Sie stand wie angewurzelt auf einem Fleck. So entschloß sich Irmgard zu einem weiteren Vorstoß: »Wenn ich mich der Sitten in der Freiheit noch recht erinnere, so wäre es jetzt wohl üblich, daß wir uns miteinander bekannt machten. Gestatten Sie also, ich heiße Irmgard Heintze, und dies hier ist Frau Else.« Irmgard entging nicht, daß bei ihrer Namensnennung die Fremde einen Moment stutzte, ehe sie unverständlich ihren eigenen Namen vor sich hin murmelte.

»Hm! Nun, vielleicht wollen Sie in unserem Fauteuil Platz nehmen.«

Gehorsam wurde der weisenden Hand Folge geleistet, doch unvermittelt und abrupt stieß die Fremde schließlich hervor: »Ja, wo schlafen Sie denn eigentlich?«

»Hier, auf dem Fußboden! Aber erschrecken Sie nicht darüber, in einem Jahr haben auch Sie sich an Steine gewöhnt.«

»In einem Jahr? Ja, wie lange sind Sie denn schon hier?«

»Es fehlt nur wenig noch zu einem Jahr.«

»Und da sind Sie noch nicht verurteilt?«

»Nein! Einige von uns versprechen Dauergäste zu werden. Aber was haben Sie denn da mit Ihrem Daumen gemacht«, unterbrach sich Irmgard, die jetzt erst bemerkte, daß die Neue ihren Daumen, der eher einer geplatzten Pflaume als einem Finger ähnlich sah, senkrecht hielt.

»Ach, nichts weiter. Nur ein Panaritium.«

»So, nur ein Panaritium! Na, hören Sie, der Finger sieht ja ganz gefährlich aus.« Prüfend betrachtete Irmgard ihr Gegenüber von Kopf bis Fuß. »Und die Wunden am Nasenbein, die Risse im Kleid haben wohl die gleiche Ursache wie das Panaritium. Mir scheint, Ihre Verhaftung war etwas turbulent!«

»Ja, allerdings.«

»Haben Sie Ihren Daumen der Ärztin gezeigt, was hat sie Ihnen gegeben?«

»Übermangansaures Kali soll ich in heißes Wasser schütten. Der Kalfaktor soll mir täglich einen Topf mit Wasser bringen.«

»Übermangansaures Kali – konnte ich mir natürlich denken. Billig und ohne Schaden. Aber jetzt klopfen Sie schleunigst nach dem Posten und verlangen Sie das Wasser.«

Mit gemeinsamen Kräften riefen sie den Posten herbei, der tatsächlich einen Topf mit Wasser brachte.

Während des Badens hatte Frau Else bezeichnende Blicke zu Irmgard geworfen. Sie war über diesen Zuwachs keineswegs erfreut und schien zu fragen, was sie wohl da für einen Vogel eingefangen hätten. Auf jeden Fall war es ein ungewöhnlich mißtrauischer und verschlossener Mensch. Im allgemeinen waren Neue eher aufgeschlossen und gesprächig. Diese aber wäre zweifellos lieber alleine gewesen, was ihr gerade Irmgard gut nachfühlen konnte. Nun war man aber einmal zusammen und mußte eine gemeinsame Basis finden.

»Bitte, sagen Sie mir doch noch einmal Ihren Vornamen. Ich habe ihn vorhin beim besten Willen nicht verstehen können.«

»Ich heiße Karla. – Aber es würde mich sehr interessieren, Frau Heintze, woher Sie sind.«

Etwas verwundert gab ihr Irmgard die gewünschte Auskunft, war aber wirklich überrascht, als Karla daraufhin viel lebhafter erwiderte: »Das dachte ich mir doch! Im Zusammenhang mit Ihnen wurde der Journalist Grundmann verhaftet, stimmt das?«

»Ob er verhaftet ist, weiß ich nicht. Aber woher wissen Sie das?«

»Aus der Presse! Ich habe Ihren Fall sehr aufmerksam verfolgt. Bald nach Ihrer Verhaftung berichtete zuerst ein ausländischer Sender darüber. Kurz darauf wurde Grundmann in den Ostsektor gelockt. Es wurde behauptet, daß Sie verletzt wären und ein Bote ihm wichtige Papiere von Ihnen zu übergeben hätte. Durch die Verbindung mit Grundmann erlangte die ganze Sache ein riesiges Aufsehen, und auch die Ostpresse mußte dazu Stellung nehmen. Sie tat es nicht in der schmeichelhaftesten Weise.«

Irmgard war über diese Mitteilung zutiefst betroffen. Sie hatte oft genug miterlebt, wie angesehene Menschen von der SED-Presse zerrissen wurden. Es war keine Kleinigkeit, zu wissen, daß ihre Angehörigen solche Schmierereien vor Augen bekamen. Nein, ihr blieb wirklich nichts erspart.

»Machen Sie sich nichts daraus, Frau Heintze. Sie dürfen mir glauben, die Westpresse hat ganz anders als der Osten berichtet. So etwas muß man in Kauf nehmen. Im übrigen freue ich mich, daß ich gerade mit Ihnen zusammengetroffen bin, denn nun weiß ich, daß ich offen sprechen kann.«

»Karla, gegenseitiges Vertrauen ist in einer solch engen Gemeinschaft, wie wir sie hier alle einzugehen gezwungen sind, unerläßlich. Das bedeutet aber nicht, daß man unbedingt alles über sich sagen muß. Nur eins müssen Sie wissen: In dieser Zelle wird mit Vertrauen kein Mißbrauch getrieben. Wir wollen uns gegenseitig helfen, soviel wir nur können.«

XV.

Am nächsten Tag wurde Karla zum Verhör geholt.

Der Zurückbleibenden bemächtigte sich in solchen Fällen immer eine nervöse Anspannung. Irmgard raste wie ein gefangenes Tier in der Zelle hin und her. Karla hatte in diesen zwei Tagen nichts von sich erzählt und nur wenig gefragt. Ihre Fragen erstreckten sich auf die politischen Gruppen, aus denen die Gefangenen kamen, auf die allgemein üblichen Gefängnismethoden. Sie äußerte sich nicht dazu, aber es war ihr anzusehen, wie sehr sie das Gehörte beschäftigte.

»Sagen Sie, Irmgard, ist diese Karla nicht recht merkwürdig? Vielleicht arbeitet sie sogar für die Russen und ist nur deswegen in unserer Zelle«, sprach Frau Else ihren längst schon in sich getragenen Verdacht aus.

»Ausgeschlossen! Karla ist von anderem Holz als die meisten anderen hier. Etwas ist in ihrem Leben, das sie nicht preisgeben will, aber das muß nicht heißen, daß sie ein Spitzel ist.«

»Kak Familia?« wurde Irmgard herrisch unterbrochen. »Heintze.« – »Imja?« »Irmgard.« »Nu, dawai!« Erschrocken fuhr Frau Else auf: »Was habe ich Ihnen gesagt, Irmgard? Nun haben wir schon die Bescherung«, lamentierte sie. Wortlos ging Irmgard aus der Zelle. Seit Monaten war sie nicht mehr geholt worden. Es mußte also schon ein besonderer Anlaß vorliegen, und sie zermarterte sich auf dem Weg das Gehirn mit der Frage nach dem Grund. Sollte sie sich wirklich so getäuscht haben und Else doch recht behalten?

Der Oberstleutnant empfing sie freundlich: »Nun, Frau Heintze, wie geht es Ihnen?«

»Danke«, antwortete sie kühl.

»Sind Sie allein in einer Zelle?«

»Nein!« Immer wieder dieselben heuchlerischen Fragen als Einleitung.

»Mit wem sind Sie zusammen?« Verdrossen nannte Irmgard Frau Elses Namen. »Nun, Sie sind doch nicht allein mit ihr, wer ist denn noch in Ihrer Zelle?« Damit steuerte der Oberstleutnant auf sein eigentliches Ziel los.

Hellwach antwortete Irmgard: »Mit einer neuen Dame noch, deren Name mir aber nicht bekannt ist.«

»Oh, das ist aber schade! Sie kennen sie nicht? Dann werde ich wohl Ihrem Gedächtnis etwas nachhelfen müssen, wenn Sie schon alte Bekannte nicht mehr kennen wollen!« entgegnete der Offizier ironisch. Irmgards Verblüffung über diese Bemerkung war so echt, daß sie nicht ohne Wirkung blieb, und weniger selbstsicher fügte der verhörende Offizier hinzu: »Wenn ich nicht irre, kennen Sie sich doch schon von Berlin her!« Er fing in seinen Papieren zu blättern an.

Irmgard hatte sich wieder gefaßt. Kurz und energisch war die Antwort: »Ich habe diese Dame zum ersten Mal hier gesehen und nirgendwo vorher.«

»So! Aber vielleicht kennen Sie andere«, und der Offizier nannte ihr Namen, die sie bisher nie gehört hatte.

»Auch damit kann ich Ihnen nicht dienen«, war diesmal Irmgards ironische Entgegnung.

»Diese Männer sind aus Ihrer Stadt, da müssen Sie sie doch kennen.«

»Sie überschätzen mich. Bei einer Einwohnerzahl von mehr als 100 000 kann man nicht jeden einzelnen kennen.«

Der Offizier sah sie mißtrauisch an, ohne auf die etwas spitze Bemerkung einzugehen. »Nun gut, nichts zu machen! Abtreten«, sagte er kurz und vertiefte sich in seine Akten.

Als Irmgard nach kurzer Abwesenheit wieder ihre Zelle betrat, schrie Frau Else entsetzt auf: »Wie sehen Sie denn bloß aus, Irmgard, das ist ja furchtbar! Wie der Tod!«

»Wie soll ich schon aussehen? Wie immer natürlich!«

»Sie sind ja schneeweiß im Gesicht. Erzählen Sie, was es da oben gab! Nicht wahr, Karla ist ein Spitzel?«

Es ärgerte Irmgard, daß ein Jahr Zelle es fertiggebracht haben sollte, sich nicht mehr physisch in der Hand zu haben, während sie sich doch für vollkommen ruhig hielt.

»Ach, es war nichts weiter. Man glaubte oben nur, daß Karla

eine gute alte Bekannte von mir sei. Das war alles! Ich glaube, daß sie mir die Zusammenhänge erklären kann.«

»Ich bitte Sie, seien Sie ja vorsichtig, Irmgard. Ach, wären wir doch bloß allein geblieben! Diese Frau bringt uns nur Unglück, das habe ich sofort gespürt«, und hysterisch griff sie sich an ihr Herz.

»Ach, Unsinn! Wir wollen doch nicht gleich Gespenster sehen. Bis jetzt ist noch gar nichts bewiesen, also warten wir erst einmal ab«, beschwichtigte Irmgard und konnte doch nicht verhindern, daß auch in ihr das Mißtrauen langsam wuchs.

Endlich, am Abend, erschien die schon längst Erwartete und ging kommentarlos in ihre Ecke. Eine bedrückende Stille breitete sich aus. Die Ungewißheit hielt Irmgard nicht länger aus, sie sprang auf und stellte sich dicht vor Karla:

»Ich muß Ihnen etwas sagen, hören Sie gut zu! Ich wurde zum Vernehmungsoffizier geholt, nachdem Sie kaum eine Stunde weg waren! Was bedeutet das?«

»Was hat denn das mit mir zu tun?« wurde die andere jetzt aufmerksamer.

»Mir scheint, es hat sehr viel mit Ihnen zu tun. Man behauptete, wir beide seien gute Bekannte von Berlin her. Eine Erklärung dafür können nur Sie mir geben.«

Karlas anfängliches Erstaunen wich: »Und da glauben Sie nun, ich sei ein Spitzel. Es ist doch so, nicht wahr?«

Irmgard errötete. »Wir haben zu viel durchgemacht, als daß man schließlich nicht irre werden könnte«, sagte sie leise.

Karla überlegte eine Weile, ehe sie zu dem Gehörten in ihrer sachlichen Art Stellung nahm. »Mir scheint, daß man da oben Zusammenhänge konstruieren will, die natürlich gar nicht existieren. In Ihrer Stadt verschwand kurz vor Ihrer Verhaftung ein guter Bekannter von mir. Er wurde durch ein irreführendes Telegramm in eine Falle gelockt. Der angebliche Absender war aber bereits verhaftet. Vermutlich nahm man also einen Zusammenhang zwischen Ihnen und uns an, zumal Sie ja doch auf der Fahrt nach Berlin waren.« Die Namen, die Karla jetzt nannte, stimmten genau mit den angeführten überein.

Irmgard ging ein Licht auf. »Kann sein! Man kalkulierte weiter, daß sich zwei Frauen unter gleicher Anklage unweigerlich in den Haaren liegen werden, wenn die eine von ihnen schon nahezu ein Jahr sitzt, während die andere inzwischen noch die Freiheit genossen hat. Eine Fehlspekulation!«

Nach dem kargen Frühstück des nächsten Tages setzte sich Karla unvermittelt zu Irmgard und begann, ohne jede weitere Vorrede, über sich zu sprechen: »Nie wollte ich Bankbeamtin werden, nie, aber aus finanziellen Gründen mußte ich mein ursprüngliches Vorhaben, Kunstgeschichte zu studieren, aufgeben. Bei Kriegsbeginn bekam ich einen Gestellungsbefehl zur Wehrmacht, nicht etwa nur eine der üblichen Dienstverpflichtungen durch das Arbeitsamt. Alle Bemühungen meiner Bank, eine Freistellung zu erreichen, blieben erfolglos. Zunächst mußte ich beim OKW in Berlin arbeiten. Nach einer längeren Zeit der Einarbeitung begann man dann plötzlich, die eine oder andere von uns in Frontabschnitte zu versetzen. Ich wurde zur Abwehr ins Baltikum abkommandiert. Es blieb bei der Art meiner Arbeit nicht aus, daß mir bald Zusammenhänge aufgingen, von denen man zu Hause keine Ahnung hatte. Das betraf nicht nur reine Kriegsereignisse, sondern es gab da auch tiefgehende Differenzen zwischen Wehrmacht und höchster Führung. Ich war schon von Haus aus keine Nationalsozialistin, nun aber gingen mir restlos die Augen auf. Wir selbst hatten zur Bevölkerung des besetzten Gebietes ein absolut gutes Verhältnis, und nach 1945 meldete sich mancher, der sich vor den Russen rechtzeitig in Sicherheit bringen konnte, wieder bei mir.

Ich hatte, um allen Verdächtigungen zu entgehen, meinen Namen gewechselt und einen früheren Sportkameraden geheiratet, der ebenfalls an der Ostfront vor vier Jahren fiel. Ende 1943 wußte ich, daß ich schwanger war. Da man es mir nicht anmerkte, blieb ich bei meiner Dienststelle und wurde sogar noch nach Paris versetzt. Bei dem Rückzug von dort kam ich mit knapper Not davon. Das hört sich so einfach an und war es doch nicht. Ich hatte gerade noch Zeit, mich nach einem Entbindungsheim umzusehen, denn Berlin, wo meine Eltern und auch meine eigene Wohnung waren, kam wegen der ständigen Luftangriffe nicht in Frage. Schon bald nach der Entbindung mußte ich meinen Dienst wieder antreten. Es kam, wie es kommen mußte. Die Russen rückten unaufhaltsam vor, wir aber waren auf ständigem Rückzug, bis wir nicht mehr weiter konnten. Alle dienstlichen Papiere, Ausweise usw. waren vernichtet, die Dienststelle war aufgelöst. Mit einer harmlosen Legitimation in der Tasche war jeder auf sich selbst angewiesen. Was geschehen würde, wenn die Russen meine geheimdienstliche Tätigkeit aufdecken würden, war klar. Trotz vieler Warnungen machte ich mich zu Fuß auf den Weg nach Berlin. Daß ich es geschafft habe, erscheint mir heute noch wie ein Wunder, aber ich stand tatsächlich eines Tages vor der Tür meiner Eltern. Sie glaubten, einen Geist vor sich zu sehen, denn unter diesen Umständen in Berlin aufzutauchen, war fast schon Selbstmord. Sie beschworen mich, mich nach Westen durchzuschlagen, sie würden das Kind nach Berlin holen. Die Flucht gelang, und nach entsetzlichen Monaten traf ich zu Fuß, vollkommen zerlumpt, fast verhungert und ohne einen Pfennig in der Tasche in Hamburg ein, da ich dort eine Freundin hatte. Als ich sie endlich fand, konnte ich mich kaum mehr auf den Beinen halten. Sie tat, was nur möglich war, aber auch in Hamburg waren die Verhältnisse schlimm genug. Irgendwie mußte ich wieder selbständig werden. Schließlich fand ich einen Unterschlupf als Hausgehilfin. Es war nicht so einfach, aber ich hatte ein Dach über dem Kopf. Unter Beachtung aller möglichen Vorsichtsmaßnahmen suchte und fand ich die Verbindung mit einer befreundeten Kollegin in Berlin, das mittlerweile in vier Sektoren aufgeteilt worden war. Eva-Maria berichtete mir, daß sie von einer amerikanischen Dienststelle verhört worden sei, daß man ihr aber keine Schwierigkeiten mache, sondern ihr im Gegenteil Schutz und Hilfe angeboten habe. Sie ließ durchblicken, daß sie vielleicht auch für mich etwas tun könne. Tatsächlich traf auch eines Tages ein lakonisches Telegramm ein. Es enthielt lediglich die Frage, ob ich nach Berlin zurückkommen wolle. Natürlich wollte ich das, zumal meine Wohnung im amerikanischen Sektor lag. Nur wie, wußte ich nicht, da ich ja durch die russische Zone mußte. Die Lösung war überraschend, indem sich nämlich ein großer junger Mann bei mir einfand, der mich wie eine alte Bekannte begrüßte und ohne viel Federlesens einen Koffer vor mich hinstellte. Dort drin sei alles, was ich brauchen würde, erklärte er. Ich sollte es sofort probieren, denn er wollte sich selbst davon überzeugen, ob sich eine Deutsche in eine waschechte Amerikanerin verwandeln könne. Im Koffer war eine komplette Uniform der US-Army. Die Probe fiel zu seiner Zufriedenheit aus. Also, am Abend würde er mich abholen, und in der Nacht kämen wir schon mit seinem Wagen in Berlin an. Und so geschah es auch. Kein Regiefehler störte den Ablauf der Dinge. Bei Eva-Maria verwandelte sich die Amerikanerin wieder in eine Deutsche. Wie glücklich ich war, können Sie sich denken. Und wir verbrachten den Rest der Nacht in bester Laune. Jener Mann war, wenn Sie nicht schon selbst dahintergekommen sein sollten, natürlich ein Amerikaner. Ich erfuhr dann, daß meine Mutter mit meiner kleinen Tochter Beate auf unserem Landgrundstück in der Zone war, während mein Vater die Berliner Wohnung hütete. Alles weitere lief wie am Schnürchen. Selbstverständlich wurde ich auch noch vernommen, aber in einer fairen Weise beschränkte man sich auf die notwendigsten Fragen. Bei der Schwester von Eva-Maria fand ich eine Existenz als Geschäftsführerin.« Karla schwieg eine Weile.

»Und wie war es dem Kind ergangen?« fragte Irmgard.

»Tja, das Kind! – Sobald es nur möglich war, hatte sich meine Mutter mit einem kleinen Leiterwägelchen auf den Weg gemacht. Das Kind war noch in dem Heim, aber in welchem Zustand. Von der reichlichen Ausstattung war nichts mehr vorhanden. Milch gab es keine. Die Lebensmittelzuteilungen waren so gering und so schlecht, daß die Kleinstkinder wie die Fliegen dahinstarben. Auch Beate war in einem jämmerlichen Zustand. Sie konnte das Köpfchen nicht aufrecht halten, es fiel während der Fahrt von der einen Seite zur anderen. Meine Mutter hätte nie geglaubt, das Kind noch in lebendem Zustand nach Berlin bringen zu können. Das waren also die so laut gepriesenen Kinderfreunde, Irmgard. Sie mögen später ihre Taktik geändert haben, damals war ihnen jedenfalls jedes Mittel zur Reduzierung der Bevölkerung recht.

Wären die Bauern in dem Dorf, in dem wir das Grundstück haben, nicht gewesen, dann würde das Kind heute bestimmt nicht mehr leben. So haben wir es mühsam wieder hoch bekommen, und jetzt ist es ein gesundes, kräftiges Mädchen von dreieinhalb Jahren. Meine kleine, süße Beate!«

Langsam rollte eine Träne über Karlas Wange und tropfte herab auf ihre wie leblos liegende Hand. Der Anblick dieser jungen und sich nur mühsam beherrschenden Mutter erschütterte Irmgard, und unendlich behutsam und scheu wischten ihre Finger ihr die Tränen von der Hand.

»Ach, Irmgard, wird es Ihnen nicht zuviel?«

»Nein, Karla, sprechen Sie nur weiter. Denken Sie daran, daß sich hier keiner drücken darf, auch nicht vor dem fremden Schicksal!«

»Mit der Zeit verlor ich meine Ängstlichkeit«, begann Karla wieder, »und fuhr sogar manchmal in die Zone, um mein Kind zu sehen. Öfters noch war meine Mutter mit Beate in Berlin. Durch die Hilfe, die man mir gewährt hatte, war es nicht zu umgehen, daß ein loser Kontakt zu den Amerikanern bestehen blieb. Nach und nach tauchten auch wieder vereinzelte Kameraden aus meiner Wehrmachtstätigkeit auf. Wir alle kannten die Russen aus unserer Arbeit nur zu genau, also machten wir uns auch keine Illusionen über die Sicherheit in Berlin. Nichts war demnach natürlicher, als daß wir uns zu einer Widerstandsgruppe zusammenschlossen. Es war uns klar, daß wir von dritter Seite wenig Hilfe zu erwarten hatten, also kam es auf die Selbsthilfe an. Beinahe zwangsläufig kam ich aus einem Arbeitsgebiet nicht mehr heraus, das mit den ersten Kriegstagen begonnen hatte. Ich habe, das müssen Sie mir glauben, weder Nachrichten aus der Ostzone gesammelt noch überbracht. Es lag in der Art des von mir geführten Antiquitätengeschäftes, daß der Käuferkreis sich ausschließlich aus Ausländern zusammensetzte. Hie und da verirrte sich auch einmal ein Russe zu uns. Ungefähr zu dem Zeitpunkt, als einer meiner Bekannten spurlos verschwand, tauchte eine russische Emigrantin auf, die sich als Kunsthistorikerin ausgab und verschiedene Kleinigkeiten erwarb. Es war eine außerordentlich gebildete Frau mit einem enormen Wissen. Daß sie nur mit mir zu verhandeln wünschte, fiel nicht auf, da es in unserer Branche üblich war. Durch ihre häufigen Besuche wurde unsere Beziehung automatisch persönlicher. Von keiner Seite fiel eine politische Äußerung, nie war etwas Verdächtiges in ihrer Haltung. Es kamen mir darum auch nicht die geringsten Bedenken, als sie mich eines Tages anrief und mir mitteilte, daß sie leider am übernächsten Tag – das war ein Montag – wieder zurückfahren müsse, mich aber auf jeden Fall gerne noch einmal gesprochen hätte. Wir verabredeten für Sonntag abend eine kurze Zusammenkunft in ihrem Hotel, das sich wenige Minuten von der U-Bahn-Haltestelle, aber allerdings schon im Ostsektor befand. Sie war unverändert wie immer. Wir plauderten bei Tee und einer Zigarette, dann begleitete sie mich noch in die Hotelhalle. Unangenehm war mir nur, daß sie bei der Verabschiedung etwas betont meinen vollen Namen nannte. Das war überflüssig, zumal in der Halle einige typisch russische Gestalten herumsaßen. Ich beeilte mich darum, so schnell wie möglich über die Straße zur U-Bahn zu kommen. Da glitt aber auch schon langsam ein Auto heran, dem einige Männer entstiegen. Einer von ihnen trat auf mich zu und nannte mich beim Namen. Es war ein Deutscher mit auffallend sächsischem Akzent. Ich dachte nicht daran, ihm zu antworten. Da hielt er mir die Erkennungsmarke der sowjetzonalen Kriminalpolizei unter die Nase, und im gleichen Moment wurde ich von zwei seiner Begleiter ergriffen. Ich wehrte mich natürlich heftig. Es kam zu einer regelrechten Rauferei. Aber was konnte ich allein schon gegen fünf kräftige Männer ausrichten? Ich wurde in den Wagen geschleift, auf den Boden gedrückt, und da ich aus Leibeskräften schrie, hielt mir einer der Kerle mit seiner Hand den Mund zu. Mit einem Fluch zog er sie zurück, preßte mir aber dafür einen Knebel zwischen die Zähne. In irrsinnigem Tempo ging es kreuz und quer durch Berlin, und erst auf freier Strecke zog man mich auf den Sitz. Während des Kampfes war meine Brille zerbrochen, Splitter steckten im Nasenbein; an der Hand und auch am Bein hatte ich Verletzungen. Nun, das haben Sie ja selbst gesehen.«

»Also Menschenraub nach übelster Wildwest-Manier!«

»Ja, das kann man wohl sagen. Aber nun bin ich auch bald am Ende meiner Geschichte, also hören Sie weiter. Nach stundenlanger Fahrt landete ich dann in der Generals-Villa, ohne aber diesen Herrn zu Gesicht zu bekommen. Dafür verhandelte mit mir ein sehr europäisch wirkender höherer Offizier. Er bedauerte, daß er mich auf diese Weise habe holen müssen, betonte aber, daß ich ebenso schnell wieder in Berlin sein könnte, wenn ich mich vernünftig verhalte, so wie er es erwarte. Der Inhalt der ganzen Unterhaltung lief darauf hinaus, daß ich in West-Berlin für ihn arbeiten sollte. Man würde mir dafür ausreichende Mittel zur Verfügung stellen. Ich lehnte ab und wurde daraufhin in dieses Gefängnis gebracht. Auch die gestrige Untersuchung oder besser Befragung erstreckte sich ausschließlich auf meine Wehrmachtstätigkeit, wobei das Angebot erneuert wurde und man mir eine Frist von einer Woche gab.«

»Und was werden Sie tun, Karla?«

»Was ich tun werde? Diese Frage ist überflüssig, Irmgard. Ablehnen, selbstverständlich!«

XVI.

Im stumpfsinnigen Einerlei verrannen die Wochen und Monate. Man zählte sie längst nicht mehr. Es gab nur noch Regentropfen und Lichtreflexe am verschmutzten Fenster. Zeit gehört den Lebendigen. Selbst die schmerzlich geliebte Vergangenheit war unwirklich geworden. Zuerst hatte man noch von Hügeln und blauem Himmel geträumt, dann von Hoffnung und Furcht, jetzt nur noch vom Ende. Sie waren Menschen ohne Erinnerungen. Es war nicht einmal Bitterkeit in ihnen, sondern nur Leere.

Viele waren sich keiner Schuld bewußt. Zwischen Staat und Gefangenen, zwischen Schuld und Strafe fehlte jegliche Rechtsordnung. Die Zustände im Gefängnis und im Rechtsverfahren waren keine Zierde, weder für den Angeklagten noch für den Ankläger. Wie kann von Schuld gesprochen werden, wenn man auch von Recht und Unrecht nicht mehr spricht, wenn das jeweilige politische Regime und seine Machtansprüche entscheiden, was gut und böse ist.

Irmgard grübelte über den Begriff Freiheit. Hat die Welt noch die Macht, den Menschen in die Freiheit zu entlassen? Gab es noch einen Gott? Ein achtbares Menschenbild?

In der harten, sie beständig bedrohenden Gegenwart hatten große Worte keinen Sinn mehr. Das grelle Licht der am Tag und in der Nacht brennenden Birne stach in die Augen, die sich dadurch schmerzhaft röteten. Es stach bis ins Gehirn. Die sauerstoffarme Luft mit ihrem widerlichen Geruch von alter Rübensuppe, Krankheit und Ungepflegtheit legte sich wie ein Eisenring um die Stirn und preßte sie zusammen. Gedanken konnten nicht mehr bis zu Ende gedacht werden. Sie gingen auf halbem Weg verloren. Das Reden war ein Stammeln, beinahe grob und primitiv. Was hätten sie sich auch noch zu sagen in ihrem hilflosen, verzweifelten Warten. Warten worauf? Auf eine Mutter? Ein Kind? Auf das deutsche Wunder? Es waren zu viele Opfer, die auch den einfachsten Frauen abverlangt wurden. Die Zellenwanderungen wurden immer seltener, denn sie verbrauchten Kraft. In den Beinen stieg das Wasser, und die Haut wurde seltsam gläsern. Wie zum Spiel drückten sie ihre Finger darauf. Der Druck hinterließ tiefe Gruben, die sie neugierig betrachteten. Sie hockten in ihren Ecken, eingehüllt in fleckige, alte Fetzen, schläfrig und leer. Fast durch List ertrotzten sie sich etwas Schlaf, den sie so notwendig brauchten. Es war nur ein leichter Schlaf, durchlässig für alle Stimmen, so daß das Bewußtsein nie völlig ausgelöscht war. Und doch wurden sie erfinderisch und schlau. In jeder Zelle wachte einer von ihnen und täuschte durch geschickte Manöver den Posten. Für alle Gefahren, die vom Gang her drohten, erwarben sie sich einen sechsten Sinn. Die Posten wußten das und wechselten ihre Methoden. In diesem täglichen Kleinkrieg blieben die Gefangenen zumeist die Sieger. Es war ihr einziger Triumph. Wie die äußere Hülle, so zerfiel auch der Körper. Menschen? Nein, Gespenster, vergessen und grotesk in ihrer Vermummung. Die erschütternde Primitivität ihres Daseins ließ alles Keimende verdorren und machte auf die Dauer böse. Das Schlechte um sie herum zerstörte auch den Glauben an das Gutsein im anderen. Sie fingen an, sich zu belauern, und mißtrauten sich gegenseitig. Ihr Unmut reizte sie, den Zellengenossen zu verwunden, aber sie verrieten ihn nicht. Es bestand eine geschlossene Abwehr gegen die groben Wächter. Keine Einzelhaft vermochte daran etwas zu ändern. Die Denunzianten unter den Frauen waren nur eine Handvoll und wurden von allen anderen geschnitten. Ihr Nutzen als Spitzel war so gering, daß die Gefängnisleitung sie schließlich absonderte. Man hatte auch erkannt, daß es ein Fehler war, alte Gefängnisinsassen mit Neuankömmlingen zu vermischen. Die Aufsässigkeit der Alten und eine durch die Länge der Haft erworbene Findigkeit wirkten sich störend bei den Vernehmungen der neuen Häftlinge aus. Diesem Übel war man durch entsprechende Zusammenlegungen begegnet, wodurch auch Karla ihre ersten Gefährtinnen längst mit anderen vertauscht hatte.

Bei Frau Else und Irmgard fand sich an ihrer Stelle ein junges Mädchen ein, Brigitte, die in naiver Ahnungslosigkeit durch ihren »Freund« in eine Spionageaffäre verwickelt worden war, deren Tragweite sie nicht begriff. Sie kannte nur ein Thema – ihren Anton und sein Heiratsversprechen. Bei dem sich ergebenden Dreigespann waren die menschlichen und sittlichen Gegensätze so unüberbrückbar, daß sie unweigerlich aufeinanderprallen mußten. Eine so unerträglich quälende Zellengemeinschaft lag aber ganz in der teuflischen Absicht der Gefängnisleitung und wurde von ihr bewußt zusammengestellt. Der Widerstand der Gefangenen sollte durch die täglichen Reibereien innerhalb der Zelle aufgebraucht werden. Daß sie auch seelisch daran zerbrachen, war hoch willkommen, denn eine gewisse Harmonie in der Zelle führte notgedrungen zu jener Überlegenheit, die dem NKWD so verhaßt war.

Irmgard litt unter ihrer Umgebung. Ihr Verlangen erstreckte sich kaum mehr auf eine Bindung an das Leben, sondern nur noch auf das Alleinsein in einer Einzelzelle. Kein Mensch geht ohne Schaden an Leib und Seele aus einer langen Haft hervor. Eine Zelle wühlt die Tiefen, aber auch die Untiefen im Menschen auf. Ohne Familie, ohne Brief, ohne Buch, ohne Bewegung, jenseits der Grenzen der Realität, in Selbstzerstörung und sinnlose Geständnisse verstrickt, brach in den Frauen die anschmiegsame Güte zusammen. Als Grundstock einer Psychose blieb die Angst vor der Spezies Mensch schlechthin. Niemals mehr, auch wenn sie jemals die Freiheit zurückerhalten sollten, würden sie frei von dieser Angst werden. Zum erstenmal wurde sich Irmgard bewußt, daß eine Rückkehr ins zivile Leben nie wieder dort anknüpfen konnte, wo es einmal abgebrochen war. Erschreckt erkannte sie die Kluft, die sich von Jahr zu Jahr vertiefen und verbreitern mußte. Sie ahnte, daß mit der Masse der hin und her geschobenen politischen Gefangenen Menschen geschaffen wurden, die voller Zündstoff waren.

Es kamen für Irmgard Augenblicke, in denen sie eine wilde Lust in sich verspürte, mit einem Faustschlag das kalte Licht der schirmlosen elektrischen Birne zu zertrümmern – als könne die wohltuende Dunkelheit alle quälenden Ängste aufsaugen. Aber es fiel der Frau schwer, die Faust zu heben. Um sich abzulenken, verfiel man auf das in jedem Gefängnis beliebte Schachspiel. Mit Eifer kneteten Frau Else und Brigitte aus dem nassen abgesparten Brot die Figuren. Unter Vorspiegelung von Halsschmerzen wurde der Ärztin übermangansaures Kali abgeschwatzt, womit man auf der rohen Tischplatte ein Brett mit violetten Karos aufzeichnen konnte. Das Spiel wirkte beruhigend und versetzte Irmgard für Stunden in die Illusion eines gnadenvollen Alleinseins. Während Frau Else und Brigitte untereinander um diesen oder jenen Zug stritten, versank Irmgard wieder in ihre selbstgeschaffene ureigene Welt. Seltsam war diese Welt und von einer geheimnisvollen Tiefe. Sie sprengte die Mauern und führte fort von den Menschen in die Einsamkeit schneeverhüllter Berge. In dieser Welt ging sie noch einmal die Wege, die sie gewandert war, und erlebte den späten Frühling, den sie bereits vergessen hatte. Sie vernahm die Sprache der eiligen Bergbäche, und stand betend im rauschenden Dom des Waldes. Sie kniete auf einer Bergwiese mitten im leuchtenden Blau des Enzians und war voll kindlicher Andacht. Aus der Ferne erklangen glockengleich die Stimmen der wenigen geliebten Menschen und hüllten sie in den Mantel einer Liebe, die nur geben will und nichts für sich verlangt.

Es sah so aus, als würde dieser Aufenthalt im NKWD-Gefängnis nie ein Ende nehmen. Kommissionen aus Moskau tauchten auf und ließen keine nennenswerten Spuren zurück. Das Auftauchen der Funktionäre in den strengen, goldstrotzenden Uniformen wurde von den Gefangenen sofort zu Beschwerden benutzt. Abhilfe wurde versprochen, aber es blieb doch alles beim alten. Nur nach der Abreise des gefürchteten Generalstaatsanwaltes, der das Pech hatte, gerade während der Mittagszeit einige Zellen zu inspizieren, wurde die ins Unerträgliche abgesunkene Kost wieder aufgebessert. Auf seine scheinbar leutseligen Fragen, auf die er demütige Antworten erwartete, wurde ihm, ohne ein Wort zu verlieren, kurz entschlossen der stinkende Eßnapf unter die Nase gehalten. Er hielt den Atem an, um der Vergasung zu entgehen, und verließ eilig die Zellen. Der Angriff auf die Nase des wohlgenährten Herrn hatte den gewünschten Erfolg. Einige Gefangene sahen darin – zum wievielten Mal? – die Morgenröte einer neuen Ära. Der 1. Mai, so ließen sich insbesondere Männerstimmen vernehmen, würde diesmal die Schicksalswende bringen. Als wieder nichts geschah, war die Enttäuschung riesengroß. Die Zeit schlich dahin. Sie hatten jetzt nichts mehr zu denken, nur noch zu warten. Resignation machte sich allenthalben breit. Der Wunsch zu überleben verschwand, was diesen Menschen zu einer neuen inneren Gefahr wurde, der entgegenzuarbeiten Irmgards Tagesaufgabe wurde. Aber auch sie stellte sich leise seufzend die Frage: Quo usque tandem!

Die vier festgehaltenen und auf Eis gelegten Widerstandsgruppen fanden sich schon damit ab, einen dritten oder gar vierten Gefängniswinter erleben zu müssen, als durch den unerwarteten Aufruf von zwei dieser Gruppen in Windeseile die Nachricht durch die Zellen eilte: Wir werden abgeurteilt! Tatsächlich kehrten die aufgerufenen Männer und Frauen nicht mehr in die alten Zellen zurück. Eine rege Morsetätigkeit setzte ein, und in kürzester Frist wußten die Zurückgebliebenen nähere Einzelheiten. Kein Tribunal! Fernurteil aus Moskau! Strafen von zehn bis 25 Jahren! In den meisten Fällen Vermögensentzug! Unter den Abgeurteilten befanden sich auch Frau Else mit zehn Jahren und Karla mit 25 Jahren Arbeitslager! Genau drei Tage später wurden die nächsten aufgerufen. Es war Irmgards Gruppe.

So form- und skrupellos war das ganze Verfahren, von solch unverblümter Zweckmäßigkeit, die sich nicht mehr die geringste Mühe machte, Mord zu verschleiern, daß die Verurteilung fast zu einer Rehabilitierung der Angeklagten wurde. In der früher einmal als Nähstube benutzten leeren Zelle saßen zwei Männer, der Kommandant des Gefängnisses mit seinem Dolmetscher. Von einem Zettel, der kaum als legales Schriftstück zu bezeichnen war, wurde Irmgard vorgelesen, daß sie vom Sondergericht Moskau wegen Spionage laut Paragraph 58 Absatz 6 des Sowjetischen Militärstrafgesetzbuches zu 25 Jahren Zwangsarbeit verurteilt worden war. Eine Spionin ohne Ehre – aufgrund einer unbegründeten Anklage unter Umständen, die sie nicht einmal erfahren durfte, auf Verdächtigungen und Vermutungen hin abgeurteilt. Männer, die Tausende von Kilometern entfernt saßen, sie niemals selbst gesehen, geschweige denn angehört hatten, sprachen aufgrund einer erpreßten Unterschrift Recht! Nichts anderes konnte das bekämpfte System besser demaskieren als solch ein »Rechtsspruch«, der für Jahrzehnte, für ein ganzes Leben über Menschen entschied. Ihr ironisches Lächeln konsternierte den Kommandanten. »Haben Sie mich eigentlich verstanden?«

»O ja, ich habe *sehr* gut verstanden!«

Wenige Minuten später wurde Irmgard zu den Zellen für die Verurteilten geführt. Die für sie bestimmte Zelle beherbergte bereits drei Verurteilte. In der Frau auf der schmalen Bank, mit dem Rücken zur Türe sitzend, den Kopf lauschend seitwärts gelegt, erkannte sie Karla.

»Irmgard, du? Himmel, du bist auch hier!« rief sie mit ungläubigem Staunen aus. »Wieviel Jahre haben sie dir aufgebrummt?«

»Genau wie dir – die üblichen 25 Jahre.«

»Dann sind wir beide also die Schwerverbrecher in dieser Zelle. Die beiden anderen hat es etwas leichter getroffen, sie haben nur zehn Jahre bekommen.« Damit zog sie die Abseitsstehenden zu Irmgard heran. »Das ist Ingrid, und das ist Herta«, stellte sie vor.

Ingrid, die Irmgard nahezu um Kopfeslänge überragte, hatte fast klassisch ebenmäßige Gesichtszüge, die von dunklem, gewelltem Haar eingerahmt wurden. Ihre von einer leisen Melancholie umschatteten und sprechenden Augen waren fragend auf Irmgard gerichtet.

»Sie kenne ich bereits gut, Ingrid. Ich war einmal kurze Zeit mit Gertrud, ihrer Mutter, zusammen. Es freut mich, daß Sie wenigstens mit uns zusammen sind.«

Ein sehr sauberes Mädchen, war Irmgards erster Eindruck von Ingrid. Herzlich war der Händedruck, den sie miteinander tauschten. Weniger günstig fiel ihr Urteil über Herta aus: altjüngferlich, unaufrichtig, zu Hysterie und Fanatismus neigend. Aber es beunruhigte sie nicht. In einer Zelle ist Mehrheit ausschlaggebend, und Herta würde klug genug sein, sich dem anzupassen.

Am Abend, als sie alle Seite an Seite auf dem Steinboden lagen, berichtete Karla von ihren in der Zwischenzeit gemachten Erfahrungen.

»Es war schrecklich in meiner Zelle, Irmgard. Es war, als

sprächen wir alle eine verschiedene Sprache. So viel Gehässigkeit und Klatschsucht unter Gefangenen hatte ich nicht erwartet, nachdem ich zuerst in deiner Zelle war. Ich habe kaum noch gesprochen, denn jedes Gespräch führte zu Streit und Szenen. Mir soll keiner mehr sagen, daß Leid den Menschen läutere. Es war Glück im Unglück, daß ich anfangs gleich zu dir stieß. Das Wissen, daß es auch anständige Menschen gibt, hat mich gerettet. Wer weiß, wie und ob ich diese Zeit durchgestanden hätte. Weiß Gott, ich hätte nie geglaubt, daß ich einmal im Gefängnis sagen könnte: Ich bin froh! Heute, nach meiner Verurteilung, bin ich es wirklich, denn ich bin wieder unter Menschen. Ich habe über so vieles nachgedacht und muß mit dir darüber reden. Jetzt will ich dir nur danken, von ganzem Herzen danken, und was du einmal sagtest, will ich wiederholen: Wir wollen Kameraden sein, was immer nun auch noch kommen mag. Schlimmer als das, was wir bereits hinter uns gebracht haben, kann es kaum noch sein. Und nun gute Nacht, Irmgard, schlafe gut, wie auch ich nach undenklich langer Zeit wieder gut schlafen werde.«

Gleichmäßig und ruhig sollten sie diese Nacht schlafen.

Zu 25 Jahren verurteilt! Sie mußten verurteilt werden, denn die Welt hatte keinen Platz mehr für ihren Glauben und ihre Emsigkeit. »70 Jahre mußte man alt werden«, dachte Irmgard, »wenn man noch einmal Aussicht auf Freiheit haben will. 70 Jahre! Was kann dann Freiheit noch bedeuten? Aber getrost, so alt wird man in einem Lager nicht. Karla hat gesagt, daß Leid den Menschen nicht läutere. Karla hat aber nur ein falsches Wort für Leid gewählt. Es ist das Gefängnis, das den Menschen nicht durch sein Leid reifen läßt. Von den Mauern strahlt das Böse aus, es lauert auf den Gängen und ist ständig gegenwärtig.«

XVII.

Nach Ablauf von weiteren drei Tagen wurde auch die letzte der seit Jahren festgehaltenen Gruppen in gleicher Weise abgeurteilt. Damit war die Entscheidung über all jene gefallen, deren kleines Einzelschicksal von den großen weltpolitischen Schachzügen mächtiger Staaten abhing. Sie waren nichts anderes als die Bauern auf einem Schachbrett, die man hin und her schob, scheinbar unbedeutend und doch notwendig. Der einzige Unterschied bestand darin, daß hier die Figuren Menschen waren. Die großen Spieler sprachen dabei von Menschenrecht, Frieden und Freiheit, brachten zugleich ihrem Götzenbildnis »Macht« ganze Völker als blutiges Opfer, und die Welt fand es ganz in der Ordnung, denn kein Schrei der Empörung ließ sich vernehmen.

Die verurteilten Häftlinge wurden in einem abgesonderten Stockwerk zusammengetrieben, denn Moskau hatte gesprochen; die Akten wurden geschlossen, und nur letzte Formalitäten waren noch zu erfüllen. Ein neues Kapitel für die von der Welt Vergessenen konnte beginnen. Das letzte abgeschlossene war düster genug gewesen, so daß die falsche Hoffnung der Betroffenen auf eine Besserung ihrer Situation nur zu verständlich und verzeihlich war. Sie, die seit den wenigen Spaziergängen auf dem Gefängnishof keine Natur mehr gesehen hatten, die ihre Lungen mit keinem einzigen Atemzug reiner herber Luft hatten vollpumpen können, waren erregt von der Aussicht, wieder einmal atmen und sich bewegen zu dürfen. Sie dachten auch an die Zusage, die man ihnen gegeben hatte, im Lager dann endlich schreiben und Post empfangen zu dürfen. Sie waren voll seliger Erwartung wie die Kinder, die hinter der verschlossenen Tür den strahlenden Weihnachtsbaum wissen. Das alles machte sie weich und versöhnlich, jeglicher Streit war vergessen, und sie fühlten sich nur noch als eine durch das gleiche Erleben zusammengeschweißte Gemeinschaft, die voller Zuversicht und erwartungsvoller Fröhlichkeit war.

Für die Posten waren verurteilte Gefangene uninteressant und erst recht diese, die durch nichts mehr einzuschüchtern waren.

Zudem brachte ein bevorstehender Transport immer eine erhebliche Mehrarbeit mit sich, die kein russischer Posten gern auf sich nahm, da man den Gefangenen Fingerabdrücke nehmen und sie mehrmals fotografieren mußte. Nur die Häftlinge waren zufrieden, und im ganzen Gefängnis hörte man sorglose Morsezeichen. Jede Phase der Vorbereitungen wurde von den Verurteilten zu den auf ihr Urteil Wartenden weitergegeben, und sie scherzten über das Nummernschild, das man ihnen zum Fotografieren an einem Strick um den Hals hängte; zum Ärger des sich wichtig fühlenden Postens, der für die Herstellung der Bilder zuständig war, schnitten sie im entscheidenden Moment verzerrte Fratzen und beschwichtigten den Aufgebrachten mit den Worten: »Nitschewo! Gut für das Moskauer Verbrecheralbum!« Ja, es wurde unruhig und also auch ernst mit ihrem Abtransport, was auch die Rückgabe der Privatsachen andeutete. Nur wenige unter ihnen verfügten über einen eigenen Koffer, den ihnen der »Magaziner« nunmehr wieder aushändigte. Die anderen aber erhielten aus Gefängnisbeständen zwei Hemden und zwei Hosen. Es waren vorsintflutliche, vielfach geflickte Stücke alter Männerkleidung, die ohne Unterschied abgegeben wurden. Zwei oder drei Frauen, deren empfindliches Schuhwerk von der Feuchtigkeit der Zelle und ihrem Staub aufgefressen worden war, wurden zum Stiefelempfang gerufen. Als man sie holte, wurden sie heimlich beneidet, aber nicht mehr, als sie zurückkamen, denn es waren Klötze von Riesenformat mit einer dicken unbeweglichen Holzplatte anstelle der sonst üblichen Sohlen. Das unnachgiebige Kunstmaterial des Oberteils rieb und machte jeden Schritt zur Qual. Der anfängliche Neid verwandelte sich in Mitleid mit den Bedauernswerten, die solche Ungetüme mitzuschleppen gezwungen waren. Karla, die eine der unglücklichen Empfängerinnen war, entschloß sich trotz ihrer prekären Schuhfrage, die Monstren von Stiefeln im entscheidenden Moment stillschweigend zu vergessen. Wer keine eigene Decke hatte, bekam zuletzt noch etwas, das nur mit Optimismus als Decke bezeichnet werden konnte. So waren sie für die kommende Zeit ausgerüstet. Ein Trost, daß man sich vom Lager aus schriftlich eigene Kleidung erbitten durfte. Keine von ihnen ahnte, daß diese kümmerlichen und verspotteten Fetzen auf Jahre hinaus der letzte verbleibende Besitz sein würden.

So kam der Abend heran, der sie alle miteinander aus den Mauern ihres Massengrabes entließ. Die Zellentüren öffneten sich, Kommandorufe erschallten, leichte und schwere Schritte tappten die steilen Stufen zum letztenmal hinab. Ach, diese Stufen, wenn sie reden könnten! Während Irmgard bedächtig die Treppen hinabstieg, flogen diese letzten zwei Jahre in Windeseile noch einmal im Geist an ihr vorüber. Was hatten sie bereits alle ertragen, und was kam nun? Sie fröstelte! Ihr letzter Gruß galt dem toten Freund, dessen Kopf auf diese Stufen aufgeschlagen war und der in irgendeiner Ecke, neben ungezählten Namenlosen verscharrt, für immer ruhte. So entließ sie das Gefängnis, nein, es entließ sie nicht, es spie sie aus in eine dicht verhangene Ungewißheit. Hinter ihr ging Karla mit ihren Holzschuhen, die sie auf Geheiß des Postens tragen mußte, von Ingrid fürsorglich gestützt. Durch die Spione der verschlossenen Türen folgten ihnen die Augen der Zurückbleibenden, lauschten deren Ohren auf den letzten verhallenden Schritt, bis die eiserne Tür laut zuknallte und die diensthabenden Posten sie in die hinteren Ecken der Zellen zurücktrieben.

Die Gruppe der zum Transport Vorgesehenen stand dicht aneinandergedrängt in einem verschlossenen Raum der Verwaltungsabteilung, ein wenig befangen und etwas hilflos, jeder mit seinem Bündel am Arm. Die einmal zusammengelegen waren, fanden sich hier wieder, und die nur Namen und Fall voneinander wußten, machten sich endlich persönlich bekannt. Frau Gertrud und ihre Tochter Ingrid hielten sich lange Zeit wortlos umschlungen. Erschüttert von diesem Wiedersehen, hatten sich Karla und Irmgard abgewandt, bis Gertrud zu ihnen kam und beiden die Hand gab. Der Bann, der über allen lag, löste sich nur langsam, und es bildeten sich kleine Gruppen. Auch Gerda, Elfriede und Frau Else hatten sich eingefunden. Das Ganze wirkte wie der Aufmarsch von Gästen zu einem großen Begräbnis, Leidtragende, wohin man sah. Nichts kennzeichnete die Situation treffender als Karlas Bemerkung: »Es ist, als wären wir bei unserem eigenen

Begräbnis.« Ein rechtes Gespräch kam nirgends auf, da bereits das Verladen der Männer begonnen hatte. Dieses Warten machte noch einmal nervös, und sie atmeten auf, als man endlich die Frauen aufrief und sie den im Gefängnishof wartenden Gefangenentransporter besteigen konnten. In schneller Fahrt ging es durch die Stadt zum Bahnhof. Kein Mensch hätte sagen können, an welcher Stelle des Bahnhofes sie ausgeladen wurden. Es war ein gespenstisches Bild, das sich bot. Die kleinen Lichtkegel der Lampen der schwerbewaffneten Wachmannschaft huschten über den Boden, während die ganze Umgebung in tiefstes Dunkel gehüllt war und den kleinen Zug verbarg. Es war wohl kaum Ritterlichkeit, als der Kommandant seinen unter Irmgards Arm schob, sie durch einen langen unterirdischen Gang führte und schließlich gemeinsam mit ihr über die Gleise stolperte, um sie in dem vergitterten Waggon abzuliefern. In die winzigen Zweimannzellen des Wagens wurden jeweils vier Gefangene eingesperrt. So hockten und standen sie abwechselnd, ohne sich rühren zu können, wie Vieh, das man zum Schlachthof brachte. Der Morgen war herangebrochen, als der Wagen sich endlich in Bewegung setzte und einem fahrplanmäßigen Zug angehängt wurde. In den Zellen gab es nur einen Diskussionspunkt: Würde der Zug in Richtung Osten oder nach Norden fahren? Die jeweils Stehende wurde mit der Erkundung der Gegend beauftragt. »Kinder, wir fahren ja nach Westen!« kam es überrascht aus der Höhe. »Nach Westen? – Das gibt es doch gar nicht! – Vielleicht tauschen sie uns gar aus! – Unsinn!«

»Und doch stimmt es – wir fahren Richtung Leipzig«, verteidigte sich die Stehende. Wenig später hielt der Zug auf einem abgesperrten Bahnsteig des Leipziger Bahnhofes. Nicht nur die Schilder, auch die Reisenden auf den übrigen Bahnsteigen waren deutlich zu erkennen, die sich kaum für den von russischem Militär gesicherten Zug interessierten.

»Ob die da draußen wissen, daß in diesem Gefangenenwaggon keine kriminellen Verbrecher sitzen, sondern Menschen wie sie, denen man nur das Stigma des Verbrechers aufgedrückt hat, weil sie besiegte Deutsche sind«, sprach eine Gefangene nachdenklich.

»Vielleicht ahnen es einige. Im großen und ganzen aber kannst du Gift drauf nehmen, daß die meisten heute noch glauben, wer in einem solchen Wagen sitzt, der muß doch was auf dem Kerbholz haben. Auf jeden Fall ist es bequemer und angenehmer so zu denken«, erwiderte Karla verbittert.

»Nicht ungerecht sein, Karla. Was wissen wir schon, wie es ihnen in den zwei Jahren ergangen ist. Vielleicht sehen sie klarer, als wir glauben. Wie viele MWD-Gefängnisse gab es in der SBZ, und jeder Insasse von ihnen hat wie wir Angehörige und Freunde zurücklassen müssen, und die sollten nicht wissen, was vorgeht? Sie werden nicht schweigen, wenn sie glauben, reden zu können. Wie schmerzhaft ist schon die Lücke, die der Tod im normalen Leben aufreißt. Was in einem solchen Fall als unabwendbar hingenommen werden muß, das wird man schwerlich in den vielen Fällen tun, wo derartige Lücken gewaltsam aufgerissen werden. Das wird nicht so leicht verheilen.«

»Irmgard, Irmgard, was für ein Optimismus! Die Zeit heilt alles, und Menschen können so schnell vergessen. Heute mag man noch um uns trauern und im stillen ein wenig aufbegehren, aber morgen geht für sie das Leben weiter – auch ohne uns. Und das Leben, mag es auch noch so hart und armselig sein, hat seine kleinen Freuden. Nur, aber auch nur für uns gibt es keine mehr.«

»Und Beate?«

»Kinder, wir haben ihnen das Leben gegeben, aber was sonst? Ich mache mir auch nicht die geringste Illusion. 25 Jahre – wer soll uns dann noch kennen? Sich überhaupt noch erinnern? Glaubst du, daß man dann mit Pauken und Trompeten am Bahnhof stehen wird, um dich abzuholen? Freilich, solang wir auf deutschem Boden sind, bleibt uns noch ein Fünkchen Hoffnung.«

Der Zug rollte weiter durch Mitteldeutschland, und die Achsen klangen, als murmelten sie: Verdorben – gestorben, verdorben – gestorben …

Aber es ging nicht weiter gegen Westen. Die Fahrtrichtung hatte sich geändert, Wittenberg wurde passiert. Also ging es nach Berlin, und das bedeutete Sachsenhausen. Soviel war nun klar. Zwei Tage später schritten sie durch das Lagertor. Wieder war es ein sonniger, milder Herbsttag. Vor ihnen breitete sich ein großer mit Blumen bepflanzter Platz aus, der von Verwaltungsgebäuden umrahmt war. Blumen! Mit großen Kinderaugen starrten sie zu ihnen hinüber. »Nicht pflücken!« schrie der Posten. Nein, nicht pflücken, nur ein einziges Mal die Blütenköpfe ganz vorsichtig in die hohle Hand nehmen dürfen, das hätten sie sich gewünscht.

»Ist es hier nicht doch besser als im Gefängnis, Karla?«

»Es sieht so aus, aber – abwarten«, war die skeptische Entgegnung.

Wieder Fingerabdrücke, dann erst durften sie in das eigentliche Lager, das einem langgezogenen Barackendorf glich – das KZ Sachsenhausen. Es war Appell, und das Häuflein Frauen hielt abwartend am Lagertor inne. Auf den Lagerstraßen, vor den Baracken, standen militärisch angetreten die Lagerinsassen, die die Neuankömmlinge begutachteten. Die Ärztin, eine Deutsche und Gefangene wie sie alle hier, gesellte sich zu dem Häuflein und musterte es genau. Sie wurde mit Fragen überschüttet. »Dürfen wir uns im Lager frei bewegen? – Darf man schreiben und Post empfangen? – Was müssen wir hier arbeiten?« – Alles wollten sie wissen. Warm und beruhigend kamen die Antworten, doch unvermittelt entzog sich die Ärztin fluchtartig dem Häuflein. Betroffen schauten sich die Frauen an, keine wußte, was sie hatte. Der Appell war zu Ende, und die Lagerpolizei hatte Mühe, die Heranstürmenden in die Baracken abzudrängen. Die Neuen aber mußten zur obligatorischen Durchsuchung, die von Russinnen durchgeführt wurde. Die wenigen Habseligkeiten, die man noch hatte, wurden auseinandergerissen und achtlos zu Boden geworfen. Jede einzelne Frau mußte sich bis aufs Hemd ausziehen. Die Kleidungsstücke wurden sorgfältig abgetastet, ehe man sie ihnen mit einer verächtlichen Geste wieder zuwarf. Nichts kann entwürdigender und demütigender sein als solche Durchsuchungen. Rot vor Wut und mit zusammengebissenen Zähnen sammelte Irmgard ihre Sachen wieder ein und kleidete sich an. Die Abgefertigten befanden sich vor einer Baracke, aus deren Fenstern laut Namen gerufen wurden.

»Ist Irmgard Heintze unter euch?«

»Ja, das bin ich!«

»O, Frau Heintze, wir haben Sie ja schon so lange erwartet.«

Die unbekannte Ruferin sprang aus dem Fenster, andere drängten nach. Die Lagerpolizei drückte beide Augen zu, und mutiger geworden, rückten die alten »Lagerhasen« immer näher. Marmeladenbrote und Zigaretten wurden den Neulingen überreicht. Es war, als wollte ihnen jeder etwas Liebes erweisen.

»Wer sind Sie eigentlich?« fragte Irmgard die Sprecherin.

»Ich bin Gundel. Wir haben vor einem Jahr Wand an Wand gelegen, erinnern Sie sich nicht mehr, Frau Heintze?«

»O doch!« Das also war Gundel, mit der sie lange Zeit gemorst hatte, bis sie eines Tages aus dem Gefängnis verschwunden war. »Sind weitere Bekannte hier, Gundel?«

»Natürlich! Herr und Frau Wolf, die Sie beide aus der Freiheit kennen, ebenso wie Frau Ritter, die hier neben mir steht.«

Herzlich streckten sich Irmgard Hände von Menschen entgegen, die von ihr wußten und die sie selbst kaum kannte. »Wir sind ja so froh, daß Sie endlich aus dem Gefängnis raus sind, Frau Heintze. Nur daß Sie ›Rußlandfahrerin‹ sind, ist so entsetzlich«, klagte Frau Ritter.

»Was – Rußlandfahrerin? Was soll das heißen?«

»Wie konnten Sie das nur sagen«, fuhr Gundel ihre Kameradin an, die blitzschnell Irmgards Ahnungslosigkeit erfaßte.

Irmgard war noch blasser geworden, als sie ohnehin schon war. »Nein, Gundel, Sie müssen mir alles sagen, was man über diesen Transport spricht. Ich muß das einfach wissen.«

»Ach, das sind doch alles bloß dumme Gerüchte, weiter gar nichts«, wich diese aus.

»Und was für Gerüchte kreisen hier?« Als Gundel schwieg, wandte sie sich an Frau Ritter. »Bitte, woraus schließen Sie, daß ich Rußlandfahrerin bin?«

»Nun, es heißt, daß alle durch Moskau Verurteilten nach Rußland kommen«, sagte jene betroffen. »Aber vielleicht hatten Sie ja ein Tribunal, Frau Heintze?« setzte sie hoffnungsvoller hinzu.

»Nein, wir alle hier hatten ein Sonderurteil Moskau«, antwortete Irmgard müde.

Beunruhigt war Karla dem Gespräch gefolgt. Jetzt ging sie rasch auf Irmgard zu. »Das war eine Holzhammernarkose«, rief sie der bedrückt dastehenden Frau Ritter zu. »Irmgard, ich bitte dich, haben wir es im Gefängnis nicht oft genug mitgemacht, wie Gerüchte entstehen und wieder zerflattern? Es muß auch diesmal nicht wahr sein.«

»Glaubst du das selbst, was du jetzt sagst, Karla? Sieh dir doch nur die mitleidigen Gesichter an! Mir scheint, als hätten wir noch längst nicht das Ende gesehen und das Bitterste von allem kommt erst noch. Du hattest schon recht mit deinem Abwarten!« Es war, als quälte sich Irmgard jedes Wort heraus.

»Mich und alle anderen trifft es doch genauso, Irmgard. Aber wir dürfen uns nicht aufgeben, wir dürfen es einfach nicht. Hörst du! Erst wenn wir uns selbst aufgeben, sind wir auch wirklich verloren.«

Alle Folgen mißachtend, stürzte Gundel zu Irmgard hin und hängte sich an deren Hals. »Wirklich, Irmgard, es weiß niemand etwas Genaues hier. Andererseits erzählt man, daß es überhaupt keine Transporte nach Rußland mehr gibt. Es war einfach dumm von Frau Ritter«, sagte sie zornig.

»Lassen Sie's gut sein, Gundel, es kam freilich alles etwas plötzlich, aber man weiß nun wenigstens, womit man rechnen muß, und ihr habt ja recht, das letzte Wort ist jedenfalls noch nicht gesprochen. Also warten wir weiter ab. Auf jeden Fall sind Sie ein lieber Kerl«, sagte sie lächelnd zu Gundel.

»Antreten! Zur Baracke!«

Irmgard und Karla nahmen ihre Bündel auf, und mit ihren Leidensgenossinnen zogen sie durch das schweigende Menschenspalier zu der ihnen zugewiesenen Baracke, der vom übrigen Lager abgesonderten Quarantänestation.

XVIII.

Die Quarantänebaracke war im Lager aus verschiedensten Gründen höchst unbeliebt. Da war erst einmal die dreiwöchige Isolation, dann lag dort auch die »Residenz« der »Polizeipräsidentin«, mit welchem Titel die deutsche Leiterin der Lagerpolizei ironischerweise belegt wurde. Es war zweifellos ein undankbares Amt, aber es brachte auch Vorteile mit sich. Frau Sempler war für diesen Posten robust und energisch genug – eine sogenannte tüchtige Frau – und hatte einen eigenen, kleinen wohnlichen Raum. Böse Zungen behaupteten, daß Frau Sempler früher einmal KZ-Aufseherin gewesen sei, aber das mußte nicht stimmen. Auf jeden Fall wurde sie sehr gefürchtet, denn sie war der russischen Lagerleitung direkt unterstellt, und eines war gewiß: Sie verstand sich gut mit ihr. Für die Lagerinsassen war sie sehr wichtig, denn von der Art ihrer Meldungen hing es ab, ob für kleinere Vergehen Einzelhaft verhängt wurde oder nicht. Nein, es wurde wirklich nicht freundlich von ihr gesprochen, ob zu Recht oder zu Unrecht, war schwer zu entscheiden.

Der Raum für die Quarantäne-Insassen war wesentlich weniger gemütlich als das Reich der »Polizeipräsidentin«, aber für die aus engen Gefängniszellen Gekommenen war er durchaus ertragbar. Er war geräumig und sauber und hatte an der einen Längsseite richtige Fenster mit einem langen Tisch und Bänken davor. An der gegenüberliegenden Seite befanden sich zweistöckige Holzgestelle, die als Betten dienten. Abgetrennt von dem Aufenthaltsraum war der hygienisch gut ausgestattete Waschraum und wiederum separat davon das WC. Das waren Dinge, die man schätzengelernt hatte. Allein schon dafür wurde alles andere, Frau Sempler inklusive, gerne in Kauf genommen.

Alle stürzten sich sofort in den Waschraum und öffneten die Hähne. Nein, waschen sei nicht notwendig, denn sie würden sofort zum Baden geführt, erklärte die energische Polizeipräsidentin. Um so besser! Also suchten sie sich erst einmal ihre Schlafstätten aus, von denen es mehr gab, als man benötigte. Decken oder Matratzen wurden in der Quarantäne nicht verabreicht, und die scharfkantigen Latten, auf denen man lag, drückten empfindlich auf die fleischlosen Knochen. Diesem Übel versuchte man mit ein paar Wäschestücken als Unterlage abzuhelfen. Es war jedoch nur reine Illusion, nicht mehr. Außerdem wurde eine Stubenälteste aus ihrem Kreis gewählt, deren Anweisungen Folge geleistet werden mußte. Jede Baracke unterstand einer Kompanieführerin – auch die Quarantäne, und auch sonst herrschte ein militärischer Drill. Die Türen hatten endlich wieder Klinken, und einige Ankömmlinge machten sich ein kindliches Vergnügen daraus, sie auf und nieder zu drücken. Auch das hatte man jahrelang nicht gedurft, und es erschien den Frauen als Symbol einer gewissen Freiheit – eine weitere Illusion.

Die Kompanieführerin erschien, um ihren Dienst bei den Neuen anzutreten. Sie hatte eine angenehme Art, wurde von den Frauen umringt und mit unzähligen Fragen bedrängt, die sie geduldig beantwortete. Es war bei jedem Transport dasselbe, und sie kannte das alles zur Genüge. Plötzlich entdeckte sie unter den fremden Gesichtern Karla. Ein ungläubiges Staunen stand ihr im Gesicht, dann bahnte sie sich entschlossen einen Weg durch die sie Umdrängenden und stand vor ihr:

»Ist das möglich – du, Karla, hier in unserem Lager?« Dabei drückte sie die Überraschte fest an sich.

»Du, Bienchen? Ja, was machst du denn hier? Was für eine blödsinnige Frage! Aber komm, setz dich her und erzähl.«

»Das möchte ich gerne, aber erst muß ich euch zum Baden führen, denn hier geht alles nach der Uhr. Auf dem Weg dahin können wir sprechen. Vorerst kann ich noch gar nicht begreifen, daß du es wirklich bist!« Die Kompanieführerin blickte Karla an, bis sie schließlich durch die Baracke rief: »Alle antreten zum Baden!«

Der Weg zum Bad führte aus dem Frauenlager hinaus, durch die Vorzone in das Männerlager. An der Spitze der Frauengruppe marschierte Frau Sempler, und als sich Bienchen, die Kompanieführerin, davon überzeugt hatte, daß alle in Reih und Glied folgten, schob sie sich zu Karla und Irmgard hin.

»Du fragst, warum ich hier bin. Das habe ich meinem Mann zu verdanken.« Und als sie Karlas fragenden Blick bemerkte, fuhr sie bitter fort: »Ja, das gibt es auch, Karla. Das ist ja alles so einfach heute, wenn man eine Frau loswerden will. Man braucht nur zu den Russen zu gehen und ihnen zu erzählen: Meine Frau war Angestellte in einem ausländischen Konsulat! Das genügt! Das ist gleichbedeutend mit Spionage. Man hat mir selbstverständlich nichts nachweisen können. – Aber wen hat das schon vor einer Verurteilung geschützt? Für zehn Jahre hat mich mein Mann zugunsten seiner kleinen Freundin ausgeschaltet. Er braucht sich keinen Zwang mehr anzutun und kann in unserer Wohnung tun und lassen, was er will. Irrtümer haben ihren Preis!«

»Ein feiner Gatte, dein Mann!«

Mit einer resignierten Handbewegung schob Bienchen dieses Thema von sich: »Lassen wir das unerfreuliche Kapitel. Erzähl mir lieber, warum man dich verurteilt hat.«

»Das hat Zeit. Viel wichtiger sind einige Fragen, die du mir bitte ehrlich und wahrheitsgemäß beantworten mußt. Stimmt es, daß wir nach Rußland kommen? Ja oder nein!«

Traurig sah die Gefragte Karla an, dann antwortete sie leise: »Diese Frage habe ich die ganze Zeit gefürchtet. Man kann sie nicht mit einem einfachen Ja oder Nein beantworten. Nicht ungeduldig werden, Karla. Bitte, hör gut zu. Es geht im Lager das Gerücht um, daß ihr für Rußland bestimmt seid. Bisher kamen die vom Ferngericht Moskau Verurteilten immer dorthin. Zur gleichen Zeit erzählt man sich aber auch, daß die Lager unter deutsche Verwaltung kämen. Dieses Gerücht hat durchaus etwas für sich, denn du weißt sicher noch nicht, daß die sowjetische Zone seit gestern eine offizielle Regierung hat. Von den Abmachungen zwischen ihr und dem Kreml wird also alles abhängen. Eines ist ganz gewiß, Vorbereitungen für euren Abtransport sind noch nicht getroffen worden, und nach üblicher Routine müßtet ihr eigentlich morgen, übermorgen abfahren. Davon ist aber keine Rede.«

»Woher weißt du, daß nicht doch schon Vorbereitungen getroffen worden sind, von denen du nur keine Ahnung hast?«

»Durch einen Bekannten, der in der Verwaltung arbeitet und der an den Vorbereitungen immer beteiligt war. Darum weiß ich es!«

»Und du würdest es wissen, wenn es so weit wäre?«

»Unbedingt! Nur mußt du mir versprechen, daß du keinem Menschen davon erzählst, denn du weißt, welche Folgen jede Indiskretion für meinen Bekannten haben kann.«

»Mit einer einzigen Ausnahme verspreche ich dir das. In diesem Fall kannst du vollkommen beruhigt sein.«

Irmgard, die neben Karla ging, hatte sich beim Annähern Bienchens an ihre Nachbarin zur Rechten gewandt und diese in ein Gespräch verwickelt. Nun hakte Karla sich bei ihr unter und flüsterte ihr zu: »Ganz so hoffnungslos sieht es doch nicht aus. Die Aktien stehen 50 zu 50. Später mehr davon.« Diese begriff, was Karla damit meinte, und drückte dankbar deren Arm.

Im Männerlager herrschte Hochbetrieb. Die neu eingelieferten Frauen waren eine besondere Attraktion. Mancher Gruß flog hin und her, und die Lagerpolizei paßte auf, daß man den Frauen nicht zu nahe auf den Leib rückte. Die Polizeipräsidentin mußte der Kompanieführerin Vorwürfe gemacht haben, denn sie kehrte nicht mehr zurück. Inzwischen war die kleine Karawane zum Bedauern der Männer am Bad angelangt, in dem alles wie am Fließband vor sich ging. Im Vorraum die Kleiderabgabe, danach die Untersuchung auf etwaige »Mitbewohner« und als nächstes ins eigentliche Bad, von dessen Decke eine ganze Anzahl Brausen herabhingen. 20 Minuten war die vorgeschriebene Zeit für das Duschen. Wie die Kinder tollten die abgezehrten Frauen unter dem sprühenden Naß und genossen dieses außerordentliche Ereignis. Unter den Quarantänefrauen befanden sich zwei nicht zu diesen zählende Internierte, die aus irgendeinem Grund eine besondere Badeerlaubnis hatten und von denen eine wiederholt prüfend zu Irmgard hinübergeblickt hatte. Jetzt stand sie unter der Nebenbrause, und während sich das Wasser über sie ergoß, fragte sie unvermittelt: »Irre ich mich, oder sind Sie wirklich Frau Heintze?«

»Ja, das bin ich! Aber, du lieber Himmel, wieviel Menschen kennen mich denn hier?« war deren überraschte Antwort.

»Das sollte Sie nicht wundern, Frau Heintze, schließlich waren Sie nicht so ganz unbekannt, und in den Lagern trifft man mehr Bekannte, als man glauben möchte.«

»Ich wollte Sie nicht verletzen, aber für mich ist das alles doch recht ungewöhnlich. Bitte, helfen Sie meinem Gedächtnis nach und sagen Sie mir, woher wir uns kennen.«

»Unsere Begegnung liegt nun auch schon eine ganze Reihe von Jahren zurück. Einige Ihrer ganz charakteristischen Bewegungen ließen jedoch ein Bild wieder in mir lebendig werden, denn Sie sprachen einmal vor meiner Mädchenklasse. Ich bin Frau Studienrätin Dr. Dörflinger.«

Die 20 Minuten vergingen wie im Flug, und Seite an Seite gingen sie im Strom der anderen in den Ankleideraum, in dem die bereits desinfizierten Kleidungsstücke hingen.

»Hier funktioniert alles reibungslos«, bemerkte Irmgard anerkennend, während sie sich nebeneinander ankleideten.

»Das Lager fiel den Russen in einem perfekten Zustand in die Hände, so daß sie es nur neu zu belegen brauchten. Da sie sich lediglich auf die Verwaltung beschränken und alles andere den Deutschen überlassen, klappt es auch. Nun sind sie stolz auf ihre Lagerkultura«, erläuterte die Studienrätin.

»Noch eine Bekannte, Irmgard?«

»Ja, eine ehemalige Studienrätin«, antwortete Irmgard einsilbig, und schweigend legten sie den Weg zur Quarantäne zurück.

So schnell aber sollten sie nicht zur Ruhe kommen. »Antreten zum Arzt«, war das nächste Kommando. Hier war ein anderes Tempo als im Gefängnis, und wieder trotteten sie los. In der Ambulanz war man auf Transporte eingestellt. Die notwendigen Blutentnahmen wurden von den Schwestern durchgeführt, danach erfolgte die eingehende Untersuchung durch die Ärztin. Bei Irmgards Eintritt hielt sie bereits deren Karteikarte in der Hand. Besonderer Fragen bedurfte es nicht. Totale Unterernährung, Wasser, Herz- und Kreislaufstörungen! Überall das gleiche Bild. Nach dem Abhören von Herz und Lunge setzte sie sich in den Stuhl zurück. »Wie lange waren Sie im Gefängnis, Frau Heintze?«

»Nur zwei Jahre!«

»Nur zwei Jahre – sagen Sie?«

»Andere waren fast drei Jahre dort, daran gemessen sind also zwei Jahre nicht zuviel.«

»Glauben Sie mir, Frau Heintze, ich habe viele Transporte ankommen sehen, aber in einem solchen Zustand habe ich noch keinen gesehen. Es sind höchstens fünf Frauen unter euch, von denen ich sagen kann, sie sind einigermaßen gesund.«

»Sie können ruhig weiterreden, denn wir wissen ja bereits, daß wir nach Rußland verschleppt werden.«

Der Ton dieser Bemerkung ließ die Ärztin aufhorchen. »Es heißt so, aber genau werde ich es erst dann wissen, wenn ich von der Kommandantur die Aufstellung für die Transportuntersuchungen bekomme. Bis jetzt liegen solche Anweisungen noch nicht vor. Solange diese Unklarheit über Ihr Schicksal besteht, ist eine Behandlungsmöglichkeit begrenzt.«

»Frau Doktor, werden Sie es mir sagen, wenn Sie das Verzeichnis der zum Abtransport Kommenden in Ihren Händen haben?« drängte Irmgard.

Nach kurzem Überlegen antwortete die Ärztin: »Sie werden in nächster Zeit noch öfter zu mir kommen müssen, wir haben also genug Gelegenheit, darüber zu sprechen.«

Irmgard schied von der Ärztin in dem Bewußtsein, daß hier ein Versprechen gegeben wurde, an dessen Einhaltung nicht zu zweifeln war.

Auf dem Bett sitzend, erzählte Irmgard das mit der Ärztin geführte Gespräch Karla, die ihrerseits über Bienchens Äußerungen berichtete.

Erst nach dem Abendessen fand Bienchen Zeit für ihre Freundin. Im Lager sei heute der Teufel los gewesen, stöhnte sie. In den Baracken herrschte eine noch nie erlebte Aufregung. »Und alles wegen euch!« Die beiden Frauen erfuhren, daß insgesamt 20000 Menschen im Lager festgehalten wurden, wovon 2000 Frauen waren. Außer den Quarantäne-Insassen durften alle schreiben und auch Post empfangen. Die Arbeitsleistungen wären freiwillig und erstreckten sich ausschließlich auf Lagerinteressen. Einige ostzonale Tageszeitungen kämen täglich und würden verteilt. Besuche in fremden Baracken waren untersagt, bei Zuwiderhandlung riskierte man Einzelhaft. Erwischt würden aber nur wenige, zwinkerte Bienchen mit den Augen. Bis auf die Morgen- und Abendappelle wäre das Leben erträglich, auf jeden Fall besser als im Gefängnis. Sogar ein Lagertheater mit ausgezeichneten Kräften gäbe es. »Ihr würdet staunen, was es hier alles gibt.« Sie hatte auch ihren Bekannten noch einmal gesprochen, der ihr bestätigte, daß in absehbarer Zeit kein Transport abginge. Außerdem würde in den nächsten Tagen eine deutsche Kommission erwartet, da das Lager unter deutsche Verwaltung kommen sollte. All das klang hoffnungsvoll, so daß die Quarantäne-Insassen wieder einmal bereit waren, die Dinge auf sich zukommen zu lassen. Selbst Karla und Irmgard wurden optimistischer, zumal einige Tage später in der Ambulanz die Ärztin Irmgard an die Schultern faßte und sagte:

»Es steht gut, Frau Heintze. Ich habe die Liste für die Transportuntersuchung bekommen. Sie enthält nur Russinnen, aber keine einzige Deutsche. Das war noch nie da. Ich kann Ihnen gar nicht sagen, wie sehr wir uns alle darüber freuen.« Und zur Schwester gewandt, gab sie die Anweisung: »Von Frau Heintze wird im nächsten halben Jahr in jedem Monat eine Blutsenkung gemacht und das Ergebnis mir vorgelegt. Jetzt werden wir ernsthaft etwas für Sie tun können.«

So herrschte allenthalben in der Quarantäne eine gehobene Stimmung, die durch nichts zu beeinträchtigen war. Die Aussicht, in Deutschland zu bleiben – wenn auch in einem Lager –, war für die Verurteilten schon Glück genug. In ihren Gedanken schrieben sie schon Briefe, kleine zärtliche Grüße, die sie wieder mit denen verbanden, die sie liebten. Die Welt sah wieder freundlicher aus, und auch das Lachen wurde wieder gelernt.

XIX.

»Morgen zieht ihr um, die Quarantäne ist beendet«, verkündete Bienchen. »Zunächst werdet ihr in der Gefängnisbaracke untergebracht!«

»In der Gefängnisbaracke?« kam es gedehnt zurück.

»Na, was weiter! Ihr sollt zusammenbleiben, und alle anderen Baracken sind schon überbelegt. Es ist durchaus möglich, daß aus der Gefängnisbaracke wieder eine Wohnbaracke wird, was sie schon früher einmal war. Es müssen nur die Gitter abgenommen werden.«

»Sei doch ehrlich! Hinter dieser Anordnung steckt doch etwas anderes, denn so harmlos, wie du es hinstellst, scheint mir diese Wahl durchaus nicht.«

»Keine Sorge, es besteht absolut keine Gefahr. Lange genug ist über eure Unterbringung diskutiert worden, und die getroffene Lösung ist nicht einmal die schlechteste.«

Allen beruhigenden Erklärungen zum Trotz wurde das Thema Gefängnisbaracke erregt debattiert. Die krampfhafte Hochstimmung fiel merklich ab, doch blieb ein Hoffnungsschimmer, denn die ernsthaft Erkrankten wurden auf die Krankenstation gebracht, darunter befand sich auch Frau Gertrud. »Gebt auf meine Tochter acht«, hatte sie sich verabschiedet. Operationen, so erinnerten sie sich, durften bei »Rußlandfahrern« nur bei unmittelbarer Lebensgefahr vorgenommen werden. Sie lag in diesem Fall zweifelsohne vor, nicht aber bei den anderen Erkrankten. An diesen Strohhalm klammerten sie sich erneut.

Die Gefängnisbaracke lag auf dem Weg zur Ambulanz. Schon dadurch war eine vollkommene Isolierung der in ihr Untergebrachten nicht möglich, und das Gefängnis wurde von den übrigen Lagerinsassen regelrecht belagert. Die Gefangenenpolizei drückte beide Augen zu. Ihre ganze Konzentration richtete sich auf das Herannahen der Aufseher. Ein gutfunktionierendes Frühwarnsystem hatte sich herausgebildet, und ein lebhafter Tauschhandel zwischen Internierten und Gefängnisinsassen war im Gange. Es wurde »gekult«, wie es im Lagerjargon hieß. Der tägliche einstündige Spaziergang auf der Lagerstraße konnte trotz aller Vorsichtsmaßnahmen eine engere Verbindung mit den Internierten nicht restlos verhindern. Adressen wurden getauscht mit dem Versprechen, die Angehörigen zu benachrichtigen, falls wider Erwarten doch noch ein Abtransport erfolgen sollte.

Gundel und ihre Freundin erwarteten Irmgard täglich und begleiteten sie unbeirrt auf deren Runden und machten ihr Mut. In der Nähstube sorgte Käthe durch freiwillig übernommene Überstunden dafür, daß die Kleidungsstücke der ehemaligen Zellengenossin, so gut es eben ging, wieder instand gesetzt wurden. In jenen Tagen war wieder einmal eine Inspektion durch hohe Offiziere fällig, von denen die Gefängnisinsassen wissen wollten, wann sie endlich Briefe schreiben dürften.

»Wer sagt, daß Sie nicht schreiben dürfen? Natürlich dürfen Sie schreiben.« Und zur Bekräftigung dieses Versprechens wurde der herbeigeholten Natschalniza der Befehl erteilt: »Ab 20. des Monats dürfen diese Frauen wie alle anderen Post aufgeben.«

Daß die Frauen trotz allen bisherigen Erfahrungen noch einmal dem Wort eines hohen russischen Offiziers glaubten – wer könnte es ihnen zum Vorwurf machen?

»Vielleicht will man uns nur in Sicherheit wiegen? Besteht nicht das ganze System aus Täuschungen und Versprechen? Hat uns nicht einmal schon ein General sein Ehrenwort gegeben?«

»Aber damit wollte man doch etwas erreichen, man brauchte Geständnisse! In diesem Fall hat man es ja gar nicht mehr nötig.«

»Ach, sie bluffen im Großen wie im Kleinen«, seufzte Irmgard und schwieg.

So mußte es denn kommen, daß von einem Augenblick zum anderen das trügerische Gerüst aufgeblasener Hoffnungen mit lautem Getöse zusammenbrach. Der in Aussicht gestellte Termin brachte nicht die Schreiberlaubnis, wohl aber den Befehl: »Antreten zum Sachenempfang!« Sachenempfang – das bedeutete Einkleidung für Rußland und bedeutete das Ende! Den Minuten eisiger Stille folgte eine hektische Erregung, die durch das ganze Lager lief. Die Würfel waren gefallen, und die Entscheidung überraschte die Ärztin nicht weniger als die fassungslose Kompanieführerin und all diejenigen, die im Abweichen von der bisher eingehaltenen Regel eine günstigere Wendung hatten sehen wollen. Die Kranken, soweit sie transportfähig waren, kamen aus dem Revier zurück, Mütter mit ihren Säuglingen folgten. Nicht als Arbeitskräfte benötigte man diese 72 Frauen, sondern als Faustpfand für später.

Stepphosen, Pelzwesten, Tschapka und in einzelnen Fällen noch gefütterte Stiefel wurden verteilt. Auch Irmgard erhielt ein Paar, das ihr jedoch nicht paßte. Auf jeden Fall wurde der Anschein einer zweckmäßigen Einkleidung erweckt. Später, im Lager, in dem sie diese Dinge notwendig brauchten, wurden sie ihnen wieder abgenommen, und kein Protest konnte daran etwas ändern.

In den Wohnbaracken gab es kein Halten mehr. Wer Freunde unter den Betroffenen hatte, stürzte zum Gefängnis. Was in Worten nicht mehr auszusprechen war, sagten die tränenüberströmten Gesichter und die tausend kleinen Liebesgaben, die durch die vergitterten Fenster geschoben wurden. Über die verkrampften Hände, die von außen ohnmächtig an den eisernen Stäben rüttelten, strichen die zitternden von drinnen. Alle waren gekommen, um sich noch einmal ganz fest das Gesicht derjenigen einzuprägen, die vielleicht nun für immer in den unendlichen Weiten Sibiriens entschwänden. Es war, als fühlten sie bereits den eisigen Steppenwind, der die letzten Spuren dieser verlorenen Schar austilgen würde. Verzweifelt wehrten sie sich gegen solche unmenschliche Rechtsprechung und waren doch so hilflos.

Irmgard war am Ende ihrer Kräfte. Mühsam wandte sie sich ab, warf sich auf ihre Pritsche und verlor sich in einer unergründlichen Einsamkeit. Stunden um Stunden lag sie so in ohnmächtiger Verzweiflung. Längst hatte sich jede auf ihr Bett verzogen und mußte ganz allein mit der immer größeren Angst vor dem Kommenden fertig werden. Hier konnte keiner der anderen mehr helfen, standen sie doch unter dem gleichen Gesetz. Eine unheimliche Stille lag über dem Raum, die Stille eines Totenhauses nach einem qualvollen Sterben.

So brach der Tag an, der für den Abtransport bestimmt war. Die nächtliche Stille wurde von einer fieberhaften Geschäftigkeit abgelöst, der sich niemand entziehen konnte. Das Abgeben der Matratzen, das Packen der Bündel, der Abmarsch zur Quarantäne, in der die gründliche Durchsuchung erfolgte, alles das betäubte die erregten Nerven. Auf ihren Bündeln sitzend, warteten die zuerst Abgefertigten, unter denen sich auch Irmgard und Karla befanden, auf den eigentlichen Abmarsch. Im letzten Moment bahnte sich die Kompanieführerin noch einen Weg.

»Gott sei Dank, daß ich euch doch noch finde. Frau Irmgard, schreiben Sie schnell ein paar Zeilen. Hier ist ein Bleistift. Dr. Dörflinger wird sie verstecken und, sobald es ihr möglich ist, weiterleiten. Sie ist der Meinung, daß Sie schon Bescheid wissen. Sie läßt Ihnen sagen, daß sie ihre Verabredung nicht vergessen wird. Aber schnell, wir haben wenig Zeit!«

Ein paar Zeilen schreiben, ein letztes Wort – vielleicht, daß es erst einträfe, wenn sie längst tot wäre. Hatte das noch einen Sinn? »Tu es, Irmgard! Hier –« und Karla zerrte aus Irmgards Bündel das rohe Leinenhemd heraus und riß kurz entschlossen ein Stück davon ab, das sie der Zögernden gab. Die zitternden Hände vermochten den Stift nicht zu führen: »Gib her und diktiere!«

Mit starr abgewandtem Gesicht sprach Irmgard ein paar Worte, die ein letzter Gruß sein sollten und doch ein einziger Schrei waren. Nie hat er den Empfänger erreicht. Das kleine Leinenfleckchen wanderte mit seiner Trägerin von Gefängnis zu Gefängnis, getreulich verwahrt wie ein heiliges Vermächtnis. Der Tod hinderte die Studienrätin daran, ihr Versprechen einzulösen.

An diesem grauen Novembertag aber machte Dr. Dörflinger noch ihren Dienst als Pförtnerin. Bis zur Unkenntlichkeit vermummt, stand sie unruhig an dem großen Tor, durch das die »Rußlandfahrer« ziehen mußten. Immer wieder sah sie auf die Lagerstraße hinunter. Noch nie war ihr der Dienst so schwer gefallen. Über das Lager war die Ausgangssperre verhängt worden, seit den frühen Morgenstunden belagerten die Inhaftierten äußerst erregt die Fenster. In Fünferreihen schleppten sich 72 Frauen, von denen drei einen Säugling auf dem Arm trugen, den Weg entlang, eine trostlose graue Masse in Stepphosen und Tschapkas, mit gesenkten Köpfen und stumm. Die Erschütterung, die dieser Anblick auslöste, ließ Verbot und Lagersperre vergessen, alle stürzten aus den Baracken und bildeten ein Ehrenspalier für die Verbannten, die dies jedoch kaum zu merken schienen. Sie weinten nicht, sie sprachen nicht, sie gingen einfach, weil es unabwendbar war.

Wie oft schon hatte die Pförtnerin das schwere Tor geöffnet, heute wollte es ihr kaum gelingen. Dann endlich schob sich die Spitze des Zuges durch. Die Augen der vermummten Frau suchten ein Gesicht. Dicht an ihr mußte diejenige vorübergehen, um derentwillen sie heute so litt. Einen Herzschlag lang hielten sich zwei Augenpaare fest, dann war auch das vorbei, und langsam, sehr langsam schloß sich das große Tor wieder. Im kleinen Pförtnerhaus ließ sich die ehemalige Studienrätin auf den Schemel fallen, erschöpft wie nach einer schweren Krankheit sank der schmerzende Kopf auf die rohe Holzplatte.

Während im Lager wieder alles seinen gewöhnlichen Gang ging, und man über die Entschwundenen nur noch wie von Toten sprach, ließen jene eine nochmalige Durchsuchung über sich ergehen. Sie wurde rücksichtslos und gewalttätig vorgenommen. Wieder hockten sie unter dem grauen Novemberhimmel und warteten. Erst mußte die Dunkelheit über das Land fallen, denn mit Recht scheuten die Organisatoren dieser Transporte das Tageslicht. Dann aber ging alles sehr schnell. Die offenen Lastwagen rückten an und brachten sie zum Bahnhof. So rasten sie zur Verladerampe davon. Es war ein langer Güterzug, der da stand, zwei Waggons nahmen die Frauen auf, der Rest die nachfolgenden Männer. Der Stummel einer Kerze wurde hineingereicht, damit sie in dem dunklen Wageninneren einen Platz einnehmen konnten. Die Wagenmitte blieb frei, rechts und links von ihr befanden sich zweischichtige Holzplatten. 40 Frauen waren im ersten Waggon, die anderen mit den Kindern im zweiten. Der Kinder wegen ließ man ihnen etwas mehr Platz, einen kleinen eisernen Ofen und eine freistehende Toilette. Die winzigen Fenster der Viehwagen waren mit Brettern verschlossen, denn niemand durfte wissen, daß wieder einmal Deutsche abtransportiert wurden.

Zusammengekrümmt, denn sie konnten die Beine nicht ausstrecken, lagen sie auf den harten Holzplatten im verfinsterten Waggon und warteten auf die Abfahrt. Als Kopfkissen diente das wenige Handgepäck. Endlich fuhr der Zug an. Es waren uralte Waggons, die man für solche Menschentransporte benutzte, jeder Stoß der Achsen übertrug sich auf die Körper. Hin und her wurden sie geschüttelt, und aus dem Faß lief das Wasser über und überschwemmte den Boden. Was dann kam, war ein einziges Inferno.

Alle zwei oder drei Stunden blieb der Zug auf den außerhalb der Ortschaften liegenden Güterbahnhöfen stehen, von Leerzügen gut abgeschirmt. Ein ohrenbetäubendes Poltern setzte ein, das Dach, die Seitenwände und die Untergestelle wurden abgeklopft. Das Poltern kam näher und näher, bis sie an der Reihe waren. Die eisernen Beschläge wurden abgerissen, und die Wagentür flog auf. Sechs, acht grinsende, gefährlich aussehende Uniformierte sprangen auf, die Hälfte von ihnen postierte sich mit meterlangen brennenden Pechfackeln an der Tür, die anderen trugen lange spitze Holzstangen und stürzten sich auf die Liegebretter. Sie trampelten mit ihren schmutzigen Stiefeln auf den Sachen der Gefangenen herum und warfen sie durcheinander. Sie klopften den Wagen auch von innen ab, um festzustellen, ob kein Brett, keine Niete gelockert worden war. In der Tür stand breitbeinig ein Offizier, ein junger Kerl, hatte eine Lederknute am Handgelenk und schwang sie drohend. Fluchend gab er zu verstehen, daß bei seinem nächsten Kommen alle aufzuspringen hätten. Wenn es nicht klappen würde, dann – und die Bewegung mit der Knute zeigte an, was dann blühte. Die Tür flog zu!

In den Jüngeren stieg ein Trotz auf; sie konnten sich nicht wehren, aber sie konnten eines: singen! Und sie sangen unentwegt – Heimatlieder und auch Lieder, die während der Gefängniszeit entstanden waren; in diesen war viel die Rede von Mutter, Vater, letzten Grüßen und der Sehnsucht. Draußen, die Welt, würde darüber lächeln, aber was war Draußen, was war die Welt! Hier war es Ausdruck ihres Fühlens, letzte Wahrheit. So sangen die einen, und die anderen lagen stumm, und niemand gebot diesem Singen

Einhalt. Es war ihre einzige Gegenwaffe. Tage hatten sie schon im Waggon zugebracht und waren doch immer noch auf deutschem Boden.

Sonntag morgen – Frankfurt an der Oder, die neue Grenze zwischen Deutschland und Polen. Im gleichen Augenblick, als der Zug sich in Bewegung setzen wollte, begannen die Glocken zu läuten. Jäh brach das Singen ab, sie lagen und lauschten diesem Geläute, das nur ihnen zu gelten schien. Die Heimat segnete sie, mit ihren Glocken sprach sie noch einmal zu ihnen – den Verlorenen. Viele Hände falteten sich unbewußt in den Waggons, und immer ferner wurde das Läuten, bis es ganz verstummte. Sie aber würden es immer hören, für sie würden diese Glocken nie verstummen, auch nicht in den nächsten schweren Jahren!

Je weiter sie sich von der Heimat entfernten, desto hemmungsloser gebärdete sich der sadistische Transportführer. Es gab Knutenhiebe und Einzelhaft. In Irmgards Wagen griff er zu einem anderen Mittel. Vier junge Mädchen wurden auf dem Rücken mit Handschellen aneinandergefesselt. Keiner wußte, warum das geschah. Tief schnitten die Fesseln in das Fleisch, aber niemand weinte, sondern sie sangen. Tränen? Sie warfen die Köpfe zurück: »Das wäre zuviel der Ehre für jene!« So standen sie aneinandergeschmiedet bis Brest-Litowsk, wo man notgedrungen die Fesseln lösen mußte, was nur noch mit einer Feile möglich war.

Es war eiskalt, Schneestürme tobten über Polen. Die Gefangenen mußten waggonweise aussteigen und zwischen den Rädern auf die andere Seite kriechen. Im Schnee kniend hörten sie, was die Bewachungsmannschaft ihnen zu verkünden hatte. Auf dem Weg, den sie gehen mußten, durfte nicht gesprochen werden, keine Abweichung und keine Kopfdrehung zur Seite gemacht werden, da sonst unverzüglich von der Schußwaffe Gebrauch gemacht werden würde. Sie wußten nur zu gut, daß das keine leere Drohung war. Mit diesen Erklärungen ließ sich der im schmutzigen Pelz steckende Posten viel Zeit. So knieten sie vor Kälte zitternd zehn Minuten im Schnee, ehe der Befehl kam: »Auf! Marsch!« Sie wurden zur Desinfektionsbaracke gebracht, die einmal von den Deutschen während des Krieges für Heimaturlauber aufgestellt worden war. Im Vorraum mußten sämtliche Kleidungsstücke zur Desinfektion abgegeben werden. Die Entgegennehmenden waren Männer, denen die Nacktheit der deutschen Frauen ungeheuren Spaß bereitete. Dann standen sie unter den warmen Duschen; auch durch das Bad gingen Soldaten, Zivilisten und Offiziere. Es war die schlimmste Demütigung, die man diesen Frauen bereiten konnte und unter der sie sichtlich litten. Erhitzt standen sie wieder vor der Baracke, um den Rückweg anzutreten. Sie mußten nochmals zehn Minuten niederknien, um die schon anfangs gehörten Erklärungen entgegenzunehmen, dann erst setzte sich der kleine Zug zurück zu den Waggons fort.

Am darauffolgenden Tag wurden sie umgeladen, in russische Breitspurwagen – Pullmanwagen genannt. Da sie größer als die normalen deutschen Waggons waren, wurden alle Frauen mit den Säuglingen in den einen verfrachtet. Eine Toilette gab es nicht mehr. Dafür war an der einen Wagenseite ein zehn Zentimeter langes und acht Zentimeter breites Holzstück entfernt worden, von dem eine Rinne nach außen führte. Es war unvermeidlich, daß in kürzester Frist ein Höllengestank den Wagen durchzog. Und weiter rollte der Zug, nunmehr auf russischem Gebiet, und die Heimat war so weit, so weit! Es begegneten ihm viele Gegenzüge, wovon manche mit Kriegsgefangenen gefüllt waren, die nach Deutschland zurückkehren durften. So glitten sie aneinander vorüber, die einen voller Erwartung, mit offenen Türen, Obst, Weißbrot und Wurst auf ihren Plätzen, die Waggons mit Tannengrün und Aufschriften verziert – »Mit Reimann für ein neues Deutschland!« –, und die anderen von Licht und Luft abgesperrt, vergittert und verriegelt bei einer dünnen Wassersuppe und mit einem Stückchen trocken Brot, ohne jede Hoffnung, geschlagen und verspottet. »Mit Reimann für ein neues Deutschland!«

XX.

Elf Tage fuhren sie; elf Tage voller Grauen und Schrecken, Demütigung und Empörung, Schmerz und Verzagtheit. Elf Tage lang lagen sie verkrümmt, hungernd und frierend; ein Häufchen Elend, in einem finsteren, stinkenden Viehwaggon. Keine Schuld konnte je so groß sein, daß sie nicht schon tausendfach verbüßt wäre. Ein Teil dieser Frauen hatte bereits so viel erlebt, daß es für Generationen gereicht hätte. Sie hatten die Zerstörungswut unzähliger Bombennächte, Flucht, Hunger, Not, Armut und nicht zuletzt eine bestialische Soldateska über sich ergehen lassen müssen, und jetzt fuhren sie verbannt und verschleppt ins Ungewisse. Es war ein Schrecken, der kein Ende nehmen wollte, und es blieb ein Wunder, daß sie es überstanden; allerdings nur durch den Glauben, den sie in sich trugen; der an Menschen, der an die Heimat oder der an einen Gott. Und doch war das erst der Beginn, Monate und Jahre lagen vor ihnen, ein Leidensweg ohne Ende.

In der zwölften Nacht wurden die Türen aufgestoßen. Ein rauher Befehl, taumelnd sprangen sie auf die dicke, vereiste Schneedecke, stürzten und standen wieder auf. Stumm marschierten sie in der glasklaren Winternacht zu einem Ort irgendwo in Weißrußland, der, das ahnten sie, noch nicht das Ende ihrer Reise war. An der einen Seite des Weges zeichneten sich die Konturen niedriger, halb zerfallener Hütten ab, vor ihnen aber lag, von Scheinwerfern angestrahlt, ein mächtiger, von einer hohen, dicken Mauer eingefaßter Bau, der die Weite des Landes sichtbar beherrschte.

Hammer und Sichel fehlten an diesem Bauwerk nicht, und in einem Zynismus ohne gleichen demonstrierten sie so den Segen des »sozialistischsten Systems der Welt«. Unter Hammer und Sichel wurden die Gefängnisse zu Burgen voller Verliese, aber die Wohnstätten der Menschen zerfielen. Keine Reisegesellschaft, keine ausländische Vertretung kannte das wahre Rußland so gut wie die Gefangenen, denn sie sahen, wie es wirklich war.

Wieder öffnete sich für die deutschen Frauen das Tor eines der vielen Gefängnisse. In einem Raum, dessen einziger Gegenstand ein großer merkwürdiger Kessel in dem einen Winkel war – die Parascha –, warfen sie die Bündel auf den steinernen Boden und ließen sich darauf fallen, um zu schlafen. Der kurze Weg hatte sie erschöpft. Aus den bleichen Gesichtern stachen seltsam spitz die Nasen hervor, die fiebrigen Augen waren von breiten schwarzen Schatten umlagert, und an den Schläfen traten dicke Adern hervor. So saßen sie und dösten. Hier und da kamen neugierige Posten herein. Auf alle Fragen hatten sie nur ein Achselzucken: »Ich weiß nicht!« Dann hörten sie Schritte, viele Schritte, die Jüngeren sprangen lauschend an die Tür. »Es sind unsere Männer – sie werden im Nebenraum eingeschlossen.« Als die Luft rein war, trommelten sie ihre Signale an die dicke Steinwand. Nur an einer Stelle gelang endlich eine Verbindung. Namen wurden gegenseitig abgefragt, man versicherte sich, ob alle noch da waren, die zusammen vom deutschen Lager aufgebrochen waren. Grüße wurden durchgegeben, und die Männer wußten zu berichten, daß man nur einige Tage hier bleiben würde.

Heller Tag war es bereits, als sie über den Hof in ein anderes Gebäude geführt wurden. Die Mütter mit den Kleinstkindern kamen in das Krankenrevier, die anderen Frauen wurden in einer langgestreckten Kammer untergebracht, an deren schmaler Seite ein einfaches Fenster war, das nach russischer Art aus lauter kleinen Quadratscheiben bestand. Nur eines dieser Quadrate ließ sich öffnen, und da es keinen Riegel hatte, strömte die eisige Winterluft herein. Dagegen wäre nichts zu sagen gewesen, wenn nur die Heizung funktioniert hätte. Der Heizkörper unternahm aber nur einmal am Tage den Versuch einer Erwärmung, und es blieb bei diesem einen lauwarmen Versuch. Draußen waren es aber bereits über 30 Grad minus. Sie mußten also schon deswegen wieder eng zusammenrücken, auch wenn mehr Platz vorhanden gewesen wäre, als dies der Fall war. Dicht neben der Tür stand die unvermeidliche Parasch mit einem schlecht schließenden Holzdeckel. Die hölzernen Schlafstellen reichten bis in ihre unmittelbare Nähe. Bedauernswert waren diejenigen, die dort zu liegen gezwungen waren. Freiwillig brachten einige der Allgemeinheit dieses Opfer. Die weißgekalkten Wände hinter den Stellagen waren über und über mit Blutspritzern bedeckt. Wanzen, stellten sie lakonisch fest. Ganze Heerzüge davon kamen in den Nächten anmarschiert und überfielen die Frauen. Wohin diese auch griffen, ob ins Gesicht, an die Arme oder die Beine, immer erfaßten sie Wanzen. Soviel sie auch töten mochten, sie wurden nie weniger.

Eine eigenartige Zeiteinteilung gab es in diesem Gefängnis. Nachts um drei Uhr wurde die Tagesration Zucker, 14 Gramm pro Kopf, verteilt, etwas später folgte das nasse Brot. Die vollkommen gehaltlose Wassersuppe wurde einmal gegen sechs Uhr am Morgen, ein andermal gegen elf Uhr am Vormittag verabreicht. Der Termin für die Hauptmahlzeit, eine Fischsuppe, wurde entsprechend verlegt. Diese Suppe war es auch, die einmal zu einer Revolte führen sollte. Die kleinen Fische wurden ungereinigt und unausgenommen einfach ins Wasser geworfen und auf diese Weise zerkocht. Besonders appetitanregend schwammen die toten Fischaugen in den Schüsseln und glotzten die darüber gebeugten Gefangenen an, ein Umstand, der die sensibleren die Schüssel beiseite schieben ließ. Die härteren Naturen aber, die sich des knurrenden Magens zuliebe überwunden hatten, spuckten bereits den ersten Bissen mit einem »Pfui Teufel!« wieder aus, und eine nach der anderen schlich zur Parascha, um dort die Schüssel zu entleeren. Einem solchen Ansturm war der größte Kübel nicht gewachsen, der nur einmal am Tag von zwei deutschen Kriegsgefangenen abgeholt wurde. Nur nach langwierigen Verhandlungen mit dem Posten wurde erreicht, daß die Kübelträger zum zweitenmal erschienen. Doch diesmal wurde der bis zum Rand gefüllte Müllkübel nicht hinausgetragen; das Verfahren wurde auf Anweisung vereinfacht, indem der Eimerinhalt im Raum selbst in einen leer mitgebrachten Mülleimer umgekippt wurde. Wie eine Schafherde flüchteten die Frauen, soweit das möglich war, und rangen um Luft. Täglich vergnügten sich die Posten an diesem kleinen Aufruhr.

Die beiden Kriegsgefangenen, die einen derartigen Dienst auch in den Männerkammern verrichten mußten, entwickelten sich bald zu Postillons d'amour, und Briefe wanderten herüber und hinüber. Doch eines Tages blieben sie aus, denn die Briefchen lagen längst auf dem Schreibtisch des Gefängniskommandanten. Merkwürdigerweise aber geschah nichts, und die Briefe wanderten erneut hin und her. Sei es, daß einer der Briefträger wirklich gefaßt worden war, wie er versicherte, sei es, daß er im Einverständnis mit der Gefängnisleitung handelte – kurz, immer wieder fehlten Briefchen und landeten in den falschen Händen. Diejenigen, die behaupteten, daß die Inszenierung des heimlichen Briefwechsels in den Händen des Kommandanten lag, hatten gewiß nicht unrecht. Es war auf jeden Fall der einfachste Informationsweg.

Nur in den Gefängnissen der Großstädte hatten die Gefangenen die Möglichkeit zu einer täglichen, oberflächlichen Körperwäsche. In den zahllosen anderen Anstalten war man jedoch der Auffassung, daß die alle zehn Tage fällige Banja durchaus genügte. Dieser Meinung aber waren die deutschen Sakljutschonije keineswegs. Sie lösten diese Frage, indem sie lieber auf das Trinkwasser verzichteten und es für einen notwendiger erscheinenden Zweck verwandten. Das ging nur eine kurze Zeit gut, dann reagierten die Posten mit Wasserverweigerung. Heftige Proteste führten schließlich den alten Zustand wieder ein.

Am obligaten Badetag wurden sie nachts gegen zwei Uhr geweckt. Zwar schlaftrunken, aber ohne zu murren wurde der ungewöhnliche Zeitpunkt in Anbetracht der lang ersehnten Reinigung hingenommen. Hellwach aber wurden sie, als im Entkleidungsraum Männer von ihnen die bedingungslose Abgabe sämtlicher Kleidungsstücke forderten. So groß auch der Wunsch nach warmem Wasser war, sie streikten. Nicht die wüstesten Beschimpfungen, nicht der Versuch eines gewalttätigen Vorgehens, auch nicht die Androhung schwerer Einzelhaft konnte die Frauen zu einer Änderung ihrer Haltung bewegen. Es blieb nichts anderes übrig, entweder mußte man sie in ihre Kammer zurückführen, oder man mußte sie bekleidet in das Bad lassen. Man entschloß sich zum letzteren, weil ersteres unangenehme Folgen für die Gefängnisleitung hätte haben können. Also ließ man sie endlich in das »Bad« hinein. Dort standen mit nur geringen Zwischenräumen lange, niedrige Tische, auf die kleinere Holzkübel gestülpt waren. Der Fußboden war von Abflußrinnen durchzogen. Das war die Badestube, die Banja, der Stolz des Durchschnittsrussen, der Beweis höchster Hygiene. Im besten Fall wurde hier einmal in der Woche gebadet. Man verstand das kindliche Vergnügen des einfachen Rotarmisten über das Wasser »aus der Wand«, das er in den besetzten Gebieten kennenlernte. Man ahnte aber auch, welche Folgen die Berührung mit der westlichen Zivilisation bei solcher Primitivität nach sich ziehen konnte, daher wurden die aus dem Besatzungsgebiet zurückgezogenen Truppen zur Akklimatisierung in der alten Heimat für längere Zeit in rückständige ländliche Gegenden umgesiedelt.

Längst waren die »paar Tage«, von denen man in der Männerabteilung gesprochen hatte, vorüber. Es sah nicht danach aus, als würde dieser Aufenthalt zu einem raschen Ende kommen. Die beklemmende Enge, die Kälte, der Hunger, die ununterbrochene Kette von Demütigungen und nicht zuletzt das Heimweh schufen eine gefährlich geladene Atmosphäre, die sich einmal gewaltsam entladen mußte. Der Anlaß hierzu war die übliche Fischsuppe. Sie hatten sich entschlossen, in Zukunft die Annahme zu verweigern. Instinktiv fühlten sie, daß diese Abwehrmaßnahme das einzige wirksame Mittel war, um, wenn auch keine bessere, so doch wenigstens eine genießbare Nahrung zu erreichen. Ein Erfolg war aber nur dann gesichert, wenn sie sich geschlossen ohne Ausnahme hinter die Anführerinnen dieser Aktion stellten. Repressalien gegen einzelne Personen mußten ausgeschaltet sein. Gegen diesen Beschluß erhob sich nur eine Stimme, die bezeichnenderweise von einer ehemaligen Nationalsozialistin kam.

Ein Sturm der Empörung setzte ein, höhnisches Gelächter, erregte Zwischenrufe. Die Bemerkung: »Nachtigall, ich hör dir trappsen!« mußte besonders getroffen haben, denn ihr folgte die Enthüllung:

»Jawohl! Ich habe einsehen gelernt, daß wir uns alle vergangen haben, als wir uns gegen die Besatzungsmacht stellten. Eine so große Bewegung wie der Kommunismus hat Zukunft. Wenn ich noch einmal nach Hause komme, dann weiß ich, wohin ich gehöre!«

»Sie irren, Herta, wir haben uns nicht gegen die Besatzungsmacht an sich gestellt, wir haben nur den Kampf angesagt gegen die Fortsetzung von Unmenschlichkeiten, die mit dem Jahre 1933 für uns begannen. Wenn Sie den Russen dafür dankbar sind, daß man Sie systematisch dorthin bringt, was ein schneller Genickschuß auf humanere Weise getan hätte, dann ist das Ihre persönliche Angelegenheit. Sie irren sich aber auch darin, wenn Sie glauben sollten, daß Sie durch eine Form der Prostitution einen Vorteil gewinnen könnten«, meldete sich Irmgard zu Wort.

»Och, ob Nazi oder Kommunist, das ist doch Wurscht, die gleichen sich doch ohnehin wie ein Ei dem anderen«, rundete eine andere das Gespräch ab. »Also wir sind uns einig, die Fischsuppe wird nicht abgenommen, und damit Schluß!«

Und so geschah es. Es wurde niemand herausgegriffen, und niemand kam in Einzelhaft, und sie erhielten am anderen Tag keine Fischsuppe. 72 Frauen hatten bewiesen, daß eine kompromißlose und zu allem entschlossene Haltung nicht ohne Durchschlagskraft war. Zwei Tage später war eine Kommission fällig, die, wie üblich, von einem General angeführt wurde. Die Frauen wählten eine Baltendeutsche, die perfekt Russisch sprach, zu ihrer Sprecherin. Es blieb der Kommission nichts erspart, sie mußte sich alle Beschwerden anhören, nichts wurde vergessen. Die klug vorgebrachten Argumente und nicht zuletzt die selbstbewußte und dadurch imponierende Haltung erzwang weitere Zugeständnisse. Wasser mußte unbegrenzt hereingegeben werden. Fische waren gesondert, und zwar in gereinigtem Zustand, zur Verfügung zu stellen, und den Skorbutanzeichen war mit Zwiebelzuteilung zu begegnen. Die Zugeständnisse erwiesen sich auch für die Folge nicht als leere Versprechungen. Im Weggehen spielte der General seinen letzten Trumpf aus.

»Sie alle dürfen ab sofort nach Hause schreiben. Karten oder Briefe, ganz wie Sie wollen. Briefpapier wird Ihnen morgen zugeteilt. Die Post geht durch keine Zensur, sie wird gesammelt und auf schnellstem Weg weitergeleitet.«

Verdutzt blieben die Frauen zurück. Hatte man so etwas nicht schon einmal gehört?

»Glaubt doch solchen Unsinn nicht«, riet Irmgard den Schwankenden, »Post von uns wird niemals weitergeleitet. Habt ihr die verlorenen Liebesbriefe schon vergessen? Es ist ein plumper Trick, mit dessen Hilfe man eure früheren Verbindungen und eure jetzige Meinung kontrollieren kann. Bringt niemand dadurch in Gefahr!«

Trotz dieser Mahnung unternahmen einige Unentwegte den Versuch und schrieben doch. Natürlich waren es Briefe, die niemals den Empfänger erreichten.

Auf Befehl des Generals wurden die Wände frisch getüncht und die Kammer ausgeräuchert. Die Wanzen ließen sich davon nicht beirren, und nach einer Nacht bereits zierten neue Ornamente die Wände. Immerhin, man hatte wegen dieser wenigen Deutschen alles getan, was man nur tun konnte.

Der Gesundheitszustand der Frauen sank weiterhin rapide ab. Einige von ihnen mußten wegen schwerer Magen- und Darmstörungen ins Revier überwiesen werden. Täglich erschienen in der Kammer zwei gefangene Ärzte, die keine Ärzte waren, sondern Feldschere. Sie taten, was sie konnten, aber das war zuwenig. Es fehlte an allem, vor allem an ausreichenden Medikamenten. Als Irmgard mit geschwollenen Gelenken, bei deren bloßer Berührung sie schmerzhaft aufschrie, vor ihnen stand, erklärte der eine mit betrübter Miene:

»Sie brauchen ganz andere Kost und viel Wärme. Man müßte die Gelenke in Watte packen. Ich kann aber leider nichts für Sie tun. Es bleiben nur Aspirin und Einreibung.«

Ein beginnender schwerer Fall von Gelenkrheuma konnte sich ungehindert entfalten, und es geschah nichts dagegen. Von Schmerzen gepeinigt, wanderte Irmgard in den Nächten hin und her, während am Tag die Mitgefangenen durch Wärmen ihren Zustand zu mildern versuchten. Und wieder kam Weihnachten, das erste in Rußland. Der einzige Trost bestand darin, daß sie es alle zusammen verbringen würden. Sie hatten noch nicht die Erfahrung gemacht, daß man die in aller Welt geltenden Festtage in der Sowjetunion nicht respektierte. In einer Nacht wurden die ersten vier Frauen aufgerufen. Sie hatten gerade noch Zeit, ihre Sachen zusammenzuraffen und die Nächststehenden zu umarmen, dann waren sie verschwunden. Bedrückt blieben die anderen zurück. Wohin kamen die vier, wer waren die nächsten? Würden Menschen, die sich verstanden, zusammenbleiben, oder war man in Kürze nur noch ganz allein auf sich gestellt? Die Gefangenen versuchten, den Posten zu becircen, um etwas aus ihm herauszubringen. Aber die Angst vor dem Regime machte ihn blind und taub. Vielleicht wußte er auch wirklich nichts. Schließlich verstand er sich zu der vagen Andeutung: »Dorthin, wo große weiße Bären sind.« Sibirien? Das Eismeer?

Zur gleichen Zeit am nächsten Abend wurden vier weitere Frauen aufgerufen. Von nun an warteten sie, je näher die Stunde kam, auf Aufrufe. Sie wurden nervös, fiebrig und dachten kaum mehr an Weihnachten. Bewegten Herzens hatte Irmgard bereits Gerda weggehen sehen, dann schloß sie Ingrid zum letztenmal in die Arme. Sie hörte die letzte Bitte ihrer Mutter: Paßt auf meine Ingrid auf! Wer würde sich in Zukunft dieses empfindsamen Menschen annehmen? Zum erstenmal weinte Irmgard, als sich die Tür hinter Ingrid geschlossen hatte. Immer mehr gingen ab, das Häuflein schrumpfte zusammen, dann stockte plötzlich der Aufruf. Zum Jahreswechsel war man sicher, daß auch die letzten dran waren. Mitte Januar fingen die Aufrufe erneut an. Irmgard hörte ihren eigenen Namen, sie hörte Namen von liebgewonnenen Kameradinnen, auch den von Karla. Das Schicksal war ihr noch einmal gnädig – sie blieb nicht ganz allein. Wenig später stapften sie durch das Tor, in Richtung Bahnhof. Die Wache trieb zur Eile an, und der Schnee war tief. Mit stechenden Lungen erreichten sie den Zug. Einige fielen erschöpft hin und richteten sich nur mühsam wieder auf. Nie hätte Irmgard in diesem Zug gesessen, wenn nicht Karla gewesen wäre, die aus Freundschaft ihr Handgepäck geschleppt hatte.

Nicht ein Güterzug nahm sie diesmal auf, sondern der fahrplanmäßige Zug nach Moskau, dem die berühmten Käfigwagen, die volkstümlich als »Stalinwagen« bezeichnet wurden (amtlich Stolypinskiwagen), angehängt wurden. Es waren fast 30 Frauen, die man in einen einzigen Käfig sperrte, der drei Etagen aufwies und ungefähr acht Kubikmeter Raum umfaßte. Sie stellten später fest, daß alle Käfige derart stark besetzt waren. Der Zug war überheizt, jegliche Bewegung unmöglich, dazu wurde ihnen als Nahrung Brot und gesalzene Heringe hereingereicht. Schweißtriefend und apathisch, mit hämmernden Köpfen und fast zerspringenden Herzen, fuhren sie zwei Tage lang Moskau entgegen. Gierig sogen sie auf der Verladerampe die kalte Luft ein, bevor sie der Gefangenenwagen durch ganz Moskau hindurch in das größte Gefängnis Rußlands brachte.

XXI.

Moskau – das Herz eines Riesenreiches, der Stolz eines jeden Russen! Moskau – die Stadt mit dem prunkvollen Kreml! Wie gebannt sah man auf die vielen Türmchen und Kuppeln, hinter denen sich der Terror verbarg. Moskau – die Stadt der berüchtigten Gefängnisse, in denen Hunderttausende aus aller Herren Länder verkamen. Diplomaten, Gelehrte, hohe Offiziere und brave Bürger hausten neben Dieben und Mördern und lagen mit ihnen Seite an Seite. Hier war man international, hier machte man keinen Unterschied. Hier war das Reservoir, aus dem die unzähligen Lager ständig gespeist und mit billigen Arbeitern aufgefüllt wurden. Moskau, die Stadt der Dämonen und der Verzweiflung.

Die deutschen Frauen hatten durch den kleinen Ausguck einen Blick auf den Kreml werfen können, ehe sich wieder die Gefängnistore hinter ihnen geschlossen hatten. Jeder Willkür preisgegeben, folgten sie den Befehlen, die man ihnen erteilte. Im Aufnahmeraum kamen sie zum erstenmal mit gewöhnlichen Verbrecherinnen zusammen, meist kleinen Diebinnen. Neugierig musterten sie die Fremden, die trotz des abgerissenen Zustandes die Zugehörigkeit zu einer anderen Welt nicht verbergen konnten. Bald wagten sie sich mit Fragen vor. »Njemka? Wieviel Jahre?« Dabei wies eine ältere Bäuerin mit dem Finger auf Irmgard, die mit niedergeschlagenen Augen an der Wand lehnte. Bei der wahrheitsgemäßen Antwort fuhr sie erschrocken zurück. »Soviel Jahre? Wieviel umgebracht?« Als man ihnen erklärte, daß diese deutschen Frauen nicht getötet, nicht gestohlen, überhaupt keine Verbrechen verübt hatten, verstummte für eine Weile das aufgeregte Geschnatter. Die alte Bäuerin warf dicht vor Irmgard ihr Bündel nieder, ließ sich darauf fallen und starrte sie an. Plötzlich aber schrie sie auf, dicke Tränen rollten über die zerfurchten Wangen, und kopfschüttelnd sagte sie immer wieder vor sich hin: »25 Jahre – 25 Jahre!«

»Ich 100 Rubel gestohlen – fünf Jahre Srok, nu nitschewo. Ich Pakete, Briefe, von zu Hause, in fünf Jahren alles charascho. Aber diese Njemka, so gute Frau« – und dabei strichen ihre harten Hände über Irmgards abgemagerte blasse Finger, »nichts gestohlen, nichts gemordet und 25 Jahre. Und keine Briefe, keine Pakete, nie mehr nach Hause! Oh, was für Jammer!« Und wieder weinte sie laut auf. Die anderen brannten schon längst darauf, auch ihre Vergehen zu erörtern, und unbekümmert um das Lamentieren der alten Bäuerin erzählten sie, daß die eine junge Russin, Verkäuferin in einem staatlichen Geschäft, für zwei Paar fehlende Seidenstrümpfe sechs Jahre bekommen habe. Einer anderen, Aufseherin in einer Fabrik, waren für hohen Ausschuß in ihrer Abteilung acht Jahre aufgebrummt worden. Die meisten aber hatten gestohlen, fünf bis acht Jahre lauteten die Urteile. »Nu, nitschewo!« Und sie zwinkerten dabei mit den Augen. Gut, sie hatten gestohlen, dafür kamen sie eben in ein Lager, deswegen macht man kein großes Aufhebens. Jeder stahl, wenn er konnte, war ihre Logik, und in Rußland saß man schnell. Nu, nitschewo! Und damit war der Fall abgetan.

Schmon (Leibesvisitation), Bad – die übliche Reihenfolge, bevor man die Deutschen in der Quarantänekammer unterbrachte. Nur in einem Punkte hob sich Moskau von den Landgefängnissen ab: Es hatte ein wirkliches Bad mit halboffenen und sogar gekachelten Kabinen und Brausen. »Genießt vor Sibirien zum letztenmal die Segnungen der Zivilisation«, prustete eine von ihnen unter dem triefenden Wasser hervor. Nur in puncto Wanzen änderte sich in der Quarantänekammer auch in Moskau nichts. Wanzen hatte sie auch!

Etwas Neuartiges bestand noch darin, daß hier die Gefangenen einmal zu nachtschlafender, dann wieder zur Tageszeit in den Waschraum geführt wurden, der noch einem anderen Zweck diente. Unabhängig von der Kammerbelegzahl standen jeder Kammer 20 Minuten für die Benutzung zur Verfügung. Wenn man bedenkt, daß in einer Kammer 100 Personen und mehr untergebracht waren, für die in einem schmalen Raum nur acht Toiletten bereitstanden, daß in dem gleichen Raum aber auch noch die Waschanlage untergebracht war, kann man sich leicht ein eigenes Bild von den damals herrschenden Zuständen machen.

Eine problematische und komplizierte Angelegenheit, die allein schon den Anspruchslosesten zur Raserei bringen konnte.

Der Quarantänekammer folgte der Aufenthalt in der Etappenkammer, die ein seltsames Völkergemisch barg: Russen, Ukrainer, Tataren, Rumänen, Esten, Deutsche, Litauer, Letten, Ruthenen und – Zigeuner. Politische und Kriminelle, Hochintelligente und Primitive warteten hier gemeinsam auf ihren Abtransport in ein noch unbekanntes Arbeitslager. Mit aller Deutlichkeit wurde den Deutschen in dieser Kammer das Recht des Stärkeren demonstriert. Sie mußten froh sein, sich in der überfüllten Kammer auf dem schmutzigen Boden wie ein Hund einrollen zu können, während der eiskalte Wind russischer Winternächte durch das zerschlagene Fenster unentwegt über sie hinstrich. Zu Irmgard Heintzes heftigen Gelenkschmerzen gesellten sich Fieberanfälle, die sich bis zu einer Höhe steigerten, in der sie das Bewußtsein verlor. Verbissen versuchten die alten Kameradinnen ihr zu helfen und forderten Medikamente. Ohne die Kranke selbst auch nur einmal anzusehen, gab ihr die Ärztin fiebersenkende Tabletten – mehr nicht. Das Fieber fiel und stieg, fiel und stieg. Drei Wochen waren so vergangen, als man die Hälfte der Deutschen aufrief, unter ihnen auch Irmgard, während Karla zurückblieb. Mit hochrotem Kopf und apathisch stand Irmgard unter den anderen im Abfertigungsraum, als die Ärztin noch einmal prüfend die zum Abtransport Aufgerufenen musterte.

»Was ist mit Ihnen?« fragte sie Irmgard. »Kommen Sie mit.« Nach zwei Minuten zeigte das Thermometer bereits 39,9. »Ins Krankenhaus«, ordnete die Ärztin kurz an. Wenige Minuten später schleppte sich Irmgard wieder die vielen Stufen empor, die sie kurz zuvor herabgetaumelt war. Es öffnete sich die Tür zum gleichen Raum, und wieder stand sie unter den besorgt fragenden Kameradinnen. Das Krankenhaus stand wie ein Schreckgespenst vor ihr. Allein, losgelöst von den letzten Landsleuten – nur das nicht! Noch wütete das Fieber, es hatte seinen Höhepunkt noch nicht erreicht, dann würde es wieder für ein paar Tage fallen. So war es bisher gewesen. Und wieder wurden Namen gerufen, die letzten Deutschen, nur Irmgard war diesmal nicht darunter. Verzweifelt warf sich die Zurückgelassene auf ihr Lager. Das Fieber war gefallen. Was war zu tun?

»Wie geht es Ihnen jetzt?« fragte es neben ihr. Es war Olga Alexandrowna, die sich über sie beugte, eine hochgewachsene, blonde Lehrerin aus Leningrad.

»Olga Alexandrowna, Sie müssen mir helfen! Hören Sie, ich soll ins Krankenhaus, aber ich will nicht. Ich werde einige Tage nun ohne Fieber sein. Bitte, gehen Sie mit mir zur Ärztin und sagen Sie ihr, daß es mir gutgeht und daß ich nicht ins Krankenhaus muß.«

»Aber Irmgard, wie wollen Sie einen Transport überstehen?«

»Ich muß ihn überstehen, und ich werde ihn überstehen. Bitte, bitte, sagen Sie nicht nein.«

Energisch klopfte die Russin an die Tür. Unwirsch fragte der Posten nach ihrem Begehr. »Ich verlange, sofort mit der Deutschen zur Ärztin geführt zu werden.« – »Nichts da, warten Sie, bis eine Ärztin kommt«, und der Spion ging wieder zu. Mit beiden Fäusten trommelte Olga immer wieder an die Tür, bis sie erneut aufgerissen wurde. »Was ist hier los?« herrschte die Stimme eines Offiziers Olga an.

»Vor Tagen sollte diese Frau in ein Lager kommen. Weil sie Fieber hatte, ordnete die Ärztin Krankenhaus an. Nichts ist bisher geschehen. Die Deutsche fühlt sich nun gesund und bittet um ihren Abtransport.«

»Njemka? Kak Familia?«

»Geinze, Irmgard!«

»Nu, charascho!« Damit war das Gespräch beendet.

»Was wird nun werden?« fragte Irmgard ängstlich die Russin.

»Abwarten! Er hat nach Ihrem Namen gefragt, das war schon viel.«

Der nächste Aufruf galt vier Russinnen und – Irmgard. Er kam im letzten Moment, denn bald mußte das Fieber wieder steigen. Unter den Russinnen befand sich Olga Alexandrowna. Der Reiseproviant bestand für jede aus zwei Salzheringen und trockenem Brot. Wieder ging die Fahrt im Gefangenenwaggon durch ganz Moskau und immer weiter nach Osten. Wo war Deutschland?

Nur nicht denken jetzt! Es galt, die letzten Kräfte zusammenzureißen und sich mit aller Macht gegen die immer stärker werdende Ermattung zu wehren. »Ich muß zu den Kameraden, ich muß«, hämmerte es in ihrem Kopf. Sie fuhren und fuhren. Sollte diese schreckliche Fahrt nie ein Ende nehmen? Besorgt fragte Olga: »Wie geht es?« Irmgards Gesicht verzerrte sich zu einem Lächeln: »Gut, Olga Alexandrowna, gut!« Und dabei perlte ihr der Schweiß von der Stirn, aber sie quälte sich durch. Und dann standen sie irgendwo auf einem Bahnhof, 80 bis 100 Männer und in der letzten Reihe fünf Frauen. Hoch lag der Schnee und das Thermometer zeigte 38 Grad unter Null. Es war kein Wunder, daß die Männer ein rasches Tempo vorlegten, während sie dem zwei Kilometer entfernt gelegenen Lager zu stapften. Keuchend versuchte Irmgard Schritt zu halten. Sie blieb bereits einen Schritt zurück, woraufhin der hinter ihr gehende Posten »Dawai, dawai« brüllte und drohend den Gewehrkolben schwang. Noch einmal versuchte sie sich zusammenzureißen, da ging sie mit ihrem Bündel in die Knie. Von dem Geschrei des Postens aufmerksam geworden, wandte sich der Natschalnik Konvoi um und sah die vergeblichen Anstrengungen der Njemka.

»Halt!« Ohne sich um die Konvois zu kümmern, hatte Olga Alexandrowna ihr Bündel einer ihrer Gefährtinnen gereicht und sprang zurück. Ein kurzer Befehl an einen der Gefangenen, der hinzueilte und Irmgards Bündel übernahm. Von zwei Russinnen mehr getragen als geführt, setzte sich die Deutsche mit dem Zug wieder in Bewegung. Langsam, ganz langsam wurde das Lager erreicht. Man war in der Peresilka angelangt, in der drei Wochen Quarantäne festgesetzt waren, ehe die endgültige Verteilung auf die eigentlichen Arbeitslager erfolgen sollte.

In dem kleinen Vorraum der Frauenbaracke standen die fünf Neuangekommenen. Durch die verschlossenen Türen drangen viele Frauenstimmen. Ob die alten Gefährtinnen hier waren? Ach, wenn doch nur der »Schmon« nicht so lange dauern wollte – was konnten sie schon noch verborgen bei sich führen! Dann wurden sie endlich durch eine offene Tür geschoben. Irmgard sah fremde Gesichter, doch dann ein Aufschrei: »Irmgard – Irmgard

Heintze ist da!« Und dann lagen sie sich in den Armen, die alten Gefährtinnen aus dem Moskauer Gefängnis und nicht nur sie, auch die in Weißrußland Zurückgelassenen waren inzwischen auf direktem Weg hier eingetroffen. Es fehlten nur alle die, die am Anfang in kleinen Etappen aufgerufen worden waren.

»Hier, Irmgard, komm! Hier mitten unter uns haben wir dir schon eine Lagerstelle reserviert, denn wir haben gehofft, daß du doch noch zu uns stößt.« Und sie bereiteten ihr ein Lager, so gut sie es vermochten. »Wieder unter euch, das ist gut fürs Gemüt«, sagte Irmgard leise, als sie sich ausstreckte und die Kameradinnen sie behutsam zudeckten.

»Einen Moment, Karla«, redete Olga Alexandrowna diese auf englisch an. »Ihr müßt auf Irmgard sehr aufpassen, es steht schlecht um sie.« Und sie berichtete ihr von der Fahrt, von dem Willen, der Irmgard aufrechterhalten habe und der dann doch nicht ihren Zusammenbruch auf dem Weg vermeiden konnte. Beide sahen nachdenklich auf das unendlich klein gewordene Gesicht der schlafenden Kameradin, den fest zusammengepreßten Mund mit seinen Schmerzenslinien in den Winkeln, als wolle er im Schlaf noch verhindern, daß ihm ein Klagelaut entweiche.

»Lassen Sie sie viel schlafen und ruhen, Karla, sie hat es bitter nötig.« Zart strich die Hand der Russin über die der Schlafenden. »Aber ich würde mich freuen, wenn wir drei manchmal für ein paar Minuten zusammensäßen.«

»Nur zu gern.«

XXII.

Die Peresilka, das Sammel- und Verteilungslager, in dem sie nun gelandet waren, wurde für die erschöpften Frauen beinahe eine letzte Erholungsstätte vor ihrem endgültigen Arbeitseinsatz. Zwar lagen sie nach wie vor eng nebeneinander auf harten Holzplanken und waren eingeschlossen, aber die Posten behelligten sie nicht mehr als nötig. Kein Lautsprecher dröhnte Tag und Nacht; sie wurden zweimal am Tag zu einem halbstündigen Hofspaziergang hinausgelassen. Es gab das übliche Standardessen mit Kascha zur Hauptmahlzeit, zwar quantitativ und qualitativ geringwertig, aber genießbar. Sie durften auch während des Tages liegen, und sie kamen mit Angehörigen anderer Nationalitäten in engen Kontakt. Das geschah ohne Vorurteile und voller Bereitschaft in vorsichtiger und abwägender Weise.

Zahlenmäßig am stärksten war Estland vertreten. Auch die Estinnen verhielten sich reserviert und zurückhaltend und öffneten sich nur langsam. Ihre freundliche Haltung gegenüber den deutschen Frauen zeigte sich in einer selbstverständlichen Hilfsbereitschaft. Sie sprangen als Dolmetscher ein und vertraten die Belange der Deutschen wie ihre eigenen. Gegenseitige Achtung wurde zu Sympathie, und in Einzelfällen erwuchs daraus eine festfundierte Freundschaft, die mit in das Arbeitslager hinüberwechselte, sich Jahre hindurch bewährte und für ein ganzes Leben unvergessen bleiben sollte. Sie beobachteten sich, lernten sich kennen und achten – und am Ende lieben. Das war viel, sehr viel, denn zwischen ihnen stand eine fast 1000jährige Geschichte, die mehr von den Esten als von den Deutschen überwunden werden mußte. Es war die Geschichte einer kleinen, aber tapferen und stolzen Nation, deren Land oft genug von den blutigen Auseinandersetzungen großer Nationen zerrieben wurde. Die Esten hatten noch immer nicht die fraglos oft gewaltsame Erschließung durch den Deutschritterorden, aber noch weniger den Nordischen Krieg mit seinen Verwüstungen und Verschleppungen vergessen. Wenn das auch schmerzende Wunden hinterließ, so anerkannten sie jedoch freimütig auch manches Gute aus jener längst vergangenen Zeit, und es machte sie versöhnlich. Nur in einem waren sie unversöhnlich und unbeirrbar, in ihrer Abwehr gegen Osten. Nicht nur in den Männern war dieses Wissen um die Geschichte ihre Landes lebendig und wirksam, es lebte und wirkte auch in den einfachen estnischen Frauen. Daraus erwuchs auch ihr natürliches Verständnis für die damalige Tragik einer großen Nation, für die Bedeutung der deutschen Niederlage des Jahres 1945. Dieses Verstehen war bei ihnen oft größer und tiefer als bei vielen deutschen Frauen, die sich aus den Trümmern der eigenen zusammengeborstenen Welt noch nicht herausgearbeitet hatten, um das volle Ausmaß der Tragik für einen ganzen Erdteil überblicken zu können.

Immer öfter saß Irmgard mit den Estinnen zusammen. Mit Staunen und in steigendem Maße mit Bewunderung folgte sie den sich anfangs nur zögernd, dann aber immer mehr und mehr eröffnenden Gedankengängen dieser Frauen; meist Mütter, die Seite an Seite mit ihren Männern bewußt und rastlos arbeiteten für die Zukunft ihres Landes, für die Zukunft folgender Generationen.

Sie berichteten von den mehrfachen großen Verhaftungswellen der jüngsten Vergangenheit, die kaum eine estnische Familie verschont gelassen hatten. Was sie sagten, sagten sie in schlichten Worten, die den Stempel der Wahrhaftigkeit in sich trugen und ohne zu klagen. Eindeutig und klar bekannten sie sich zum Westen, und sie glaubten – welche Erschütterung für Irmgard – an Deutschlands Auferstehung. Von dieser, so meinten sie, hinge die Auferstehung ihres eigenen Landes ab – und nicht nur die, sondern auch die Europas. Dieser Glaube an eine gemeinsame Zukunft ließ die hochgewachsenen Frauen unter der Last eines grausamen Schicksals nicht zusammenbrechen. Es ging eine wundersame Kraft von diesen schlichten Frauen aus, ein kostbares Erbe bäuerlicher Vorfahren. Aber sie waren auch kompromißlos. So sprachen sie es zwar nicht aus, aber sie mochten es nicht, wenn Olga Alexandrowna sich zu Irmgard und Karla gesellte. Schnell fanden sie einen Grund, um sich bei deren Erscheinen zurückzuziehen. Olga Alexandrowna bemerkte es: »Es ist schade, daß Ihre Freunde nicht auch die meinen sein können.«

Intelligent und sprunghaft war diese Russin, die sehr belesen und sehr kunstverständig war. Nicht nur die östliche Literatur kannte sie, sondern auch auffällig gut die westlichen Neuerscheinungen. Doch immer blieb etwas unausgesprochen. Nahm ein Gespräch gefährlichere Tiefen an, konnte sie aufspringen und sich schon im nächsten Augenblick zum Clown der ganzen Kammer machen. Sie war voll toller Einfälle, die nicht immer einen guten Geschmack verrieten. Sie kopierte, bis ins Groteske verzerrt, mit Vorliebe deutsche und amerikanische Soldaten und Offiziere, unbekümmert um die Wirkung auf andere. Olga Alexandrowna brachte es fertig, daß die ganze Kammer für Minuten die düstere Realität vergaß und die Eingeschlossenen tanzend den schmalen Gang hinauf und hinab wirbelten. Als Höhepunkt solch unnatürlicher Ausgelassenheit sprang sie jedesmal mit einem Satz auf ihre »Nare«, verschränkte die Arme unter dem Kopf und starrte gedankenverloren zur Decke, was nur wenige kritische Beobachter dieses Treibens bemerkten.

»Ein seltsamer Mensch, diese Alexandrowna, anziehend und abstoßend, Tiefen und Untiefen, alles dicht beieinander. Wer mag sie in Wirklichkeit sein?« fragte Irmgard eines Tages nachdenklich.

»Sicher ein sehr unglücklicher Mensch und – Russin zugleich«, entgegnete Karla.

Als hätte Olga die Gedanken der beiden Deutschen erraten, stand sie unvermittelt vor ihnen, ließ sich ungefragt auf deren Lager nieder und warf Irmgard ein paar Bilder zu. »Sehen Sie sich das einmal an.«

Es waren Aufnahmen, Gruppen- und Einzelbilder, gestellte und ungestellte. Da war ein typisch gutbürgerliches Heim mit dem überladenen und ein wenig lächerlich wirkenden Pomp der Jahrhundertwende. Da saßen Vater, Mutter, Tanten und sonstige Verwandte an einer Festtafel, mitten unter ihnen die wohlbehütete und vergnügte Olga. Es wirkte alles sehr seriös, sehr bürgerlich. Olga als Schulmädchen, Olga als Backfisch, Olga als junge Frau am Arm eines etwas verträumt blickenden, sympathisch wirkenden Mannes. Die Deutschen fragten nach nichts. Sie wußten, daß die Stunde gekommen war, in der sich die Russin etwas vom Herzen reden mußte, was nicht erfragt werden konnte. Die Arme auf den Knien verschränkt, das Kinn darauf gestützt, mit geschlossenen Augen, so als spräche sie nur vor sich hin, begann sie:

»So bin ich aufgewachsen. Mein Vater war Arzt, und es ging uns gut. Vor dem Ersten Weltkrieg fuhren meine Eltern alle Jahre für ein paar Wochen ins Ausland. Sie kannten Paris, Berlin, London und waren gerne dort, aber sie liebten nur Rußland. Dann kam der Krieg, vor dessen Beendigung ich geboren wurde. Von ihm und von der Revolution weiß ich nur, was man mir erzählt hat. Über vieles schwieg mein Vater. Bei uns schien sich wenig verändert zu haben, und wenn auch manches früher anders gewesen sein mochte, ich wußte es nicht. Mein Vater war Chefarzt in einem Krankenhaus. Worüber hatten wir also zu klagen? In der Schule interessierten mich besonders Sprachen, und darunter an erster Stelle Englisch. Mein Vater sah das gerne, er riet mir, mein Examen als Sprachlehrerin zu machen. Politische Themen berührte er in meiner Gegenwart nie. So war also bei uns alles in bester Ordnung. Dann kam der Zweite Weltkrieg, an dem, so hieß es bei uns, allein Deutschland die Schuld trug. Noch nie hatte ich meinen Vater so erregt und so niedergeschlagen gesehen wie in dieser Zeit. Sein Verhalten war mir einfach unverständlich. ›Rußland wird keinen Krieg führen‹, sagte ich einmal zu ihm, als euer Ribbentrop in Moskau war. ›Rußland wird in den Krieg eintreten‹, bemerkte er kurz. ›Nun, dann werden wir siegen‹, erklärte ich darauf stolz. ›Das wäre schlimm!‹ Da verstand ich ihn überhaupt nicht mehr. ›Ja, willst du denn, daß Deutschland siegt?‹ ›Nein, weder Deutschland noch Rußland.‹ Damals zweifelte ich an seinem Verstand. Siegen konnte doch nur der eine oder der andere; Deutschland sollte nicht siegen, Rußland aber sollte es auch nicht. Was er meinte, habe ich erst viel später, erst lange nach dem Krieg begriffen. Den Kriegsbeginn hat mein Vater nicht mehr erlebt, er starb an einem Herzschlag. Kurz darauf legte ich mein Staatsexamen als Sprachlehrerin ab. Dann rückten eure Truppen immer weiter vor. Leningrad wurde bombardiert, und auch unser Haus wurde dabei getroffen. Wir konnten einiges retten, der Rest verbrannte. Damals habe ich euch Deutschen alles Schlechte gewünscht. Es freute mich, als die Bomben unaufhörlich auf euch herabstürzten, und es freute mich euer Ende. Wenn ich mit meinem Mann darüber sprach – er war ebenfalls Arzt –, schüttelte er wie mein Vater den Kopf – nur daß er mir sein Verhalten auch erklärte. Jetzt erst begann ich zu begreifen, warum mein Vater weder einen Sieg Deutschlands noch einen Sieg Rußlands gewünscht hatte. Hinzu kam, daß ich inzwischen die Leitung eines anglo-amerikanischen Klubs übernommen hatte. Die Unbekümmertheit, mit der diese Menschen diskutierten und kritisierten, ihre ganze Frei- und Großzügigkeit, ihre Lebensgewohnheiten und Anschauungen, all das waren Dinge, die nicht ohne Wirkung auf mich blieben. Ich verglich und verstand, nur eines erkannte ich noch nicht ganz, nämlich die Unerbittlichkeit unseres Regimes. Ich bekam sie zu fühlen, als ich eines Abends eine englische Illustrierte mit nach Hause nahm, in der mich ein Artikel besonders erregte. Daß ich schon längst beobachtet wurde, wußte ich nicht. Es erfolgte eine Hausdurchsuchung, bei der man die Zeitschrift fand, ich wurde verhaftet und ins Leningrader Gefängnis gebracht. Es war überfüllt mit ›Politischen‹, Frauen von Ministern waren darunter, die gestern noch einen guten Namen hatten. Durch sie erfuhr ich von den verschiedensten Cliquen, von denen einmal diese, dann wieder die andere die Oberhand hatte, und wie sie sich gegenseitig einsperrten. Die Ministerfrauen hatten es freilich besser als wir anderen. Sie brachten ihre Pelze und unzählige Kleider mit. Verpflegung erhielten sie von draußen. Man konnte ja nie wissen, ob nicht ihre Clique morgen schon das Heft wieder in den Händen haben würde, und dann wehe dem Kommandanten, dem eine schlechte Behandlung nachgesagt worden wäre, es hätte seine sofortige Liquidation bedeutet. Das alles sah und hörte ich, und nichts war geeigneter als das, um auch noch den letzten Zweifel zu beseitigen.

Dann traf ich mit euch Deutschen, mit Esten, mit Finnen in Moskau zusammen. Ich beobachtete euch, eure Art, eure Kleidung, der man es ansah, daß ihr sie jahrelang auf dem Leib hattet, und die doch immer noch Güte bewies, und wieder verglich ich alles mit dem, was man uns jahrelang eingeredet hatte. Es war alles anders, ganz anders. Ich begriff aber auch, was man euch, den Ausländern, mit der Verschleppung in ein fremdes Land antat – und ich schämte mich für meine Heimat. Ich schämte mich, weil ich sie, genau wie mein Vater und mein Mann, liebe.

Irmgard, als ich dann auf dem Marsch hierher Ihr Elend sah, Ihre hilflosen Anstrengungen, um wieder auf die Füße zu kommen, hätte ich schreien können. Ich weiß nicht, was geschehen wäre, wenn der Natschalnik Konvoi nicht von selbst ein Einsehen gehabt hätte. Können Sie uns je verzeihen, was man Ihnen angetan hat? Hassen Sie Rußland – mein Rußland – sehr?«

»Rußland hassen …«, antwortete Irmgard langsam, »ich weiß nicht, ob ich es hasse. Nein, ich glaube, ich hasse es nicht, ich bedaure es nur. Aber euer System verabscheue ich, dieses System, das von Lüge, Blut, Tränen und Untergang lebt. Haß und Abscheu sind etwas sehr Verschiedenes, Olga Alexandrowna.«

Gespannt hatte die Russin zugehört, doch dann brach es erregt aus ihr hervor: »So seid ihr alle! Ihr könnt nicht mehr hassen, das aber ist eure Schwäche und am Ende euer Untergang. *Wir* können noch hassen, ihr wißt nicht, wie sehr wir hassen können. Wenn mir Deutschland angetan hätte, was euch Rußland antat, oh, wie würde ich euch alle hassen. Und die da oben hassen euch, eure Humanität, euer Wissen, eure Arbeitsamkeit, eure Freiheit, eure Kultur, alles, was sie nicht selbst haben können, das hassen sie an euch. Und dadurch sind sie die Stärkeren!«

»Still, Olga Alexandrowna, Haß macht blind, und doch wird am Ende das Unrecht nie siegen. Es predigte schon einmal einer laut den Haß, und eine Welt ging in Flammen auf. Unser Unglück heute belastet auch noch sein Konto. Dann sprach in Jalta der Haß, der wie ein Bumerang zurückfliegt und Unheil in den eigenen Reihen anrichtet. Wir werden es jedenfalls noch erleben. An seinem Haß wird auch dieses System einmal zugrunde gehen. Wer haßt, macht Fehler und gibt sich Blößen. Es muß einmal Schluß gemacht werden mit dem Haß, soll nicht die ganze Menschheit zugrunde gehen. Ich fühle mich in Ihrem Land sehr unglücklich; so unglücklich, daß ich nicht einmal darin begraben sein möchte. Ich würde freiwillig, vorausgesetzt, daß ich jemals in die Lage käme, keinen Fuß mehr auf russische Erde setzen, so groß ist mein Grauen. Aber ich verstehe, daß Sie Ihr Rußland lieben; ein Rußland, das ganz anders sein kann, als ich es erlebe. Wie könnte ich Sie, Ihr Land und Ihr Volk für eine Schuld hassen, mit der Sie so wenig zu tun haben wie wir mit den Verbrechen des nationalsozialistischen Regimes?«

»Sehen Sie, in dieser Auffassung unterscheiden wir Russen uns von euch, egal ob ihr Deutsche, Engländer oder Amerikaner seid. Wir sind anders, und weil wir das sind, haben wir noch etwas, was ihr nicht habt – die Verschlagenheit, damit täuschen wir euch, und ihr fallt immer wieder darauf herein.«

Olga Alexandrowna, die Angst um ihren Mann hatte, kannte die politischen Verhältnisse in der Sowjetunion nur zu gut und wußte, daß es außer ihnen noch mindestens 40 Millionen anderer politischer Gefangener gab.

Dieser Zahl stand Karla doch ein wenig fassungslos gegenüber; 40 Millionen, das war die Einwohnerzahl eines ganzen Landes, hinter Schloß und Riegel. Die beiden Deutschen erkannten nun langsam die wirtschaftliche Bedeutung der Gefangenen. Wahrlich ein Sklavenheer, das sich sehen lassen konnte und für das man nur das Allernotwendigste aufbringen mußte. Die billigste Ware – der Mensch!

Im letzten Jahr von Karlas Freiheit gab es sogar schon einen Gefangenengedenktag. Für zwei Minuten standen alle Räder still, und Politiker hielten Ansprachen. Damals war sie schon eine von denen, deren man gedachte.

Es gab auch einige, die dem Arbeitslager erwartungsvoll entgegensahen. Eine ehemalige Nationalsozialistin träumte davon, sofort als Molkereifachkraft eingesetzt zu werden. In Gedanken schwelgte sie schon in Milch und Butter und Käse, die es selbstverständlich in Hülle und Fülle geben sollte.

Die Jüngeren hatten auf unwahrscheinlichsten Wegen den schriftlichen Kontakt mit den Männern wiederaufgenommen. Erneut flogen Liebesbriefe hin und her, und auch den Spaziergang nutzte man zur Kontaktaufnahme.

»Irmgard, in meinem Brief steht heute etwas für Sie. Liebelt ist unter den Männern. Er bittet Sie, während seines Spaziergangs doch auch einmal ans Fenster zu gehen.«

Der Wunsch des Schicksalsgefährten war schwer abzulehnen. So ging sie ans Fenster und erkannte ihn unter den in Gruppen daherschlendernden Männern. Sein Schritt war längst nicht mehr so forsch wie einst, seine Gestalt nicht mehr so aufrecht, und der Mantel schlotterte bedenklich – ein alter Mann! Jetzt mußte auch er sie entdeckt haben. Unauffällig blieb er stehen, zog mit weit ausholender Geste seinen Hut vor der Leidensgenossin und schritt dann langsam weiter. Einen Tag später hielt Irmgard einen hastig hingeschriebenen Zettel in der Hand.

»Irmgard, ich bin dankbar dafür, daß ich Dich, große und tapfere Kameradin, noch einmal gesehen habe. Es ist ein Trost für mich, Dich in meiner Nähe zu wissen, wenngleich es ebenso bitter ist, Dir nicht helfen zu können. Ich glaube fest daran, daß Du nach Hause kommen wirst. Du mußt nach Hause kommen! Ich habe eine Bitte an Dich, die leicht die letzte sein kann. Dulde nicht, daß auf unser aller Handeln, auf unsere Namen ein Makel fällt. Wenn irgend jemand, so weißt Du, wie wir gerungen haben. Glaube mir, daß ich nichts bedaure, höchstens das eine, daß Ihr es wart, die diese Gefahr zuerst erkanntet und daß ich mich jahrzehntelang geirrt habe. Das ist bitter! Sag das meiner Frau und meinem Sohn. Ich danke Dir auch für die geistvollen Stunden, die ich mit den anderen in Deinem Haus verbringen konnte. Mögest Du alles wiederfinden, wie Du es verlassen mußtest.

In Ehrfurcht verneigt sich vor Dir und Deinem Schicksal

Dein

Kamerad Walter L.«

Die Hand, die den Zettel hielt, zitterte leicht. Vergangenes wurde mit diesem Zettel beschworen, das man zeitweilig verdrängen und doch niemals verwinden konnte. »Nein, ich werde nicht schweigen, wenn ich jemals wieder zurückkommen sollte – wenn.« Sie bemerkte nicht, daß sie diesen Schwur laut tat.

»Nicht wenn – natürlich kommst du zurück«, bekräftigte die Kameradin die letzten Worte.

Der Arzt schüttelte bedenklich den Kopf, als ihm Irmgard wieder einmal vorgeführt werden mußte. Waren das noch dystrophische Symptome, oder waren es die Anzeichen einer ausbrechenden Ruhr? »Sofortige Krankenkost«, ordnete er an und verabreichte einige Medikamente, an deren Wirkung er selbst nicht glaubte.

»In drei Tagen, Kinder, ist mit der Quarantäne Schluß, dann wird es ernst. Aber deinen Geburtstag, Irmgard, feiern wir noch zusammen hier.«

»Sprecht nicht von Geburtstagen und Feiern«, wehrte diese ab.

Und wieder einmal hatten sie die Rechnung ohne den Wirt gemacht. Während sie alle schliefen, wurden mitten in der Nacht Namen aufgerufen. Mehr als die Hälfte raffte eiligst die Sachen zusammen und war schon verschwunden, ehe einige begriffen hatten, daß ein Transport abgegangen war.

Unter dem arg zusammengeschmolzenen Häuflein befanden sich eine Anzahl Estinnen, Karla, Irmgard und auch Olga Alexandrowna. Es wurde in der folgenden Nacht noch nicht aufgerufen. Wie sie es untereinander bei solchen Gelegenheiten hielten, wurde am Geburtstagsmorgen Irmgard mit einem etwas dünnen Gesang geweckt.

»Laßt es gut sein«, winkte Irmgard ab. Noch in dieser Nacht wurden sie geholt. Die Gebietsbahn brachte sie zum Arbeitslager, das als Invalidenstation galt. »So beginnt das neue Lebensjahr!«

XXIII.

Das Frauenlager war umgeben von einem hohen, mit Stacheldraht bestückten Palisadenzaun, unterbrochen von Wachtürmen. Der Zaun gestattete keinen Blick hinüber und herüber. An ihm entlang lief innerhalb des Lagers ein breiter Streifen, der von keinem Gefangenen betreten werden durfte, da die Posten angewiesen waren, auf jeden, der dem Verbot zuwiderhandelte, sofort und ohne Anruf scharf zu schießen. Links vom Tor stand eine kleinere Baracke, die Ambulanz, der sich in kleinen Abständen andere anschlossen. Es waren die Arbeitsstätten der verschiedensten Natschalniks und des Verwaltungspersonals. Banja, Bäckerei und Stolowaja vervollständigten das offene Rechteck, vor dem sich eine kleine, noch etwas dürftige Gartenanlage ausbreitete, der vier langgestreckte Wohnbaracken gegenüberlagen. Eine davon diente zum größeren Teil noch als Krankenrevier. Die sogenannte »Arbeiterbaracke«, in der die Arbeitsbrigaden untergebracht waren, war noch ganz neu und unverputzt. Sie war von den Frauen erst im letzten Winter erbaut worden. Man baute grundsätzlich zu dieser Jahreszeit, da man die Gefangenen das restliche Jahr über für andere Arbeiten benötigte. Die Fenster waren etwas größer als in den alten Baracken, und die Raumeinteilung war vorteilhafter. Auch die Waschräume waren etwas besser. Zwar gab es auch hier nur die »Waschkrippen«, über die der hölzerne Wasserbehälter lief mit seinen winzigen Öffnungen zur Wasserentsorgung am Boden, aber man konnte sich in dieser Hygiene doch wenigstens bewegen und, wenn man Glück hatte, sogar waschen. Nur durfte die Dujewalna nicht merken, daß der Reinlichkeitsfanatiker mehr als einen Becher voll Wasser entnahm, denn sie mußte das Wasser aus dem Brunnen hertragen. Es war darum kein Wunder, daß sie mit Argusaugen darüber wachte, daß sie keinen zusätzlichen Eimer heranschleppen mußte. Mit ihren unbehauenen Holzstämmen machte die Arbeiterbaracke beinahe den Eindruck einer langgestreckten Blockhütte. Ihre Insassen waren trotz der unbestrittenen Vorteile nicht zu beneiden, denn das Holz war noch naß, und durch die oft fingerbreiten Ritzen zog es empfindlich. Wärmer waren die drei anderen Baracken, deren Dächer sich bedenklich zur Erde neigten und in denen die Invaliden und Kränkelnden untergebracht waren. Die Fenster wurden während der kalten Jahreszeit selten geöffnet, und die Ausdünstung von 280 Menschen nahm beängstigende Formen an. Nicht jede dieser Baracken verfügte über einen Waschraum. Wer sich durchaus waschen wollte, mußte sich dann eben ins Freie begeben – selbst bei 30 oder 40 Grad minus –, wovon allerdings nur die Ausländer Gebrauch machten. Dann gab es noch eine winzige Baracke, die fast in der Erde versteckt war. Sie beherbergte die Monaschki, eine Art weltliche Nonnen, die an kein Gelübde gebunden waren, und außerdem noch die Zelle für die Einzelhaft.

Es war ein verhältnismäßig kleines Lager, das kleinste des ganzen Gebietes, in dem weit über 30 lagen. Nur etwa 800 Frauen waren hier untergebracht. Der weitaus größere Teil von ihnen bewegte sich in der Altersgruppe von 50 bis 80 Jahren. Unter den Jüngeren sah man erschreckend viele, die sich nur mühsam mit Hilfe von Krücken fortbewegen konnten. Obwohl dieses Lager als eine Art Erholungslager angesehen wurde, wirkte es doch auf die Neuangekommenen infolge seiner Zusammensetzung außerordentlich deprimierend. Diese humpelnden, alten oder halbgelähmten Menschen als Staatsfeinde und politische Verbrecher glaubhaft zu machen, war ein unmögliches Unterfangen. Die meisten von ihnen gehörten in ein Siechen- oder Krankenhaus, nicht aber in ein Strafgefangenenlager. Erst am Abend, wenn die Arbeitsbrigaden ins Lager strömten, lockerte sich das Bild etwas auf, denn dann wurde das Lager von ihnen beherrscht. Auch das Invalidenlager brauchte eine Anzahl kräftiger und arbeitsfähiger Gestalten, die sämtliche schweren Arbeiten verrichten mußten. Sie gruben Wurzeln aus, stachen den durch frischen Holzschlag gewonnenen Boden erstmalig um, und sie mußten alle landwirtschaftlichen Arbeiten verrichten. Sie taten das ohne jegliche Hilfsmittel, nur mit Hilfe ihrer ganzen Körperkraft; denn die Spaten waren schlecht und die Äxte und Sägen nicht scharf genug.

Diese Frauen waren Arbeits-, Last- und Zugtiere in einem. Aber im Gegensatz zum reinen Arbeitslager gingen sie erst um sieben Uhr in der Früh hinaus und kamen um 18 Uhr wieder zurück. Man mußte schon von der robusten Konstitution der jungen Ukrainerinnen sein, um dann noch lachen und singen zu können.

Das Mittagessen empfingen die Arbeitsbrigaden draußen auf dem Arbeitsplatz. Gesetzlich stand ihnen mittags eine Pause von einer Stunde zu. Ob und wie lange sie aber eingehalten wurde, hing von der Laune des Konvois ab. Natürlich gab es ein Beschwerderecht – auch für den Sakljutschonije –, nur wäre es nicht ratsam gewesen, davon Gebrauch zu machen. Nichts, aber auch gar nichts würde sich für die Brigaden ändern, nur, daß die beschwerdeführende Brigade in noch stärkerem Maße den Schikanen der Konvois ausgesetzt gewesen wäre. Die Brigadierinnen aber, die nur antreiben und nicht selbst mitarbeiten mußten, setzten die Vorteile ihrer Stellung nicht für andere aufs Spiel. Zudem war es ein offenes Geheimnis, daß die meisten Brigadierinnen willige Werkzeuge der Natschalniks waren. Wer keine Berichte liefern konnte und wollte, hatte auch keine Aussicht, lange in dieser bevorzugten Position zu bleiben. Und die Natschalsta war gut unterrichtet.

Auch die Invaliden waren noch zu einer Arbeitsleistung verpflichtet, doch gab es in dem kleinen Lager zu viele, um sie täglich vier Stunden mit der Blumenpflege oder den Geländearbeiten beschäftigen zu können. Die Halbinvaliden mußten Wasser in die Bäckerei, die Stolowaja und die Teeküche tragen, die Banja an den Badetagen bedienen und als Tages- oder Nachtniwalni einspringen.

Den ersten Tag verbrachten die Angekommenen wartend in der Banja. Man mußte für sie erst Platz schaffen und neue Naren aufschlagen. Die Peresilka war nur 30 Kilometer entfernt, von ihr bis zur Kommandantur des Lagers gab es eine Telefonleitung, aber es war nichts vorbereitet, und nichts klappte. Erst tief in der Nacht durfte das Häuflein in eine der alten, hinfälligen Baracken, wo man es geschlossen in einem viel zu kleinen Nebenraum unterbrachte. Aber die Frauen waren zufrieden, da eine jede ein Plätzchen fand, wo sie sich endlich ausstrecken konnte. An der Wandseite dieser Kammer baumelte eine alte Stallaterne. Ihr trübe flackerndes Licht ließ die Gesichter der Schlafenden merkwürdig verzerrt erscheinen. Die Gefangenen kannten keine Nächte mehr, in denen Gedanken geboren werden, sondern nur noch einen unfruchtbaren Schlaf, in dem sie gehetzt, verfolgt, mißbraucht und gefoltert wurden.

Es sollte Tage dauern, bis sie eine Decke, eine Matratze und einen Kopfkissenbezug bekamen. Letzterer war mit groben Holzspänen gefüllt, die gefroren waren und erst nach und nach durch die Körperwärme auftauten. Ein Bettlaken gab es nicht. So lagen sie auf der dunklen und noch feuchten Matratze und ließen sie am Tag an der Luft trocknen. Sie wählten eine Starosta, und als Brigadierin wurde Olga Alexandrowna bestimmt. Die eine mußte für Ruhe und Ordnung sorgen, die andere für die korrekte Verteilung der Lebensmittelrationen. Aufgrund der Jahreszeit hatten die Neulinge genug Zeit, um sich erst einmal im Lager umzusehen – nur, es gab nicht viel zu sehen. Zum Essen wurde in die Kantine gerufen. Sie gingen geschlossen hin und mußten den unfreundlichen Eßraum nach Einnahme der Mahlzeit so rasch wie möglich verlassen, um den nächsten Brigaden Platz zu machen. Als Aufenthaltsraum gab es einen »Klub«, in dem allerdings nur maximal 15 Personen Platz fanden. Aber dieser kahle Raum verlockte zu keinem längeren Verweilen: ein paar Tische mit Bänken, in der Ecke als Kostbarkeit ein verstimmtes Klavier, dazu noch ein paar Brettspiele.

Zweimal im Jahr, zum 1. Mai und zur Feier der Oktoberrevolution, fanden Konzerte statt. Es war unglaublich, was echte Künstlerhände aus dem alten Klavier noch herauszuholen vermochten. Dann saß vor ihm die zerbrechliche Gestalt einer einstmals in Deutschland sehr bekannten Pianistin, und es erklangen Mozart und Beethoven in einer Vollendung, die die Baracke in einen Konzertsaal verwandelte. Nirgendwo aber konnte die Aufnahmebereitschaft der Zuhörer größer und das Erlebnis erschütternder sein als hier, nirgendwo beglückender für den Künstler. Kein rauschender Beifall dankte ihm, sondern eine ergreifende Stille und Tränen in den Augen Vereinzelter.

Der zweite Teil des Konzerts war ein derbes Possenspiel für diejenigen, die die Sprache solcher Musik nicht verstanden. In Verkleidungen, in wilden Tänzen, in Pantomime und Schwank tobten sich die urwüchsigen Ukrainerinnen aus. Währenddessen saß die Künstlerin bereits wieder über ihren Noten, und die in ihrem Spiel sich wiedergefunden hatten, lagen stumm auf ihren Naren. In diesem Lager erlebte Irmgard Heintze nur einmal diese Künstlerin, aber von Mensch zu Mensch spannen sich zarte Fäden; Fäden des Verstehens und des Erkennens, der Güte und der Menschlichkeit in einer unmenschlichen Umwelt.

Jedes Lager, so auch dieses, hatte eine offene Küche. Das war nicht mehr als ein im Freien aufgebauter Herd mit einem windschiefen Dach darüber, das nur gegen den gröbsten Regen half. Der Herd wurde zu bestimmten Stunden des Tages von den Begünstigten des Lagers umdrängt, die sich dort ihr eigene Kascha mit Speck und Fett zusammenbrauten. Sie taten das mit viel Gezänk und Geschrei, denn nie reichte der Platz aus. Nur die Ausländer waren nie darunter, da es für sie nichts zu braten gab. Wagten sie sich trotzdem einmal hin, um auf der heißen Platte eine Scheibe trockenen Brotes zu rösten, ging es nicht ohne Kampf ab. Verächtlich schoben die alten Lagerinsassinnen das Brot weg. Diese einfachen Frauen, die sich gedankenlos mit den Fingern die Nase schneuzten und dann ins Essen langten, machten sich keine Gedanken darüber, wer die Deutschen zu diesen besitz- und rechtlosen »Hungerleidern« gemacht hatte, die nicht einmal wußten, wie man einen solchen Herd bediente. Es war also schon richtig, daß Deutschland ein armseliges, elendes Land war. Man mußte sich nur einmal diese Njemki näher ansehen. Durch die Wangen blies ihnen der Wind, und sie waren furchterregend dürr. Dazu hatten sie merkwürdige Angewohnheiten. Selbst bei größter Kälte standen sie mit nacktem Oberkörper da und wuschen sich, statt es vernünftigerweise so zu machen, wie man es selber tat. Ein Schluck Wasser aus der Kruschka, den auf die Hände gesprudelt – wie schön konnte man sich damit das ganze Gesicht waschen. Die Deutschen, nichts haben und auch noch Ansprüche stellen! Und was sie sich noch alles wuschen. Wahrscheinlich waren sie alle krank, denn nur wer krank ist, muß sich so waschen. Wo wir doch alle zehn Tage in die Banja gehen. Nein, man konnte vor diesen Hungerleidern keinen Respekt haben. Väterchen Stalin hatte schon recht. Man mußte den Njemki erst Kultura beibringen. Zwar war es damit bei den Esten und Letten auch nicht besser, aber zu essen hatten sie wenigstens. Man mußte auch aufpassen, daß die Njemki nicht stahlen. Sie hatten schon im Krieg alles zusammengestohlen, so stand es in unseren Zeitungen zu lesen.

So standen und sprachen sie, und manch scheeler Blick flog dabei zu den Deutschen hin, die meist so taten, als verstünden sie es nicht. Es war die einzige und beste Abwehr.

Natürlich waren nicht alle so. Da gab es auch die eine oder andere, zumeist Jüngere, die in einem Lager saßen, weil die deutsche Zivilverwaltung sie während des Krieges zur Arbeit nach Deutschland verpflichtet hatte. Sie hätten eigentlich Grund zum Haß gehabt, aber seltsamerweise war er bei ihnen viel seltener. Da war zum Beispiel Katja, die Ukrainerin, lustig, derb und gesund, mit einer physischen Kraft, die jedem Mann Ehre gemacht hätte. Mit ihr sprach Irmgard einmal über die Einstellung der Mehrzahl von ihren alten Landsleuten. Katja machte nur eine geringschätzige Handbewegung:

»Ach, die! Die sind ja so dumm! Nun ja, ich bin damals nicht gerne und auch nicht freiwillig nach Deutschland gegangen. Am Anfang habe ich sogar sehr geweint. Aus einem Lager kam ich dann nach Schlesien zu einem Bauern. Ich hatte es dort sehr gut, hatte eine eigene Kammer mit einem ordentlichen Bett, konnte ins Kino gehen und mir viele neue Sachen anschaffen. Eine Freundin hatte ich auch, von zu Hause bekam ich Post, und dann hatte ich mich so eingelebt, daß ich gar nicht mehr zurückwollte, selbst wenn ich gedurft hätte. Als der Krieg zu Ende ging, bin ich mit der Bauernfamilie bis nach Bayern getreckt. Sie hielten mich wie ihr eigenes Kind. Sie wußten ja, daß uns die Russen zur Heimkehr aufforderten und daß sie versprachen, daß keinem etwas geschehen werde. Ich fiel darauf rein und meldete mich, obwohl mich mein Bauer gewarnt hatte. Aber es ging ihnen selber nicht gut, und ich hatte wohl auch Sehnsucht nach meiner Mutter. Während des Transports war alles noch wunderschön, wir sangen und lachten und freuten uns auf zu Hause. Ich war noch gar nicht lange daheim, da wurde ich zum NKWD vorgeladen – wegen Landesverrats erhielt ich 25 Jahre!«

»Und Ihre Eltern, Katja, was ist mit ihnen?«

Über das lustige Gesicht der Ukrainerin flog ein Schatten. »Die arbeiten jetzt auf einer Kolchose. Der schöne Hof wurde ihnen wie allen anderen im Dorf weggenommen, und dabei hatten sie noch Glück, denn sie durften wenigstens dort bleiben, während die meisten aus dem Dorf nach Sibirien verschleppt wurden. Die Ukraine ist schön und war einmal sehr reich, aber jetzt herrschen dort Not und Elend, und daran ist Stalin schuld!«

»Sie mögen Stalin nicht?«

Die Ukrainerin beugte sich ganz nahe zu Irmgard. Leise flüsterte sie: »Wir mögen ihn alle nicht. Daß Stalin unseren General Wlassow öffentlich aufhängen ließ, wird ihm kein richtiger Ukrainer vergeben. Aber sprechen Sie nicht mit anderen darüber, und seien Sie sehr vorsichtig. Trauen Sie im Lager keinem, nicht einmal mir!« Und weg war sie.

Ja, es ging den Deutschen wirklich schlecht. Keiner wurde satt, und der Hunger rumorte in ihren Mägen. Es gab bereits einige, die jeglichen Stolz verloren hatten und sich noch einmal in die Stolowaja schlichen, um den Rest aus einer stehengebliebenen Schüssel herunterzuschlingen. Es hatten ja nicht alle nötig, die Lagerrationen auszulöffeln. Auch Irmgard ging es schlecht. Sie konnte sich in diesem Erholungslager absolut nicht erholen und verfiel immer mehr. Der kurze Weg in die Stolowaja fiel ihr bereits sehr schwer, und im Grunde war er auch überflüssig, denn der Magen behielt das Essen eh nicht mehr. »Dystrophie«, sagte die Lagerärztin und verordnete – Medikamente!

»Komm wenigstens noch etwas an die Luft«, nahm Karla sie eines Abends unter den Arm. »Olga hat uns etwas zu sagen.«

Olga war sichtlich erregt, als sie etwas später im Dunklen zu den beiden Deutschen stieß.

»Ich war heute beim Natschalnik, der mich rufen ließ. Er fragte mich, ob ich mit den Deutschen sympathisiere, und bemerkte, daß es für mich durchaus nicht gut sei. Er stellte auch sehr private Fragen nach meinen Angehörigen, die mich beunruhigen. Dabei verriet er eine genaue Kenntnis von Dingen, die ich Sonja, einer Leningraderin, anvertraut hatte. Der Kernpunkt der Unterhaltung war jedoch der, daß er in meinem eigenen Interesse von mir Berichte über die Deutschen erwarte. Diese Zumutung habe ich strikt abgelehnt, und die Folge wird sein, daß ich nicht mehr lange eure Brigadierin bin. Für mein störrisches Verhalten wird er mich nun wohl in eine schwere Brigade stecken. Wenn wir uns also in Zukunft sprechen wollen, müssen wir noch vorsichtiger sein als bisher. Wir können dies nur im Dunkeln so wie heute tun. Glaubt mir, sie wissen jede Kleinigkeit, jede Belanglosigkeit, die im Lager geschieht. Alles wird berichtet, und alles wird registriert. Im übrigen habe ich heute im Radio gehört, daß die Todesstrafe wieder eingeführt worden ist und in einigen Spionagefällen bereits vollstreckt wurde. Seid in einem Lager niemals unvorsichtig, bedenkt jedes Wort und jede Geste, und vergeßt zu keiner Zeit, daß die Wände Ohren haben.«

Nach dieser eindringlichen Warnung drückte sie den beiden die Hand und verschwand in der Dunkelheit.

»Das war also die zweite Warnung, die wir nun bekommen haben, Karla. Ein scheußliches Gefühl, in jedem Mitgefangenen einen Spitzel sehen zu müssen.«

Am nächsten Morgen hatte Karla hohes Fieber. Sie hielt es für eine Erkältung, aber es war Malaria. Fieber, sofern es entsprechend hoch war, war der Weg, der ins Krankenrevier führte. So wurde auch Karla sofort eingewiesen, wobei sie sich weniger um sich selbst als um ihre Leidensgenossin Sorgen machte.

Aber es wurde nicht besser. Irmgard ging, wie schon so oft, ins Prijom. Die Ärztin, Ende 20, war zwar freundlich, aber sie hatte weder ausreichende Kenntnisse noch irgendwelche praktischen Erfahrungen. »Pfannkuchen mit Beinen«, so wurde die kleine, mollige Russin despektierlich bezeichnet. Als Apothekerin war ihr eine ältere Lettin mit einem streng geschnittenen Gesicht beigegeben. Daß diese Lettin eine sehr tüchtige Ärztin mit jahrzehntelanger Praxis war, die sowohl die russische als auch die deutsche Sprache perfekt beherrschte, machte sie noch nicht zur Lagerärztin. Der Lagerleitung war auf jeden Fall die junge unerfahrene Person mit einer kurzen Institutsausbildung lieber als eine approbierte lettische Ärztin, die zudem über ein ärztliches Gewissen verfügte und danach unbeirrt handelte. Die meisten Lagerinsassen, so auch Irmgard, wußten aber nicht, daß im Grunde die Lettin, die jeder Untersuchung beiwohnte, die Diagnose stellte. Ihr war es zu danken, daß manches Unheil abgewendet werden konnte.

Die russische Ärztin untersuchte Irmgard. »Sie gehen sofort ins Revier und melden sich dort.«

Irmgard sah die Ärztin verblüfft an. »Frau Heintze, haben Sie verstanden? Sie sollen ins Krankenrevier eingewiesen werden. Holen Sie aus der Baracke Handtuch, Kopfkissen und Gruschka, und melden Sie sich sofort bei der Schwester, die schon Bescheid weiß.«

Irmgard tat, wie ihr geheißen wurde. Ohne Fieber ins Revier, es geschahen doch noch Zeichen und Wunder!

Das Krankenrevier bestand im Grunde nur aus einem einzigen Raum, in dem über 20 Frauen untergebracht waren. Ein kleiner Nebenraum konnte außerdem noch im Notfall zwei weitere Patienten aufnehmen. Sechs richtige Stahlbettstellen waren vorhanden, die übrigen Kranken lagen zum Teil auf Holzbetten oder primitiven Gestellen. Offensichtlich war ein solches Notbett für Irmgard Heintze freigemacht worden. Vor Betreten des Krankenraumes mußten die Patienten im Vorraum ihre Sachen ablegen. In ihrer kurzen Maika, auf bloßen Füßen, ein frisches Bettlaken in der Hand, bezog Irmgard ihre neue Bleibe, die sie für einige Wochen nun aufnahm. Revier, das bedeutete Stille und Ruhe, bedeutete Schlafen dürfen und auch besseres Essen. Mehr war nicht zu erwarten, aber es war auch das, was am notwendigsten benötigt wurde.

XXIV.

Auf der Krankenstation waren so ziemlich alle Nationalitäten vertreten. Auf die Art der Erkrankung wurde keine Rücksicht genommen. Infektiös Erkrankte mischten sich wahllos unter die anderen. Die Lagerstätten wurden sofort wieder belegt, wenn sie frei wurden. Auf die noch körperwarme Matratze der soeben entlassenen Tbc-Kranken streckte sich im nächsten Moment die Dystrophikerin mit ihren offenen Wunden und umhüllte sich mit der keineswegs desinfizierten Decke ihrer Vorgängerin. Die Ansteckungsgefahr war ungeheuer groß, doch kein Mensch nahm Anstoß daran. Die von Zeit zu Zeit kontrollierende »Natschalniza Santschastj« hatte nur das eine Interesse, den Prozentsatz der Erkrankten möglichst niedrig zu halten, denn nach ihm wurde der Gesamtzustand der Inhaftierten beurteilt. Je niedriger die Zahl gehalten werden konnte, desto sicherer erhöhte sich die Aussicht auf eine Prämienleistung. Diesem System erlag jedes ärztliche Gewissen.

Die Gefangenen machten selbst ihre Betten, wuschen sich auf dem zugigen Gang mit einer Kruschka voll Wasser und mußten zur Verrichtung ihrer Notdurft den Abort aufsuchen, der 60 Meter entfernt im Freien aufgestellt war. Hierin trat zu keiner Jahreszeit irgendeine Änderung ein. Die Fieberthermometer wanderten am Morgen und am Abend unsterilisiert von einer Achselhöhle zur anderen. Die Behandlung bestand in der Verabreichung gleicher Tabletten für alle und alles. Das Hauptaugenmerk wurde ausschließlich auf die Temperatursenkung gelegt. Wer kein Fieber mehr hatte, wurde kategorisch für gesund erklärt. Erhöhte Temperatur zählte überhaupt nicht. Die kleine russische »Ärztin« machte einmal am Tag Visite. Wenn sie sich für einen Kranken zu interessieren begann, dann war das ein sicheres Zeichen für seine bevorstehende Entlassung. Man munkelte, daß sie gewissen Gefälligkeiten gegenüber nicht unempfindlich sei, ja daß die Dauer der stationären Behandlung überhaupt davon abhinge. Wer immer nur konnte, machte davon ausgiebig Gebrauch. So verwunderte sich niemand, daß einige Russinnen von Zeit zu Zeit ohne ersichtlichen Grund regelmäßig im Revier landeten. Die offenkundige Korruption war eine Selbstverständlichkeit, über die sich aufzuregen sich nicht mehr lohnte. Als Sanitäterin fungierte eine ehemalige Kirchenbettlerin, die aus alter Gewohnheit gleichsam mit ständig offener Hand ihres Amtes waltete, das im Bodenwaschen bestand. Wer die offene Hand ignorierte, dessen Tage waren von Anfang an gezählt. Er wurde bei jeder passenden und unpassenden Gelegenheit mit ihrem an übelsten Flüchen reichen Vokabular bedacht. Was aber schlimmere und nachhaltigere Wirkungen hatte, waren die geheimen Berichte, die auf diesem Weg von ihr geliefert wurden. Auf diese Weise war sie eine gewichtige Person, gegen die auch die Ärztin niemals etwas unternehmen konnte. Ihre Arbeit teilte sie sich ganz nach ihrem Belieben ein. Grundsätzlich besorgte sie das Bodenwaschen erst sehr spät und begleitete die komplizierte Arbeit mit viel Gestöhn und dem nach ihren Begriffen unvermeidlichen Lärm. Wenn sie endlich weit nach Mitternacht wieder verschwand, trat für den Rest der Nacht eine wohltuende Stille ein.

Nach Unterhaltungen verspürten die kranken Frauen kein Verlangen. Für viele von ihnen war ein Revieraufenthalt die einzige Möglichkeit, um sich auf sich selbst wieder einmal zu besinnen. Anscheinend hatten sie ein unerschöpfliches Bedürfnis nach Schlaf. Auch viele Stunden des Tages verbrachten sie schweigend mit geschlossenen Augen. Es waren Stunden, angefüllt mit einem seltsamen schmerzlichen Glück; es war die Flucht vor einer unbegreiflichen Wirklichkeit in eine Traumwelt. In diesen Augenblicken waren sie immer zu Hause. Sie gingen unsichtbar durch die vertrauten Räume, sie wußten von jedem Gegenstand, auch von dem kleinsten Ding. Sie saßen mitten unter ihren Lieben am eigenen Tisch und sprachen mit ihnen in einer Art, wie sie in Wahrheit nie gesprochen hatten und auch nie würden sprechen können. In ihrer Traumwelt sahen sie alles so, wie sie es verlassen hatten. Daß Jahre dazwischen lagen, in denen sich vieles gewandelt hatte, daran dachten sie nicht. Sie bemerkten ja nicht einmal, daß auch sie sich verändert hatten. Als man sie fortgerissen hatte,

hatte für sie das Leben aufgehört, und sie glaubten, dort einmal wieder anknüpfen zu können, wo es einst geendet hatte. In diesem Denken lag eine Tragik, von der sie noch nichts ahnten. Es war ein gefährlicher Glaube, aber auch einer, der über die Gegenwart hinweghalf. Hierin ähnelten sie sich alle, woher sie auch stammten. So träumte die lettische Gutsbesitzerin von ihrem Mann, ihrem Hof, ihren Töchtern, die estnische Generalsgattin von der Fortdauer ihres stolzen Hauses, von der selbstverständlichen Treue von Schwester und Schwager, der in der Sowjetrepublik Estland ein hoher Staatsbeamter war, die Gymnasialoberlehrerin von ihrer Klasse, in der sie wieder lehren würde, und die Ärztin von ihrer Praxis, in die sie nur wieder einzutreten bräuchte. Das alles war für sie so selbstverständlich wie für die ukrainische Bäuerin *ihr* Dorf, *ihr* Grund und Boden. Hätte die Lettin es verkraften können, daß ihr Besitz zu einer Kolchose wurde, auf der Mann und Töchter als Tagelöhner hart arbeiteten? Wie tödlich mußte es für die Estin sein, von dem Verrat ihrer nächsten Angehörigen zu vernehmen, die sie verleugneten, um sich selbst zu retten. Die Lehrerin wäre zerbrochen an der Gewißheit, nie mehr unterrichten zu dürfen, ebenso die Ärztin, deren Praxis längst von einem russischen Arzt übernommen worden war, und die Ukrainerin, die nichts von der Verbannung eines ganzen Dorfes wußte. Sie alle waren Sowjetbürger und daher rechtlos – auch wenn sie eine Strafe abgebüßt hatten. Wenn ihre Zeit gekommen war, würde man sie, die ehemaligen »Politischen«, nach Sibirien verschleppen, wo sie sich in einem begrenzten Gebiet bewegen und neu beginnen durften.

Klarer sahen die westlichen Ausländer, zumindest in Fragen ihres Hierseins. Sie wußten von vornherein, daß sie nichts anderes als Geiseln waren. Die Höhe des Strafmaßes war für sie bedeutungslos. Ihr Untergang oder ihre Freiheit waren abhängig von der großen Politik. Beides konnte am nächsten Tag oder in Jahrzehnten möglich sein. Von den Deutschen wußten viele nicht, wo sie ihre Angehörigen suchen sollten, für sie gab es den engeren Begriff »Heimat« nicht mehr. Alle Fäden, die bestanden hatten, waren seit Jahren zerrissen. Sie bezeichneten sich selbst oft mit bitterer Ironie als Abgeschriebene, als Tote, zu deren flüchtigem Gedenken man an bestimmten Tagen Bilder umkränzte. Sie wußten von den Nöten und dem harten Leben in dem Land, aus dem sie stammten und um das sie bangten. Aus dem Chaos, das über sie hereingebrochen war, erwuchs für viele dieser Frauen etwas Neues, über das sie sich früher einmal kaum Gedanken gemacht hatten. Es war Deutschland! Sie scheuten sich davor, das Wort Vaterland auszusprechen. Wenn sie von zu Hause sprachen, sagten sie Deutschland, und sie sagten es mit einer Innigkeit, die ihnen nicht bewußt war. Ob Ostpreuße, Pommer, Brandenburger, Schlesier oder Sachse, allen war dies gemeinsam. Als man ihnen die engere Heimat nahm, machte man sie zu Deutschen. Das war etwas, mit dem die Zerstörer kaum gerechnet hatten. Treue! Die Frauen erwarteten sie von den ihnen nächststehenden Menschen, aber auch von dem Land, um dessentwillen sie ja litten. Und sie litten wirklich. Man gab ihnen die schwersten Arbeiten, und wo es nur möglich war, wurden sie benachteiligt. Dazu kam, daß man sie oft provozierte. Die Augen einer chauvinistischen Polin glommen gefährlich, wenn sie eine Deutsche sah. Dann krümmten sich ihre dürren Hände zu Krallen, und der zahnlose Mund stieß Verwünschungen aus, die in der Gier mündeten, sich noch einmal im Blut der Deutschen baden zu dürfen. Der Natschalnik, der es vernahm, ging vorüber, als hätte er es nicht gehört, obwohl es so laut war, daß man es auch noch im letzten Bett vernehmen konnte. Dagegen konnte man sich nur mit einer hochmütigen Gelassenheit wehren, die keine Regung zu erkennen gab. Die Lettin in Irmgards Nebenbett beobachtete zutiefst erschrocken ihre Nachbarin und atmete auf. Doch als sie sich dann erhob und an Irmgard vorüberging, strich sie sanft über deren geballte Hand. Nur einen Moment sahen sich die beiden Frauen an, aber es war ein Zusammengehörigkeitsgefühl zu verspüren.

Im Krankenrevier des Invalidenlagers gewährte man den Patienten eine Vergünstigung, die in den übrigen Regimelagern nicht üblich war. Zwar waren auch hier Kameradinnenbesuche nicht erlaubt, aber man hatte nichts dagegen, wenn die Kranken die ersten warmen Sonnenstrahlen ausnutzten und sich ins Freie begaben. Sie kauerten dann auf dem schmalen Holzvorsprung der Baracken und warteten auf die Rückkehr der Brigaden. Karla, die schon längst aus dem Revier entlassen worden war, kam als Deutsche mit 25 Strafjahren in eine der schwersten Brigaden, die täglich am Morgen zum Roden auszog und erst gegen Abend erschöpft zurückkehrte. Nach dem Waschen und dem Essen setzte sie sich dann wohl mit einigen anderen Deutschen zu Irmgard. Sie klagte nicht, aber Irmgard sah die immer schärfer werdenden Züge der anderen, die von physischen Anforderungen redeten, denen sie nicht gewachsen war.

Doch an einem Tag war es anders. Karlas Brigade war nicht zur Arbeit ausgerückt. Sie wurde in die Ambulanz befohlen, wo eine kurze Untersuchung erfolgte. Seit einer Stunde schon saß Karla mit drei anderen Kameradinnen auf dem Barackenvorsprung und wartete auf Irmgard, die es erst durch Zufall bemerkte.

»Was ist denn heute mit euch los?« fragte Irmgard die schweigend und bedrückt wartenden Kameradinnen.

»Ach, es ist nichts Besonderes. Bitte, reg dich nicht auf. Wir waren nur zur Kommission!«

»Was für eine Kommission denn? Die offizielle Kommissionierung ist doch vorüber! Nun sagt doch endlich, was eigentlich los ist.«

»Es soll eine Etappe gehen, Irmgard. Dazu wurden nur die stärksten Brigaden untersucht, und zu Mittag waren halt wir dran.«

»Ach so! Und wer von euch ist also dabei?« fragte Irmgard leise.

»Sigrid und Karla. Weiter geht niemand von den Deutschen mit, alles andere sind überwiegend Estinnen und Ukrainerinnen. Man spricht davon, daß es sehr weit gehen soll und daß hier in unserem Lager die Etappe zusammengestellt wird. Mehr wissen wir alle nicht«, fügte Dora noch ergänzend hinzu.

Irmgard dachte an das Gefängnis zurück, an die Jahre, die sie zusammen durchgestanden und die, das wußte sie erst jetzt, doch so fest verbunden hatten.

Sigrid von der einen und Karla von der anderen Seite, so nahmen sie Irmgards Hände und schwiegen.

»Ihr beide müßt dann sehr zusammenhalten, und keine darf die andere im Stich lassen.«

Wieder lag Irmgard auf ihrem Bett. Das war es also, was sie alle erwartete. Die eine würde dorthin, die andere dahin geschickt werden. Die letzten Spuren verwischten sich. Keine würde von der anderen mehr berichten können, weil niemand mehr etwas von der anderen wußte.

Karlas Brigade ging am darauffolgenden Tag wie immer zur Arbeit. Zehn Tage lang schien es, als wäre der Plan einer Etappe aufgegeben worden, bis dann plötzlich die Arbeiterbaracke geräumt wurde, um den Ankommenden Platz zu machen. Die nächsten Tage trafen täglich bis zu 50 Frauen ein, meist jüngere und kräftige Gestalten. Sie erzählten aus ihren Lagern, und Irmgard fragte einzelne nach Deutschen aus.

»Nein, Deutsche sind nicht mitgekommen«, berichtete ihr eine. »Es waren wohl welche aufgerufen, aber als wir dann wirklich abzogen, gingen sie nicht mit.«

Eine wußte sogar zu berichten, daß Männer, die bereits vor dem Tor standen, im letzten Augenblick zurückgeholt wurden. Diese Berichte waren der Anlaß zu den verschiedensten und gewagtesten Behauptungen. Die Deutschen sollten zurückgebracht werden, sagten die einen. Die anderen meinten, die Deutschen kämen in ein gesondertes Lager. Nur die Deutschen selbst blieben skeptisch. Gespannt erwarteten sie den letzten Aufruf, der erst zwei Wochen danach erfolgte. Karlas Brigade war an diesem Tag wieder nicht zur Arbeit abgerückt. Dann war auch der Aufruf vorüber. Sigrid und Karla stürzten trotz des Verbots an das Fenster der Krankenstation. Irmgard brauchte nicht mehr zu fragen, an den frohen Gesichtern der beiden sah sie, daß sie blieben.

Am nächsten Tag zogen bereits einige hundert junger Frauen ab. Irgendwo tief in Sibirien lag das Ziel. Das größte Kontingent stellten die Estinnen.

Im Mai wurde Irmgard aus dem Revier entlassen und kurz darauf einer Halbinvalidenbrigade zugeteilt. Sie hatte die Aufgabe, das im Lager täglich angefahrene Holz zu machen. Die Brigade teilte sich in Arbeitsgruppen von fünf Personen auf. Irmgards

Gruppe bestand aus drei Estinnen, einer Lettin und ihr. Sie waren eine gute Arbeitsgemeinschaft, in der eine auf die andere achtete, damit keine Überanstrengung erfolgte. Die Arbeitszeit hing von der Menge des angefahrenen Holzes ab. So gab es Tage mit einigen Stunden Freizeit, die sie in der Sonne sitzend verbrachten. Zu Irmgard gesellte sich immer öfter die lettische Ärztin und deren Kreis, zu dem sich am Abend dann noch Karla einfand. Nie sprachen sie über das Leben im Lager, über das es nichts zu sagen gab, sondern über ihre Heimat, aus der sie stammten. Sie lernten sich verstehen und schätzen und vermißten einander, wenn sie sich einmal nicht sahen. Durch ihr Wesen und ihre Art trugen sie zu einer Verständigung bei, die an keinen Landesgrenzen haltmachte. Die Gymnasialoberlehrerin sprach es einmal aus: »Wir mußten erst in ein Lager kommen, um zu erkennen, wie wir sind – und seht, wir sind Freunde!«

XXV.

Die Holzbrigade war gerade beim Zersägen der letzten Stämme. Trotz der hochroten Köpfe arbeiteten die Frauen emsig, denn ihnen winkten ein paar Stunden der wohlverdienten Ruhe. Mit neuer Holzanfuhr war für heute nicht mehr zu rechnen, da die Gespanne für andere Arbeiten benötigt wurden. Die Sonne schien für diese Jahreszeit verhältnismäßig warm. Einige von ihnen genossen sie auf den Barackenstufen, andere wiederum dachten bereits an eine Kascha, die sie sich dann ungestört bereiten konnten. Um die Arbeiterinnen strich eine alte »Monaschka«. Die schmutzigen Röcke – Monaschki tragen davon immer einige – schlotterten um die magere Gestalt. Aus dem von unzähligen Runzeln gekerbten Gesicht blinzelten ein paar kohlschwarze Äuglein vergnügt und listig die Holzsägerinnen an. Im Mundwinkel baumelte der Stummel einer mit Zeitungspapier gedrehten Machorkazigarette. Ständig vor sich hin brummelnd, ging sie unablässig zwischen den einzelnen Arbeitsgruppen hin und her und sammelte die Abfälle ein, die aus dürren Zweigen und Spänen bestanden. Sie sollte sie zur Küche der Gefangenen bringen und trug auf diese Art ihren Teil dazu bei, daß diese in Betrieb gehalten werden konnte, denn irgendeine offizielle Holzzuteilung erfolgte hierfür nicht. Für diese Hilfeleistung fand sich immer jemand, der sie mit einem Schlag Kascha oder einer Handvoll Machorka belohnte, wobei das letztere auch das Begehrtere war. Unauffällig warfen ihr gutmütige Arbeiterinnen einige größere Holzstücke zu, die mit einer affenartigen Geschwindigkeit unter dem Kittel verborgen wurden. Dankbar grinste sie die Spenderinnen an, deren Köpfe sich aber bereits wieder über die Arbeit beugten. Alles das geschah wortlos. Man hörte nur das Geräusch der Sägen, die sich durch das Holz fraßen. Im Grunde machte sich die Alte eines doppelten Vergehens schuldig. Erstens war es streng verboten, an anderen Orten als den Wasserstellen zu rauchen, und zweitens wurde das Einsammeln von Holz einem Diebstahl gleichgesetzt. Auf beides stand natürlich Einzelhaft. Die Monaschka traute sich auch nur, weil die Brigadierin nicht in Sichtweite war, da sie ihre Arbeitsmeldung gerade im »Kontor« abgab. Im übrigen machte ihr die Einzelhaft auch längst nicht mehr viel aus. Sie war so oft dort, daß sich ihre Aufenthalte längst nicht mehr zählen ließen. Kaum daraus entlassen, hatte sie noch jedesmal unverzüglich ihr sträfliches Tun wiederaufgenommen.

Aus einer Ecke des Holzplatzes ertönte plötzlich ein halblauter Ruf: »Achtung, Wache!« Die scharfen Ohren der Alten hatten ihn sofort vernommen. Mit einer Fixigkeit, die ihr kaum jemand zugetraut hätte, bückte sie sich. Als sie wieder auftauchte, war der Zigarettenstummel verschwunden, dafür zerrte sie mit ihren Händen den letzten Stamm zu einer Gruppe. Mißtrauisch kamen die Uniformierten näher. Ihre Augen suchten den Boden nach etwas Verräterischem ab, denn sie kannten die Alte. Sosehr sie aber auch suchten, sie entdeckten nichts.

»Was hast du hier zu suchen?« herrschte sie einer an.

Belustigt grinste diese zu dem Sprecher hin: »Nu, ich rabotti!«

»Rabota«, äffte er wütend zurück. »Dawai, dawai, zur Baracke, aber schnell! Dawai, dawai!« Mit rudernden Armbewegungen scheuchte der Wächter die Alte vom Platz, die gemächlich davonzuckelte.

Die Brigade hatte die letzten Spuren ihrer Tätigkeit beseitigt, der Platz war sauber gefegt und das Holz gestapelt. Zwei der Frauen schafften die Werkzeuge in die »Instrumentarka«. Für heute war die Arbeit beendet.

Frau Ina war für alle Estinnen eine Respektsperson. »Ihre Generalin«, wie sie sagten. Diese Frau wurde von ihren Landsleuten nicht allein aufgrund ihrer früheren gesellschaftlichen Stellung respektiert, sondern man verehrte und liebte sie als Mensch, eine Verehrung, die durchaus berechtigt war. Ihr Mann, einer der wenigen Generäle des kleinen Landes, hatte in vereinbarter Waffenbrüderschaft zu den Deutschen gehalten. Das mußte nun das Paar getrennt in Rußlands Lagern büßen. Diesem Umstand, allein schon schwer genug, hatte das Schicksal noch eine besonders tragische Note verliehen. Durch zwei Stürze auf dem vereisten Gelände hatte Frau Ina eine Wirbelsäulenverletzung davongetragen, die sie lange Zeit vollkommen lähmte. Wer sie kannte, konnte ahnen, wie unerträglich dieser Frau ihre Hilflosigkeit war. Nur ihr unerhörter Wille brachte das Wunder zustande, daß sie sich mit Hilfe von Krücken wieder etwas selbständig bewegen konnte. Das stundenlange, äußerst schmerzhafte Training, das sie aus eigener Initiative um einer solchen problematischen Selbständigkeit willen auf sich nahm, hatte ihr die Bewunderung des gesamten Lagers einschließlich der Leitung verschafft. Niemals war über ihre Lippen auch nur eine Klage gekommen. Ihr scharfer Intellekt hatte weder unter der langen Krankheit noch unter der bereits mehrjährigen Inhaftierung gelitten. Ihre Beobachtungsgabe und die darauf aufgebauten Folgerungen trafen immer haargenau ins Schwarze. Nichts und niemand konnte diese Frau täuschen, deren starke Persönlichkeit nicht zu brechen war und die kein billiges Mitleid duldete.

Während ihres gemeinsamen Krankenrevieraufenthaltes war Frau Ina eines Tages zu Irmgard gehumpelt, und sie hatten dann ein langes politisches Gespräch geführt, an dessen Ende die kluge Estin prophezeite:

»Der Osten und der Westen werden es Deutschland noch lange nicht leichtmachen. Jalta war ein Gimpelfang, die Leimrute war der Haß, daran kleben sie immer noch. Viele Dummheiten sind gemacht worden, und ich fürchte, die großen Staatsmänner werden noch manche machen. Ehe sie sich besinnen, wird noch viel Porzellan zerschlagen werden. Sie haben aus den Jahren von 1918 bis 1939 nicht viel gelernt. Heute wie damals stempeln sie Deutschland zum Alleinschuldigen, dabei wissen sie ganz genau, daß Hitlers Aufkommen nur die unvermeidliche Reaktion auf ihre eigenen Fehler war. Sie kennen nur Schwarz und Weiß. Aber sie werden die Zwischentöne noch anzuwenden lernen, wenn das Wasser ihnen bis zum Hals steht. Die Zeit wird mit Sicherheit kommen, wo man von beiden Seiten wieder um Deutschland wirbt; denn Deutschland zerschlagen, heißt Europa zerschlagen.«

Die relative Stille des Lagers wurde jäh von heftig schimpfenden Männerstimmen unterbrochen. Mit Getöse sprang die Tür der kleinen Hütte auf, in der die Monaschki hausten. Anscheinend hatten sich alle Wächter dort ein Stelldichein gegeben. Der erste von ihnen zerrte eine Monaschka hinter sich her. Die anderen folgten in der gleichen Weise. Die Monaschki, die dem Befehl nicht Folge leisten wollten, hatten sich einfach auf den Boden fallen lassen. Umsonst, unter wüsten Flüchen und ständigen Fußtritten wurden die wehrlosen Opfer durch den Staub des Lagers zur Kommandantur geschleift. Hart schlugen die Frauenköpfe auf etwaige Hindernisse. Blut rann bereits über manches Gesicht. Keine von ihnen gab einen Ton von sich. Nachdem die erste Fracht zu ihrem Ziel geschleppt worden war, rannten die Wächter zu der Hütte zurück, um die nächste zu befördern. Keine der Monaschki hatte in der Zwischenzeit auch nur den geringsten Versuch zu einer Flucht unternommen. Laut betend und unentwegt Kreuze schlagend, warteten sie auf ihre Peiniger. Drei- oder viermal wiederholte sich das gräßliche Schauspiel, dann war die Hütte leer.

Mit weit aufgerissenen Augen, in denen sich eine ganze Skala von Empfindungen widerspiegelte, hatte Irmgard den ihr unverständlichen Vorgang verfolgt. Daß sie selbst wie Espenlaub zitterte, merkte sie ebensowenig wie die Tatsache, daß Frau Ina ihre Hand fest umschlossen hielt und sie beruhigend streichelte.

»Ein Glück, daß heute trockenes Wetter ist«, ließ sich die ruhige Altstimme der Estin vernehmen.

In diesem Moment verstand Irmgard nicht mehr die von ihr so verehrte Frau, die mit kühler Sachlichkeit eine derartig nüchterne Feststellung traf.

»Sie werden derartiges noch öfter erleben, und Sie müssen es viel ruhiger betrachten lernen, Irmgard. Hier hatten Sie Gelegenheit, Rußland so zu sehen, wie es ist. In keinem anderen Land können sich Uniformträger so benehmen wie jene hier. Andererseits ist auch das Verhalten der Monaschki unmöglich. Der Anlaß zu diesem Schauspiel war vermutlich sehr harmloser Natur. Ich nehme an, daß man sie zu Fingerabdrücken befohlen hat, wie man sie vor kurzem von uns allen abnahm. Keinem von uns würde es einfallen, sich einer allgemein üblichen Anordnung zu widersetzen. Ob wir es wollen oder nicht, wir sind nun einmal Gefangene. So aber denken die Monaschki nicht, die eine Art weltliche Nonnen darstellen, obwohl viele von ihnen zu Hause Mann und Kinder haben. Ihre vermeintliche Lehre verbietet es ihnen, auch nur dem geringsten Befehl zu folgen. Von ihrem Widersacher, und das ist dieses Regime, nehmen sie nicht einmal Nahrung an. Jede Arbeit wird abgelehnt, selbst jene, die im allgemeinen Lagerinteresse liegt. Sie sehen ihre Aufgabe nur im Gebet, dabei sind sie intolerant gegen alle Andersgläubigen. Ein Bad ist eine unzüchtige Handlung, auch dazu müssen sie zu ihrem eigenen und zu unser aller Heil gezwungen werden. Strafen schrecken sie keineswegs ab, vielmehr gieren sie nach ihnen in einer uns unverständlichen Wollust. Sie beten stundenlang, sowohl am Tag als auch in der Nacht, was manche von ihnen aber keinesweges am saftigen Fluchen hindert. Wenn ein Natschalnik oder ein Dejurny ihre Hütte betritt, wehren sie ihn mit Kreuzen wie den Leibhaftigen ab. Ich habe mich oft gewundert, wie man sie gewähren ließ, denn ihr Leben ist ein einziges Ärgernis, das man ja nach der christlichen Lehre nicht geben soll. In einem solchen Exzeß wie dem heutigen, der durch einen nichtigen Anlaß ausgelöst wird, offenbart sich uns die ganze Fremdheit eines Volkes, das im Grunde sehr wenig Europäisches an sich hat. Warten Sie noch einen Augenblick, dann werden Sie die Monaschki, befriedigt ob ihres heldenhaften Verhaltens, in ihre Hütte zurückkehren sehen. Die Lagerleitung wird sich für geraume Zeit nicht mehr um sie kümmern, und es wird sein, als wäre nichts geschehen. Sehen Sie, Irmgard, das ist Rußland, und sagen Sie nicht, daß es uninteressant ist. Wer es wie wir sieht, weiß, daß seine Methoden sich nicht auf andere Länder einfach übertragen lassen, weil hier Voraussetzungen existieren, die es nirgendwo sonst noch gibt. Schade nur, daß wißbegierige Reisende, wozu ich manchen Diplomaten rechne, die russische Volksseele nicht in einem Lager studieren können. Es wäre für sie und ihre Länder sehr heilsam.«

Wie die Estin gesagt hatte, so geschah es auch. Heftig gestikulierend kamen die Monaschki zurück und verschwanden in ihrem Bau. Kurz danach erscholl aus der Hütte eintöniger Kirchengesang, und befriedigt führten sie ihr Leben weiter; befriedigt darüber, daß sie dem Teufel getrotzt hatten. – Unverständliches Rußland!

XXVI.

Unberührt von allen Ereignissen in der Welt, ging im Lager alles seinen einförmigen Trott. Nach kurzer Nacht mit unruhigem Schlaf begann der neue Tag mit seiner Last. Mürrisch und in Angst vor der sie erwartenden schweren Arbeit traten die Außenbrigaden zum Rapport an. An jedem Morgen öffnete sich so das Tor für die Gefangenen, und am Abend schloß es sich wieder hinter ihnen. In der Zwischenzeit herrschte Stille im Lager. Nur die Invaliden und Alten hockten in der Sonne, viele in den abgetragenen schmutzigen Pelzen, von denen sie sich weder im Winter noch im Sommer trennen konnten. Mit verzückten Gesichtern sangen sie ihre monotonen Kirchenlieder, die von unerschöpflicher Strophenzahl waren. Stöberte sie der Wächter auf, humpelten sie davon, um sich nach seinem Verschwinden sofort wieder zusammenzufinden. Für sie bedeutete das Lager beinahe eine angenehme Altersversorgung, die ihnen in der Freiheit nicht geboten wurde. Im sozialistischsten Land der Welt waren diejenigen, die nicht mehr arbeiten konnten, nur überflüssige Esser, was man ihnen oft genug in drastischer Form zu verstehen gab. Hier aber war der Staat gezwungen, für ihren Unterhalt zu sorgen. Froh über die Entlastung, schickten die Daheimgebliebenen hier und da etwas Grütze und Fett und manchmal sogar einen Brief. Die alten, auf diese Weise ausgesteuerten Russinnen waren im Grunde mit ihrem Dasein recht zufrieden. Sie hatten ihr Essen, ihre Schlafstätte, die zudem oft genug noch besser war als ihre eigene; man erwartete von ihnen nichts, sie konnten dösen, beten und ihre Kascha kochen. Sie hatten also nach ihrer Auffassung alles, was sie brauchten. Zwischen ihnen und den anderen, den Fremden und Unruhigen, war eine tiefe Kluft, die sich nicht überbrücken ließ. Nirgendwo zeigten sich deutlicher die zwei Welten, Ost und West.

Wenn am Abend die Brigaden zurückkehrten, erfüllten sie das Lager mit ihrem Lärm. Waschen, essen, ein kurzes Zusammenfinden mit denjenigen, mit denen man sich ohne große Worte verstand. Das war die karge Kraftquelle, das einzige Ausruhen in einem Leben ohne Sicht. Leben? Nein, sie vegetierten, und es machte sie von Tag zu Tag härter, aber auch zäher. Nur das Lagerleben war noch eine Wirklichkeit, in der man sich behaupten mußte. Jeder war ganz allein auf sich angewiesen und konnte mit keinem Einsehen von seiten der Lagerleitung rechnen. Auch Karla mußte diese Erfahrung machen. Sie mußte mit einer bösen Venenentzündung zum Rapport humpeln. Die russische Ärztin hatte mit einem Nitschewo so entschieden, aber der Natschalnik Konvoi lehnte sie ab; nicht aus Menschlichkeit, sondern aus Bequemlichkeit. Er sah, mit einem solchen Bein konnte die Gefangene die kilometerlange Anmarschstrecke nicht bewältigen und noch weniger mit Beil und Spaten hantieren. Das gäbe nur Schereien, und darum verweigerte er die Mitnahme. So stand die Zurückgebliebene da und quälte sich mühsam in ihre Baracke zurück. Der Natschalnik, der sie rufen ließ, war anderer Meinung als der Natschalnik Konvoi. Für ihn stand fest, daß die Deutsche nicht arbeiten wollte. Auf Arbeitsverweigerung aber stand Einzelhaft. Erst eine schriftliche Erklärung der Brigadierin hob diese auf. Aber Strafe mußte sein. Anstelle der normalen Rationen erhielt sie für einige Tage nur 300 Gramm Brot und eine Wassersuppe. Nun wußte die Deutsche, woran sie war.

Dieses und ähnliche Ereignisse waren Lagersensationen, über die man sich stundenlang ausgiebig die Mäuler zerreißen konnte.

Hie und da waren aber auch kleine Anzeichen dafür da, daß es in der Politik großen Wellenschlag gab. Die schwerste Brigade bestand aus lauter »25jährigen«. Ihr Einsatz war bei der Kultivierung neugewonnenen Landes so lukrativ für die Lagerleitung, daß schon ernsthafte Gründe vorliegen mußten, wenn sie eines Tages zurückgehalten und nur für Arbeiten innerhalb des Lagers eingesetzt wurden. Mit einem Freudengeheul stürzten die »25jährigen« zurück, nur die »Zehnjährigen« durften hinaus, die darüber aber alles andere als erfreut waren.

»Was für eine Ungerechtigkeit!« so schimpften sie. »Die mit hohen Strafen dürfen drinnen bleiben, wir aber müssen für sie die schwere Arbeit machen.« Sie vergaßen dabei, daß nur Zufall oder

Glück sie vor der Verurteilung zu 25 Jahren bewahrt hatte. Die momentane Erleichterung erfüllte sie so mit Neid, daß sie über die weiteren Folgen des neuen Befehls kaum nachdachten. So sparten sie in diesen Tagen nicht mit bissigen Bemerkungen, die aber klugerweise überhört wurden.

Der Grund für eine solche Maßnahme mochte wohl darin liegen, daß die angespannte weltpolitische Lage mißtrauisch machte gegen die »25jährigen«. Wer zu 25 Jahren verurteilt war, setzte leichter alles auf eine Karte als derjenige, dem in absehbarer Zeit doch wieder eine Freiheit winken würde. Ein solches Risiko wollte man nicht eingehen. Jedes Lager aber war bemüht, sich soweit wie nur irgend möglich aus eigenen Mitteln zu erhalten. Dafür waren die Arbeitsbrigaden die Voraussetzung. Naturgemäß erforderte ein Invalidenlager die höchsten Zuschüsse. Brigaden, die nicht mehr lukrativ waren, wurden damit zu einer zusätzlichen Belastung, die sowohl die Lager- als auch die Gebietsleitung zu mindern versuchen würde. So konnte es kaum jemand überraschen, daß alle Gefangenen mit hohen Strafen bis zum Alter von 50 Jahren zur Ambulanz beordert wurden. Neben der russischen »Ärztin« saß eine knochige Frau mit einem Südwester auf dem Kopf, wie ihn Kinder vor Jahrzehnten einmal getragen hatten. Es war die Natschalniza einer Nähfabrik aus einem benachbarten Frauenlager, eine alte Kommunistin und »Heldin der Arbeit«. Sie musterte die Vortretenden wie ein Stabsarzt die zukünftigen Rekruten. Kurz und für die Ausgemusterten unverständlich waren die Anweisungen, die sie der kleinen »Ärztin« gab.

Den Lagerinsassen war klar, daß eine neue Etappe in Kürze das Resultat sein würde. Wer davon betroffen sein würde, ließ sich noch nicht vorausbestimmen. Die Situation sollte sich früh genug klären. Es wurden nahezu alle aufgerufen, nur einige Altersgrenzfälle blieben davon verschont. Man wußte auch schon, wohin die Etappe gehen würde. Das schwerste Regimelager sollte sie aufnehmen.

Aufgeregt, wie man sie noch nie gesehen hatte, stürzte die lettische Ärztin zu Irmgard. »Sie müssen sofort noch einmal in die Ambulanz gehen, Irmgard. Unter keinen Umständen dürfen Sie bei Ihrem Gesundheitszustand in jenes Lager mitgenommen werden. Bitte, machen Sie rasch, und kommen Sie mit mir. Noch ist die Natschalniza in der Ambulanz. Ich werde Ihre Dolmetscherin sein, und ich werde richtig und gut übersetzen. Also kommen Sie, rasch!«

Irmgard nahm die Hand der Drängenden und hielt sie fest. »Sie meinen es gut mit mir. Ich weiß das! Aber verstehen Sie mich jetzt, wenn ich sage, daß ich diesen Weg einfach nicht gehen kann!«

»Aber warum denn nicht?« Die Lettin war fassungslos. »Begreifen Sie doch, daß Sie unter gar keinen Umständen in ein solches Lager dürfen. Dort gibt es nur zwei Möglichkeiten: einen Einsatz in der Zeche oder im Moor. Die Zeche scheidet der Augen wegen aus, also bleibt nur das Torfstechen. Ja, glauben Sie denn nur eine Minute lang im Ernst, daß Sie bei solcher Arbeit durchhalten können? Schon Karla wird das mit ihren Beinen nicht können. Also keine weiteren Bedenken mehr, und kommen Sie, sonst ist es zu spät!«

»Es geht nicht, es geht wirklich nicht! Gerade Sie müssen doch verstehen, daß ich vor diesen Leuten nicht winseln kann.«

Die Lettin fiel ihr ins Wort: »Was heißt winseln? Das mute ich Ihnen nicht zu. Sie sollen nur die Wahrheit sagen, und die Wahrheit ist, daß Sie seit Tagen wieder mit Fieber herumlaufen. Ich habe doch Augen im Kopf. Die Natschalniza kann gar kein Interesse daran haben, kranke Leute mitzuschleppen. Krank sind Sie, Irmgard; ich kann Ihnen heute schon garantieren, daß Sie wie ein Taschenmesser zusammenklappen werden, wenn Sie Ihren Dickkopf nicht aufgeben. Es ist keine Zeit zu verlieren, also los!«

Die Lettin wandte den Kopf ab. Wie ein harter Schlag traf es Irmgard, als sie sah, daß diese sonst so herbe Frau weinte. »Nun ist es auch schon zu spät, sehen Sie, dort geht die Natschalniza! Aus! Wir haben Sie hier alle liebgewonnen. Sie haben uns viel Glauben wiedergegeben. Sie waren etwas, auf das man sich freute. Mit Ihnen geht ein Stück von unserem Herzen. Nun gilt es, den anderen noch beizubringen, daß es mir nicht gelang, Sie rechtzeitig zur Vernunft zu bringen.«

Die anderen, das war Maria, die Oberlehrerin, das war die mütterliche Anna, das waren die Generalin und die alte Künstlerin. Es schmerzte, wenn man an sie alle dachte, wenn man Menschen, die man, kaum gewonnen, wieder hergeben mußte. – Gefangenenschicksal!

Irmgard nahm den Kopf der grauhaarigen Ärztin in ihre beiden Hände und küßte sie sanft auf den Mund. »Sie haben gesagt, daß mit mir ein Stück Ihres Herzens gehe. Bei euch bleibt auch ein Stück meines Herzens. Man kann uns auseinanderreißen, aber kaum noch trennen. Wo immer wir sein mögen, wir können uns ja gar nicht mehr vergessen, weil wir diese Zeit nie vergessen können. Irgendwann reißt man uns ja doch auseinander. Denken Sie auch immer an unser gegenseitiges Versprechen, daß wir uns besuchen werden, falls wir je wieder freikommen sollten! Daran halten wir doch fest, nicht wahr?«

Schon zwei Tage später stand die Etappe vor dem Tor. Draußen stand ein Lastwagen. Die Gefangenen warfen ihr Handgepäck darauf, denn sie sollten die sieben Kilometer bis zum neuen Lager zu Fuß zurücklegen. Von einer kleinen Erhöhung aus blickte Irmgard noch einmal zum Lager zurück. Noch immer, wie eine Statue, stand dort die Ärztin. Da schrie Irmgard auf: »Frau Doktor!« Jene hatte den Ruf vernommen. Langsam hob sie ihre Hand, führte sie an den Mund und warf der Rufenden so einen letzten Abschiedsgruß zu. Stumm formierte sich die Gruppe, dann zog sie schleppenden Fußes davon.

Eng nebeneinander, so wie man es befohlen hatte, zogen sie auf Rußlands Straßen; zu sprechen war ihnen verboten. Scharfe Wolfshunde gingen knurrend neben den zahlreichen Posten, die ihre Maschinenpistolen auf die Frauen gerichtet hielten. Ein Wald nahm den kleinen Trupp auf. Zum erstenmal hörten sie wieder singende Vögel. Unwillkürlich hoben sich die gesenkten Köpfe. Für einen Augenblick vergaßen sie, wo und in welcher Begleitung sie sich befanden. Ein barsches »Dawai« erinnerte sie daran, und die Köpfe senkten sich wieder. Der Wald lichtete sich, und vor ihnen lag eine dorfähnliche Siedlung. Armselige Hütten, die keiner menschlichen Behausung ähnelten. Nur die glotzenden, barfüßigen Kinder, die bei Annäherung des Zuges ängstlich in das Innere der Hütten verschwanden, und die durch eine kleine Fensterluke gaffenden Frauen verrieten, daß hier Menschen wohnten und lebten. Die Gefangenen stießen sich heimlich an und machten sich auf dieses oder jenes aufmerksam. Nur die mutigsten wagten ein leise geflüstertes Wort, das rasch wieder erstarb. Mit Staunen sahen die deutschen Frauen eine elende Dürftigkeit, von der sie sich trotz aller früheren Erzählungen doch keine rechte Vorstellung gemacht hatten. Hier gab es keine Potemkinschen Dörfer, hier sahen sie Rußland, wie es wirklich war. Sie dachten an die Dörfer ihrer Heimat, an fast vergessene Dinge, Blumen im Fenster und Obst im Spalier – gab es das noch?

XXVII.

Die Frauen standen in der Banja des neuen Lagers. Die ersten von ihnen hatten bereits die verhaßte Filzung hinter sich und sammelten mit verbissenen Gesichtern die verstreuten Habseligkeiten zusammen, ohne sich von dem herrischen »Dawai, dawai« auch nur im geringsten beeindrucken zu lassen. Die Wächter besorgten ihr Geschäft gründlich. So gingen die, die die beschämende Prozedur hinter sich hatten, lieber auf den kleinen Vorbau, um sich das Lager etwas näher anzusehen. Es machte auf den ersten Blick einen freundlicheren Eindruck als das Invalidenlager, denn es war wesentlich größer und wurde in seiner Länge von einer bunten Blumenanlage durchzogen, die von großblütigem, leuchtendem Mohn und den zarteren Portulaken beherrscht wurde. Vier hölzerne Rondelle mit Sitzecken, an denen sich Kresse emporrankte, unterbrachen die Anlage. Rechts und links durchlief parallel ein breiterer, ungepflasterter Fahrweg das Lager, und dahinter lagen die Baracken. Die unvermeidliche verbotene Zone, die sogenannte Sapretka, und der hohe, mit Stacheldraht reichlich versehene Bretterzaun schlossen das Ganze ab. Wie ausgestorben lag das Lager in der grellen Sonne. Nur hie und da tauchten männliche und weibliche Uniformen auf und verschwanden wieder in einer der Baracken. Zwischen den Blumen arbeiteten gebückt zwei Gefangene, die einzigen, die zu entdecken waren. Den Fahrweg quälten sich ein paar hochbeladene Pferdefuhrwerke hinauf, bevor sie eine Zeitlang wartend vor dem hinteren großen Tor standen, ehe sie verschwanden. Das alles wirkte beinahe friedlich, aber es war ein beängstigender Friede, hinter dem irgend etwas Undefinierbares lauerte. Es war ein Friede, vor dem selbst die Vögel flüchteten. Nur magere Katzen schlichen lautlos dahin und suchten ihre Beute unter den zahllosen Ratten. Nebeneinander an die Balustrade gelehnt, beobachteten Irmgard und Karla den kurzen Kampf, der sich unmittelbar vor ihren Augen abspielte. Es erschien ihnen wie die Wiederholung von selbsterlebten Stunden. Zu reden war nicht notwendig, jeder wußte von

den Gedanken der anderen, von der Angst, die in ihr hochkroch. Nur einmal entkam Irmgards Lippen ein unbewußter Seufzer. Als Antwort legte sich die Hand der Kameradin schützend über ihre. Es war nur eine Geste, denn hier konnte niemand den anderen schützen, hier stand jeder für sich allein. Man konnte nur den Versuch des Mittragens machen, aber er bedeutet viel, wenn nicht alles. Die Sonne stand hoch, es mußte bald Mittag sein. Schon dröhnte der Gong durch die unheimliche Stille des Lagers. Die schweren Holzflügel des Tores öffneten sich, und ein langer Zug Frauen wälzte sich hindurch und kam langsam näher. Er wurde von einem unbewaffneten Posten angeführt und von einem ebensolchen am Ende beschlossen. Es waren die ersten Gruppen aus den hinter dem Wohnlager liegenden Nähfabriken, den Zechen, die in der Stolowaja eilig ihre ärmliche Hauptmahlzeit einnehmen und danach in der gleichen Anordnung an ihre Arbeitsplätze zurückkehren würden. Abgesehen von dieser Unterbrechung betrug die tägliche Arbeitszeit zwölf Stunden. Die vorgesehene Ruhepause von zehn Minuten am Vor- und Nachmittag war nicht die Regel und wurde willkürlich gewährt. Gefangene mußten fleißig sein.
Die ersten hatten die angekommene Etappe an der Banja entdeckt. Wie ein Lauffeuer durcheilte den Zug die Bemerkung: »Neue!« Unzählige Augenpaare spähten nach den Neuen, bis es hie und da ein Wiedererkennen gab und ein Winken hinüber und herüber erfolgte. Namen und kurze Fragen wurden gerufen, die keine Antwort erwarteten. Aber es kam Unruhe in den Reihen der Gefangenen auf, und die begleitenden Wächter hatten wieder einmal einen guten Grund, die Gefangenen anzufahren. Sie konnten aber doch nicht verhindern, daß in den überarbeiteten Augen der Frauen ein Funken leuchtete. In diesem Lager waren bisher nur wenig Deutsche, sie waren unter den vielen anderen östlicher und nordischer Nationalitäten wie verloren. Die Ankunft der Etappe war eine sehr erwünschte Verstärkung und drängte für eine kurze Zeit das schmerzliche Verlassenheitsgefühl zurück.

Zu den noch immer Wartenden stieß die Kommandantin. Sie war ebenso wie die anderen eine Gefangene und Russin und sprach ein passables Deutsch. Ihre burschikose Art war nicht unangenehm.

»Zwei von euch gehen dorthin in die Baracke, die nächsten vier in Baracke 7, fünf in Baracke 3, und der Rest folgt mir.« Kurz und klar war der Befehl, und sie hatte nichts dagegen, daß sich die Grüppchen nach eigenen Sympathien ordneten. In der größeren Gruppe befanden sich Irmgard und Karla. Am Eingang der Baracke wurden sie von einer kleinen und tückisch blickenden Starosta in Empfang genommen. Sie zischte ihnen sofort ein energisches »Ruhe« zu, obwohl die Frauen zum Schwatzen gar keine Lust hatten. Auf den Zehen, um so groß wie möglich zu erscheinen, schritt sie ihnen in das Innere der 70 Meter langen Baracke voran. Unwillkürlich machten es ihr die Neuen nach. Auf den lückenlosen zweistöckigen Holznaren reihte sich Lagerstatt an Lagerstatt. Zur Überraschung der Ankömmlinge waren die unteren Plätze auf der Gangseite fast durchweg mit einem kurzen weißen Vorhang versehen und blieben so den neugierigen Blicken der Vorübergehenden verborgen. Das kannten sie bisher noch nicht. Diese Plätze waren aber nur den Bevorzugten vorbehalten. In dieser Baracke waren es die Motoristinnen aus einer der Zechen. Ein Teil von ihnen hatte Nachtschicht und lag um diese Zeit mit lautem Schnarchen in einem tiefen Schlaf. Er war kurz genug. Wenn die Nachtschicht am Morgen um neun Uhr in die Kojen kroch, war noch lange nicht an Schlaf zu denken. Zunächst einmal ging stundenlang die geräuschvolle Säuberungsaktion durch die Dujewalna vor sich. Dann aber dröhnte bis gegen zwölf Uhr pausenlos der Lautsprecher. Zugegeben, sie hatten sich an diesen unvermeidlichen Lärm bis zu einem gewissen Grad gewöhnt – sie waren auch viel zu abgespannt, um noch etwas in sich aufnehmen zu können, aber die notwendige Entspannung trat nicht ein. Erst ab Mittag wurde es still. Diese Ruhe dauerte aber nur bis 16 Uhr, dann dröhnte der Gong. Daß keine auch nur eine Minute mit dem Aufstehen zögerte, dafür sorgte das Wachpersonal, das mit Argusaugen alle Baracken durcheilte und Säumige unverzüglich meldete. Waschen, die Lagerstätte ordnen, Essen; was dann noch übrigblieb, reichte nur noch zu ein paar Zügen aus einer Zigarette, dann hatte die Arbeit sie schon wieder. Die einen kamen von ihr zurück, die anderen gingen. Menschen lebten seit Monaten und Jahren in einer Baracke und kannten sich doch nur flüchtig vom Vorübergehen zwischen Arbeitsplatz und Baracke. Arbeit, Essen, Schlafen, Arbeit! Das war die mit Gongschlag geregelte Reihenfolge, wobei nur die Arbeit großgeschrieben wurde, während Essen und Schlaf eine sehr untergeordnete Rolle spielten. So verrann Tag für Tag und unwiederbringlich das Leben. Nichts konnte sich daran ändern, nur die Schichten wechselten alle zwei oder drei Wochen einmal.

In der oberen Mittelreihe gab es noch einige freie Plätze. Sie waren schlecht und darum unbeliebt. Sie waren aber gut genug für die Neuen, die nur dafür dankbar waren, daß sie zunächst noch beisammenbleiben durften. Vorsichtig, um die darunterliegenden Schläferinnen nicht zu wecken, wurden die Bündel hinaufgelegt. Für mehr blieb auch gar keine Zeit, denn sie wurden in die Ambulanz gerufen zu der üblichen »Komissja«, bei der die Arbeitsfähigkeit jeder einzelnen noch einmal kategoriemäßig erfaßt wurde. Inzwischen hatten sie schon genügend Erfahrung gesammelt, um zu wissen, daß die ihnen zudiktierte Kategorie sich nur nach oben, niemals aber nach unten verschieben konnte, denn nach Ansicht der Arbeitseinsatzleitung wurde man im Lager nur gesünder und arbeitsfähiger, nie aber kränker. Wer es trotzdem wurde, tat es aus purer Bosheit.

Die freie russische Ärztin hatte den Rang eines Hauptmannes, was andeutete, daß sie mehr als ein Feldscher war. Sie galt nicht gerade als deutschfreundlich, mit Rücksicht war also von vornherein nicht zu rechnen. Eile war im allgemeinen kein hervorstechendes Merkmal russischer Mentalität, aber wenn es galt, Menschenmaterial nutzbar zu machen, dann wußte man sie auch anzuwenden. Die Untersuchung, die im Grunde gar keine war, beschränkte sich in den überwiegenden Fällen auf einen prüfenden Blick über den unbekleideten Oberkörper. Es war also eine kurze, schmerzlose Angelegenheit, die aber nichtsdestoweniger für den gesamten Lageraufenthalt von entscheidender Bedeutung war. Von ihr hing die Brigadeneinweisung ab und damit auch die Schwere der Arbeit. In keinem Fall entsprach die ausgeworfene Kategorie dem tatsächlichen Gesundheitszustand.

Bei ihrer Rückkehr von dieser fragwürdigen Untersuchung war es in den Baracken bereits lebendig geworden. Mit grauen und unausgeschlafenen Gesichtern war die Nachtschicht aus den Kojen gekrochen. Der Waschraum war mit halbnackten Frauenkörpern überfüllt. Andere vollendeten ungeniert in aller Öffentlichkeit ihre Toilette und ließen sich dabei von dem gerade durchgehenden Aufseher keineswegs stören.

Die neue Etappe war allerorts ein schier unerschöpfliches Gesprächsthema. »Njemka, nu was!« bemerkte eine Russin wegwerfend. Den Neuen war das Anstarren peinlich, und so flüchteten sie sich auf ihre Plätze in der Höhe. Von ihrem »Rang« aus sahen sie kritisch dem Menschenknäuel da unten zu. Aus dem Gemisch von Ukrainisch, Russisch, Lettisch, Estnisch und Litauisch verstanden sie kein Wort, so konnten sie sich ganz ihren Beobachtungen hingeben und Vergleiche mit dem früheren Lager anstellen. Im Gegensatz zu jenem gehörten die gefangenen Frauen hier den jüngeren Jahrgängen an. Über 40 war keine mehr. Es bedurfte nicht viel, um festzustellen, daß in diesem Lager alles auf eine rücksichtslose Ausbeutung letzter menschlicher Arbeitskraft gerichtet war. Für Körperbehinderte und Invaliden war kein Platz. Die Tagschicht strömte herein, in den schmalen Gängen wimmelte es von puffenden, schreienden und schimpfenden Frauen. Erst als die Nachtschicht die Baracke verließ, glätteten sich ein wenig die hochgehenden Wogen. Dafür kehrten aber die Außenbrigaden von ihren Arbeitsplätzen zurück. Zwischen ihnen und den Zechenarbeiterinnen war schon äußerlich ein unverkennbarer Unterschied. Jene waren braungebrannt, verschmutzt und schweißbedeckt, diese wirkten sauberer, gepflegter, aber auch nervöser. Beide Gruppen hatten nur eines gemeinsam: die tiefen Schatten unter den Augen. Ungewollt herrschte zwischen ihnen eine leise Feindschaft. Die Möglichkeit, einmal heimlich in der Nacht, wenn die Aufsicht etwas döste, für sich selbst eine Naht herunternähen zu können, was ihrer Kleidung einen gefälligeren Anstrich gab, machte die Näherinnen den anderen überlegen. Die Außenbrigaden waren bei

Wind und Wetter draußen. In den Sommermonaten umgab sie schon auf ihren Anmarschwegen eine dichte Staubwolke. Im Frühjahr und Herbst kämpften sie sich durch zähe Schlammassen. Der Staub fraß sich förmlich in die Haut ein und legte sich auf die Lungen. Die Torfarbeit verlieh Gesicht und Händen eine zusätzliche Schwärzung und verschmierte obendrein die Kleider, die von Schweiß durchtränkt waren. Um diese Jahreszeit brannte die Sonne unbarmherzig auf sie nieder. Gewitterschauer durchnäßten sie bis auf die Haut. Sonne, Hitze, Regen und Kälte wechselten in dieser Gegend in rascher Folge. All dem waren sie schutzlos ausgeliefert, die Haut wurde gegerbt wie Leder, und die Haare blichen aus. Sie waren die ersten, die am frühen Morgen auszogen, und die letzten, die zurückkehrten. Ihre Arbeitszeit betrug meistens 14 Stunden am Tag, und so waren sie am Abend restlos ausgepumpt. Weder die karge Freizeit noch die geringe Seifenzuteilung gestattete es ihnen, die täglichen Spuren ihrer Sklavenarbeit zu beseitigen. Reine Äußerlichkeiten waren es also, die zwischen Arbeitsbrigaden und Zeche ständig ein gespanntes Verhältnis schufen, das bei jeder Gelegenheit zu Streitigkeiten führte. Die ständig gärende Unzufriedenheit wurde durch das Verhalten der Lagerleitung noch verstärkt. Bei allen Anordnungen wurde die Zeche bevorzugt; eine direkte Diskriminierung der Außenbrigaden lag zudem noch darin, daß Versetzungen aus den »Konveren« zu ihnen eine Strafmaßnahme bedeuteten. Nichts war bei den Zechenarbeiterinnen gefürchteter als eine Einweisung in Arbeitsbrigaden.

Für die Lagerleitung warf die Zeche den höchsten Ertrag ab, und darum wurde sie bevorzugt. Viele Tausende Hosen und Hemden wurden in den Nähfabriken täglich für die Rote Armee fertiggestellt. Allein drei Werke waren damit voll ausgelastet, das anfallende Material für dieses einzige Lager zu liefern, und selbst dabei gab es noch Stockungen, da sie den Bedarf nicht immer zu decken vermochten. Die Arbeitskräfte kosteten nichts. Der Aufwand für Nahrung und Kleidung war äußerst gering, und die Bewachungsmannschaft wurde schlecht bezahlt. Ein Wächter konnte bei 400 Rubel monatlich nur dann existieren, wenn der Ehepartner mitarbeitete. Auch dann entsprach sein Lebensstandard noch keineswegs dem eines qualifizierten Arbeiters in den verhaßten »kapitalistischen« Ländern. Allerdings hatte er eine andere Möglichkeit, indem er sich in der Küche des Lagers zum Nachteil der Gefangenen schadlos hielt. Davon machte aber nicht nur er Gebrauch, sondern auch seine Vorgesetzten. Das Küchenpersonal war nur allzu willig und kam dem individuellen Geschmack der für sein eigenes Wohlergehen so wichtigen Personen weitestgehend entgegen. So war es kein Wunder, daß die schwer arbeitenden Brigaden und Konvere nicht einmal die tägliche fingerhutvolle Ration an Öl auf die Kascha gegossen bekamen, die ihnen rechtmäßig zustand. Nur wenn eine Lagerinspektion in Aussicht stand, änderte sich das für den betreffenden Tag.

Wie gesagt, das Lager warf Gewinn ab, sowohl für den Staat als auch für die Lagerleitung, die nur das eine Interesse haben konnte, die Normen unentwegt immer höher zu treiben, koste es, was es wolle. Der unter Berücksichtigung der vorjährigen Leistung aufgestellte Jahresplan konnte auf diese Weise um ein Drittel, bald schon um die Hälfte der Zeit verkürzt werden. Dennoch ging der Natschalnik Lager aber an jedem Quartal mit unheilverkündender Miene durch die Arbeitsräume und forderte von jeder einzelnen eine noch größere Leistung. Er log, wenn er es mit der Begründung tat, daß das Soll nicht erfüllt worden sei. Die Norm war längst schon zuwenig. Nicht 100 Prozent, sondern mindestens 130 mußte die schwächste Kraft schaffen, sonst war sie reif für den Karzer und die Außenbrigade. Immer wieder schaffte er es mit solchen Druckmitteln, immer höher wurde die Norm, und in immer kürzerer Frist wurde der Jahresplan erfüllt. Die Sonderprämie für solche Tüchtigkeit in Form eines kleinen Häuschens oder gar eines Autos neben einer Beförderung war der sichtbare Ausdruck des Wohlgefallens der Oberen, mit dem der Natschalnik stand oder fiel.

Es kam aber auch vor, daß man hie und da den geplagten Frauen einmal ein billiges Zuckerbrot neben der Knute reichte. Für besondere Leistungen fiel dann sogar eine Sonderzuteilung von Kleidern ab. Es waren dies Kittel in Blau oder Schwarz, von oben bis unten durchknöpfbar. Sie kosteten das Lager so gut wie nichts, denn sie wurden einfach von einem anderen abgezweigt, wobei es sich außerdem um Erzeugnisse zweiter Wahl handelte, die regulär schwer absetzbar waren. Im Lager aber wurden sie zum Stolz der Besitzerin. Besondere Leistungen wurden aber selten so großmütig anerkannt, denn es gab ein noch viel billigeres Mittel, um den Ehrgeiz anzutreiben – die Aufstellung von Tafeln, auf denen täglich die Namen der besten Arbeiterinnen mit dem von ihnen erreichten Prozentsatz anerkennend notiert wurden. Dies bedeutete zugleich eine Ehrung für die Gruppe, der die jeweils Genannte angehörte. Es schmeichelte vielen, ihren Namen auf der schwarzen Tafel lesen zu dürfen, während andere wiederum mit sehr gemischten Gefühlen und wenig schmeichelhaften Kommentaren für die so Gelobten daran vorübergingen. Die höchste Auszeichnung aber war die Einweisung in die Stachanow-Baracke. Sie war das Idol der Motoristinnen, denn nur solche konnten dieses letzte Ziel erreichen. Doppelte Norm war die Voraussetzung dafür. Sie mußte für eine längere Zeit erreicht worden sein, so daß eine Gewähr für die Zukunft gegeben war. Die Stachanow-Baracke hatte entschiedene Vorteile: Es gab in ihr keine Naren, sondern schmale Feldbetten, die zudem durch einen Nachttisch voneinander getrennt waren. Vor dem Fenster hingen bestickte Stores. Sie wurden aus dem minderwertigen Verpackungsmaterial der angelieferten Ballen hergestellt und der besseren Wirkung wegen rot gefärbt. Ein zipfliger Lampenschirm aus gleichem Material und gleicher Farbe dämpfte das Licht, so daß der unvorbereitete Besucher sich eher in ein Bordell als in eine Lagerbaracke versetzt wähnte. Für die »Stachanowskis« aber war es anders. Die schwüle Atmosphäre übte eher einen geheimnisvollen Reiz auf sie aus. Vielleicht verschaffte sie ihnen sogar die Illusion einer liebevollen Häuslichkeit, die ihnen versagt blieb. Daneben verfügte die Stachanow-Baracke in ihrem winzigen Waschraum über einen ebenso winzigen Herd. Über beides konnten die Bewohnerinnen zu jeder Tages- und Jahreszeit begrenzt verfügen. Die letzte und die entschieden beste Annehmlichkeit war, daß die Wächter die Baracke besonders respektierten und sie nur der Form wegen betraten. Geschahen hier verbotene Dinge, so wurden befehlsmäßig beide Augen zugedrückt, denn hier wohnte die Elite, mit deren Hilfe das übrige »faule Pack« angetrieben wurde.

Den Neuen fiel es nicht schwer, sich bereits in den ersten Tagen ihres Lageraufenthaltes ein klares Bild zu machen. Sie hatten weinende Kameradinnen gesprochen, die trotz größter Anstrengungen die hohen Normen nicht geschafft hatten, weswegen sie Einzelhaft erhalten hatten und nun in Außenbrigaden schuften mußten. Sie sahen eine Kameradin mit einem Lungen-Pneu am Motor sitzen, die trotz ihres erwiesenen Leidens nicht mehr von der ersten Kategorie loskam. Sie waren auch in der Zeche bei der Natschalniza mit ihrem unentbehrlichen »Parteihut«, die sich unter ihnen mit einem Minimum von Berücksichtigung des Gesamtzustandes aussuchte, was sie nur irgendwie in diesem brutalen Ausbeutungssystem gebrauchen konnte. Sie hörten das ununterbrochene Sausen der Maschinen, sahen die gebeugten Rücken und vermochten kaum mit den Augen den Fingern der fieberhaft Arbeitenden zu folgen, vor denen sich Berge von Hosen oder Hemden häuften. Hier hatte man ein lückenloses System ausgedacht, das den Arbeitsgang in unzählige Operationen zerlegte, auf die dann die einzelne Arbeiterin gedrillt wurde. Hier langte die Zeit nicht einmal zu einem Aufatmen.

»Bewahr uns der Himmel vor der Zeche«, hatte Irmgard erschauernd gesagt. Zum erstenmal waren sie und Karla für ihre schlechten Augen dankbar, die sie vor der Zeche bewahrten, während die meisten ihrer Etappe in ihr landeten.

Für den kleinen verbliebenen Rest wurde Olga Wassilowna verantwortlich. Sie war eine Gefangene wie alle anderen und hatte doch besondere Befugnisse, die einer Narjadschidza, der wohl eine »Freie« übergeordnet war, die aber trotzdem mit dem ihr übergebenen Menschenmaterial nach eigenem Ermessen umgehen durfte. Diese Frau war nicht fähig, auch nur einen einzigen zusammenhängenden Satz zu sprechen, der nicht mit einer Unzahl unflätigster Ausdrücke durchsetzt gewesen wäre. Was sie zu sagen hatte, sagte sie in einer Lautstärke, die durch das ganze Lager schallte. Sie war der böse Geist des Lagers. Unmöglich, daß der Lagerleitung das wahrhaft satanische Treiben der Narjadschidza verborgen sein konnte, doch niemand griff ein. Besonders Eingeweihte wollten wissen, daß sie früher einen hohen Offiziersrang innerhalb des NKWD innegehabt habe, daß sie in Deutschland oder im Baltikum gewesen sei und wegen einer intimen Beziehung zu einem »Feind« nun eine Strafe abzusitzen habe. Ob das nun stimmte oder nicht, merkwürdig blieb ihr Ton gegenüber der Lagerleitung. Es war also durchaus glaubhaft, daß sie noch Beziehungen zu höheren Stellen hatte, die auch die Natschalniks fürchteten. Es konnte aber ebensogut sein, daß man sich dieser Frau bediente, um selbst nach außen das Gesicht zu wahren.

An jedem Morgen ging sie in die Ambulanz. Ohne anzuklopfen, drang sie in den Behandlungsraum ein, flegelte sich auf einen Hocker, und während sie mit einer Schere an ihren Fingernägeln schnippelte, ließ sie sich von der weißhaarigen Ärztin die Namen der Krankgeschriebenen nennen. Bei manchen Namen erklärte sie kategorisch: »Quatsch! Ist Simulant! Sofort gesund schreiben!« Widerspruchslos wurde auf diese Weise ein Name aus der Liste der Krankgeschriebenen einfach gestrichen, und die Betroffene mußte zur Arbeit. Auch hier bestimmte Olga Wassilowna und nicht die Ärztin, die keine Gegenrede wagte. Dabei war sie eine gutausgebildete Ärztin, die auch von ihrem Fach etwas verstand. Es mußte also schon etwas mit Olga Wassilowna auf sich haben.

Olga Wassilowna hielt auch nicht damit hinter dem Berg, daß sie die Deutschen haßte. Als im Winter der erste größere Transport deutscher Frauen im Lager angekündigt worden war, hatte sie sich in gehässiger Vorfreude die Hände gerieben und erklärt: »Denen werde ich zeigen, was arbeiten heißt!« Wie sie das meinte, wurde sofort bei Eingang des Transports klar. Die eingetroffenen Frauen mußten unverzüglich in ihrer eigenen Kleidung und einem Schuhwerk, das keineswegs für den russischen Winter geeignet war, stundenlang Eis hacken und Schnee schaufeln, obwohl genügend besser ausgerüstete Brigaden zur Verfügung standen.

Einer solchen Frau, die ihrer sadistischen Veranlagung freien Lauf ließ, wurden die aus dem Invalidenlager frisch Angekommenen überantwortet. Selbstverständlich, daß sie entsprechend eingesetzt wurden. Wichtiger als alles andere war das Torfstechen. Nur drei der schwächsten Frauen, darunter auch Irmgard, behielt sie sich für Lagerarbeiten zurück. Sie kamen ihr gerade recht für die angesetzte Entwanzung. Karla aber kommandierte sie zum Schneiden von Druschki, das sind drei Millimeter starke Holzblättchen von einer bestimmten Länge und Breite, womit die Dächer belegt wurden. Nur vier Frauen arbeiteten daran und hatten mittels einer primitiven Schneidevorrichtung die frisch gefällten Baumstämme entsprechend zu bearbeiten. Auch hier war eine hohe Norm vorgeschrieben, und die Arbeit war keineswegs als leicht zu bezeichnen.

Irmgard aber und die beiden anderen schleppten die zerlegten Naren und Bretter sämtlicher Wohnbaracken zu dem im Freien aufgestellten Kessel mit dem siedenden Wasser, mit dem das Holz übergossen wurde. Für jeden Tag war eine der Baracken vorgesehen, das waren täglich 280 Liegestellen für genau acht Tage. Es war eine Arbeit, deren Aufwand an Kraft und Unruhe in keinem Verhältnis zu dem Erfolg stand. Russische Wanzen sind zäh. Erschreckt von dem heißen Bad, aber keineswegs getötet, turnten sie unverdrossen weiter am Gehölz entlang und entschädigten sich für die erlittene Unbill dann in der Nacht an Menschenblut. Der eigentliche Arbeitseinatz erfolgte nach Beendigung dieses Vorgangs, der alle Vierteljahre stattfand, und er wurde zum Verhängnis für Irmgard Heintze.

XXVIII.

Eine kleine braungetönte Südkaukasierin, von allen Madam Kanda genannt, ging am Abend mit selbstgefälliger Amtsmiene durch die Baracke. Sie war eine der Brigadierinnen und verglich eifrig die Namensschilder an den Naren mit Notizen auf einem Zettel, den sie in der Hand trug. Vor Irmgards Nare verweilte sie eine geraume Weile. An den Stimmen erkannte sie, daß dort oben Njemki saßen. »Kak Familia?« (Wie heißen Sie?) rief sie in die Höhe, dabei zerrte ihre Hand an der Decke, um sich besser bemerkbar zu machen. Irmgard beugte sich vor: »Geinze!« Sie bediente sich dabei der russischen Aussprache ihres Namens. Die Brigadierin seufzte erleichtert auf, ja, das war die Gesuchte.

»Ab morgen früh tragen Sie Wasser für die Teeküche. Sofort nach dem Wecken melden Sie sich am Brunnen vor der neunten Baracke. Frühstücken werden Sie in Zukunft später, verstanden?« Unwillkürlich hatte die Brigadierin das im Lager ungewöhnliche Sie gegenüber einer Deutschen angewandt.

»Nu, charascho!« antwortete Irmgard gleichmütig, worauf die Brigadierin wieder verschwand. Karla, die der kurzen Zwiesprache gelauscht hatte, machte ein etwas betretenes Gesicht. Bisher hatten vier stämmige Ukrainerinnen tagaus, tagein das Trinkwasser zur »Teeküche« getragen, wo es erst abgekocht werden mußte, ehe es an die Baracken ausgegeben werden konnte. Die Entfernung zwischen Brunnen und Küche betrug gute 250 Meter. Zwar verfügte das Lager über insgesamt vier Brunnen, von denen zwei erheblich näher lagen, aber ihr Wasser war nicht zu genießen. Diesem Umstand hatte man bei Anlage des Lagers in keiner Weise Rechnung getragen. Eine Wasserleitung aber gab es selbstverständlich nicht. Das Tragen des Wassers geschah mit Hilfe eines starken Joches aus Hartholz, das über den Nacken gelegt wurde und an dessen beiden Enden die bis zum Rand gefüllten Wasserkübel hingen. Die Teeküche versorgte nicht nur die Baracken, sondern auch die Zechen mit dem sogenannten »Tschei«, einer hellgelb gefärbten Wasserbrühe! Sie wurde am Morgen und am Spätnachmittag ausgegeben. Für die Trägerinnen gab es logischerweise weder einen Sonn- noch einen Feiertag, doch wurden sie zu keiner zusätzlichen Arbeit herangezogen. Für die kräftigen Ukrainerinnen, die an diese Art des Tragens von Kindheit an gewöhnt waren, war es eine leichte Arbeit. Welche Folgen aber würde sie für Irmgard haben? Karlas Augen glitten an der schmächtigen Gestalt der Freundin entlang und blieben an deren fast kindlich schmalen Gelenken hängen.

Wie befohlen fand sich Irmgard am nächsten Morgen kurz nach fünf Uhr am Brunnen ein. Ihre neuen Mitarbeiterinnen empfingen sie mißtrauisch und unfreundlich. »Wozu eine Njemka?« Sie drückten ihr ein überzähliges Joch in die Hand, das scharfkantig und zu schwer war, um brauchbar zu sein. Eine pralle Ukrainerin stand an der Winde, mit deren Hilfe sie die Eimer in den Brunnen hinunterließ und sie gefüllt heraufholte. Sechs Blecheimer standen bereits tragbereit da. Die Trägerinnen schienen noch keine Lust zur Arbeitsaufnahme zu haben, dafür ging das Mundwerk unverdrossen. Irmgard beendete ihre eigene Unschlüssigkeit, indem sie die zwei nächststehenden Wasserkübel aufnehmen wollte. Im gleichen Augenblick aber schoß eine der Ukrainerinnen auf sie zu, riß ihr wütend die Eimer aus der Hand, so daß sich das Wasser über Irmgard ergoß, und schrie sie an: »Das sind meine Eimer! Dort sind deine!« Der Ausbruch war das Signal für die anderen, die nun ungehemmt ihrer Unlust über die aufgedrängte Deutsche Luft machten. Irmgard überhörte geflissentlich die groben Verdächtigungen und Beleidigungen. Ohne eine Miene zu verziehen, nahm sie die ihr angewiesenen großen Holzkübel auf, hakte sie an das Joch und versuchte, es dann über die Schulter zu legen, was ihr auf diese Weise nicht gelingen konnte. Ihre wiederholten hilflosen Versuche kommentierten die Ukrainerinnen mit hämischen Bemerkungen und Gelächter. Schließlich wandte sich die Deutsche an eine der Frauen mit der Bitte, ihr doch zu zeigen, wie man es anstellen mußte. Nur zögernd und widerwillig zeigte ihr die Angesprochene, daß man erst das Joch über die Schultern legen und dann den einen und danach den anderen Kübel einhaken mußte. So ging es in der Tat. Zwar schwankte Irmgard unter der Last, aber sie setzte Fuß vor Fuß und trat ihren Weg zur Teeküche an. Den ihr nachblickenden Frauen bereitete es offenbar das größte Vergnügen, daß Irmgard bei jedem Schritt Wasser über den Kübel schwappte, welches über den Rock und an Beinen und Schuhen entlangrann und hinter ihr eine feuchte Spur zurückließ. Sie wollten sich schier ausschütten vor Lachen. Irmgard wußte, daß sie eine komische Figur abgab, wie sie so nach vorne gebeugt davontorkelte, das vom Nacken rutschende Joch mit den Händen immer wieder nach vorn zerrend. Keuchend und mit an den Schläfen stark hervortretenden Adern landete sie in der Teeküche, in der zwei von den älteren Lagerinsassinnen wechselweise ihren Dienst versahen. Auch sie waren Urkainerinnen. »Hier, dieser Kessel muß zuerst gefüllt werden«, bedeutete die Köchin. Aufatmend ließ Irmgard die Kübel auf die schmale wacklige Bank gleiten, stieg vorsichtig selbst hinauf und hob unter Aufbietung ihrer letzten Kraft einen der Kübel hoch. Ihre zitternden Arme konnten es nicht verhindern, daß ein Teil des Wassers statt in den Kessel auf den Fußboden tropfte, wo sich eine kleine Lache bildete.

»Nu, nitschewo!« meinte die Köchin gutmütig. Im gleichen Augenblick betrat eine der nachfolgenden Trägerinnen die Küche und wurde so zur Augenzeugin der kleinen Ungeschicklichkeit. Heftig setzte sie ihre Eimer nieder, zerrte Irmgard von der Bank, daß beinahe auch der zweite Kübel umgekippt wäre, und beschimpfte die Deutsche.

»Halt dein loses Maul«, sprang die Köchin, besonders über die Schlußbemerkung ihrer Landsmännin erbost, für Irmgard ein. »Denkst du, ich weiß nicht, was ihr wollt? Hier, die schwersten Kübel gebt ihr der Neuen, die die Schwächste von euch ist. Ihr aber nehmt die kleinsten und leichtesten und macht sie nicht einmal voll. Wenn du zum Natschalnik rennst, dann werde ich ihm auch etwas zu erzählen haben. Los, gieß die Kübel aus, auch den von der Njemka.« Ein saftiger Fluch folgte nach. Dieser unzweideutigen Aufforderung folgte die andere murrend. Der kleine Vorfall wäre damit abgeschlossen gewesen, wenn jetzt nicht die dritte der Trägerinnen gleichfalls die Küche erreicht hätte und mit ihren Eimern Irmgard den Weg zum Ausgang versperrte. Groß und knochig, mit auffallend kalten Augen, war sie zweifellos die unsympathischste der Trägerinnen, die sich selbst zur Vorarbeiterin der kleinen Arbeitsgruppe erhoben hatte und aus irgendeinem unerkennbaren Grund als Respektsperson akzeptiert wurde. Auch ohne das sofort einsetzende Lamento der zweiten Trägerin hatte sie mit einem Blick Irmgards kleine Ungeschicklichkeit erfaßt. Ihre schmalen Lippen wurden zu einem einzigen Strich. Sie ließ das Joch von den Schultern gleiten, und ohne jede weitere Äußerung hob sie ihre knochige Faust und hätte sie wohl der regungslos verharrenden Deutschen ins Gesicht gesetzt, wenn nicht die Köchin blitzschnell die Absicht erfaßt hätte. Mit einem Satz sprang sie zwischen die beiden Frauen, und mit einer Kraft, die man ihr nicht zugetraut hätte, hielt sie den erhobenen Arm fest. Ihre Erregung gewaltsam bändigend, nahm Irmgard scheinbar ruhig Joch und Kübel und verließ unbehindert den Raum, verfolgt von dem dreistimmigen Gezeter der Ukrainerinnen.

Wahrhaftig, das war ein vielversprechender Arbeitsanfang. Sie war zutiefst erschrocken über den abgründigen Haß, der durch einen nichtssagenden Vorfall ausgelöst worden war. Ihr dämmerte, wovor sie Karla hatte warnen wollen. Es war unverkennbar, daß ihre Mitarbeiterinnen sie provozieren wollten. Aber welcher Grund lag dafür vor? Wie war der blinde Haß zu erklären, der vor dem gleichen Schicksal der anderen nicht haltmachte? Ihr schien, als müsse sie dahinterkommen. Sie war sich bewußt, daß sie keiner Provokation nachgeben durfte, es wäre das Dümmste gewesen im Lager. Sie nahm sich vor, unbeirrt Selbstbeherrschung zu üben, ohne sich darüber zu täuschen, wie schwer es sein würde, an diesem Vorsatz festzuhalten. Sie war sich keiner eigenen Schuld bewußt; oder war es eine »Schuld« in den Augen dieser robusten Frauen, daß sie physisch schwächer war? Fürchteten sie, daß die schwächliche Deutsche, die ihnen eine Fremde war, arbeitsmäßig zu einer Belastung werden würde? Unter Erwägungen solcher Art hatte Irmgard ihre Kübel erneut füllen lassen und zum zweitenmal die Küche erreicht. Bei ihrem Eintreten standen die drei Frauen noch immer beisammen, doch verstummten sie sofort.

Die Köchin nahm ihr die Kübel aus der Hand und entleerte sie eigenhändig in den Kessel. Mit einem kleinen Lächeln gab sie ihr die Eimer wieder zurück. Es war unverkennbar, daß sie ihren ganzen Einfluß geltend gemacht hatte, um zumindest ein Stillhalteabkommen zu erzielen. Irmgard war ihr dankbar dafür. 29mal war sie an diesem Morgen mit ihrer Last gegangen, bis alle Kessel endlich gefüllt waren. Siebeneinviertel Kilometer, so errechnete sie, hatte sie schwer beladen hinter sich gebracht. Die gleiche Strecke war sie wieder leer zurückgelaufen. Alles das war geschehen in viereinhalb Stunden. Sachlich stellte sie fest, daß ihre Arbeitsleistung um ein Drittel höher lag als die der anderen Trägerinnen, die mit Geschwätz viel Zeit vertrödelt hatten. Müde und zerschlagen, mit schmerzenden Schultern warf sie sich auf ihre Nare. Ihr einziges Verlangen war Ruhe, damit sie wieder genug Kraft gewinnen konnte, um am Abend das gleiche Pensum schaffen zu können.

Die Glocke hatte schon »Adboy« verkündet, als sich Irmgard zwischen die bereits ruhenden Mitgefangenen schob.

Noch lange lag sie wach, den tiefen Atemzügen der Kameradinnen lauschend. Gut, daß ihr noch schlafen könnt, dachte sie und fühlte sich dabei doch sehr einsam.

Wenn Irmgard geglaubt hatte, ihre Mitarbeiterinnen friedlicher zu stimmen, indem sie ihnen den Beweis dafür erbrachte, daß sie sich nicht auf deren Kosten vor der Arbeit drücken wollte, so hatte sie sich geirrt. Bei jeder Gelegenheit versuchten die Ukrainerinnen, der Deutschen die Arbeit unerträglich zu machen. Wozu eine Njemka? Begegneten sie Irmgard mit gefüllten Eimern, so rempelten sie sie absichtlich an. Während diese unermüdlich hin und her lief, standen sie in einem verschwiegenen Winkel und tratschten. Auch ihre Gebetszeiten wurden in die Arbeitszeit verlegt. Das Gebet hinderte sie aber nicht an stichelnden Bemerkungen, wenn Irmgard gerade auftauchte. Angewidert von dieser Mischung aus Religiosität und Intrigantentum, verhärtete sich Irmgard immer mehr, ohne sich jedoch die geringste Bemerkung zu gestatten. Sie ging auch schon nicht mehr 29mal, sondern 32-, 36- und jetzt schon 40mal hin und her. Ihre Schultern waren wundgescheuert, und ihr Körper begann, sich gegen eine derartige Überbelastung zu sträuben. Ihre Beine schwollen blaurot an und färbten sich von Tag zu Tag dunkler. Ihre Nächte waren voller Angst vor dem kommenden Tag. Längst schon stand Karla nach ihrem eigenen Tagewerk, das hart genug war, am Abend auf halber Strecke, um ihr das Joch mit den gefüllten Kübeln von den Schultern zu nehmen und es selbst weiter bis zur Küche zu tragen. Sie hatte es wie selbstverständlich getan: »Setze dich dort auf den Balken und ruhe dich aus, bis ich zurückkomme.« So nahm sie ihr am Abend die halbe Arbeit ab. Die ukrainische Köchin klopfte ihr anerkennend auf die Schultern: »Otchen charascho! Otchen charascho! Kameradin zu schwach, muß zum Doktor«, meinte sie bekümmert.

»Höre, Irmgard, so geht das mit dir nicht mehr weiter«, begann eines Nachts Karla auf der Nare. »Willst du warten, bis du eine Thrombose hast? Morgen vormittag gehst du ins ›Prijom‹, zeigst der Ärztin deine Beine und bittest sie um ihre Unterstützung, damit du eine andere Arbeit zugewiesen bekommst.«

»Du hast ja recht, Karla, es ist unmöglich, daß du mir Abend für Abend die Arbeit abnimmst. Ich weiß doch selbst, wie hundemüde du bist.«

Karla unterbrach sie schroff: »Es geht nicht um mich, es geht um dich. Begreife das doch endlich. Du hast dich in einen Gedanken verbohrt, den ich nicht kenne. Unter allen Umständen willst du eine Arbeit schaffen, die du einfach nicht schaffen kannst, und dabei gehst du eines Tages vor die Hunde! Könnte ich dir nur einen Spiegel vorhalten, damit du selbst siehst, zu welchem Wrack du wirst.«

Irmgard war die letzte, die ins Sprechzimmer hineingelassen wurde. Die Ärztin betastete die Beine: »Wo arbeiten Sie?«

»Ich trage Wasser in die Teeküche!«

»Das ist keine schlechte Arbeit!«

»Ob gut oder schlecht, Doktor, darum geht es nicht. Die Arbeit ist einfach zu schwer für mich. Sie sehen es doch selbst!«

»Ich habe auf den Arbeitseinsatz keinen Einfluß. Kommen Sie in zwei Stunden noch einmal her. Ich werde Sie für die Natschalniza Santschastj vormerken. Mehr kann ich nicht tun. Bringen Sie sich aber eine Dolmetscherin mit«, empfahl die Ärztin.

Zwei Stunden später stand Irmgard mit einer fließend Russisch sprechenden Deutschen vor der Natschalniza. »Das ist die Deutsche, von der ich bereits sprach«, informierte die Ärztin die Leiterin des Krankenreviers. Diese musterte Irmgard von oben bis unten: »Was wollen Sie von mir?«

»Ich möchte Sie bitten, mir eine andere Arbeit zuweisen zu lassen, da ich die augenblickliche nicht schaffen kann«, äußerte sich Irmgard kurz und sachlich.

»Sie tragen Wasser in die Teeküche, ich weiß. Wieviel Jahre haben Sie?«

»25!«

»So, 25! Sie haben die leichteste Arbeit, die Sie unter solchen Umständen hier haben können. Ich rate Ihnen – und das nicht nur als Natschalniza, sondern auch als Mensch –, rühren Sie nicht daran! Sie könnten sonst nur ins Torf kommen, und ich bezweifle, ob das besser für Sie wäre!«

»Kein Mensch kann an physischer Kraft mehr hergeben, als er zur Verfügung hat. Meine jetzige Arbeit konnte ich nur zu Ende bringen, weil mir eine Kameradin half. Diese zusätzliche Belastung ist ihr, die in schwerer Arbeit ihre Norm erfüllt, auf die Dauer nicht zumutbar. Sie werden mir dann wohl oder übel eine andere Arbeit zuweisen müssen. Der derzeitige Zustand meiner Beine sollte die ›Ärztin‹ überzeugen.«

»Lassen Sie sich von Ihrer Kameradin weiterhin helfen, das ist gut für Sie, und hier hat niemand etwas dagegen. Im übrigen muß ich Ihnen sagen, daß wir derartige weichliche Begriffe wie ›Kräfte haben oder nicht‹ nicht kennen. Man kann alles, was man will!«

»Von einem Arzt konnte ich eine solche Antwort nicht erwarten. Ich bedaure, hierhergekommen zu sein.« Damit verließen die beiden Deutschen brüsk den Raum.

Irmgard fühlte sich gedemütigt und beschämt, das machte sie zornig auf sich selbst und Karla. Wie konnten sie nur einen Augenblick annehmen, daß eine Lagerärztin so etwas wie ein ärztliches Gewissen hat.

Als Karla sie am Abend wieder erwartete, um ihr die Kübel abzunehmen, fragte sie: »Warst du im Prijom?«

»Ich war!« klang es kurz zurück. Erst später begann Irmgard von selbst zu erzählen: »Sie sind großzügig und haben nichts gegen deine Hilfe! Für 25jährige ist meine Arbeit die leichteste, die man zu vergeben hat. Torf wäre schlimmer! Außerdem will man uns unsere verweichlichten mitteleuropäischen Begriffe austreiben. Auch wenn eine Gefangene krepiert, kann sie doch noch arbeiten.«

Noch niemals hatte Karla bisher einen derartig scharfen Ausdruck von ihr gehört. Er zeigte ihr mehr als alles andere, in welcher Verfassung sie war.

Wieviel konnte ein Mensch aushalten? Wollte man auf russischer Seite die Gefangenenfrage so lösen, daß man diejenigen, die nicht mehr konnten, einfach zusammenbrechen ließ? Allerdings kämen sie dann nicht mehr zurück und konnten nicht mehr ihre Stimme erheben. Gräber hatten keine Stimme, und die Lager konnte man jederzeit nachfüllen. Wie viele mochten hier verscharrt worden sein! Und während hier an Millionen Menschen dieses Ungeheuerliche geschah, konnten Millionen andere ruhig schlafen, lachen, sich vergnügen, lieben und vielleicht sogar von Menschlichkeit sprechen! Sie sprachen von der »Heiligkeit des Lebens«, von Ethik, von Treue, von Gott! Worte, Worte, nichts als Worte! Man hätte lachen müssen, wenn es nicht zum Weinen gewesen wäre. 280 Menschen lagen so dicht nebeneinander, daß sie sich ohne gegenseitige Berührung nicht umdrehen konnten, und sie waren doch einsam und verlassen.

XXIX.

Irmgard Heintze war verdammt zum Wassertragen. Olga Wassilowna und das Regime wollten es so. Keine Macht der Erde konnte daran etwas ändern.

Vorerst quälte sich Irmgard Schritt für Schritt weiter und trug ihr Joch wie ein Kreuz. Über allen lastete das Kreuz, nur daß sich seine Last nicht gleichmäßig verteilte. Es hatte auch nicht jeder die Geschicklichkeit, sich seinem stärksten Druck zu entziehen. Viele hatten gelernt, mit ihrem Kreuz zu jonglieren, sie kannten die Tricks, die es überall – so auch hier – gab; das Taumeln, Fallen und wieder Gehen, so meinten sie, war nicht mehr als ein Trick. Das entlastete und enthob jeder menschlichen Verpflichtung, sofern sich dem anderen gegenüber überhaupt eine regte. Auch bei einem Schiffbruch versucht jeder, nur sein Leben zu retten. Überall sind es nur Vereinzelte, die ihre eigene Rettung gefährden, um einem Ertrinkenden noch die Hand zu reichen.

Auch in diesem Lager waren es nur wenige, die sich über die deutsche Wasserträgerin Gedanken machten. Da war die weißhaarige russische Lagerärztin, die von einer »guten Arbeit« sprach, damals, als die Deutsche vor ihr stand. Vom Fenster ihres Behandlungsraums aus beobachtete sie unbemerkt deren Gänge und konnte doch nur hilflos mit den Schultern zucken. Für eine Deutsche bei dem »Natschalnik Regime« vorstellig zu werden, wäre einem Selbstmord gleichgekommen, und die Konsequenzen hätten Verzicht auf manche Annehmlichkeit bedeutet. Das ärztliche Gewissen ließ sich besänftigen mit der Feststellung, daß damit allein der Deutschen auch nicht geholfen wäre. Etwas aber zwang sie, immer wieder durch das Fenster zu sehen, wenn die Zeit des Wassertragens herangekommen war.

Da war ferner noch die blonde Estin Helga, die im Zechenbüro arbeitete und bei Irmgards Anblick erschauerte.

Für Irmgard sollte dieser Tag noch eine Überraschung bringen. Die freie Narjadschidza hatte neben der Teeküche ihr kleines Kontor. In einem Anflug von Leutseligkeit hatte sie sich eben mit der

Köchin in ein kurzes Gespräch eingelassen, als Irmgard, mit ihren Kübeln behangen, eintrat. Sie wartete, bis die Deutsche die Küche wieder verließ, dann fragte sie: »Nun, wie macht sich die Njemka?«

»Sehr gut!« versicherte eifrig die Köchin.

»Hat sie Probleme mit ihren Beinen?«

»O boschemoi! Das hat sie sich erst beim Tragen geholt. Ich habe immer gesagt, sie soll ins Prijom gehen, aber sie will nicht. Und Olga Wassilowna gibt ihr bestimmt keine andere Arbeit. O boschemoi«, klagte die Köchin.

»Olga Wassilowna?« Die dichten Brauen der Narjadschidza zogen sich zusammen. Die Köchin konnte nicht ahnen, wie sehr sie sich heute schon über Olga Wassilowna geärgert hatte, die ihre, der Freien, Anordnung überging, als hätte sie nichts zu sagen. Die Deutsche war krank, man konnte es ja sehen. Hier war eine gute Gelegenheit, um Olga Wassilowna einmal zu zeigen, wer die Narjadschidza war. »Die Njemka bleibt zwei Tage auf der Nare und ruht sich aus«, entschied sie.

»Sehr gut! Die Njemka arbeitet fleißig, sie hat es verdient«, freute sich die Alte. Insgeheim gönnte sie den anderen Wasserträgerinnen, daß sie nun einmal etwas mehr tun mußten. Ihr, der Köchin, nahm auch kein anderer die Arbeit ab. Eigentlich hätte die Narjadschidza nun gehen können, aber sie zögerte und fragte noch nach diesem und jenem. Wieder ging die Tür auf, und Irmgard trat ein. Wo aber blieben die anderen? Die Narjadschidza pfiff durch die Zähne, sie wußte Bescheid.

»Hören Sie jetzt mit der Arbeit auf. Morgen und übermorgen bleiben Sie auf der Nare, verstanden?« sagte sie fast schroff zu der erstaunten Deutschen, die immer noch glaubte, sich verhört zu haben, und automatisch zu Kübeln und Joch griff, obwohl sie verstanden hatte, daß sie morgen und übermorgen nicht zu arbeiten brauchte. Ein solches Entgegenkommen war jedoch kaum zu fassen. Die törichte Frage nach dem Warum beantwortete die Narjadschidza nicht mehr. Statt dessen nahm sie der Deutschen Kübel und Joch aus der Hand und befahl ihr ins Bett zu gehen.

Was hatte die Narjadschidza nur dazu bewogen? An Einsicht und Mitgefühl war schwer zu glauben, bisher hatte es Ähnliches noch nicht gegeben. Was immer es war, zwei Tage waren gewonnen. Zwei Tage, an denen sie sich ausruhen konnte. Wie notwendig das war, spürte sie erst jetzt, da sie dem Ruhebedürfnis nachgeben konnte. Erlöst kletterte sie auf ihre Nare und streckte sich aus. Kein Wächter und erst recht keine Brigadierin konnten sie von ihrer Nare aufschrecken, nicht einmal Olga Wassilowna. Zwei geschenkte Tage, die das Ergebnis einer Verärgerung waren. Zwei Tage, an denen sie sich ganz ihren Gedanken hingeben konnte, die Tausende von Kilometern überwanden und bei geliebten Menschen um Einlaß bettelten.

»Hallo, Irmgard, was ist los mit dir?« Mit erschrockenen Augen stand Karla an der Nare und rüttelte an den Füßen. Schlaftrunken fuhr Irmgard auf.

»Nichts, gar nichts! Stell dir bloß einmal vor, zwei geschenkte Tage.« Und sie erzählte hastig, was passiert war. Zum erstenmal nach langer Zeit sah Karla wieder ein kleines Lächeln in den sonst so gequälten Gesichtszügen. Erleichtert atmete sie auf. »Wie froh bin ich darüber! Du ahnst ja gar nicht, welchen Schock ich hatte, als ich die anderen tragen sah und dich nicht. Ich hatte schon die schrecklichsten Vorstellungen. Du, Irmgard, morgen ist Sonntag, und diesmal haben auch wir frei. Wenn du kannst, wollen wir uns etwas hinaussetzen und so tun, als ob es wirklich ein Sonntag wäre.«

Als ob es ein Sonntag wäre! Gute Karla, wieviel fehlt dazu! Aber wir wollen so tun, als ob! Wir taten ja immer so als ob. Auch wenn uns tausend Zweifel quälten, taten wir, als glaubten wir an eine Zukunft. Wenn wir eines gelernt hatten, dann dies, unsere Gefühle zu verstecken. Wie könnten wir es sonst ertragen! Also taten wir am nächsten Tag so als ob.

Er begann, wie alle Tage begannen. Wie immer drängten sich die Menschen in den Waschraum, eilten in die Kantine und schlürften die gleiche Suppe wie an den anderen Tagen. Und dennoch waren sie zufriedener. Es war ein Tag, an dem es keinen Raswod gab und keine Olga Wassilowna, die wie eine Furie durch die Baracken fegte. Die einzigen, die heute arbeiteten, waren die Wasserträgerinnen. Ihrem Unmut wich man besser aus.

Es war noch sehr früh am Morgen und die Sonne schraubte sich wie eine glühende Riesenkugel im Osten in die Höhe und übergoß den ganzen Horizont mit einer leuchtenden Farbensymphonie, bei deren Anblick alle still wurden und tausend Augenpaare wie gebannt diesem unvergleichlichen Schauspiel zuschauten. Niemand achtete mehr auf den zählenden Aufseher, der murmelnd an der endlosen Menschenkette entlang, ging. Daß die Zählung dreimal wiederholt werden mußte, nahm heute keiner übel. Sie hatten endlich einmal etwas Zeit, das öffnete die Augen und die Herzen. Prowerka war vorbei, doch noch immer standen die Frauen in kleinen Gruppen zusammen und schauten in die Höhe, bis die Farben ineinanderflossen und langsam verblaßten. So machten sie dann auch die Bekanntschaft mit einer Estin, mit der sie sich ausführlich über deren Heimat unterhielten und die sich angenehm von vielen anderen Lagerinsassinnen unterschied.

»Wir haben heute etwas Frieden mit uns gemacht. Nun lassen sich die kommenden Tage wieder leichter ertragen. Ich habe daran gedacht, wie sehr wir im Begriff sind, uns zu verändern. Wir werden für viele Dinge, die uns einmal notwendig erschienen, kein Verständnis mehr haben, wenn wir zurückkehren. Wir haben andere Augen bekommen, die sich nicht mehr so leicht blenden lassen. Man hat uns gezwungen, Hülle für Hülle abzulegen. Was dabei zum Vorschein kam, war der nackte Mensch. Wenn man aber dann noch sagen kann, dieser da ist schön, dann nimmt man für alle Zeit etwas mit, was unzerstörbar ist. Das Beste ist das Unterscheidungsvermögen zwischen Sein und Schein. Und dazu hast du mir am meisten geholfen. Ich war nie voller Illusionen, aber das hier wäre zu arg gewesen, wenn man sich nicht an einem Menschen wenigstens hätte festhalten können.«

Dieses Bekenntnis der sonst so spröden Karla klang noch nach und wurde unbewußt zu einer Verpflichtung in dem härtesten und widerwärtigsten Lageralltag, der nach diesem letzten Sonntag beginnen sollte.

Einfache Frauen, die vom Neid zerfressen werden – von Neid über zwei arbeitsfreie Tage –, können in der Anwendung von schändlichsten Mitteln so erfinderisch sein, daß sie den damit Bedachten an den Rand der Verzweiflung bringen. Noch nie war das Verhältnis zwischen den Ukrainerinnen und Irmgard als erträglich zu bezeichnen gewesen, doch von jetzt ab wurde es höllisch. Verbissenes Schweigen der Deutschen zu diesem Treiben schien sie herauszufordern. Irmgard wußte, daß sie vor einem harten, unvermittelten Stoß über den Brunnenrand kaum mehr sicher war; der, da es keine Zeugen gegeben hätte, geschickt als Unfall darzustellen gewesen wäre. Sie mußte in jedem Augenblick sehr auf der Hut sein. Nur am Abend, wenn das Lager lebendig wurde, bestand eine derartige Gefahr nicht mehr. Sie hatte nur den einen Wunsch, von dieser Arbeit loszukommen. Nur fort von diesen frömmelnden Frauen, in denen der leibhaftige Teufel steckte. Es schien, als fände ihr inbrünstiger Wunsch Gehör.

Im Torf wurden noch mehr Hände gebraucht; was noch im Lager herumlief, mußte mit. Das Personal aus der Küche wurde dazu herangezogen und auch die Wasserbrigade durchforstet. Irmgard atmete auf, als sie der Natschalnik notierte, während die Ukrainerinnen durch lautes Jammern eine Zurückstellung erreichten.

»Du, Karla, ich gehe ab morgen ins Torf«, erklärte sie an diesem Abend der Kameradin. Ungläubig starrte diese sie an, um dann zu brummen: »Mach doch keine blöden Scherze!«

»Nein, ich scherze wirklich nicht. Ich bin ja sogar froh darüber, daß ich dafür herangezogen worden bin. Hier wäre es einmal zu einer unvermeidlichen Katastrophe gekommen.«

»Und du meinst, im Torf nicht? Wie stellt du dir das vor? Du kannst mit deinen Beinen doch gar nicht diesen fünf Kilometer langen Anmarschweg schaffen, ganz zu schweigen von der Tatsache, daß du beinahe 14 Stunden täglich ununterbrochen stehen oder gehen mußt.«

»Ob und wie es geht, wird sich zeigen. Es kommt jetzt zu einer Kraftprobe, der ich nicht ausweichen will und kann. Sieh, ich bin ganz ruhig, sei du es auch.«

In dieser Nacht war es Karla, die keinen Schlaf finden konnte und in ihrem sonst so festen Glauben an eine Heimkehr schwer erschüttert wurde: »Wir schaffen es alle nicht. Früher oder später

gehen wir zugrunde. Was hilft am Ende der Wille, wenn die physischen Kräfte nicht mehr standhalten können. Einer von uns muß den Anfang machen, aber daß es gerade Irmgard sein soll!«
Sie zermarterte ihr Gehirn auf der Suche nach einem Ausweg und fand doch keinen – weil es keinen gab.

XXX.

Laut dröhnte der Gong durchs Lager! Rapport! Die Frauen schlenderten aus den Baracken, durch die beim ersten Glockenschlag der Wächter mit seinem ewigen »Dawai« eilte. Vor dem Tor formierten sich die Brigaden in einer langen Kette. Die Neuen meldeten sich bei der Brigadierin, die immer wieder ihre Kolonne nachzählte. Das war nicht die einzige Prüfung auf die Vollzähligkeit der Brigaden. Unmittelbar am Tor nahm der Natschalnik Regime mit zwei anderen Offizieren und dem Wächter vom Dienst Aufstellung. An diesem Gremium mußten dann die einzeln aufgerufenen Brigaden vorbeimarschieren. Zuvor aber überreichte die Natschalniza dem »Regime« jeweils ein Päckchen. Es enthielt die dazugehörige Namenskartei. Er kontrollierte jedoch die Brigaden nicht namen-, sondern nur zahlenmäßig. Für die Personenübereinstimmung haftete die Brigadierin. Auf dem freien Platz hinter dem Tor warteten bereits die Konvois mit ihren Hunden und nahmen die anrückenden Arbeitskolonnen in Empfang, hinter denen sich dann das schwere Tor wieder schloß. Nach Übergabe der Kartei zählte auch der Natschalnik Konvoi noch einmal die nun unter seinem Kommando stehenden Frauen durch. Dann trat er vor sie hin und prägte ihnen in einem scharfen Ton ein, was ihnen geboten war: nicht zu fünft untergehakt und eng aufeinandergeschlossen gehen, keinen Zentimeter zur Seite weichen, kein Wort sprechen, sich nicht umblicken, andernfalls würde unverzüglich ohne Warnung scharf geschossen werden. »Verstanden?« brüllte er am Schluß seiner Rede heraus. »Jaswo!« schallte es im Chor zurück, obwohl keine der Frauen mehr hingehört hatte. Ein hartes Klicken der Maschinenpistolen, der Marschbefehl, dann setzte sich der Zug mit 250 Arbeitssklavinnen stumm in Bewegung; an der Spitze der Natschalnik Konvoi, seitwärts und am Ende des Zuges die schußbereiten Konvois mit den hechelnden Wolfshunden. In der kleinen Ansiedlung, die sie durchschreiten mußten, ließ sich keine Menschenseele blicken, nur ein paar Dorfköter bellten wie toll. Der

Bahndamm der Lagergebietsbahn mußte überklettert werden. Auf einem ausgespülten und holprigen Fahrweg ging es in Richtung Wald, auf den sich Irmgard schon freute. Wie merkwürdig still der Wald doch war, kein Vogelruf, kein anderer Tierlaut, nur das Knacken toter Äste unter den derben Tritten der Posten und das aufgeregte Atmen der begleitenden Hunde. Eine abgründige Traurigkeit überfiel Irmgard. Immer wieder suchten ihre Augen den Wald ab – nichts, nur die drohenden Öffnungen der Maschinenpistolen und die gefährlich glimmenden Augen der Hunde starrten ihr entgegen. Das letzte Stück der Strecke führte durch einen trostlosen Kahlschlag. Trotz zersplitterter Baumstümpfe, trotz weitverzweigter Baumwurzeln und vieler tiefer Einbruchstellen wachten die Posten eisern darüber, daß die Gefangenenreihen nicht in Wellenlinien auseinanderzogen. Auf dieser Wegstrecke wurde ihnen die Gelegenheit geboten, ihre Machtgelüste an den wehrlosen Frauen auszutoben. Und sie machten davon reichlich Gebrauch. Jedesmal atmeten die Frauen auf, wenn sie das weite, umzäunte Torfgelände erreicht hatten. Während die Wachtürme von den Posten bezogen wurden, konnten sie sich ein wenig ausruhen. Wo sie gerade standen, warfen sie sich erhitzt auf den weichen, moorigen Boden. Dann strömten die Frauen wieder durch ein Tor, doch jetzt bedurfte es keines Dawai, um sie anzufeuern, damit sie zu ihren Arbeitsplätzen liefen. Es war, als wären sie von einem unhörbaren Befehl getrieben, und dieser Befehl hieß: Norm! Er hetzte und jagte sie zu den Karriers, den Torfhäusern und Stapeln. Schon sprangen die ersten in die Karriers, Wasser spritzte auf; in großem Bogen klatschten mehrpfündige Torfstücke auf den Grubenrand, sie wurden im nächsten Augenblick von Frauenhänden aufgegriffen und auf einen einrädrigen Karren, die Tatschka, geladen; andere Hände spannten sich um deren Griffe, hoben mit einem Ruck die schwere Last an und balancierten sie über ein Brett 50 Meter, 100 Meter, manchmal auch 200 Meter und weiter. Dort wurden die nassen Klumpen abgeladen – zum Aufstapeln war noch keine Zeit, erst mußte die Tatschka zurückgebracht werden. Auf halbem Weg eilte die Arbeitskollegin entgegen, nahm den leeren Karren ab, belud ihn wieder und balancierte von neuem über das Brett. Unerhört schwer war die Arbeit, die die Frauen hier stundenlang ohne Atempause bewältigen mußten. Frauenarbeit? Nein, Sklavenarbeit wie vor Tausenden von Jahren.

Ein ganzes Frauenheer trug auf primitiven Holztragen Torf hin und her, von einem Stapelplatz zum anderen oder zu den Torfhäusern, die 25, 30 oder gar 50 Meter lang und einige Meter hoch waren. Jede Brigade, die damit betraut war, mußte wenigstens eine große oder zwei kleinere als Tagesleistung schaffen.

Benommen standen die Neuen und schauten mit großen, verängstigten Augen in dieses scheinbar ziellose Gewimmel, in dem aber dennoch jeder Schritt, jeder Griff genau berechnet war. Mit Feldherrnblicken übersah Olga Wassilowna das Gelände, nichts entging ihr; dann wandte sie sich den wartenden Neuen zu: »Was glotzt ihr hier, ihr Huren! Los, an die Arbeit! Ihr seid hier nicht im Kurort.« Das war ihr Jargon, der noch als sehr gemäßigt zu bezeichnen war. Sie stolperten hinter ihr her auf ein weit entfernt liegendes Gebiet, das mit lauter Stapeln in langen Reihen besetzt war. Die Narjadschidza kam sogar selbst herbei und zeigte ihnen, wie sie die Steine abzunehmen, umzudrehen und die Stapel von neuem aufzubauen hätten. Eigenhändig teilte sie jeder der Frauen eine Anzahl Reihen zu und grenzte sie mit einem Holzstück ab. Von Norm war zunächst noch keine Rede, denn es handelte sich bei ihnen ja um Halbinvalidinnen, also keine vollwertigen Arbeitskräfte. Trotzdem wußten die Frauen genau, daß man morgen oder spätestens übermorgen auch von ihnen die Norm verlangen würde. So machten sie sich schnell an die Arbeit, unter ihnen auch Irmgard Heintze. Sie war froh, daß sie allein arbeiten durfte. Die einzelnen Platzzuteilungen waren groß, und von den nächsten Nachbarinnen war kaum etwas zu sehen. Auf den Stapeln waren nur die oberen Steine leicht getrocknet. Gewissenhaft hob sie Stein auf Stein ab, legte die Schichten um und stapelte von neuem auf. Es war eine Tätigkeit, bei der sie die Gedanken auf Wanderung schicken konnte, während die Hände mechanisch arbeiteten. Die Sonne stach, und der Schweiß rann in Bächen über das Gesicht, dennoch sagte ihr diese Arbeit mehr zu als das Wassertragen. Dieses scheinbare Alleinseindürfen war eine Wohltat, die nur der ermessen kann, der sich seit Jahren für keine einzige Minute mehr zurückziehen konnte. Rastlos arbeitete sie, und nur selten streckte sie das schmerzende Kreuz oder strich mit dem Handrücken über die nasse Stirn und schaute zu dem russischen Himmel hinauf, an dem sich drohende Wolken zusammenzogen. Die Stunden verstrichen, man mußte die Arbeit nur hinter sich bringen. Der Mensch selbst hatte keine Beziehungen zu ihr, er arbeitete einfach nur. Ein greller Blitz und ein sofort folgender Donnerschlag ließen sie aufblicken. Schon fielen die ersten großen Tropfen. Sie hatte kaum die Wattejacke übergestreift, da prasselte schon der Regen auf sie herab. Der Himmel war jählings verdunkelt, Blitz auf Blitz zuckte, und unaufhörlich rollte der Donner. Auch die Gewitter waren, wie alles hier, maßlos, aber Irmgard fürchtete sich nicht. Es gab keinen Unterschlupf vor dem strömenden Regen, man mußte das alles über sich ergehen lassen. Die Watte saugte zunächst das Wasser auf, dann aber rieselte es darunter am Kleid entlang. Ein eisigkalter Wind stieg auf, und die noch eben glühende Haut zog sich fröstelnd zusammen. Eine oder zwei Stunden standen die Frauen geduldig in der tobenden Natur, längst war die Mittagsstunde vorüber, da, endlich, zog das Gewitter grollend ab. Triefend setzten sich die Frauen in Bewegung, und Irmgard Heintze trottete den anderen nach. Auf der anderen Seite des riesigen Geländes lag die kleine primitive Küche – mehr eine Art überdachter Bunker. Davor waren ein paar rohe Tische mit ebensolchen Bänken in die Erde gerammt. Nur ein Bruchteil der Arbeiterinnen hatte an ihnen Platz. Brigade für Brigade wurde aufgerufen und nahm die heißen Schüsseln mit der dampfenden Kohlsuppe in Empfang. Während die ersten aßen, warteten schon die nächsten auf die freiwerdenden Schüsseln, um damit zur Küche zu eilen. Eine Stunde war als Mittagspause gedacht, so stand es auf dem Papier. Von dieser Stunde ging schon eine geraume Zeit für das unvermeidliche Durchzählen ab, und der Rest reichte nicht aus, um in Ruhe die Suppe zu löffeln. Kaum die Hälfte hatte die Mahlzeit eingenommen, als die Glocke wieder zur Arbeit rief. Die andere Hälfte schlang das Essen schnell hinunter, von Olga Wassilowna entsprechend angefeuert, und bald war der Platz vor der Küche wieder leer. Nur die Brigadierinnen blieben zurück. Es war längst kein Geheimnis mehr, daß die Küche für sie einen besonderen Kessel zurückbehielt. Natürlich war das nicht legal. – Aber wer fragte danach?

Am Abend erschien die Rechnungsführerin mit der Brigadierin. Auf einer Holztafel notierte sie die einzelnen Leistungen. Nur zu den Neuen kam die Brigadierin allein und ging die Reihen prüfend ab. Bei Irmgard Heintze blieb sie stehen und klopfte ihr anerkennend auf die Schulter: »Gut! Morgen schaffen Sie die Norm!«

»Norm? Ich denke, wir brauchen keine Norm zu schaffen?« kam es gedehnt zurück.

»Nu, Olga Wassilowna hat gesagt, morgen noch nicht, aber übermorgen muß die Norm geschafft werden.«

Natürlich, Olga Wassilowna! Irmgard beschloß bei sich, daß sie sich keinesweges davon beeindrucken lassen würde.

Eine halbe Stunde später ertönte der Gong, der das Arbeitsende signalisierte. Sie versammelten sich alle am Tor, doch brauchten sie nicht mehr streng nach Brigaden gesondert anzutreten. So stand Irmgard Heintze mitten unter ihren Landsleuten, von denen sie einige besorgt musterten.

»Wie war der erste Tag, Frau Heintze?«

»Ich bin zufrieden. Ab morgen sollen wir die Norm schaffen.«

»Natürlich, konnten wir uns ja denken. Sie haben sicher heute ganz nach Vorschrift gearbeitet und Stein für Stein in die Hand genommen, nicht wahr?«

»Ja, wie soll man denn das anders machen?«

»Wenn Normen aufgestellt werden, können Sie nicht mit deutscher Gründlichkeit arbeiten. Was glauben Sie wohl, wie weit wir damit kämen! Das tut kein Mensch hier. Man muß es nur geschickt machen, damit es keiner sehen kann. Passen Sie auf, morgen früh zeigen wir Ihnen, wie es gemacht wird, und wir garantieren Ihnen, daß Sie die Norm schaffen. Lassen Sie sich also deswegen ja keine grauen Haare wachsen«, trösteten sie die Kameradinnen und griffen ihr bei dem nun einsetzenden Abmarsch stützend unter die Arme. Jetzt erst merkte Irmgard, wie sehr ihre

Beine angeschwollen waren und schmerzten. Immer fester griffen die Kameradinnen zu, und so traf Irmgard schließlich mehr geschleppt als selbst gehend im Lager ein.

»Kommen Sie nicht erst in die Stolowoja. Legen Sie sich besser nach dem Waschen gleich nieder. Wir bringen Ihnen das Essen schon auf irgendeine Weise mit.«

Es tat doch recht gut, wieder auf der Nare zu liegen, auch wenn sie nur aus drei Brettern bestand. An den Seitenwänden der Baracke hingen die klitschnassen Wattejacken und verbreiteten einen abscheulichen Geruch. Wie im Fieber schlugen die Zähne aufeinander.

»Frierst du, Irmgard?« Besorgt beugte sich Karla über das Gesicht der Kameradin.

»Nein, nein, nichts! Ist ja alles halb so schlimm«, murmelte Irmgard im Halbschlaf und war kurze Zeit danach trotz des Barackenlärms eingeschlummert.

Es war schon alles schlimm genug, dachte Karla wehmütig. Man konnte in diesem Fall auch wirklich nichts machen, sondern mußte den Dingen ihren Lauf lassen. Vorsichtig legte sie ihre eigene Wattejacke noch über die Decke der Schlafenden.

Fünf Tage vergingen für Irmgard so im gleichen Ablauf. Nach Stunden der Schwüle folgte das obligate Gewitter mit nachfolgender starker Abkühlung. Trotz ihrer heftigen Schmerzen durch das stundenlange Stehen behielt sie ihre innere Ruhe, ja beinahe Heiterkeit. Es hatte den Anschein, als wiche ihr Olga Wassilowna aus. Sie ließ sich nie bei ihr blicken, und falls sie einmal vorbeikam, so ging sie rasch an Irmgard vorüber. Die Kameradinnen hatten ihr gezeigt, wie man sich die Arbeit erleichtern konnte, und Irmgard sah ein, daß man mit Gewissenhaftigkeit in einem solchen System nicht arbeiten konnte. Die Brigadierin war des Lobes voll. Die Norm wurde geschafft, und das war die Hauptsache. Einige Stichproben hatten zu keiner Beanstandung geführt, so war allen Teilen geholfen. Wenn nur nicht diese entsetzlichen Schmerzen gewesen wären.

An diesem Tag holte sich Irmgard wie alle anderen eine Schüssel während der Mittagszeit und stieg damit langsam in die Küche hinab. Das eben noch laut geführte Gespräch zwischen Olga Wassilowna und einigen Russinnen verstummte bei ihrem Erscheinen schlagartig. Sie beachtete es nicht, zog mit ihrer gefüllten Schüssel wieder ab und ließ sich damit auf einem Brett nieder. Eine der Gesprächsteilnehmerinnen trat unvermittelt neben sie.

»Haben Sie gehört, was in der Küche gesprochen wurde?«

»Nein! Es geht mich auch nichts an.«

»Es betraf aber ausschließlich Sie. Der größte Teil von uns ist empört, daß man Sie Tag für Tag mitschleppt, obwohl jeder sehen muß, daß Sie kaum mehr gehen können. Olga Wassilowna läßt Ihnen nun durch mich sagen, daß Sie sich heute abend noch bei der Natschalniza Santschastj anmelden lassen sollen. Sie sollen so lange eine Rücksprache mit ihr fordern, bis sie Ihnen bewilligt wird.«

Irmgard blieb vor Staunen über eine derartige Mitteilung fast der Löffel im Mund stecken. »Was? Das soll Olga Wassilowna gesagt haben?«

»Ja, im Ernst. Ich will offen sein, einige haben ihr wegen Ihnen richtig eingeheizt. Und da es zum Teil ihre Lieblinge waren, gab sie nach und beauftragte mich mit der Wiedergabe ihrer Entscheidung. Nun tun Sie das auch.«

»Selbstverständlich, aber ich verspreche mir nichts davon.«

Am Abend, beim Antreten, ging die Narjadschidza noch einen Schritt weiter. Zunächst schnitzte sie an einem Birkenknüppel herum, den sie auf einmal Irmgard wortlos als Stütze überreichte. Das war ungewöhnlich, denn ein Knüppel war eine Waffe und durfte darum von Gefangenen nicht verwendet werden. Doch damit nicht genug, Olga Wassilowna besprach sich mit dem Natschalnik Konvoi. Unmittelbar darauf wurde Irmgard mit ihren Kameradinnen an die Spitze des Zuges gerufen. Das bedeutete, daß man sich ihr im Tempo anpaßte – ein unerhörtes Entgegenkommen.

Später humpelte Irmgard am Arm einer Kameradin in das Krankenrevier. Die Schwester Sosja schlug bei ihrem Anblick die Hände über dem Kopf zusammen: »Warum haben Sie uns das nicht schon längst gezeigt?«

»Habe ich ja! Damals sagte man mir aber nur ›Nitschewo‹. Sie werden zugeben müssen, daß ein solches Abtun nicht zu weiteren Versuchen ermutigt.«

»Nun, jedenfalls gehen Sie morgen nicht mehr mit hinaus. Gegen zehn Uhr wird die Natschalniza dasein, und dann werden wir weitersehen. Die Brigadierin bekommt Bescheid.«

Wie leicht das auf einmal ging. Bekam man es mit der Angst zu tun, oder hatte Olga Wassilowna bereits dem Revier einen Wink gegeben, daß sie nichts mehr gegen das Zurückbleiben der Deutschen einzuwenden hatte? Mehr noch als Irmgard atmeten die Kameradinnen befriedigt auf. »Deine Torfarbeit ist damit nun ganz gewiß beendet«, meinte Karla.

»Abwarten«, erwiderte Irmgard skeptisch.

Die Kameradinnen sollten recht behalten. Die Natschalniza Santschastj befühlte und betastete mit der Ärztin gründlich die Beine und erklärte dann: »Sie werden von der Außenbrigade zurückgezogen. Wenn im Krankenrevier mehr Platz ist, werde ich Sie hineinlegen. Warten Sie nun das weitere ab.«

»Hurra! – Großartig! – Endlich siegt die Vernunft«, reagierten die anderen Deutschen nach dem abgegebenen Bericht. Und es schien wirklich, als sollte sich jetzt alles erträglicher für Irmgard Heintze gestalten. Kein Mensch kümmerte sich um sie, sie durfte auf der Nare liegenbleiben, selbst der Aufseher sah bei seinen Gängen darüber hinweg. Die Natschalniza ließ nichts mehr von sich hören, und Irmgard verbrachte zum erstenmal zwei volle Wochen in Ruhe und mit Nichtstun. Nach dieser Zeit tauchte »Madam Kanda« wieder einmal bei Irmgard auf.

»Madam Geinze, ab morgen sind Sie in meiner Brigade. Sie werden wieder im Lager arbeiten.«

»Ist mir recht, wenn es nur nicht das Wassertragen ist.«

»Nein, Sie bekommen leichtere Arbeit«, lächelte die Brigadierin.

Irmgard Heintze bekam leichtere Arbeit. Ein kleines Holzkästchen mit einem kurzen Rutenbesen wurde ihr am nächsten Tag in die Hand gedrückt. Sie hatte das Gelände zu fegen, die vielen Fetzchen aufzulesen, die Spuren der Pferde zu beseitigen, kurz, das Terrain in Ordnung zu halten. Sie tat das mit Hingabe und deutscher Gründlichkeit. Die Brigadierin scherzte sogar: »Sie sind Spezialistin«, und Irmgard Heintze war zufrieden, wenn, ja wenn nur nicht seit der letzten Arbeit diese große Müdigkeit und Schwäche in ihr gewesen wären. Doch darüber sprach sie nicht.

XXXI.

Immer länger wurden die Schatten. Die scharfen Nachtfröste im September brachten den Blumen im Lager den Tod. Den Blättern an den Birken blieb keine Zeit, vor ihrem Fall noch einmal ihre Farbe zu wechseln. Die nunmehr ungepflegte Anlage gab dem Lager das Aussehen eines verwahrlosten Friedhofes, worüber auch die Tagessonne nicht mehr hinwegtäuschte. Jeder Wechsel, selbst der von Jahreszeiten, war voller Unversöhnlichkeit. Mit der absinkenden Sonne sank auch die Hoffnung der Menschen, und es stieg dafür die Angst vor dem Winter. Sie sprachen diese Angst nicht aus, aber immer öfter verharrten sie noch nach der abendlichen Zählung und starrten nach Westen – dorthin, wo in unendlicher Ferne die Heimat lag. Noch immer war es so, daß mit dem Jahresanfang auch der Glaube an eine Heimkehr wiederkam, um dann am Ende doch wieder zu sterben. Und sie grollten: »So wird es Jahr für Jahr sein, und nichts wird sich jemals ändern!« In diesen mutlosen Stunden flüchtete manche der Jüngeren zu der älteren Irmgard Heintze und flüsterte dann kläglich: »Ich kann nicht mehr weiter, darum mußte ich wieder einmal zu Ihnen kommen.« Sie forderten von ihr die Kraft, die sie selbst nicht mehr hatten, und dachten kaum daran, daß auch sie nicht unerschöpflich war. Es langte ihnen, wenn sie getröstet von dannen gingen.

Immer öfter kam es vor, daß sich Irmgard bei der Estin Helga und deren lettischer Freundin Erna befand. Es war ein ungeschriebenes Gesetz, nicht über persönlichstes Erleben der Vergangenheit oder die Unbill der Gegenwart zu sprechen. In ihren Gesprächen lernten sie Land und Leute des anderen Volkes kennen, seine Geschichte, seine Kultur, seine Problematik, und sie gingen tapfer an deren Lösung, die ihnen nun, da sie sich kannten, um so vieles einfacher als früher schien; ohne daß sie es selbst bemerkten, bauten sie Brücken von Land zu Land, denn die kürzere von Mensch zu Mensch war längst geschlagen. Ihre Sprache blieb schlicht und allen großen Worten abgeneigt, die an diesem Ort doch nur hohl und voller Peinlichkeit gewesen wären. Sie wußten von dem Koreakrieg, ohne sich doch von seinen Ursachen ein rechtes Bild machen zu können.

Die Tatsache, daß irgendwo ein neuer Krieg aufgeflammt war, hatte die meisten der Lagerinsassinnen ohne Unterschied der Nationalität fasziniert. Sie waren so fest davon überzeugt, daß sich ihr Schicksal nur durch einen Krieg ändern konnte, daß sie nicht an das Unheil dachten, das nicht nur über sie selbst, sondern auch über die gesamte Menschheit hereinbrechen konnte. Mitleidig lächelten sie über jeden, der anderer Meinung war. Irmgard hätte gern gewußt, was die politisch bewußteren Männer sagten. Sie wäre sehr erstaunt gewesen, daß auch die nicht anders reagierten als die Frauen.

Es kam immer öfter vor, daß mitten in einem lebhaft geführten Gespräch Irmgards Hand wie verloren an die Stirn griff, als könne sie einen Gedanken festhalten, ehe er wieder verschwand und ihm nicht mehr zu folgen war. In einem solchen Augenblick fragte einmal Helga nach Irmgards genauer Anschrift, die diese jedoch bereits vergessen hatte. Noch später, auf der Nare, konnte sich Irmgard die Frage nach ihrem Zuhause nicht beantworten. Am Tag, während der Arbeit, begann sie damit, ihr früheres Leben zu rekonstruieren. Die meisten Menschen und Geschehnisse blieben ohne Namen und tauchten nur schemenhaft, wie in einen dichten Nebel gehüllt, vor ihr auf. Nur seltsam blieb, daß zwei oder drei Gesichter überdeutlich eingeprägt waren, daß von ihnen gesprochene Worte nicht im geringsten an Klang eingebüßt hatten und daß sie alles, was sie mit ihnen erlebt hatte, noch wußte. Mühelos sagte sie deren Anschriften vor sich hin. Aber wann und wo hatte man sie zuletzt gesehen? Unheimlich klar auch im kleinsten Geschehen blieb die Zeit vom ersten Augenblick der Verhaftung an. Nur, was einen einmal ganz erfaßt hat, was einen formte, das lebte und blieb. Alles andere, was mir einmal wesentlich erschien und doch unwesentlich war, war endgültig versunken.

»Karla, kennst du mich eigentlich?« fragte sie um Stunden später die Kameradin, die gerade an ihrem trockenen Brot knabberte.

Karla sah erstaunt auf: »Ich muß schon sagen, du hast manchmal komische Fragen! Seit Jahren sind wir ununterbrochen zusammen, ich denke doch, daß man sich unter solchen Umständen gründlich kennt.«

»So sicher wie du bin ich nicht. Stell dir vor, daß ich nun bald 50 werde und mich selbst erst heute kennengelernt habe. Nun, ich habe heute jedenfalls die alte Irmgard Heintze beerdigt, die längst schon gestorben war, und der neuen bin ich Patin gestanden.«

»Wahrscheinlich habe ich die alte Irmgard Heintze gar nicht gekannt, von ihr weiß ich ja auch nichts, sondern nur von der neuen, die an einem Oktobertag des Jahres 1947 geboren wurde, und die glaube ich zu kennen.«

»Aber wenn wir einmal nach Hause kommen, wird man uns nicht mehr erkennen, Karla. Sie erwarten von uns, was wir einmal waren, und wir sehen in ihnen nur, was wir zurückließen. Das paßt nicht mehr zusammen, und ich fürchte, es wird viel Scherben geben.«

»Wenn es Scherben gibt, dann waren schon längst Risse vorhanden. Ich schätze, du wirst ebensowenig wie ich einmal zerbrochenes Geschirr kitten wollen.«

»Nein, wer aus einem zerbeulten Blechnapf fraß, weiß den Wert einer sauberen und heilen Schüssel zu schätzen. Und wenn sie uns wieder einmal vorgesetzt werden sollte, dann werden wir sorgsam mit ihr umgehen, denn auch das sollten wir gelernt haben.«

»Sag, Irmgard, was erwartest du eigentlich vom Leben nach deiner Rückkehr?«

»Das könnte ich eher dich fragen, du bist so viel jünger an Jahren als ich.«

»Du sollst nicht ausweichen und dich auf dein Alter berufen. Das sind Banalitäten, du bist unverbrauchter als manche der Jungen im Lager. Ich will dir aber ganz ehrlich sagen, daß ich wieder ein Heim haben und für Menschen sorgen möchte, die zu mir gehören. Ich möchte lieben dürfen und wieder geliebt werden. Nichts Lautes dürfte mehr um mich sein, und trotzdem möchte ich das Leben genießen. Und deine Wünsche, Irmgard?«

»Ich möchte wieder schaffen dürfen, Arbeit verrichten, die mir gefällt.«

Während des Gesprächs hatten die beiden Frauen die Baracke verlassen, um vor dem Schlafen noch einmal frische Luft zu schnappen. Sie gingen eine Weile schweigend nebeneinander, bevor Irmgard noch einmal das Gespräch aufgriff: »Mein größter Wunsch, Karla, ist der nach Ruhe. Ich habe manchmal Angst vor dem Leben, nach dem ihr euch alle so sehnt und um dessentwillen wir alles ertragen. Wenn wir aber einmal erfahren sollten, daß für uns nur Trümmer und Gräber vorhanden sind und keine Hand mehr, die uns führt und hält, was dann? Wir schieben die Gedanken an solche Möglichkeiten immer von uns weg, und doch wäre es möglich. Jede von uns hat sich irgendwo im Winkel ihres Herzens einen Altar erbaut, vor dem sie heimlich kniet und betet und von dem her die Kerze leuchtet als weisendes Licht in dieser Nacht. Was soll mit uns werden, wenn dieses Licht dann plötzlich erlischt, wenn nichts, aber auch gar nichts mehr da ist, was auf uns gewartet hat? Mit jedem Jahr, das für uns so qualvoll langsam verrinnt, kann auch die Erinnerung an uns immer mehr verschwinden.«

Schweigend kletterten sie auf ihre Nare und zogen sich aus. In ihre rauhen Decken gehüllt, lagen sie noch lange und starrten nach der niedrigen Decke, als könnten ihre Augen sie durchdringen und einen Blick in die Welt und das Leben tun, nach dem sie sich sehnten und das sie dennoch ängstigte.

Am nächsten Morgen nahm Irmgard ihre »Instrumente« zur Hand und begann die steinhart gefrorene Erde zu kehren. Wie schwer der Besen und das Pappkästchen doch heute waren, und wie sehr das Fegen anstrengte. Vom Frost geschüttelt, schlugen die Zähne aufeinander. Ein plötzlicher Hustenanfall packte sie, dann überfiel sie eine brennende Hitze. Eine Erkältung, dachte Irmgard. Wenn nur nicht diese einlullende Müdigkeit gewesen wäre! Sie stülpte mitten auf der Straße ihr Kästchen um und ließ sich darauf nieder. Man müßte an etwas Schönes denken können, damit man dieser Schwere in den Gliedern Herr werden würde, aber jeder Gedanke verflüchtigte sich sogleich. Ein Häuflein Elend saß da mitten auf der Straße. Das dachte wohl auch die

Russin, eine Malerin, die lange Jahre in Deutschland gelebt hatte und dieses »Verbrechen« mit zehn Jahren Haft bezahlte. Tag für Tag stand sie auf der Bühne der Stolowaja und kopierte dort Postkarten auf eine riesige Leinwand. Zwischen der Malerin und Irmgard war es gelegentlich zu einem Gespräch gekommen, wobei die so zurückhaltende Russin sie aufgefordert hatte, sich ihre »Gemälde« einmal anzusehen. Einer solchen Aufforderung hatte Irmgard gerne Folge geleistet, um dann verlegen vor der Staffelei zu stehen. Was sie sah, waren fürchterliche »Schinken«. Das Befremdende für Irmgard aber war, daß diese Malerin, die einmal wirklich gute Arbeiten ausgestellt hatte, die Geschmacklosigkeiten von heute nicht empfand. Eifrig hatte sie ihr dies und jenes daran erklärt und gar nicht bemerkt, wie sich die Deutsche jeder Kritik enthielt. Auf ihre vorsichtige Frage, wer denn Interesse an solchen Bildern habe, hatte Irmgard erfahren, daß es Bestellungen der Natschalniks seien, die damit ihre niedrigen Zimmer schmückten.

Irmgard hatte das Glück des Schaffens auf dem Gesicht der Künstlerin gesehen, gemischt mit einer Besessenheit, die sie erschreckte. »Aus ihrem Gesicht spricht ja bereits der Wahnsinn«, hatte Irmgard erkannt, und bedrückt war sie davongeschlichen.

Nun stand die Malerin vor ihr und sah auf die zusammengesunkene Deutsche herab. »Sind Sie krank? Kommen Sie, ich bringe Sie ins Prijom.«

»Nein, das geht schon vorüber«, quälte sich Irmgard ab.

»Nun, dann ist es ja gut. Aber kommen Sie doch mit zu mir, ich werde Ihnen mein letztes Bild zeigen. Es wird heute noch abgeholt. Wissen Sie, es ist eine Jagdszene. Die verendeten Tiere sind mir meisterhaft gelungen, das müssen Sie sich ansehen. Kommen Sie doch.«

Irmgard wehrte mühsam ab: »Gehen Sie nur immer voraus, ich komme dann später nach!«

Irmgard sah der Davoneilenden nach. Dieses Zusammentreffen hatte einen Widerstand in ihr geweckt. Mit einem plötzlichen Entschluß stand sie auf, legte Kästchen und Besen in den Graben und ging, wie sie war, in die Ambulanz.

Die weißhaarige Ärztin sah kurz auf: »Nun, was ist mit Ihnen?«

»Wahrscheinlich habe ich Fieber, und ich fühle mich entsetzlich müde und elend.«

Das Fieber war offenkundig. Die Deutsche arbeitete innerhalb des Lagers, so daß ein Krankschreiben ohnehin nicht in Frage kam. »Nehmen Sie diese Tabletten, und kommen Sie morgen wieder, wenn es nicht besser geworden ist.« Damit war Irmgard entlassen. Noch einmal versuchte sie, die Arbeit aufzunehmen, es ging einfach nicht. Sie ließ ihr Werkzeug stehen und schleppte sich in die Baracke. Mochte man sie in die Einzelzelle stecken, es war schon alles egal. Die kontrollierende Brigadierin hatte Irmgards Fehlen natürlich bald bemerkt. Ihr Zorn darüber verrauchte aber, als sie das hochgerötete Gesicht der schlafenden Deutschen sah. Mochte sie heute ausruhen, denn daß sie krank war, sah man.

Schlief Irmgard oder döste sie nur? Sie hätte es selbst nicht sagen können. Sie hatte nur das Bedürfnis zu liegen, und Gott sei Dank störte sie niemand. Erst am Abend füllten sich die Baracken lärmend. Karla und Irene beugten sich erschrocken über die Leidensgenossin. Was sie sagten, vermochte Irmgard nicht zu erfassen. Willenlos ließ sie sich hochzerren und von der Nare helfen. Sie hatten es nicht weit ins Krankenrevier, wo zu dieser Zeit die abendliche Sprechstunde stattfand. Diesmal maß man doch das Fieber. Wortlos stand die Ärztin auf und ging in die Krankenabteilung. Irmgard wartete.

»Sie gehen nicht mehr in die Baracke, sondern sofort ins Revier.«

Erleichtert atmeten die begleitenden Kameradinnen auf. Grippe, vermuteten sie.

XXXII.

Während die Kameradinnen in der Baracke noch über dies und jenes sprachen und sich dabei ihr Nachtlager richteten, saß Irmgard immer noch im Vorraum der Krankenstation und wartete darauf, daß endlich jemand käme und ihr Raum und Bett zuwies. Hie und da ging eine Sanitäterin durch, ohne von ihr Notiz zu nehmen. Es war Sache einer Pflegerin, der sogenannten Wirtschaftsschwester, die Neueingelieferten mit der unbedingt notwendigen Wäsche zu versehen, denn was diese selbst trugen, durfte in die eigentlichen Krankenräume nicht mit hineingenommen werden. Die Wirtschaftsschwester – und das war ein offenes Geheimnis – war die Zuträgerin für den Politoffizier, den gefürchtetsten Mann im Lager. Diese ihre wichtigste Aufgabe in der Krankenstation gab ihr eine Sonderstellung. Eine Kritik an ihrer Person hätte niemand gewagt.

Draußen schlug die Glocke. Über zwei Stunden wartete also Irmgard schon in dem kalten Vorraum. Nitschewo! Wenn nur nicht diese Stiche bei jedem Atemzug gewesen wären! Endlich tauchte die wohlbeleibte Wirtschaftsschwester auf: »Ziehen Sie sich hier aus, und verschnüren Sie alles in ihrer Telekrejka.«

Irmgard tat, wie ihr befohlen wurde. Dann streifte sie das ihr gereichte Hemd über, das so kurz war, daß es nicht einmal ihre Blöße verdeckte, und folgte der vorangehenden Schwester in den Krankenraum. Von den zwölf Betten, die hier aufgestellt waren, waren noch vier frei. Die Schwester deutete auf das eine, hinter dessen Kopfseite eines der beiden Fenster war, händigte ihr noch zwei Bettlaken aus und verschwand. Die Deutsche schlug die Baumwolldecke zurück, lockerte erst einmal die in der sogenannten Matratze verklumpten Stoffreste, breitete das zerrissene Bettuch darüber und legte sich aufatmend nieder. Der Raum, in dem sie sich befand, nahm alle fieberhaft Erkrankten auf. Ihm schloß sich eine eigene kleine Toilette an, so daß niemand genötigt war, ihn zu verlassen. Die einzelnen Betten waren nur durch ein Nachttischchen voneinander getrennt. Die Mehrzahl der in diesem Raum Untergebrachten war bereits wieder auf dem Weg der Besserung. Nur zwei Fälle – und zwischen ihnen lag Irmgard – waren noch recht bedenklich. Die Nachbarin zur Rechten litt an einer hochgradigen Angina. Von Zeit zu Zeit richtete sie sich auf und spuckte die sich lösenden Stücke in einen unbedeckten Napf, der vor ihrem Bett stand. Zur Linken lag eine offene Tbc, die auf ihren Abtransport ins Zentralkrankenhaus wartete. Bei Irmgard selbst war noch keine eingehende Untersuchung erfolgt, also lag auch noch keine Diagnose vor. Das aber kümmerte sie wenig, die Hauptsache war für sie, dem übermächtigen Bedürfnis nach Ruhe nachgeben zu können.

Mitten in der Nacht wurde Irmgard Heintze in einem einwandfreien Deutsch angesprochen; es war die eigentliche Pflegeschwester, eine Polin, die für die nächsten 24 Stunden ununterbrochen Dienst hatte. Irmgard schlug benommen die Augen auf. »Kommen Sie mit zum Arzt!« Damit nahm sie vom Türnagel einen schwarzen Morgenrock, der für solche Fälle allen Kranken gemeinsam zur Verfügung stand. Am Tisch im Vorraum saß schon wartend die weißhaarige Ärztin, Galina Iwanowa. Irmgard irrte sich, wenn sie glaubte, daß sie zu einer Untersuchung geholt würde. Was man von ihr wissen wollte, waren nicht nur ihre genauen Personalien und die bisher überstandenen Krankheiten von den ersten Kindheitstagen an, sondern auch die der Eltern, Geschwister und Großeltern und deren genaue Todesursachen. Was die Doktorin hörte, schien ihr medizinisches Interesse nicht zu befriedigen. »In Ihrer Familie sind nie Tbc-Fälle vorgekommen?«

»Nicht, daß ich wüßte!«

»Denken Sie noch einmal genau nach. Woran starb Ihr Großvater?« Irmgard mühte sich, schließlich zuckte sie die Achseln. »Ich weiß es nicht mehr. Mein Großvater starb lange, bevor ich geboren wurde.« – »Und die Großmutter?« – »Sie starb mit 93 Jahren an einer Lungenentzündung!« – »Und die Mutter?« Die kühle Frage riß jäh eine Wunde auf, die zu brennen begann. Mit gesenktem Kopf und leiser Stimme antwortete Irmgard: »Sie lebte noch, als ich verhaftet wurde.« Und wieder die unerbittliche Stimme: »Wie alt wäre sie dann jetzt?« Irmgards Hände krampften sich um die Tischkante, an der sie sich mühsam hochzog, mit zusammengebissenen Zähnen preßte sie hervor: »Sie wird genau 80 Jahre alt.« Ahnte die Ärztin, was in der Deutschen vorging? Diesmal schlug sie die Augen nieder. Die Schwester war aufgesprungen und legte beruhigend den Arm um Irmgards Schultern. Hastig rief sie der Ärztin zu: »Machen Sie doch schnell, Doktor, sehen Sie denn nicht, daß sie total fertig ist?«

Fast entschuldigend kam die Antwort: »Ich muß das doch alles für die Krankengeschichte haben!« Aber sie beeilte sich nunmehr doch. »Sagen Sie mir nur noch, Frau Heintze, woran starb Ihr Vater?«

»Herzschlag!«

»So, nun können Sie gehen. Am Morgen werde ich Sie dann untersuchen.«

Von der Schwester gestützt, taumelte Irmgard zu ihrem Bett zurück. Sorglich breitete diese die Decke über sie. Dann streichelte sie noch einmal die heißen Hände und die nasse Stirn der Deutschen. »Ich lasse die Tür offen. Rufen Sie mich, wenn es notwendig ist.« Die menschliche Wärme wirkte lösend auf die innere Verkrampfung. Alle Fragen, die von der Ärztin pflichtgemäß gestellt worden waren, hatten die Mauer eingerissen, die sie zum eigenen Schutz um sich aufgebaut hatte. Da sah sie sich wieder an jenem verhängnisvollen Tag in ihrer Wohnung stehen, hörte wieder den letzten wissenden Aufschrei der Mutter – diesen Aufschrei, den sie niemals mehr vergessen konnte. Da war es, das schmerzverzerrte, geliebte Angesicht – sie streckte die Hände aus, um es zu berühren, aber es entzog sich ihr, ließ sich nicht greifen, zwischen ihm und ihr lag ein weiter, leerer Raum. Kurz und stoßweise ging ihr Atem. Vorsichtig hob jemand ihren Arm, fühlte den Puls, die Stimme von Galina Iwanowa sprach zu ihr, doch diesmal voller Güte und Wärme, aber kein Wort drang mehr bis zu ihr vor. Kaum, daß sie den Einstich der Nadel noch fühlte. Noch immer stand die Ärztin wartend an dem Bett, fühlte den Puls wieder und wieder, bis die Kranke ruhiger wurde. Dann erst wandte sie sich der hinter ihr stehenden Schwester zu: »Das ist noch einmal gutgegangen, aber wie lange?« Auf den fragenden

Blick der Schwester fügte sie hinzu: »Eine schwere Lungenentzündung – bei einem solchen schwachen Herzen! Wir wollen nur hoffen, daß keine Pleuritis hinzutritt.«

»Sie hätte rechtzeitig ins Zentralkrankenhaus gemußt«, flüsterte die Schwester.

Die Ärztin überhörte den Vorwurf. »Das geht nicht mehr. Sie sehen doch selbst, daß sie nicht mehr transportfähig ist. Halten Sie sich für den Rest der Nacht hier auf, die drüben brauchen Sie nicht, und rufen Sie mich, wenn ein erneuter Kollaps auftritt. Wir wollen tun, was wir nur tun können. Vor allen Dingen muß der Oberkörper hochgelagert werden. Lassen Sie gleich in der Frühe eine Holzstütze aus der Tischlerei holen.«

Die Helferin sammelte rasch die Kissen aus den freien Betten ein und schob sie Irmgard unter den Rücken. Bei der Berührung schlug die Kranke die Augen auf, sah die Ärztin und die Schwester, die sich um sie bemühte. Ein dankbares Lächeln zog über die verfallenen Züge, das die Schranke zwischen ihnen niederfallen ließ. In einer schwesterlichen Aufwallung drückte die Polin den Kopf der Deutschen an sich. »Es wird schon wieder gut werden«, flüsterte sie. Erschüttert wandte sich die Ärztin ab, um dann ruhelos in der kleinen Küche der Krankenstation auf und ab zu gehen, wo sie für diese Nacht verbleiben wollte.

Sie dachte daran, wie diese Deutsche zum erstenmal vor ihr gestanden hatte und – abgewiesen worden war, obwohl sie als Arzt die Berechtigung der Klage erkannt hatte. Sie hatte sie weiter Wasser tragen und dann ins Torf gehen lassen, weil sie nicht den Mut gehabt hatte, ihre ärztlichen Bedenken dem »Regime« gegenüber auch nur zu äußern. Voller Scham dachte sie daran, wie sie diese todkranke Frau mit einem notdürftigen Umhang in dem kalten Raum hatte sitzen lassen – nur um der Formalitäten willen. Feige war sie geworden, daran änderte auch nicht, daß sie, um ihr nagendes Gewissen zu beruhigen, die Natschalniza beeinflußt hatte, die Deutsche für die Unterbringung in einem Invalidenlager vorzuschlagen. Dafür war es nun zu spät. Wenn wirklich alles zu spät war, dann trug sie die Schuld, denn sie war Ärztin, und Arzt sein hieß helfen, ohne Rücksicht auf die Nation. Im Krieg hatte sie erlebt, wie deutsche Militärärzte ihr jegliche Unterstützung bei der Betreuung der russischen Zivilbevölkerung gewährt hatten. Sie aber hatte jämmerlich versagt in dem Augenblick, als eine Deutsche dringend ihre Hilfe benötigt hatte. Furcht hatte sie gehabt, von dem »Regime« als deutschfreundlich abgestempelt zu werden. Darum hatte sie wider besseres Wissen die Dinge laufen lassen, wie sie liefen. Es war eine böse Rechnung, die ihr da aufgemacht wurde. Von Unruhe gepeinigt, lief sie noch einmal ins Krankenzimmer. Aufmerksam zählte sie die Pulsschläge: »Noch einmal Kampfer!« Willig stand die Schwester auf, um das Gewünschte zu holen.

»Morgen muß Penicillin her«, sagte sie mehr zu sich selbst als zu der Helferin.

Die freie Ärztin, der ausschließlich das Revier unterstand, erschien wie üblich um neun Uhr vormittags. Wie immer informierte sie sich zuerst über die Neueingänge des vergangenen Tages und ließ sich dabei von Galina Iwanowa die Untersuchungsergebnisse berichten. Bei dem letzten Namen stutzte sie: »Eine Njemka?«

»Ja! Es ist die Deutsche, die vor einigen Wochen wegen des Wassertragens bei Ihnen vorsprach, damals aber abgewiesen wurde. Sie war daraufhin noch kurze Zeit im Torf, mußte von dort aber abgezogen werden und arbeitete zuletzt im Lager.«

»Ich erinnere mich. Und was ist jetzt schon wieder mit ihr los?« Es sprach Ungeduld aus dieser Bemerkung.

»Jetzt hat sie eine Lungenentzündung. Das Hinzutreten einer Pleuritis ist zu befürchten.«

»Dann sofort ab mit ihr ins Zentralkrankenhaus.«

»Das geht nicht. Sie ist nicht mehr transportfähig.«

Der Tonfall, in dem die kurzen Antworten von der sonst so verbindlichen Galina Iwanowa kamen, ließ die »Natschalniza Stationar« aufhorchen. »Nun, ich werde mich erst selbst davon überzeugen«, sagte sie.

»Gut, fangen wir mit der Visite gleich bei ihr an.« Sie zog ihren weißen Kittel über und ging in den Fieberraum, von der Lagerärztin begleitet. Für die Insassen der ersten Betten zeigte sie kein Interesse. Sie waren nach ihrer Meinung entlassungsreif. Nur ein kurzer, scharfer Blick fixierte diese Fälle. Diese oder jene von ihnen würde noch für einen oder zwei Tage in den größeren Raum hinüberwechseln, andere wiederum würden ohne jeden Übergang die Krankenstation verlassen. Bei dem Tbc-Fall verweilte sie einen Augenblick und ließ sich sogar zu einer Frage an die Kranke herab. Ihre Augen aber beobachteten bereits die danebenliegende Deutsche, die den Kopf ihr zugewandt hatte. Langsam trat sie dann an deren Bett. »Richten Sie sich auf, und machen Sie den Oberkörper frei.«

Hilfreich sprang Schwester Ira ein. Vorsichtig, aber fest, griffen ihre Hände zu und richteten die Deutsche auf, aus deren Mund seit der Morgenstunde laut röchelnd der Atem stieß. Das Stethoskop glitt von Stelle zu Stelle, dann ließ sie von ihr ab, und sanft legte Schwester Ira die Kranke wieder zurück. Nachdenklich und schweigend stand die freie Ärztin noch eine Weile an dem Bett, dann ging sie weiter. Ihre Gedanken waren offensichtlich bei der Deutschen, denn bei ihrem Rundgang glitten ihre Augen immer wieder zu ihr hin. Unvermittelt sagte sie zu Galina Iwanowa: »Sparen Sie nicht mit Injektionen. Unterstützen Sie das Herz. Kampfer und immer wieder Kampfer!«

»Natürlich, aber damit ist es nicht getan. Es muß Penicillin her.« Die Finger der Natschalniza spielten mit dem Stethoskop. »Ich werde mit dem Natschalnik Regime sprechen.«

Galina Paulowna und Schwester Ira wechselten einen raschen Blick. Eine so schnelle Zusage hatten sie nicht erwartet. Noch eine geraume Weile standen die beiden Ärztinnen in der geöffneten Tür zum Vorraum und besprachen den »Fall Geinze«. Die Natschalniza hielt Wort. Eine halbe Stunde nach ihrem Weggang erschien ein Aufseher im Revier und verlangte die genauen Angaben über die Deutsche. Penicillin gab es nur im Zentralkrankenhaus. Eine einfache Abforderung durch die Ärzte genügte nicht. Erst der Bezirksgeneral hatte nach Überprüfung der Personalakte zu entscheiden, ob das Medikament bewilligt wurde oder nicht. Mit den Personalien der Deutschen mußte infolge der Dringlichkeit ein Wächter in den Zug gesetzt werden, der sich zunächst zum General begab und erst nach dessen Befehl zum Zentralkrankenhaus weiterfahren konnte. Im günstigsten Fall war er mit dem Nachtzug zu erwarten. Bis dahin mußte sich Galina Iwanowa gedulden und konnte weiter nichts tun, als immer wieder antreibende Injektionen zu verabreichen. Gut, daß sie sich wenigstens auf Schwester Ira verlassen konnte.

Zu den Aufgaben der Lagerärztin gehörten auch die täglichen Rundgänge durch die Zechenbaracken. Ohnmachtsanfälle und kleinere Verletzungen kamen häufig vor. Die Betroffenen wurden zunächst einmal notdürftig versorgt und wurden dann an Ort und Stelle der inspizierenden Ärztin vorgeführt. In den meisten Fällen mußte weitergearbeitet werden, und nur selten durfte eine Frau in die Wohnbaracke übersiedeln. Bei diesen Gängen war es Galina Iwanowa zur lieben Gewohnheit geworden, die Lettin Erna aufzusuchen. Sie schätzte diese gebildete Frau, von der sie wußte, daß sie eine Akademikerin war. Erna gehörte zu den wenigen Menschen, die ihr rückhaltloses Vertrauen genossen und denen sie einen tieferen Einblick in ihr Denken und Fühlen gestattete. Obwohl sie es heute besonders eilig hatte, trat sie dennoch in das Büro der Lettin ein. Wie immer wechselten sie ein paar herzliche Worte, trotzdem aber spürte die Lettin mit sicherem Instinkt, daß die Ärztin noch etwas anderes beschäftigte. Noch einen Augenblick stand die Ärztin unschlüssig herum, dann reichte sie der Lettin abschiednehmend die Hand.

»Einen Moment noch, Frau Doktor. Im Krankenrevier liegt Frau Heintze. Ich hätte gern gewußt, wie es ihr geht und was eigentlich mit ihr los ist.«

Die Ärztin fuhr wie auf ein Stichwort herum. »Kennen Sie Frau Heintze näher?«

»Ja, ich kenne sie gut, und ich mag sie sehr gern«, sagte die Lettin schlicht.

Die schon zum Gehen bereite Ärztin ließ sich noch einmal auf dem Hocker neben dem Schreibtisch nieder. Nervös strichen ihre Finger auf der Holzplatte hin und her. »So, Sie mögen sie gern. Auch mir ist sie sehr sympathisch«, bemerkte sie zögernd, um aber entschlossener fortzufahren: »Leider geht es ihr sehr schlecht. Sie hat eine Lungenentzündung, und seit heute morgen noch eine feuchte Pleuritis. Was das bedeutet, brauche ich Ihnen wohl nicht erst zu sagen.«

»Doktor, Sie – Sie haben keine Hoffnung mehr?«

»Nein, ich habe keine Hoffnung«, antwortete die Ärztin müde. »Glauben Sie mir, Erna, ich tue alles, was ich kann. Ich *will* ja, daß diese Frau am Leben bleibt, ich will es ja schon um meinethalben. Aber wie kann dieses schwache Herz das hohe Fieber durchhalten? Jede Stunde wird Kampfer gespritzt, was sonst?«

»Aber es gibt doch dieses Wundermittel Penicillin?«

»Das gibt es, sogar bei uns. Wir haben es auch schon angefordert, aber eine höhere Stelle entscheidet die Bewilligung. Und diese Stelle sieht alles von einem Blickpunkt aus, auf den der Arzt keinen Einfluß hat. Alles hängt davon ab, wie man zu den Deutschen im allgemeinen und zu dieser Deutschen im besonderen steht. Erst in der Nacht kann der Bote zurücksein, dann werden wir es wissen.«

»Bisher ist alles getan worden, um Irmgard Heintze das Leben unerträglich zu machen«, bemerkte Erna bitter, »immerhin, sie ist Ausländerin, und es könnte schon sein, daß man einmal über jeden einzelnen Ausländer Rechenschaft fordert.«

»Möglich, Erna, aber in seiner Dialektik ist dieses Regime meisterhaft. Und was gilt schon ein einzelnes Leben? Soviel Schuld auf einem Konto! Ich frage mich heute, ob man nicht selbst mitschuldig ist. Für mich ist Irmgard Heintze nicht bloß ein Fall, den ich als Mensch und Arzt bedaure, für mich wurde diese Deutsche zu einem Prüfstein. Und Sie dürfen sich darauf verlassen, daß ich um ihr Leben kämpfe! Ich muß es ja, schon um vor mir selbst bestehen zu können.«

»Wenn ich Sie recht verstehe, so ist Irmgard Heintzes Leben oder Sterben ein Urteilsspruch für Sie?«

»So ist es.«

Lange noch stand die Lettin Erna am Fenster und grübelte über den Sinn oder Unsinn eines Gefangenendaseins nach. Diese lebhafte und tätige Frau einmal untätig zu sehen, war für die eintretende Estin Helga ein seltenes Ereignis. »Ist etwas geschehen, Erna?«

»Noch nicht, aber es könnte etwas sehr Schmerzliches geschehen, wogegen ich mich innerlich noch ganz und gar wehre. Es geht Irmgard sehr, sehr schlecht, so schlecht, daß Galina Iwanowa ganz ohne jede Hoffnung war. – Nun, Helga, du sagst nichts dazu?«

Regungslos und mit abwesendem Gesicht stand Helga wie angewurzelt da. Es war, als horche sie tief in sich hinein. Dann aber sagte sie mit einem fast frommen Ernst und überzeugender Sicherheit: »Irmgard wird leben! Ich glaube daran! Du hast keinen Grund zur Mutlosigkeit.«

Ein wunderlicher Mensch, diese Helga. Nichts an ihr wies äußerlich auf etwas Ungewöhnliches hin. Immer hilfsbereit, freundlich und fast heiter, mit einem stets hellen Gesicht lebte sie wie jede andere mitten unter ihnen. Nur in Augenblicken wie diesem schien sie wie entrückt und stellte Prognosen auf, die sich merkwürdigerweise immer noch bestätigt hatten. Es gab eben doch mehr Dinge zwischen Himmel und Erde, von denen sich unsere Schulweisheit nichts träumen ließ, dachte Erna bei sich und zwang sich erneut zu ihrer Arbeit, die auf das Fühlen und Denken der einzelnen keine Rücksicht nahm.

XXXIII.

»Herrgott, diese Kälte! Und das bereits Anfang Oktober!« Karla stand auf dem zugigen Holzplatz, rieb sich die blaugefrorenen Finger, die schon ganz gefühllos geworden waren, sprang von einem Bein auf das andere und schlug schließlich mit den Armen wie wild um sich. Sie hatten bis jetzt in den fünf Stunden Arbeitszeit so gut wie noch nichts geschafft, obwohl sie sich ehrlich abgemüht hatten. Die Stämme waren fest gefroren, und die Schneide wollte sich nicht durch das dicke Holz fressen. Das Thermometer zeigte 26 Grad minus an. Der eisige Wind fegte durch Karlas dünnes Kleidchen und gebärdete sich so ungestüm, daß oft genug die nackten Oberschenkel zu sehen waren. Darüber wollten sich die Ukrainerinnen totlachen.

»Ihr habt mit euren Wolltüchern, der warmen Unterwäsche und den Filzstiefeln gut lachen«, räsonierte die Deutsche.

»Da, Ukrainski!« blähten sich die Mitarbeiterinnen stolz auf. »Eta otchen, otchen charascho!« Sie hoben dabei ihre Röcke und wiesen auf die langen Wollhosen und die Filzstiefel. »Germanski – kapuut, kapuut!« Und wieder wollten sie sich ausschütten vor Lachen.

Karla lief rot an, aber sie bemerkte nur ruhig: »Bei uns nicht so kalt. Bei uns kein Mensch Filzstiefel oder dicke Hosen, verstanden?«

»Verstanden, aber hier gut, serr gut!«

»Morgen wird nicht gearbeitet«, begann erneut eine der Ukrainerinnen das Gespräch. Karla horchte auf. »Morgen nicht?«

»Nein!« bekräftigte die Sprecherin. Und sie setzte der Deutschen in ihrem Ukrainisch auseinander, was sie aufgeschnappt hatte. Karla verstand davon so viel, daß die vier anderen Brigaden zugeteilt werden sollten, da die primitive Vorrichtung zum Druschkischneiden sonst kaputtgehen könnte. Ein geschlossener Raum, in dem sie weiterarbeiten könnten, sei aber nicht vorhanden. Sie war über das Gehörte nicht böse. »Ihr hängt mir schon lang zum Hals raus mit euren blöden Späßen«, dachte sie bei sich. Der Tag heute würde auch vorübergehen.

Die niedrighängenden Wolken hatten eine blaugraue Färbung angenommen, und plötzlich wirbelten dicke Schneeflocken herab. Mit der Arbeit war es nun endgültig vorbei. Einen Unterschlupf konnten sie sich aber nicht suchen, denn dann hätten sie sich verbotenerweise vom Arbeitsplatz entfernen müssen. In jedem Augenblick konnte irgendein Natschalnik auftauchen oder die Narjadschidza , um sie zu einem anderen Arbeitsplatz zu dirigieren. Das eigenmächtige Verlassen ihres derzeitigen Ortes wäre dann sofort als Sabotage angesehen und geahndet worden. Nein, das konnte man nicht riskieren. Ebensogut konnte es aber auch geschehen, daß keine Menschenseele sich blicken ließ. In diesem Falle mußte man dann eben die volle Arbeitszeit herumstehen.

Der Schneesturm hatte sich zu voller Stärke entfaltet. Kaum, daß man die Hand noch vor den Augen sah. Die vier Frauen wirkten wie hüpfende Schneemänner. Den Ukrainerinnen machte das alles noch Spaß, empfindlicher war schon Karla davon betroffen. Durch das dünne Leinenkopftuch drang zum Überfluß neben der Kälte auch die Nässe. Trotz der ständigen Bewegung starben auch die Füße ab. Melancholisch betrachtete sie sich die breiten Risse in ihren Schuhen. Ein Königreich für ein Paar Filzstiefel, und mögen sie noch so abgetreten, unförmig und verbraucht sein. Man würde sich dann doch wenigstens die Füße nicht erfrieren. Es sah doch wirklich alles recht trist aus, und Irmgard hatte mit ihrer Angst vor dem Winter schon recht. Ja, Irmgard! Ein Glück für sie, daß sie für einige Zeit wenigstens auf der Krankenstation geborgen war. Dieses und ähnliches ging Karla durch den Kopf, als eine der Ukrainerinnen ausrief: »Der Kommandant!« Wahrhaftig, da kämpfte sich eine Männergestalt durch das Schneetreiben. An den rudernden Bewegungen und an dem langen Schnauzbart, der von Schnee dick belegt war, hatte das scharfe Auge der Ukrainerin den Kommandanten erkannt.

Der Kommandant, ein Jude, war der beliebteste Natschalnik im Lager. Seine schmächtige Gestalt wirkte in der Uniform mit den breiten, goldstrotzenden Achselstücken irgendwie komisch. Dieses Manko versuchte er durch besonders straffe, militärische

Haltung und den mächtigen Schnauzbart auszugleichen. Er polterte gern, aber sein Poltern war von gutmütiger Art. Von ihm war noch keiner mit Einzelhaft bestraft worden. Er ignorierte es, wenn er von den Gefangenen nicht zuerst gegrüßt wurde, und es war schon wiederholt vorgekommen, daß er die betont zur Schau getragene Würde der Uniform vergaß und tatkräftig zugriff, wenn sich Frauen irgendwo besonders abquälten. Hinterher staubte er sich sorgfältig die Uniform ab und stolzierte kerzengerade davon. Alles in allem ein guter Kerl. Kein Wunder, daß die Druschkiarbeiterinnen über sein unvermutetes Auftauchen mehr erfreut als erschreckt waren. Jetzt strebte er eilig der Zeche zu. »Natschalnik Kommandant! Natschalnik Kommandant!« rief ihn eine der Ukrainerinnen an.

»Verdammt, was gibt es denn nun schon wieder?«

»Natschalnik Kommandant! Dürfen wir in die Baracke, wir können doch heute nicht arbeiten?«

»Was, ihr könnt nicht arbeiten, warum denn nicht?«

»Weil sich das Messer nicht durch die Stämme ziehen läßt!«

»Na, das wollen wir doch erst einmal sehen. Dawai, einen Stamm her, dawai!«

Die Frauen ergriffen geschickt den dicksten der Stämme, den sie in der Eile erwischen konnten, und klemmten ihn auf den Halter. Energisch faßte er den Griff und versuchte mit aller Kraft, das Messer durchzuziehen. Natürlich ging es nicht.

»Los, faßt mit an!« Noch einmal versuchten sie es zu viert. Wieder blieb das Messer stecken. Bekümmert schob der Kommandant seine Pelzmütze zur Seite und kraulte sich den Kopf. »Ist nichts da, was ihr wenigstens aufräumen könnt?«

»Nichts, Natschalnik, gar nichts«, beteuerten die Ukrainerinnen. Gott sei Dank konnte er durch das Schneegestöber die zehn Meter entfernt lagernden Kisten nicht entdecken, zumal der Schnee sie zugedeckt hatte. Im anderen Falle hätten sie die Kisten irgendwohin schleppen müssen, von wo sie am Ende wieder zurückbefördert hätten werden müssen. Das nannte man dann »Arbeitsbeschaffung«.

»Na, dann geht in die Baracke. Aber meldet euch heute abend

bei Olga Wassilowna, damit sie euch morgen für eine andere Arbeit einsetzt.«

Hocherfreut stürmten die Frauen davon. Die letzte Hürde war noch der Wachposten, den sie am Tor zu dem Wohnlager passieren mußten. Doch der Satz: »Der Kommandant hat gesagt ...« besiegte auch dessen Mißtrauen.

»Großartig«, sagte Karla, »wieder einmal ein paar Stunden gewonnen, und eine gute Gelegenheit, um einmal zu sondieren, in welchem Zimmer Irmgard liegt. Bei dem Wetter läßt sich sowieso keine Katze sehen. Durchs Fenster kann man bestimmt einen kleinen Plausch machen, ohne daß man gleich erwischt wird.« Vorsichtig pirschte sie sich an die Krankenstation heran. »Ich schätze, Irmgard liegt auf der Fieberstation.« Fatal, daß die Fensterfront zum Lager lag. Mit einem Satz sprang sie auf die Holzumrahmung, die alle Baracken in Meterhöhe umlief, und hielt sich an dem Fenstervorsprung fest. »Irmgard, Irmgard«, rief sie immer wieder, so laut sie nur konnte.

Irmgard hatte das Rufen hinter ihrem Fenster wohl vernommen. Ach ja, die Kameradinnen! Aber wie sollte sie sich so weit aufrichten, daß sie sich wenigstens umdrehen konnte? Die linke Seite hielt sie fest, als läge eine Zentnerlast darauf. Und immer wieder hörte sie, wie ihr Name gerufen wurde. Wer immer da rief, es war ein Stück Heimat, dem man Antwort geben mußte. Verzweifelt wälzte sie sich auf den einen Arm und stemmte sich hoch. Nun noch den Kopf umdrehen. Sie brauchte Zeit, viel Zeit dazu. Da, endlich sah sie das lachende Gesicht Karlas, das sich an die Fensterscheibe preßte. Auch Karla bemerkte sie nun. In ihrer ersten Freude über das Wiedersehen sah sie nicht die schrecklichen Veränderungen an der Kameradin. Sicher sagte Irmgard etwas, denn sie bewegte die Lippen. Schade, daß man sie nicht verstehen konnte.

»Wir haben eben frei bekommen, Irmgard – 26 Grad Kälte heute!« Noch immer lachte Karla froh. »Wie geht es dir, Irmgard?«

Ach, wenn sie doch wenigstens nur das kleine Wort »gut« hätte sagen können. Aber kein Wort brachte sie mehr über die Lippen, sie krächzte ja nur um jeden Atemzug. Da war die Kameradin des Gefängnisses, des Lagers, ein Stück Heimat! 26 Grad Kälte! Schneesturm – ein Leinenkopftuch – bloße Hände, die ganz dick von Kälte und Arbeit waren! Lieber Gott, o Gott! Und Irmgard rutschte in die alte Lage zurück, der zitternde Arm hatte keine Kraft mehr, sie noch länger zu stützen. Lautlos quollen die Tränen aus den weit aufgerissenen Augen.

Irmgard konnte nicht mehr sehen, wie das Lachen mit einem Schlag aus Karlas Gesicht verschwunden war. Sie sprang von dem Tritt ab und stapfte durch den Schnee.

Grippe, so hatten sie alle geglaubt. Nur die Lettin hatte klarer gesehen. Irmgard durfte nicht sterben, da sie sie doch nicht so einfach in einer Kiste hier verscharren und für immer allein lassen konnten. Immer hatten sie alle zusammengehalten, vom ersten Tag an, hatten manchmal in bitterer Ironie gelacht und öfter noch sich gegenseitig wieder Mut gemacht. So sinnlos durfte doch für keinen das Ende sein.

Immer im gleichen, wirren Gang bewegten sich Karlas Gedanken. Sie empfand, wie nötig einer dem anderen in der Gefangenschaft war und daß sie keiner allein bestehen konnte. »Wieviel nahmen wir doch voneinander, ohne es zu merken. Der andere, das war immer noch die Heimat. Auf ihn luden wir unsere Verzweiflung, unsere Tränen, unsere Sorgen. Und er trug sie geduldig mit der eigenen schweren Last. Der andere entzündete immer wieder das Flämmchen des Vertrauens, des Glaubens. Er hielt immer die Sehnsucht wach, die Sehnsucht nach der Heimat. Einen Menschen zu Hause in die Erde zu betten ist so schmerzhaft schwer, aber ihn in der Gefangenschaft auf einem Dungwagen hinausfahren sehen, das ist das Bitterste.« Karla schauderte bei diesem Gedanken zusammen.

In einem Lager mußte man immer wieder in die Baracke zurück, wie das Tier, das seinen Stall brauchte, auch wenn er verdreckt und kümmerlich war. Sie hockte auf ihrer Nare, sah in das Treiben und sah es doch nicht. Die Zechenleute kamen herein. Unter ihnen befanden sich auch die Lettin Erna und die Estin Helga. Mit einem kurzen Blick streiften sie Karla, die sie nicht wahrnahm.

»Du, Helga, schau doch, ob irgend etwas passiert ist?« meinte Erna unruhig.

»Du denkst an Irmgard?«

»Natürlich! An wen denn sonst.«

»Du brauchst nicht nervös zu werden, mit Irmgard ist nichts geschehen, wenigstens nicht das, woran du denkst«, bemerkte Helga gelassen.

»Nimm es mir nicht übel, aber manchmal kannst du einen mit deiner Ruhe zur Verzweiflung bringen!«

Ehrlich erstaunt sah Helga auf. »Aber, Erna! Wenn ich das nicht so genau wüßte, dann wäre ich doch gar nicht so ruhig. Oder glaubst du, daß mir nichts mehr nahegeht?«

Beschämt senkte Erna den Kopf. »Wenn ich doch nur auch so ohne jeden Zweifel glauben könnte wie du. Wahrhaftig, du bist ein glücklich veranlagter Mensch!«

»Du kannst ruhig sagen, daß ich der glücklichste Mensch im Lager bin, denn vieles, was euch alle in Erbitterung und Zorn versetzt, kann mir nichts anhaben. Für mich ist dieser Aufenthalt die Zeit der Prüfung und Bewährung. Und nach meiner Auffassung ist es Glück, wenn mir eine solche Zeit gegeben ist. Aber dazu muß man eben tief gläubig sein, und ihr alle, auch du, seid viel zu sehr der Welt verhaftet.«

Erna verspürte keine Lust, auf Helgas Steckenpferd einzugehen.

Da war sie schon wieder, diese verblüffende Sicherheit. Aber wirklich, es dauerte gar nicht lange, als Karla an die Narenstrebe klopfte.

Ohne jeden Übergang, fast schroff, erklärte Karla: »Ich war heute am Fenster des Reviers und wollte Irmgard sehen und sprechen. Gesprochen habe ich sie nicht, aber gesehen! Und was ich sah, war eine Sterbende.«

»Nun schütten Sie aber nicht gleich das Kind mit dem Bade aus, Karla«, unterbrach sie Erna burschikos. »Ich habe heute auch mit Galina Iwanowa gesprochen. Es ist wahr, daß es Irmgard schlechtgeht, sehr schlecht sogar, aber sie wird heute nacht schon Penicillin bekommen, und von diesem Wundermittel verspricht sich die Ärztin alles. Nun, was sagen Sie jetzt?« Erna stellte die Penicillin-Injektion absichtlich als Tatsache hin. Bei diesem Katzenjammer, den die Deutsche hatte, brauchte sie nicht alles haargenau zu wissen.

»Sie bekommt Penicillin? Wirklich Penicillin? Ich weiß, daß die Russen Penicillin haben, aber es ist wahnsinnig teuer, und ein solches Präparat sollten sie für eine Gefangene zur Verfügung stellen? Das erscheint mir fast unglaublich.«

Die Lettin schlang verstehend den Arm um sie und drückte mütterlich den Kopf der Deutschen an sich. Mit Augen, die weit in die Ferne gerichtet zu sein schienen, begann sie leise, in ihrer Heimatsprache ein Lied zu singen. Voll und weich klang die schöne Stimme. Die drei Menschen, die dicht aneinandergedrängt saßen, vergaßen Ort und Gegenwart. Nicht das Lärmen der Baracke war mehr um sie, nur noch diese schlichte Melodie und der Zauber einer so unendlich klangvollen Stimme. Dann hob die Lettin den Kopf der Deutschen auf: »Ist es jetzt besser?« Karla konnte nur nicken. Die Lettin und die Estin warfen sich einen verständigenden Blick zu. Helga schien etwas zu bejahen.

»Nun passen Sie genau auf, Karla. Dieses kleine Lied ist auch in Estnisch vertont.« Sie ließ Karla los und zog Helga näher an sich heran. Mit der Hand gab sie ein kleines Zeichen, und nun erklang das gleiche Lied noch einmal, nur in der estnischen Sprache, von der es heißt, daß sie das Italienisch des Nordens sei. In den Alt der Lettin mischte sich der helle Sopran der Estin.

Als die beiden fertig waren, fragte Erna: »Sie können doch etwas Estnisch, Karla. Haben Sie den Inhalt des kleinen Liedes mitbekommen?«

»Nicht ganz«, gestand die Deutsche. »Nur so viel weiß ich, daß es von einer Amsel handelt. Auf jeden Fall scheint es mir ein lettisches oder estnisches Volkslied zu sein.«

»Ja, es ist wie ein Volkslied, aber es ist weder eines aus meiner noch eines aus Helgas Heimat. Hören Sie noch einmal gut zu, wir werden es Ihnen zum drittenmal vorsingen, aber diesmal in Ihrer Sprache.«

Gespannt lauschte die Deutsche den ersten Worten, doch bald

schon ging ihre Spannung in ein ergriffenes Erkennen über, doch sie rührte sich nicht. Erst als die Stimmen wieder schwiegen, sagte sie erregt: »Das war ja Irmgards kleines Amsellied. Erklären Sie mir doch, wie sie dazu gekommen sind, bitte!«

»Das war ganz einfach. Da, wo Sie jetzt sitzen, saß an manchem Abend auch schon Irmgard bei uns. Einmal hat sie wohl mit ihrem ›apart gemusterten Batisttaschentüchlein‹ auch ein kleines, zusammengelegtes und an den Rändern ausgefranstes Papierchen herausgezogen, ohne daß es einer von uns bemerkt hatte. Später, als wir unsere ›seidenen Daunendecken‹ auseinanderbreiten wollten, entdeckte es eine von uns. Nun, wenn Frauen Papierchen sehen, sind sie immer neugierig, und hier im Lager erst recht. Zu unserer Ehrenrettung darf ich aber gestehen, daß zunächst keine von uns an die Möglichkeit dachte, daß es Irmgard verloren haben könnte. Für euch Deutsche ist ja ein Blatt Papier eine Kostbarkeit. Jedenfalls falteten wir es auseinander und stellten fest, daß es zwei Verse enthielt. Naja, dann haben wir beide die Köpfe zusammengesteckt und die winzige Schrift zu entziffern versucht. Das war keine leichte Arbeit, denn die Bleistiftschrift war stellenweise schon ganz verblaßt. Immerhin, wir bekamen sie zusammen, und damit wußten wir auch, wer es verloren hatte. Ja, und dann haben wir ganz bewußt den Fund unterschlagen, denn Helga hatte eine Idee. Am nächsten Tag schon hat diese kleine Person, anstatt brav über Zahlenreihen zu sitzen, ein ganzes Blatt mit Noten bekritzelt. Sie war weiterhin noch so pflichtvergessen, daß sie damit gleich zu mir gerannt kam. Was soll ich Ihnen noch erzählen? Ach so, ja, ein Weilchen später saßen wir hinter der Toilette und probten eifrig. Der Geruch war zwar nicht angenehm, aber wir waren dort wenigstens sicher. Und den Erfolg haben Sie ja gehört. *Ich* jedenfalls finde, daß es entzückend geworden ist.«

Mit wachsendem Staunen hatte Karla zugehört: »Himmel, welche Menge an verkannten Genies ist doch unter uns. Sie, Helga, können komponieren, und Sie, Frau Erna, haben Chemie, Ökonomie und sogar Musik studiert. Was können Sie denn noch alles?«

»Sie haben das Beste vergessen, ich habe einen Prachtjungen zur Welt gebracht, und durch ihn habe ich nun ein ebenso prächtiges Enkelkind, das ich aber nur von den Aufnahmen her kenne. Vor diesen Tatsachen ist alles andere belanglos. Aber Helga kann wirklich etwas. Dem Mädel liegt die Musik im Blut, ihre einzige Schwester ist eine bei uns sehr bekannte Sängerin, und sie selbst vertont eine ganze Menge Lieder, von denen kein Mensch weiß, daß die Melodie von ihr stammt. So bescheiden war sie schon immer.«

Karla spürte den tiefen Ernst, der sich hier in humorvoller Weise einmal Luft machte.

»Frau Erna hat recht, wenn sie sagt, daß Ihnen ein Gottesgeschenk in die Wiege gelegt wurde, das nicht vertan werden darf«, mahnte Karla.

Das eben noch so strahlend heitere Gesicht der Estin hatte sich merkwürdig verändert, ein Ausdruck von Fanatismus lag darauf, und in schroff ablehnender Art antwortete sie: »Was versteht ihr davon! Ich gehe meinen Weg, der mir vorgezeichnet ist. Was ihr Kunst nennt, ist in meinen Augen nichts anderes als Spielerei. Und nun Schluß damit.«

Eine verlegene Pause trat ein. Es war, als wäre unter die drei eben noch so innig vereinten Menschen etwas Kühles und Trennendes getreten. Erna räusperte sich und erklärte dann resigniert: »Nun gut, sprechen wir also von etwas anderem. Kehren wir zu der zurück, von der die Worte des kleinen Volksliedes stammen. Unser Singen vorhin galt nicht allein Ihnen – Sie werden uns deswegen nicht böse sein –, es war zugleich auch ein Gruß an Irmgard, den sie nicht gehört, aber vielleicht gespürt hat.«

Zwei Augenpaare richteten sich fragend auf die Deutsche. Die aber ergriff die Hände der beiden Freundinnen und drückte sie fest: »Ich danke Ihnen von ganzem Herzen, daß Sie mich heute abend so getröstet haben.«

XXXIV.

Zur gleichen Zeit, als die Freunde in der Baracke zusammensaßen, tauchte im Revier unvermutet noch einmal die freie Ärztin auf. Das kam so gut wie nie vor. Sie griff sich einen Kittel und begab sich zum zweitenmal an diesem Tag in Raum drei. Ein paar Sekunden lang stand sie neben dem Bett der Deutschen und betrachtete die zusammengekrümmte, laut um Atem ringende Gestalt. Ohne Gruß und ohne auch nur ein Wort an irgend jemand gerichtet zu haben, verließ sie wieder den Raum, in dem seit ihrem Eintreten jedes Gespräch verstummt war. Ihr nächstes Ziel war die Ambulanz, wo zur Zeit noch die Abendsprechstunde in Gang war. Die amtierende Lagerärztin, überrascht von dem ungewöhnlichen Besuch, unterbrach sofort die Visite und wies die zur Behandlung anwesenden Frauen ins Vorzimmer, dann wartete sie auf die Anweisung, die die Natschalniza vermutlich geben wollte.

»Was wurde der Deutschen bisher injiziert?« fragte die Natschalniza kurz.

»Kampfer, Koffein und Glukose!« war die ebenso kurze Antwort.

»Nimmt sie Nahrung zu sich?«

»Nein! Schluckbeschwerden!«

»Hm. – Wer liegt in der Box?«

Das wußte sie zwar genau, trotzdem wurde auch diese Frage beantwortet: »Eine Ca., eine Tbc und eine Schizophrenie!«

»Die kommen morgen ins Zentralkrankenhaus. Lassen Sie sofort die Box freimachen, und legen Sie die Njemka hin.«

»Gut!« Die Lagerärztin hatte verstanden, daß die Natschalniza mit einem Exitus rechnete. Ein solcher Ausgang war im Lager wenig erwünscht, denn so etwas ging unauffälliger im eigentlichen Krankenhauslager vor sich. Jeder Todesfall im Arbeitslager wirbelte unnötigen Staub auf, aber hier war nun einmal nichts mehr zu ändern. Immerhin, der abendliche Besuch der Natschalniza bewies, daß sie als Ärztin an dem Fall interessiert war und daß sich damit die Lagerärztin in der Anwendung der Injektionen keine Beschränkung auferlegen mußte. Als hätte die freie Ärztin den Gedankengang der gefangenen Kollegin erraten, bemerkte sie noch beiläufig: »Fordern Sie rechtzeitig genügend Kampfer und Glukose an!«

Die Unterredung war beendet, und die Natschalniza verschwand, wie sie gekommen war. Die Lagerärztin ließ die Wirtschaftsschwester rufen, der sie die Anordnung der Natschalniza weitergab.

»So ein Aufhebens mit der Njemka«, warf jene mißmutig ob der damit verbundenen Mehrarbeit ein.

»Die Natschalniza hat es angeordnet«, schnitt die Ärztin jeden weiteren Einwand kurz ab. »Natschalnik« war das Zauberwort, dem sie unbedingt zu gehorchen hatte, und nur darum ging sie unverzüglich an die Ausführung des Befehls. Eine Stunde später lag Irmgard Heintze als einzige Kranke in der freigemachten Box. Über die Ursache der Verlegung machte sie sich keine Gedanken. Zwar wußte sie genau, wie es um sie stand, aber es schien sie nicht zu berühren. Merkwürdig nur, wie groß ihr jetzt alle Räume vorkamen. Alle Gegenstände ringsherum hatten andere Dimensionen angenommen. Endlich einmal allein zu sein war für sie eine Wohltat. Sie hatte Höllenqualen gelitten, als die Zimmergenossinnen ihr geschmortes Backobst schlürften, während sie vor Durst verging und niemand daran dachte, ihr ein bißchen Wasser zu reichen. Sie hatte die Decke über das Gesicht gezogen, um die Gier nach dem flüssigen Obst der anderen nicht erkennen zu lassen. »Nur um nichts bitten«, hämmerte es in ihrem Gehirn.

In ihren weichen Fußschlappen ging Schwester Ira lautlos hin und her. Von der offenen Tür der Box aus konnte sie die Deutsche beobachten, ohne daß jene es bemerkte. In den übrigen Krankenräumen war Stille eingetreten. Nur die Deutsche lag mit weit aufgerissenen Augen. Woran mochte sie denken, und konnte sie überhaupt noch etwas denken? Von einer menschlichen Regung geleitet, trat sie an das Bett und sah jetzt erst, wie Hautfetzchen an den eingetrockneten Lippen hingen. Was für ein Durst mußte die Kranke quälen: »Soll ich Ihnen etwas schwarzen Tee kochen?« Die Andeutung des Kopfnickens sagte ihr genug.

In der nebenan liegenden Schwesternküche hatte sich die Ärztin ein provisorisches Lager für die Nacht hergerichtet. Aber auch sie schlief nicht. Ungeduldig wartete sie auf den Zug, der den am Morgen abgesandten Boten zurückbringen mußte. Schwester Ira war eingetreten und machte sich an dem kleinen Herd zu schaffen. Gedankenlos sah Galina Iwanowa zu, wie Ira kleine Späne in das Feuerungsloch schichtete, sie anzündete, ein größeres Stück Holz darüberlegte und schließlich einen Wasserkessel über das offene Feuer stellte. Dann holte sie drei Becher, schüttete aus einem Beutel, den sie ihrer Kleidertasche entnahm, in jeden etwas von seinem Inhalt hinein und wartete auf das Sieden des Wassers.

»Was machen Sie denn da, Ira?« fragte schließlich die Ärztin.

»Tee!«

»Ach ja, der wird uns guttun«, seufzte die Ärztin.

»Mehr noch der Deutschen«, entgegnete Ira.

Betroffen und beschämt schwieg die Ärztin. So weit war man hier schon, daß kein Mensch an den anderen dachte. Natürlich hätte sie der Krankenschwester erst sagen müssen, daß man der Deutschen etwas zum Trinken hinstellen mußte. Nicht das geringste geschah hier ohne Anweisung. Wieder hing die beklemmende Stille im Raum. Jetzt goß Ira das kochende Wasser in die Metalltöpfchen und stellte das für die Deutsche bestimmte zum Abkühlen in eine gefüllte Wasserschüssel. Dann trug sie es hinaus.

Vorsichtig schob sie ihren Arm unter den Kopf der Kranken und hob ihn an. Irmgards Augen hingen gebannt an dem Metallbecher, zitternd schlossen sich die Hände darum, sie schluckte in gierigen Zügen die kostbare Flüssigkeit und legte dankbar ihre Hand auf die der Polin.

»So, nun versuchen Sie aber etwas zu schlafen. Morgen früh ist Sosja da, sie ist ein lieber Kerl. Trotzdem komme ich Sie einmal besuchen, und nun, marsch, schlafen!« Trotz des energischen Schlusses strichen ihre Finger behutsam über das Gesicht der Liegenden.

Morgen! Ja, was würde morgen sein! So sicher war die Polin

gar nicht, wie sie tat. »So, nun können wir unseren Tee trinken«, meinte sie etwas später zur Ärztin.

»In meiner Kitteltasche ist noch etwas Würfelzucker, reichen Sie ihn doch einmal herüber!«

Langsam und bedächtig tranken die beiden ihren Tee, der auch für sie ein seltener Genuß war. Aber ein Gespräch zwischen ihnen wollte heute nicht aufkommen. Wie unter einem Zwang lauschten sie immer wieder nach draußen. Auch ohne dies würde der Zug nicht zu überhören sein, der in jeder Nacht in kurzer Entfernung hinter dem Revier laut vorbeikeuchte, um dann in die Station einzufahren. Endlich war das Rattern zu hören. In einer unausgesprochenen Frage sahen sich die beiden wartenden Frauen an: Würde der als Bote fungierende Aufseher die abgeforderten Einheiten Penicillin bei sich haben oder nicht? Langsam kleidete sich die Ärztin an. Es würden noch mindestens zehn Minuten vergehen, dann würden sie es wissen. Als sie Schritte vernahmen, traten sie in den Vorraum hinaus. Bedächtig legte der Aufseher ein Päckchen auf den Tisch. Es enthielt nicht nur das Penicillin, sondern auch andere Medikamente, die sie dringend benötigte.

»Danke, vielen Dank!«

Schwester Ira hatte schon vorgesorgt und kam mit der Spritze angelaufen. Die Ärztin führte die Spitze der Nadel selbst in die geöffnete Ampulle und zog den Stempel zurück. Noch einmal hielt sie die Spritze prüfend gegen das Licht, dann begab sie sich raschen Schrittes in die Box. Die Deutsche lag zusammengekrümmt auf der Seite, es war nicht zu erkennen, ob sie wirklich schlief. Vorsichtig lüftete die Ärztin die Decke, und mit raschem Blick stieß sie die Nadel in den Muskel. Aufmerksam verfolgte sie die Entleerung der Glasröhre. Erst beim Zurückziehen der Nadel begegneten sich die Blicke von Ärztin und Patientin. Es war, als sähen sie sich zum ersten Mal. Wie jung diese Frau mit dem weißen, in Wellen herabfallenden Haar war, durchfuhr es Irmgard. Was für ein gutes Kindergesicht diese Deutsche hatte, dachte zur gleichen Zeit die andere. Liebevoll rückte die Ärztin die Decke zurecht und beugte sich über die Kranke, um für eine Sekunde ihren Kopf an den der anderen zu legen. »Es wird doch noch alles gut«, flüsterte sie bekräftigend in ihrem akzentuierten Deutsch.

Wie einfach wäre alles, und wie schnell würden sich die Menschen verstehen, wenn man sie nicht immer künstlich aufeinanderhetzen würde.

Doch noch viele sorgenvolle Tage, ja Wochen zogen herauf, in denen eine verurteilte russische Ärztin verzweifelt um das Leben einer verurteilten Deutschen rang. Und es gab Stunden, in denen sie resignierend zu der Lettin sagte: »Es ist ein ständiger Wettlauf mit dem Tod! Immer wieder jage ich das ermattete Herz gewaltsam auf. Ich weiß schon nicht mehr, ob ich recht, ob unrecht tue.«

»Nicht nachgeben, nicht nachgeben, Doktor«, beschwor sie die Lettin. »Solange sie atmet, so lange gibt es noch Hoffnung.«

Immer wieder drang die spitze Nadel in den erbarmungswürdig abgemagerten und regungslos liegenden Körper ein. Voller Mitleid sah die Ärztin auf das vor ihr liegende Wrack nieder, aber sie gab nicht nach.

Nach drei Wochen, in den frühen Morgenstunden, fiel die Kranke zum erstenmal in einen festen Schlaf, durch den ein Traum in klaren Bildern zog. Sie stand in einer seltsam schönen, fremden und doch irgendwie vertrauten Landschaft. Ein anmutiges Paar, in der Kleidung des letzten Jahrhunderts, bewegte sich in großer Entfernung auf sie zu. Der hohe, schlanke Mann hielt in der Linken den damals üblichen grauen Zylinder, am rechten Arm eine graziöse Frau. Das Paar mußte wohl ein freundliches Gespräch führen. Von Zeit zu Zeit blieb es stehen und blickte sich lächelnd an. Welch wunderschönes Bild, durchzuckte es Irmgard. Jetzt sprang ein Hund hinzu, ein herrlicher deutscher Schäferhund. Das Paar sprach ein paar freundliche Worte zu ihm, und freudig sprang der Hund voran. Wie fasziniert hing Irmgard an diesem Anblick, dann brach es aus ihr heraus: »Arno, mein Arno!« Denn der Hund, der dort sprang, war ihr eigener Hund. Das Tier stürzte ihr laut bellend entgegen, er hatte Irmgard erkannt. Bevor er sie erreicht hatte, suchte Irmgards Blick noch einmal das Paar, das innegehalten hatte und lächelnd zu ihr hinübersah. Ganz plötzlich erkannte Irmgard in jener jungen Frau ihre eigene Großmutter, und jener Mann konnte niemand anderes sein als der Großvater, den sie nie im Leben gekannt hatte. Vor Freude winselnd sprang der Hund an ihr hoch. Beglückt schloß ihn Irmgard in ihre Arme! Doch plötzlich wandte der Hund lauschend den Kopf, mit einem Klagelaut machte er sich von seinem geliebten Frauchen los und lief dem Paar nach, das sich umgewandt hatte und nun den gleichen Weg Arm in Arm zurückging. Bei Irmgards verzweifeltem Ruf: »Arno, bleib doch bei mir!« blieb er zwar stehen und bewegte heftig wedelnd die Rute, doch dann sprang er dem fortstrebenden Paar nach. Tränenüberströmt blieb Irmgard einsam und verlassen zurück. Im gleichen Moment wurde sie wach. Noch immer flossen die Tränen, und unter ihren Händen fühlte sie noch das Fell des Tieres. Mit einem Schlag wurde ihr klar: Ich werde leben! Aber kein Glücksgefühl begleitete dieses Wissen, nur eine rätselvolle Schwermut und Trauer füllte sie ganz und gar aus, von der sie sich noch monatelang nicht freimachen konnte.

Am Morgen trat wie immer Galina Iwanowa an das Bett der Deutschen, und wie immer erwartete sie auf die übliche Frage nach deren Ergehen keine Antwort. Nichts schien sich an dem Zustand der Kranken verändert zu haben. Desto überraschter war sie, als diese ein fast unhörbares »Lutsche!« (Besser) flüsterte. Erschrocken faßte sie nach dem Puls der Kranken. In der Tat, der Puls ging regelmäßiger als sonst. Das Wunder war geschehen! Und wie schon einmal, beugte sie sich über das unsagbar klein gewordene Gesicht der Deutschen: »Nicht weinen, Irmgard, nicht weinen! Wirklich, es ist besser! Endlich über den Berg!« Unbegreiflich war ihr der schmerzvolle Ausdruck, der trotz ihrer Bestätigung nicht schwinden wollte; unbegreiflich war auch Irmgard die Trauer, die nicht mehr von ihr wich. Sie konnte ja nicht wissen, daß jener Traum einen anderen Menschen in jenes dunkle Reich geholt hatte, aus dem es kein Wiederkommen gab – und dieser Mensch war ihre Mutter. Das aber sollte Irmgard erst Jahre später erfahren, ebenso wie die Tatsache, daß auch ihr Großvater an einer Lungenentzündung gestorben war. Rätsel über Rätsel, denn alle drei Wesen, die bereit waren, sie zu holen, starben an jener Krankheit, die Irmgard nun überwunden hatte.

XXXV.

Als erste vernahm die Lettin Erna die gute Botschaft von der Wendung im Befinden Irmgards und teilte dies auch gleich der befreundeten Estin mit.

Die beiden lachten und scherzten, als ob sie in keinem Lager wären. Daß ein Mensch, den sie gerne hatten, am Leben blieb, war das schönste Geschenk. Ob sich das Leben lohnen würde, danach konnten sie im Augenblick nicht fragen. Solange ein Mensch lebte, so lange konnte er wenigstens hoffen, das war Ernas Glaubenssatz, der sich noch einmal bewähren sollte. Die beiden konnten den Abend kaum erwarten, um die gute Kunde Karla mitzuteilen und um dann zusammen zur Krankenstation zu gehen.

Erna nahm ihre Begleiterinnen an die Hand, und zu dritt jagten sie im Laufschritt zum Revier. »Helga, du stehst Schmiere! Aber paß nicht auf uns auf, sondern darauf, ob ein Natschalnik in Sicht kommt.«

Beide kletterten auf den Vorbau und preßten die Gesichter an die Scheiben. Sie standen im Dunkeln, während die Räume des Krankenhauses gleich denen der Baracken die ganze Nacht beleuchtet waren. Von ihrem Stand aus konnten sie also gut beobachten, was sich drinnen abspielte. Wie immer lag Irmgard auf dem Rücken, ohne ein Lebenszeichen von sich zu geben. Enttäuscht flüsterte Karla der Lettin zu: »Da haben wir es. Ewig das alte Lied!«

»Warten Sie nur ab«, flüsterte ebenso leise diese zurück und begann, mit dem Nagel ein wenig am Holz zu kratzen, und diesmal reagierte die Kranke. Sie drehte sich um und sah zu dem Fenster, von dem das Geräusch kam. Sie konnte jedoch nichts erkennen, nur verschwommene Schatten schienen sich zu bewegen. Die Erinnerung an die Kameradinnen, die mit der Krankheit geschwunden war, kehrte zurück. Nur eine von ihnen konnte dort draußen sein, um sich bemerkbar zu machen. Sie hob die Hand zum Gruß, und draußen glitt noch einmal etwas zärtlich über die Scheiben; dann bewegte sich hinter ihnen nichts mehr.

»Nun, Karla, hat sich unser Besuch heute gelohnt?« unterbrach Erna das Schweigen.

»Wie ein Wunder kommt es mir vor! Meinen Sie wirklich, daß diese Besserung von Dauer sein wird? Man hat mir oft genug erzählt, daß Kranke vor ihrem Ende trügerische Zeichen einer Besserung aufweisen. Wie, wenn das nun auch hier der Fall wäre?«

»Nein.« Erna sagte es ernst und bestimmt. »Irmgard ist über den Berg. Sie haben recht, ein Wunder ist es schon, daß ihr ramponiertes Herz diesen Attacken standgehalten hat. Unfaßbar, welche Höllen ein Mensch in dem einzigen Leben, das ihm gewährt wird, durchwandern muß und dennoch immer wieder besteht. Eine Häufung von Unglück, die auf Generationen verteilt noch mehr als genug gewesen wäre!«

»Und womit haben wir – gerade wir – das alles verdient? Wir sind nicht besser und nicht schlechter als die anderen, und die da drüben kenne ich nur als gute Kameraden. Wie viele von diesen guten Menschen sitzen in den Gefängnissen, in den Lagern, zerschunden, zerquält? Warum – warum das alles?«

»Wenn ihr die Frage so stellt«, warf Helga jetzt hin, »dann gleicht ihr jenen, die ständig zurückblicken, und überseht dabei die Hand, die euch sicher durch alle Höllen der Erde führen will – so wie Irmgard geführt wurde. Was Menschenleid ist, das habt ihr erfahren, dennoch aber könnt ihr nicht fröhlich sein – jawohl, fröhlich –, denn ihr seid reicher geworden; nicht gerade an Geld und Ehren, aber an Menschlichkeit. All das, was geschieht, hat seinen tieferen Sinn. Erinnert euch nur an das Wort: Viele sind berufen, aber nur wenige sind auserwählt! Es liegt nur an euch, zu den Auserwählten zu gehören. Ihr müßt nur den rechten Glauben haben.«

»Es ist gut für Sie, daß Sie so glauben können. Aber, Auserwählte, nein, vielmehr die Geschlagenen! ›Der Herr hat sie geschlagen mit Mann und Roß und Wagen.‹«

Erna, die das Gespräch auf gefährlichen Boden kommen sah, schaltete sich vermittelnd ein: »Gewiß, es führen viele Wege nach Rom. Es kann auch niemand den anderen zwingen, daß er den Weg mitgehe, den er gewählt hat. Das dürfte nicht das Entscheidende sein; entscheidend ist, *wie* er aus dem Leid hervorgeht. Ich bin sicher, Karla, daß Sie mit mir der Meinung sind, daß Leid reifen hilft. Wenn es so ist, dann war es nicht sinnlos. Nun aber wollen wir uns nur freuen, daß Irmgard wieder zu uns zurückgekehrt ist. Das war Schicksal! Glaubt mir, Kinder, das Leben lohnt sich, auch wenn es oft so schwer zu begreifen ist.«

Die Besserung in Irmgards Zustand ging so langsam und stockend vor sich, daß selbst Galina Iwanowa oft genug an der Dauerhaftigkeit zweifelte. Die Kampferinjektionen wegzulassen war noch nicht möglich, nur die Häufigkeit konnte verringert werden. Immerhin nahm die Kranke doch etwas mehr Anteil an den kleinen Tagesereignissen als vorher; so konnte sie wenigstens wieder einen Gruß erwidern.

Schwester Sosja, die lustige Litauerin, stand an Irmgards Fenster. Irgend etwas mußte im Lager los sein. »Eine Etappe geht ab«, bemerkte sie schließlich zu Irmgard.

»Deutsche?«

»Nein, keine Deutschen. Ukrainer, Russen und auch einige meiner Landsleute«, beruhigte sie die Kranke. Daß bei dieser Etappe eigentlich Irmgard Heintze hätte dabeisein sollen, sagte sie ihr besser nicht. Die Ärztin hatte jede Andeutung darüber verboten. Aufregungen mußten unter allen Umständen vermieden werden. Irmgards Name war in den Baracken ausgerufen worden. Die Starosta hatte den Aufseher an das Krankenrevier verwiesen. »Nicht transportfähig«, hatte die freie Ärztin kurz erklärt, und damit war die Angelegenheit erledigt. Für diesmal wenigstens. Irmgards offensichtliche Unruhe hatte sich sofort wieder gelegt, als sie aus der Erklärung Sosjas entnehmen konnte, daß keine ihrer Freundinnen dabei war. Das ständige Herausreißen aus einem Kreis, den der Gefangene vielleicht eben erst im Lager gefunden hatte, war eine der größten Grausamkeiten. Freundschaften unter den Gefangenen wurden von der Lagerleitung nicht gerne gesehen. Der einzelne Gefangene sollte sich möglichst als verlorenes Schaf in der Herde fühlen. Es war das beste Mittel, um ihn mürbe zu machen. Darum bestand auch eine Anordnung, daß niemand in einem Lager länger als vier Jahre bleiben durfte. Es gab nur wenige, die eine solche Zeitspanne in einem einzigen Lager verbrachten, vielleicht weil man sie als Arbeitskräfte besonders schätzte, vielleicht aber auch nur, weil man sie einfach vergessen hatte. Die Gefangenen ständig in Unsicherheit und Unruhe lassen, das war die Parole. Dazu gehörten auch die häufigen Verlegungen innerhalb des Lagers und die nahezu unerträglichen Barackendurchsuchungen, die in letzter Zeit in immer kürzerer Folge einsetzten. Aber auf der Krankenstation merkte man davon nichts, sie war tabu. Zur Empörung der Deutschen hatte die Starosta in Irmgards Baracke deren Platz mit einer Russin, einer typischen »Prostitutka«, belegt. Eines Abends, als die Kameradinnen von der Arbeit zurückkamen, waren Irmgards Habseligkeiten einfach verschwunden. Die Starosta hatte alles in die Decke geknüllt und in die »Kabjorka« gebracht. Auf den empörten Einspruch der Deutschen hatte die Starosta zynisch erklärt: »Ach, die Njemka! Die kriegt ohnehin eigene Bretter!« Schließlich hatte sich Erna eingeschaltet, vor der die Starosta infolge ihres Ansehens im Lager und der Tatsache, daß sie eine »Sowjetbürgerin« war, mehr Respekt hatte. Ihr versprach sie, den Platz wieder freizumachen, sofern die Njemka noch einmal in die Baracke zurückkäme. Damit mußte sich Erna zufriedengeben. Das neue Arrangement behagte den Deutschen keineswegs, denn sie bekamen spitz, daß es sich bei der Russin um eine der übelsten »Klopferinnen« handelte. Sie mußten von nun an aufpassen, was sie sagten. Sie konnten nur hoffen, daß der unbequeme Platz der anspruchsvolleren Russin auf die Dauer nicht behagen würde. Die Deutschen waren sich darüber einig, daß Irmgard unter keinen Umständen von der Maßnahme der Starosta etwas erfahren durfte. Vorerst bestand auch gar keine Möglichkeit dazu.

Langsam erkannte Irmgard wieder Dinge, die ihr durch den bisherigen Zustand entgangen waren, aber da sie das Bett nicht verlassen konnte, war sie noch immer auf die Bettpfanne angewiesen. Mit Ekel und Entsetzen sah sie, daß diese niemals nach einer Benutzung gereinigt wurde. Die Sanitäterinnen, deren Arbeit das eigentlich gewesen wäre, taten nur das, was bei der täglichen Kontrolle durch die Ärztin ins Auge fiel. Dazu gehörte das Schrubben der Fußböden, das Weißen der Öfen und Wände, das Staubwischen und die Ordnung in den Nachttischchen. Wehe, wenn hieran etwas zu entdecken war. An die Leibschüssel, die versteckt in der Toilette stand, dachte niemand. Ebensowenig dachte die Wirtschaftsschwester daran, endlich einmal die Bettwäsche zu wechseln, die nur noch aus ihren Einzelteilen bestand. In den anderen Räumen war das längst geschehen, nur bei der Deutschen hielt es die Wirtschaftsschwester nicht für nötig. Merkwürdig, daß die sonst so peinlich saubere Galina Iwanowa es nicht sah. Sie hatte das längst gesehen und hatte sogar im Vorraum die Schwester darauf angesprochen, doch jene konnte es sich leisten, einen Auftrag der Lagerärztin zu überhören, was auch der Grund für Galina Iwanowas Schweigen war.

Obwohl Irmgard nie einen Wunsch oder eine Forderung aussprach oder auch nur andeutete, wurden die Schwestern mit der Zeit aufsässig. Alle anderen Kranken liefen herum, wuschen sich im Waschraum, machten sich selbst ihre Betten und steckten vor allen Dingen den Krankenschwestern etwas zu. Der Deutschen aber mußte auf Anweisung der Ärztin warmes Wasser nebst einer Schüssel ans Bett gebracht werden, ihre Lagerstatt konnte sie nicht selbst in Ordnung bringen, ja, sogar die Leibschüssel mußte gereicht werden. Und für alle diese zusätzlichen Arbeiten konnte man nichts kassieren, da sie selbst nichts hatte. Das alles war Zündstoff genug. Die Widerwilligkeit, mit der das Nötigste erfolgte, blieb Irmgard nicht verborgen. Ihr hilfloser Zustand bedrückte sie. Je länger er anhielt, desto unwilliger wurden die Hilfskräfte im Krankenhaus. Sie ließen sich so wenig wie nur irgend möglich in der Box blicken. Es kam vor, daß Irmgard zwei bis drei Tage ohne Wasser zum Waschen und ohne ein gemachtes Bett auskommen mußte. Nur wenn eine der Schwestern auftauchte, konnte man um eine Leibschüssel bitten. Im Grunde genommen war das Revier kein Platz für Schwerkranke. Es galt der Grundsatz: Bist du Gottes Sohn, so hilf dir selbst! Irmgard klagte nicht, sie war nur froh, wenn Schwester Ira Dienst hatte. Sie war die einzige, die praktisch und hilfsbereit zugriff.

Die freie Ärztin verlor mit der Zeit das Interesse an dem Fall »Geinze«. Sie beschränkte sich auf den Bericht der Lagerärztin und auf das Studieren der ständig schwankenden Fieberkurven. Eines Tages erklärte sie: »Es kommen Mütter mit Säuglingen an, die wir unterbringen müssen. Lassen Sie die Box freimachen.«

»Ja, aber, es wird schwierig sein, die noch immer bedenklich kranke Deutsche unter die recht lebhaften anderen Kranken zu legen.«

»Wie Sie es machen, ist mir egal. Auf jeden Fall wird morgen die Box gebraucht. Die Njemka wird sich wieder an etwas Lärm gewöhnen müssen. Je eher, desto besser.«

Nachdenklich ging die Ärztin die Krankenräume durch: Raum eins war im Grunde der netteste. Er war hell, freundlich und geräumig. Ein paar Betten waren frei, die zudem den Vorzug hatten, daß sie federnde Stahlmatratzen hatten. Hier lagen ausschließlich Rekonvaleszentinnen, mit denen man gut auskommen konnte und die auch etwas Rücksicht nehmen würden. Galina Iwanowa versprach sich sogar eine günstige Auswirkung dieser Umgebung auf die recht vereinsamte Deutsche. Das letzte Bett in der Ecke schien ihr das beste zu sein. Sie bat die jetzige Insassin, es mit einem anderen der noch freien Betten zu tauschen, und fügte sofort hinzu, daß es für eine sehr kranke Deutsche benötigt würde. Als das geregelt war, hatte sie nur noch der diensthabenden Sosja die entsprechende Anweisung zu geben.

Mit dem Morgenmantel über dem Arm stand Sosja vor Irmgard: »Frau Heintze, Sie müssen aufstehen, denn Sie werden heute entlassen«, scherzte sie. Als Irmgard in ihrem kurzen Hemd, das mehr ent- als verhüllte, vor ihr stand und sich zunächst einmal schwankend festhielt, verging ihr das Scherzen. In Raum eins wurde es mucksmäuschenstill, als Schwester Sosja die bereits Angekündigte hereinschleppte und in das letzte Bett verfrachtete. So kurz der Weg von der Box bis dorthin war, für Irmgard war er entsetzlich lang und anstrengend. Zunächst war sie nicht imstande, mehr zu sehen, als daß zur linken Seite die Wand und das Bett rechts von ihr unbelegt war.

Die erste Beklommenheit bei den jungen Stubeninsassinnen

hatte sich bald gelegt, und sie gewöhnten sich an die schweigsame Deutsche. Auch ohne den Hinweis der Ärztin hatten sie begriffen, wie es um jene stand, und sie bemühten sich, ihr sorgloses Lärmen zu dämpfen. Unter den rund 20 Kranken, die in diesem Raum untergebracht waren, befanden sich nur zwei Fälle, die schon längere Zeit hier lagen. Sie waren vom Zentralkrankenhaus zurückgeschickt worden, weil man dort mit ihnen nichts anzufangen wußte: eine Russin, deren Tbc sich geschlossen hatte, und eine bescheidene junge Ukrainerin, die an einer merkwürdigen Halsdrüsenkrankheit litt, für die man keinen Namen fand. Selbst die sehr angesehenen Ärzte im Zentralkrankenhaus konnten nichts diagnostizieren. Obwohl es verboten war, durfte die Russin aus unerfindlichen Gründen hie und da für einige Stunden die Krankenstation verlassen; diese Gelegenheit benutzte sie, um Briefe vom Revier in die Zone zu schmuggeln. Schon deshalb sahen es die übrigen Leidensgenossinnen gerne, wenn sie sich wieder einmal »ausgehfertig« machte. Ein Spitzel war sie jedenfalls nicht, denn die Natschalniks erfuhren niemals etwas von dem Inhalt der beförderten Briefe. Schon bei ihrem nächsten Ausgang trat sie unaufgefordert an Irmgards Bett heran mit der Frage, ob sie ihr etwas mitzugeben hätte. Dankbar nahm diese die Gelegenheit wahr und bat sie, das in ihrem »Tumbotschka« angesammelte Brot zu einer ihrer Kameradinnen zu bringen, was die Ukrainerin auch bereitwillig tat. Das Versteck hierfür fand sich unter der Telekrejka. Aber auch die junge Ukrainerin erwies Irmgard einen Liebesdienst. Es war ein Glücksfall in jener Zeit, daß die einzige für das Lager abgestellte Kuh sich nach Monaten wieder einmal ihrer Verpflichtung als natürliche Milchlieferantin erinnerte. Daß das gelieferte Quantum bescheiden war, verstand sich von selbst, und es war nicht möglich, alle Revierinsassinnen täglich mit einem Becher Milch zu versorgen. In der sicheren Erkenntnis, daß ohne einen Eingriff ihrerseits die Verteilung keineswegs nach der Schwere und Bedürftigkeit der Fälle erfolgen würde, sondern vielmehr nach dem Motto: Gibst du mir, so geb' ich dir, hatte Galina Iwanowa der Wirtschaftsschwester zwei Listen übergeben lassen. Auf der ersten Liste standen die Namen derjenigen, die unter allen Umständen mit der kostbaren Flüssigkeit bedacht werden mußten. An der Spitze dieser Liste befand sich der Name von Irmgard Heintze. Die zweite Liste führte diejenigen, die von dem dann noch verbliebenen Rest profitieren sollten. Die Wirtschaftsschwester aber hatte ihr eigenes Verfahren. Liste Nummer eins war nicht zu ignorieren, aber sie konnte mit etwas Geschicklichkeit die zu erhaltende Menge verringern. Jeweils am frühen Nachmittag erschien sie höchstpersönlich mit einem großen Topf, den sie gewichtig auf dem Tisch in der Mitte des Raumes abstellte. Dann rief sie korrekt in der Reihenfolge der Liste die Namen auf, damit sich jeder mit seinem Becher zur Entgegennahme einfinden möge. Die Deutsche war nicht in der Lage, gleich den anderen zum Tisch zu gehen. Die junge Ukrainerin machte sich mit einem fragenden »Moschna?« hierfür erbötig. Während die Wirtschaftsschwester bei ihren eigenen Landsleuten die Becher bis zum Rand füllte, genierte sie sich bei der Deutschen nicht, immer mehr und mehr abzuzweigen, bis dann schließlich das Töpfchen nur noch gut zur Hälfte gefüllt war. Mehr belustigt als verärgert hatte Irmgard das unfaire Manöver beobachtet und wartete mit Spannung auf den Moment, in dem sie fast gar nichts mehr bekommen würde. Da aber bewies die abholende Ukrainerin ihren Gerechtigkeitssinn. Unmittelbar vor der Wirtschaftsschwester stehend, betrachtete sie auffällig interessiert die Irmgard verabreichte Menge, nahm dann ostentativ ihren eigenen Becher zur Hand und füllte davon den anderen bis zum Rand hoch. Dann erst drehte sie sich um und machte der Nachfolgenden Platz. Von ihrem Bett aus hatte Irmgard amüsiert die wortlose Szene verfolgt und bewunderte die Fähigkeit der Schwester, den Vorfall, ohne zu erröten, ignorieren zu können. Von diesem Augenblick an bestand zwischen der Deutschen und der Ukrainerin eine kleine Freundschaft.

Lange blieb Irmgard ohne eine unmittelbare Bettnachbarin, bis eines Tages die Wirtschaftsschwester selbst das Bett inspizierte und herrichtete. Die Kranken standen in Grüppchen zusammen und diskutierten eifrig das ungewöhnliche Ereignis. Jedes noch so geringe Abweichen von der sonst üblichen Norm gewann im Lager an unverhältnismäßiger Bedeutung. Irmgard war an den Vorbereitungen der Schwester desinteressiert. Das Bett würde eben belegt werden. Es war ein ständiges Kommen und Gehen, alles in allem war das kein Grund, sich darüber aufzuregen. Außerdem war sie noch viel zu apathisch und hatte genug mit sich selbst zu tun. Das Fieber sank und stieg, ein Beweis dafür, daß die Krankheit selbst noch längst nicht überwunden war. Schon am Abend zog die Neue ein, die von dem gesamten diensttuenden Personal begleitet wurde. Es handelte sich um eine Moskauerin, die Irmgard bereits früher durch ihr arrogantes Wesen aufgefallen war und die stets einen Schwarm der unsympathischsten Lagerinsassinnen um sich hatte. Irmgard und ihre Freunde hatten sich nie an dem üblichen Lagerklatsch beteiligt; in dessen Mittelpunkt stand die Neue, die von allen Seiten lebhaft begrüßt wurde und die sich in ihrer Starrolle ausnehmend gut gefiel. Mit Nadja war die Atmosphäre in Raum eins schlagartig verändert. Sie kommandierte, und jeder gehorchte. Selbst die nicht besonders duldsamen Schwestern fügten sich widerspruchslos und taten alles, was sie Nadja an den Augen ablesen konnten. Diese nahm von der Deutschen, die zumeist der Wandseite zugeneigt lag, ostentativ keine Notiz. Auch das konnte jener nur recht sein. Eigentlich krank schien die Moskauerin nicht zu sein. Der Aufenthalt im Krankenrevier war für sie mehr eine angenehme Unterbrechung in dem Einerlei des Lagerlebens. Trotzdem erschien nach relativ kurzer Zeit bereits Galina Iwanowa, um eine Untersuchung im Bett durchzuführen. Auch das war ungewöhnlich. Die Untersuchung bestand in einem vorsichtigen Abtasten des Leibes, und blitzartig begriff Irmgard, daß die Neue schwanger sein mußte, obwohl sich im Lager keine männlichen Gefangenen mehr befanden. Alle Arbeiten wurden ausschließlich von Frauen ausgeführt. Nur bei fachlich besonders komplizierten Neuanlagen war hie und da ein männlicher Spezialtrupp unter Führung des Arbeitseinsatzleiters aufgetaucht, der aber von den Posten streng bewacht wurde. Gewiß, gefangene Männer waren erfinderisch, wenn es galt, ein heimliches Tête-à-tête mit Frauen zu arrangieren. Aber nicht nur die Wache, sondern auch der gefangengehaltene Arbeitseinsatzleiter, ein russischer Ingenieur, paßte höllisch auf. Ein gewöhnlicher Gefangener schied demnach aus. Der Vater des zu erwartenden Kindes mußte also in einem anderen Kreis zu suchen sein, etwa unter den freien russischen Feuerwehrmännern. Unter ihnen war einer, der sich stolz der hohen Zahl von gefangenen Frauen rühmte, die durch ihn geschwängert worden seien. Sexuelle Exzesse waren in den sogenannten »Obschtjelagern« (allgemeine Lager mit Kriminellen) an der Tagesordnung und wurden dort anstandslos durch die Lagerleitung geduldet. Anders aber verhielt es sich in den Regimelagern, also den ausschließlich politischen, in denen strenge Disziplin herrschte. Trotzdem wurde jener forsche Feuerwehrmann nicht etwa bestraft, sondern lediglich von Zeit zu Zeit in ein anderes Frauenlager versetzt, wo er in kürzester Frist seine Frauenjagd wieder aufnahm. Aber in diesem Fall dürfte er unschuldig gewesen sein, denn mit seinen Partnerinnen wurde kein solches Aufhebens gemacht, denn ohne deren Bereitschaft wäre es in einem Regimelager nicht dazu gekommen. Die Machthaber des Lagers, die Natschalniks, verhielten sich in diesem Punkt durchaus korrekt. Die Neugier der Revierinsassinnen sollte schnell genug befriedigt werden. Briefchen flogen täglich hin und her, die Überbringerinnen waren ganz offiziell die Krankenschwestern. Täglich erfolgte die Abgabe von Päckchen, die für den russischen Durchschnittsbürger durchaus Kostbarkeiten enthielten. Nach zwei Tagen schon wußte sich der Absender persönlich Zutritt zum Revier zu verschaffen und stattete seiner Freundin einen Besuch ab, bei dem in Anwesenheit sämtlicher Kranken heiße Zärtlichkeiten ungeniert ausgetauscht wurden. Der Mann, der sich über alle Anweisungen hinwegsetzen konnte, war der Arbeitseinsatzleiter, der, wie man sich im Lager erzählte, früher eine angesehene Persönlichkeit in Sowjetrußland war und nach Verbüßung seiner Strafe entweder wieder seine alte oder aber zumindest eine ähnliche Position einnehmen würde. Das alles interessierte Irmgard wenig. Sie stellte lediglich Betrachtungen darüber an, welche Widersprüchlichkeit zwischen Wort und Tat dieser Fall wieder einmal bekundete. Bei jeder Gelegenheit wurden die Gefangenen darauf hingewiesen, daß es in dem großen, gerechten Sowjetrußland keine Unterschiede gäbe, weder zwischen den Nationalitäten noch zwischen den Personen. Die Realität aber sah ganz anders aus. Die einen durften Post und Pakete empfangen und gehörten zu der bevorzugten Kategorie der Sowjetbürger. Die bildeten gewissermaßen die Elite und konnten sich so ziemlich alles erlauben. Sittliche Grundsätze waren bei dieser Auswahl nicht entscheidend. Entscheidend war vielmehr die politische Einstellung zum System und Krieger- und Denunziantentum. Für die Ausländer, und insbesondere für die besiegten Deutschen, war die schlechteste und schwerste Arbeit gerade gut genug. Die Willkür in der Behandlung, die tagtägliche Ungerechtigkeit hätte eine endlose Liste gefüllt, wenn man sich der Mühe einer Aufzeichnung unterzogen hätte. Nadja und ihr Partner waren lediglich der erneute Beweis. Weder Galina Paulowna, die gerade während des Besuches durch den Einsatzleiter die tägliche Visite vornahm, noch die Schwesternschaft nahmen Anstoß an der Anwesenheit des Mannes. Sie legitimierten sie noch durch ein freundlich geführtes Gespräch und einen Händedruck. Das aber war nur mit Zustimmung der Lagerleitung möglich.

Es war Nacht, und alles schlief bereits. Nur Nadja saß unter der Lampe an dem Tisch und blätterte in einem Buch, während ihre Augen immer wieder erwartungsvoll zu der geöffneten Fensterluke flogen, durch die der Sturm die dick fallenden Schneeflocken blies, bis zu dem Bett, in dem Irmgard fröstelnd die dünne Baumwolldecke bis zum Kinn hochgezogen hatte. Niemand verlangte mehr nach frischer Luft als gerade sie. Jetzt aber war es entschieden zu viel, denn sie lag als einzige in der Windrichtung. Die hereingewehten Flocken schmolzen auf der Decke und auf ihrem Haar. Irgend etwas lag in der Luft, etwas, worauf Nadja wartete. Noch jedesmal hatte sie krachend das kleine Fenster zugeworfen, wenn die Schwester es auf Irmgards Bitte hin geöffnet hatte. Ihr Luftbedürfnis mußte heute schon einen bedeutenden Grund haben. Irmgard kämpfte lange mit sich, ehe sie sich zum erstenmal bittend an Nadja wandte: »Bitte, schließen Sie für einen Moment das Fenster, ich muß einmal aufstehen.«

Hatte es Nadja nicht gehört? Sie rührte sich jedenfalls nicht. Noch einmal wiederholte die Deutsche ihre Bitte, doch diesmal erhielt sie ein schroffes und eindeutiges: »Njet!« Ob sie wollte oder nicht, sie mußte es schon selbst schließen. Sie raffte sich auf, hüllte sich vorsichtig in die Decke und begab sich zu dem Fenster, das sie schloß. Für einen kurzen Augenblick nur war ihr Körper der ungehindert vordringenden Eisluft ausgesetzt, aber es hatte genügt. Als Irmgard wieder lag, stand Nadja auf und schlug energisch das Fenster zurück, denn sie war es nicht gewöhnt, auf andere Rücksicht zu nehmen. Einige andere Rekonvaleszentinnen wurden von dem Lärm munter, richteten sich auf, schliefen jedoch schnell wieder ein.

Schwester Ira begann ihre morgendliche Arbeit mit dem Einlegen der Thermometer, zuerst bei Irmgard. Heute war Ira sichtlich verändert, zerstreut und nervös. Nicht einmal ein Gruß kam von ihren Lippen, und eine gewisse Spannung lag in der Luft. Gestern hatte Irmgard zum erstenmal Normaltemperatur gehabt, ein Anlaß, der alle einschließlich Galina Iwanowa froh gestimmt hatte. Wie anders war das heute, denn sie hatte erneut Fieber. Ira hielt das Thermometer in der Hand, zornig sah sie auf die vor ihr Liegende nieder und fuhr sie unbeherrscht an: »Was haben Sie denn angestellt, daß Sie wieder eine so hohe Temperatur haben?«

»Angestellt habe ich gar nichts«, wies Irmgard sie ab.

Im Nachbarbett räkelte sich wollüstig Nadja. Sie war besonders guter Laune. Dienstbeflissen versorgte die Krankenschwester sie mit dem Frühstück, was eigentlich auch gegen die Hausordnung verstieß. Wer nicht bettlägerig war, mußte am Tisch essen. Großzügig verteilte sie im Raum von ihren nahrhaften Herrlichkeiten. Nur eine existierte nicht für sie – die Deutsche. Endlich zog sie sich unter derben Späßen an und verschwand.

Eigenartig, wie spät heute Schwester Ira die Medikamente verteilte, und diesmal war Irmgard zuletzt an der Reihe. Sie fühlte, daß irgend etwas zur Sprache kommen mußte, und so fragte sie, wie hoch ihre Temperatur wäre.

Wie auf ein Stichwort fuhr Ira los: »Das haben Sie sich selbst zuzuschreiben. Die Ärztin hat Ihnen ausdrücklich verboten, in der Nacht hinauszugehen. Sie haben das getan und müssen die Folgen nun selbst tragen. Zum zweitenmal können wir Ihnen nicht helfen.« Anklagen über Anklagen sprudelten gegen Irmgard hervor, denen diese mit wachsendem Erstaunen zuhörte, bis sie endlich dazwischenfahren konnte:

»Nun aber Schluß. Was wird denn hier eigentlich gespielt? Kein einziges Wort ist wahr. Fragen Sie nur Nadja, warum ich heute Fieber habe. Wenn sie den Mut zur Wahrheit hat, dann wird sie Ihnen bestätigen müssen, daß ich nicht auf der Toilette war, aber den Mut wird sie natürlich nicht haben.«

»Was wissen Sie?« Der letzte Satz hatte Ira besonders erregt.

»Daß heute nacht andere Dinge im Revier vor sich gegangen sind, das weiß ich!«

»Was für Dinge?« forschte Ira, fast ängstlich geworden.

»Welcher Art die Dinge sind, das weiß ich nicht. Nur eines weiß ich, daß sich irgend etwas Ungewöhnliches hier ereignet hat.«

Es war, als atme Ira bei der Erklärung auf, aus der hervorging, daß die Deutsche viel, aber keine Einzelheiten wußte.

»Aber Nadja hat doch gerade vorhin erzählt, daß Sie heute nacht nicht zum erstenmal draußen waren, sondern laufend gegen Galina Iwanowas Verbot handelten.«

»Dann hat sie zu ihrer eigenen Rechtfertigung gelogen, und Sie haben ihr blind geglaubt.«

Schwester Ira zog es vor, das Gespräch nicht fortzusetzen. Bei ihrem Weggehen beachtete sie nicht, daß in unmittelbarer Nähe die ganze Zeit über eine Russin gestanden hatte, der von der heftig geführten Unterhaltung kein Wort entgangen war. Sie war intelligent genug, um zu begreifen, welche Intrige gegen die Deutsche im Gang war, kannte sie doch den Hergang genau. Nadja war ihre Landsmännin, nach kurzem Kampf siegte aber ihr Gerechtigkeitssinn. Sie eilte zur Ärztin in das Ordinationszimmer und informierte jene über die Vorgänge der letzten Nacht.

Irmgard aber hatten die ungerechten Anklagen schwerer getroffen, als sie zugeben wollte. Wie bereitwillig hatte doch Ira geglaubt, was Nadja ihr auftischte. Vermutlich würde es bei Galina Iwanowa nicht anders sein. Eine plumpe Lüge hatte genügt, und das gegenseitige Vertrauen war zerstört, zurück blieben nur Ablehnung und Mißtrauen. Wie unüberbrückbar groß klaffte nun wieder die Lücke zwischen Ost und West. Was sich im Dasein der politischen Gefangenen abspielte, war nur ein kleiner Abdruck aus dem großen politischen Geschehen – Lüge und Intrigen, wohin man sah.

Was Irmgard zur Stunde noch nicht wußte, war, daß Nadjas Freund für die Nacht sein Kommen zugesagt hatte. Am offenen Fenster wollte er sein Signal geben, wonach er sie im Vorraum erwartete. Er hatte damit gerechnet, daß Schwester Ira schlafen würde. Die Nachtschwester war durch ein kleines Geschenk bestochen worden. Ira aber schlief nicht, sie stellte sich vielmehr dem Mann in den Weg. Ein brutaler Stoß fegte sie zur Seite, und im Vorraum spielte sich ab, was geplant war. Den Vorgang zu melden, hatte Ira Angst. Bei aller Großzügigkeit würde der Natschalnik kein Verständnis für die nächtliche Eskapade des Arbeitseinsatzleiters haben. Man wußte nie, was in einem solchen Fall schlimmer wäre – die Rache des Arbeitseinsatzleiters oder der Zorn der Natschalniks. So entschloß sie sich zu schweigen. Peinlich war nur Irmgards Fieber, darum ihr Erschrecken darüber, daß jene die Zusammenhänge kennen könnte. In ihrer eigenen Unsicherheit flüchtete sie sich in Vorwürfe, von denen sie genau wußte, wie unberechtigt sie waren. Mit einer Richtigstellung durch eine der Kranken hatte sie nicht gerechnet. Galina Iwanowa, die über Irmgards angeblichen Verstoß gegen ihre Anordnung zunächst wütend war, erfuhr jetzt erst den richtigen Zusammenhang. Die Möglichkeit eines nicht mehr zu korrigierenden Rückschlages ließ ihr keine andere Wahl, als ihrerseits den nächtlichen Vorfall zur Kenntnis der Natschalniks zu bringen. Schon am nächsten Tag mußte Ira ihren Platz im Revier verlassen und wurde trotz ihres Herzleidens einer schweren Außenbrigade zugeteilt. Aber auch Galina Iwanowa kam nicht ungeschoren davon. Ihr wurden wegen Verletzung der Aufsichtspflicht fünf Tage schwere Einzelhaft zudiktiert. Ihr weiteres Verbleiben als Ärztin war in Frage gestellt. Nadja mußte unverzüglich die Krankenstation verlassen. Sie wurde dem Zentralkrankenhaus zugeführt, damit entfiel für den Arbeitseinsatzleiter, der straffrei ausging, der Anziehungspunkt des betreffenden Frauenlagers. Mit diesen Maßnahmen sollte der Deutschen bewiesen werden, wie gerecht man die wirklich Schuldigen bestrafte. In Wirklichkeit wurden nur die Nebenfiguren hart bestraft, der Hauptschuldige und die bestochene Schwester gingen straffrei aus. Im Grunde war man auch auf die Deutsche wütend, da man ihretwegen die Angelegenheit nicht vertuschen konnte; ein Umstand, der sich für sie zur gegebenen Zeit auswirken sollte.

XXXVI.

Wieder vergingen Tage und Wochen. Irmgard Heintze hatte den Rückschlag wider Erwarten rasch überwunden. Die Ärztin bemerkte einmal zu der Lettin Erna: »Ein unglaublicher Wille beherrscht sie, für mich ein Phänomen. Meine ganze Tätigkeit beschränkt sich auf das Beobachten und die Unterstützung des Herzens. Ihr Gesicht besteht nur noch aus zwei Augen, unnatürlich groß, aber voll Leben. Ich frage mich oft, was für ein seltsames Wesen der Mensch doch ist.«

Wie einen Schutzwall hatte Irmgard ein undurchdringliches Schweigen um sich gelegt. Keine Schikane durch die Wirtschaftsschwester oder die Krankenschwester konnte sie treffen, obwohl es deren genug gab. Auch zwischen Galina Iwanowa und der Kranken war eine Veränderung eingetreten, alles war förmlicher, kälter, wozu die Anwesenheit anderer Kranker nur zu einem Teil beitrug. Verschlossenheit und Unnahbarkeit gingen von der Deutschen aus – ihr einziger, aber durchaus wirksamer Schutz.

Galina Iwanowa hatte recht, daß nur ein Wille die treibende Kraft war: heraus aus dem Revier und lieber wieder in die muffige Baracke zurück, dorthin, wo auch ihre Kameradinnen waren. Kameradinnen, das waren nicht mehr nur allein die Deutschen, sondern alle, die der gleichen Geisteshaltung waren. Eines Tages sagte sie zur Ärztin: »Lassen Sie mich aufstehen, Doktor. Ich muß wieder das Gehen lernen. Beim ewigen Liegen werde ich nie gesund.«

Die Ärztin zögerte, willigte am Ende aber doch ein. »Nun gut, nach dem Essen! Aber nur ganz kurze Zeit, auf keinen Fall länger als eine halbe Stunde.«

Irmgard nickte. Sie würde gehen, so lange sie konnte! Mit Staunen sahen die Zimmergenossinnen, wie sich die Deutsche von ihrem Lager erhob, von Bett zu Bett tastend bis zur Türe ging, um sich dort selbst den Morgenmantel vom Nagel zu nehmen und umzuhängen. So einfach, wie sich Irmgard das gedacht hatte, war ihr Unternehmen nicht. Oft genug mußte sie stehenbleiben, an das Fußende irgendeines Bettes angeklammert, bis die Nebel vor ihren Augen wieder verschwanden. Selbst den Krankenschwestern blieb vor Staunen der Mund offen. Irmgard beachtete niemanden und nichts um sich herum. Sie konnte wieder selbständig und ohne Hilfe gehen, mühsam zwar, aber das würde sich finden. Eine tiefe Genugtuung erfüllte sie, als sie sich dann im Bett von der Anstrengung ihres ersten Ausgangs erholte. Sie rechnete sich aus, wie lange sie gelegen hatte. Zehn Wochen waren es schon, dann mußte ja auch bald wieder Weihnachten sein.

»Sosja, wann haben wir eigentlich Weihnachten?«

»In acht Tagen, Irmgard!«

In acht Tagen würden wieder Kerzen brennen auf der ganzen Welt, und die Menschen würden wenigstens für eine kurze Zeitspanne gut zueinander sein. Die alten Lieder würden sie singen und andächtig der frohen Botschaft lauschen: Frieden auf Erden! Es war noch immer so gewesen, selbst unter dem Hagel der Bomben. Wie viele solcher Weihnachten, von denen sie alle hier ausgeschlossen waren, mußten wohl noch vergehen, bis auch für sie diese Weihnachtsbotschaft wieder einen Sinn erhielt? Und wie würde es aussehen? Konnte sich überhaupt etwas wiederholen, oder würden sie nicht für immer sehnsüchtig draußen bleiben müssen, weil niemand mehr da war, um für sie Kerzen zu entzünden? Erschauernd ahnte Irmgard, daß wohl das Schwerste ihnen noch bevorstand, wenn eine Rückkehr keine Heimkehr würde. Um das zu verstehen, muß wohl erst die ganze Phantasie des Leides hinzukommen, die alles so schwer und doch auch so schön macht.

Die Natschalniza Stationar kam immer seltener, und die vorliegenden Krankheitsfälle interessierten sie nicht sonderlich. Außerdem verstand sie sich mit der Natschalniza Santschastj nicht sonderlich, die, obwohl keine Ärztin, im Rang ihr übergeordnet war. Zwischen beiden Frauen bestand eine heimliche Rivalität; jede von ihnen wachte eifersüchtig darüber, daß sich die andere nicht in das eigene Ressort einmischte. Nie waren die beiden Frauen zur gleichen Zeit anwesend, sie gingen sich aus dem Weg.

Trotz ihres höheren Ranges wagte die Natschalniza Santschastj keinen offenen Angriff, denn der Ehemann der anderen war in Moskau besonders gut angesehen. Man sprach davon, daß sie über kurz oder lang ganz und gar in die Hauptstadt des Landes übersiedeln würde und daß ihnen dort in Anbetracht besonderer Verdienste ein eigenes Haus zur Verfügung gestellt worden wäre. Die Rivalität der beiden Frauen übertrug sich auch auf die Kranken. Wer die Sympathie der Natschalniza Stationar hatte, konnte mit dem Gegenteil bei der Natschalniza Santschastj rechnen und umgekehrt. Irmgard Heintze als Deutsche hatte keinesfalls die Sympathie der Stationar-Ärztin, sondern war nur als Fall eine Zeitlang für diese interessant. Durch Zufall tauchte die freie Ärztin am nächsten Tag zu der Stunde auf, in der Irmgard ihre Gehversuche wiederholte. Im Ordinationszimmer Galina Iwanowas gab sie dieser ihren soeben gefaßten Entschluß bekannt, daß die Deutsche am nächsten Tag das Revier zu verlassen habe. Gegen eine derartige Anordnung gab es keinen Widerspruch. Das wiedererwachte ärztliche Gewissen Galina Iwanowas erwies sich diesmal als stärker als die sonst ihrer unmittelbaren Vorgesetzten gegenüber geübte Vorsicht:

»Das ist unmöglich, sie hat immer noch Fieber. Bei einem Rückfall, der unausbleiblich wäre, ist sie nicht mehr zu retten.«

»Trage ich die Verantwortung oder Sie?« entgegnete die Natschalniza scharf.

»In diesem Fall doch wohl auch ich!«

»Vergessen Sie nicht, daß Sie eine Strafgefangene sind und daß jede Disziplinlosigkeit Folgen nach sich zieht«, klang es eisig zurück.

»Ich bin als Ärztin hier eingesetzt worden, und als solche habe ich eine Verpflichtung den Kranken gegenüber, die auch Sie mir nicht abnehmen können«, wehrte die Lagerärztin energisch den Vorwurf der Disziplinlosigkeit ab.

»Genug! Die Njemka wird morgen entlassen, verstanden?« Die Natschalniza wartete keine Antwort mehr ab und verließ eilig das Krankenhaus. Galina Iwanowa wußte, daß deren nächster Weg zum Politoffizier führen würde. Trotzdem aber bedauerte sie ihr Verhalten nicht. Sie war bereit, die Konsequenzen daraus zu ziehen, und im übrigen würde sie sich zu verteidigen wissen. Zunächst einmal galt es, die Natschalniza Santschastj als nächsthöhere Vorgesetzte von dem Vorgang zu unterrichten.

Zwei Stunden später erschien sichtlich erregt die Natschalniza Santschastj, die von der Lagerleitung bereits informiert worden war. Sie ließ sich den Zwischenfall noch einmal Wort für Wort von der Lagerärztin schildern. Je länger sie nachdachte, desto mehr hellten sich die anfangs verärgerten Züge auf. Ohne daß sie selbst dazu beigetragen hatte, war nun der Zeitpunkt gekommen, wo man die lästige Doppelbesetzung im Krankenrevier abwimmeln konnte. Die Natschalniza Stationar hatte sich unter Ausschaltung ihrer Person sofort an den Politoffizier gewandt. Wer aber war zunächst hierfür zuständig – doch sie, die Natschalniza Santschastj. Damit war ihre Egozentrik schwer verletzt. Hier war endlich der Punkt, an dem sie ansetzen konnte. Freilich, Galina Iwanowa war nicht zu halten. Auch sie hätte ihr die letzte Entscheidung überlassen müssen. Daß sie es nicht tat, konnte ihr aber nur recht sein; es unterstrich sogar ihre eigene Sachlichkeit. Sie würde nun folgende Lösung vorschlagen:

1. Galina Iwanowa mußte abgelöst werden, denn ihr Verhalten einer »Freien« gegenüber entsprach nicht dem einer Strafgefangenen. Außerdem war ihre Absetzung ohnehin nur eine Frage der Zeit, denn der peinliche Vorfall mit dem Arbeitseinsatzleiter war ihr keineswegs vergeben worden.

2. Die einmal ausgesprochene Entfernung der Deutschen aus dem Stationar mußte erfolgen, damit war ihre Unbefangenheit bewiesen. Ob die Njemka darunter leiden würde, war vollkommen belanglos.

3. Die Natschalniza Stationar mußte veranlaßt werden, von selbst von ihrem Posten zurückzutreten, denn sie hatte bewiesen, daß sie ihre Vorgesetzte keineswegs respektierte.

Dieser letzte Punkt war für die Natschalniza Santschastj der wirklich erfreuliche, dafür opferte sie gerne Galina Iwanowa, auf deren ärztliches Urteil sie von nun an eigentlich mehr als zuvor angewiesen wäre. Nun, für sie würde jemand eingesetzt werden, der von Anfang an besser spurte als die recht überlegene und damit auch unbequeme Galina Iwanowa.

Die Lagerärztin beobachtete sehr wohl den Stimmungsumschwung bei ihrer Vorgesetzten.

»Was wird nun mit der Deutschen?«

»Wenn ihre Entlassung verfügt ist, muß es auch dabei bleiben«, erhielt sie zur Antwort. »Aber ich werde sofort anordnen, daß sie auf längere Zeit noch das Krankenessen bekommt. Außerdem werde ich ihr eine schriftliche Bestätigung mitgeben, daß sie während der Durchsuchung die Baracke nicht verlassen darf, und ich werde veranlassen, daß sie zu keiner Arbeit herangezogen wird, so lange ich sie nicht dafür freigegeben habe.«

Das waren ungewöhnliche Zugeständnisse, die freiwillig von der Natschalniza Santschastj gegeben wurden. Sie waren damit zu erklären, daß die ihr bis dahin eher gleichgültige Deutsche durch den Anstoß, den sie ungewollt gegeben hatte, beinahe etwas sympathisch geworden war.

Wohl oder übel mußte die Lagerärztin alles weitere veranlassen. Sie brachte es aber nicht über das Herz, der Deutschen ihre Entlassung selbst mitzuteilen, denn das konnte Schwester Sosja besser. Sosja schien aus allen Wolken zu fallen, als ihr die Nachricht mitgeteilt wurde.

Zögernd ging Sosja hinüber und suchte nach Worten, mit denen sie der Deutschen die Entscheidung der Lagerleitung mitteilen konnte.

Irmgard war noch immer mit ihrem Training beschäftigt. Langsam kam sie Sosja entgegen. Sofort fiel ihr etwas an Sosja auf, das an der sonst so fröhlichen Frau fremd wirkte.

»Frau Heintze, Sie sollen morgen in die Baracke.« Allen guten Vorsätzen zum Trotz platzte dieser Satz aus ihr heraus. Wirklich peinlich, wie einen diese Deutsche ansehen konnte; woran mochte sie wohl denken, als sie jetzt so vor ihr stand und auf diese Mitteilung hin gar nichts sagte?

»Sehen Sie, nun werde ich Weihnachten doch nicht ganz allein sein. Nur hätte ich gerne gewußt, was Galina Iwanowa dazu sagt. Gestern hat sie mir noch strikt verboten, auch nur einen Schritt über die Türschwelle zu setzen. Morgen darf ich schon im Freien herumspazieren. Merkwürdig, das werden Sie zugeben müssen.«

»Galina Iwanowa ist es gar nicht recht. Sie wollte es bestimmt nicht, aber die Natschalniza Stationar ist es.« Nein, Sosja war in der Tat keine Diplomatin, und Irmgard wußte genug.

Die Lagerärztin ließ sich den ganzen Tag über nicht mehr im Raum eins blicken. Dennoch ergab es sich noch am Abend, daß sich die beiden im Vorraum begegneten. Obwohl niemand zugegen war, wollte sich Galina Iwanowa hastig an der Deutschen vorbeischieben. So ungeschoren sollte sie aber nicht davonkommen.

»Ihre so plötzliche Meinungsänderung von gestern auf heute ist zumindest befremdend. Das wäre aber Ihre Angelegenheit, ich hätte nur gern aus Ihrem Mund gehört, wie ich mich bei wieder auftretendem Fieber verhalten soll, und ob es dann überhaupt einen Zweck hat, Ihre Sprechstunde aufzusuchen.«

Der kühl-ironische Ton traf die Ärztin. Sie legte ihren Arm um die Deutsche und zog sie an sich: »Nicht so, Irmgard. Muß ich Ihnen sagen, daß das alles nicht von mir kommt? Ich bin eine Gefangene wie Sie, doch ich habe als Ärztin mit meiner Ansicht nicht zurückgehalten. Daß ich damit nichts ändern konnte, ist schmerzlich genug für mich. Sie sollten aber nicht glauben, daß eine Russin weniger Charakter hat als eine Deutsche, wenngleich es hier gefährlich ist, ihn zu zeigen.«

Das saß. Beschämt brachte Irmgard nur ein leises »Verzeihen Sie« hervor.

»Nichts gibt es, das verziehen werden müßte. Ich verstehe Sie doch so gut. Sobald die Temperatur steigen sollte, kommen Sie unverzüglich in die Ambulanz. Ich werde auf Sie aufpassen, solange ich selbst noch hier bin. Die Durchsuchungen werden Sie nicht mitmachen, auch zur Arbeit wird Sie niemand heranziehen, und Krankenkost ist weiterhin für Sie angeordnet. Es sind böse Zufälle, die zusammentrafen, und ich kann mich nur darauf verlassen, daß Ihr Wille nicht nachläßt. So, und nun legen Sie sich wieder hin.« Noch einmal zog die Ärztin die Deutsche an sich, dann trat sie rasch zur Seite, sich noch einmal nach allen Seiten vergewissernd, daß ihnen niemand zugehört hatte.

Irmgard verwunderte sich, wie gut Galina Iwanowa sich auf deutsch ausdrücken konnte. Noch niemals hatte sie so lange und zusammenhängend gesprochen. Vielleicht gab es noch mehr Menschen in diesem Lager, die ausgezeichnet Deutsch verstanden, ohne es zu zeigen. Das beste aber war, daß sie in Galina Iwanowa einen liebenswerten Menschen kennengelernt hatte, der sich ihr soeben ungeschminkt offenbart hatte. Auch solche Menschen gab es also noch in Sowjetrußland – aber hinter Stacheldraht!

XXXVII.

Karla saß auf ihrer Nare und stichelte an dreieckigen Abfallstückchen herum, die sich so gar nicht zu einem Taschentüchlein zusammenfügen wollten. Wenn man doch wenigstens eine Schere gehabt hätte, so aber mußte man Fäden und Zipfelchen mit den Zähnen abknabbern. Dabei sollte dieses merkwürdige Produkt doch schön aussehen, da es ein Geschenk für Weihnachten war. Kritisch hielt sie den Flecken immer wieder dicht vor ihre kurzsichtigen Augen, die in den langen Jahren der Haft nicht besser geworden waren. Sie machte ein recht unglückliches Gesicht und dachte an zu Hause, an ihre Mutter und an ihr Kind. Als man sie fortgeschleppt hatte, waren die Verhältnisse noch so ungeklärt, und wie es jetzt sein mochte, davon wußte sie nichts. Ob die Mutter jetzt endlich eine Pension bekommen hatte, und wenn nicht, wovon lebten sie dann? Diese Ungewißheit war nervenaufreibend. Ein Glück im Unglück war, daß die Mutter relativ jung und äußerst aktiv war, aber ein heranwachsendes Kind strengte doch sehr an. Wie mochte die Lütte, die schon längst in die Schule ging, inzwischen gewachsen sein, und würde sie noch eine Vorstellung von ihrer Mutter haben? Den Gedanken, daß die Großmutter einmal frühzeitig versterben konnte, mußte man weit von sich schieben. Sie saß hier, Jahr für Jahr, und daheim rechnete man ganz gewiß nicht mehr mit ihr. Sie wollte und mußte nach Hause kommen, schon des Kindes wegen. Und weil sie das wollte, durfte sie keinem Zweifel nachgeben, mußte sie die Zähne zusammenbeißen und durfte sich nicht unterkriegen lassen, was bei Gott nicht leicht war.

Am schlimmsten war es immer während der Weihnachtszeit. Obwohl der Tagesrhythmus durch nichts daran erinnerte, war in ihnen das Wissen um das Fest doch stets lebendig. Nichts wurde ihnen geschenkt, keine Nachlässigkeit blieb ungerügt, die Normen mußten erfüllt werden, der Ton des Aufsichtspersonals war noch gröber als sonst, die Kontrollen waren noch schärfer, und dennoch taten sie alles wie in Trance. Ihr inneres Ohr vernahm den leisen Glockenton und hörte Kindergeschrei, ihr inneres Auge sah den strahlenden Weihnachtsbaum und alle Herrlichkeiten, die dort, Tausende Kilometer von ihnen entfernt, aufgebaut wurden. Die Sehnsucht wurde schier unerträglich, und manche Hand fuhr verstohlen über die tränenden Augen. Zwischen Kommen und Gehen von und zur Arbeit standen sie einen kurzen Augenblick zusammen und schoben unbeholfen ein winziges Päckchen auf die Decke der Kameradin, der sie sich am meisten verbunden fühlten. Lächerliche Kleinigkeiten, die unter größten Opfern erstanden werden mußten; eine Zahnbürste vielleicht, ein Stückchen Seife oder ein billiger Haarkamm – und dennoch Kostbarkeiten, wenn man sie nicht besaß. Wenn kein Wachpersonal in Sichtweite war, dann umschlangen sie sich und sangen leise, ganz leise, eines der Weihnachtslieder. Sehnsuchtsvoll und doch auch wiederum voll Trost verkrochen sich die einen auf der Nare, die anderen trotteten zur Arbeit. Weihnachten im Lager! Daran dachte Karla, als eine Hand vorsichtig an ihrer Decke zog. Erschrocken schob sie ihre Handarbeit unter ihr Kopfkissen, die übliche Reaktion auf das Gefühl, bei etwas Verbotenem ertappt worden zu sein. Entgeistert starrte sie in Irmgards Gesicht.

»Menschenskind, Irmgard! Wo kommst du denn her?« Karla konnte es noch immer nicht fassen.

»Direkt aus dem Krankenrevier! Ich bin entlassen!«

Mit einem Satz sprang Karla von ihrer Nare auf und umarmte die wiedergewonnene Kameradin: »Das ist doch einfach nicht möglich! In Monaten, so hat es geheißen, wirst du erst in die Baracke zurückkommen können, und nun bist du jetzt schon da.« Ihren forschenden Augen entging nicht die Hinfälligkeit der Kameradin, die sich nur mit Mühe aufrecht hielt.

»Bitte, Karla«, hielt Irmgard die Kameradin fest, »hilf mir auf die Nare, allein geht es halt noch nicht, und jetzt habe ich doch nur das dringende Bedürfnis, mich hinzulegen. Unterhalten können wir uns doch oben.«

Irmgards harmlose Bitte brachte Karla in Verlegenheit. Da war man also gleich mittendrin im Unterbringungsproblem. Scheußlich, daß man nun gleich im ersten Moment Unangenehmes berichten mußte, doch blieb keine andere Wahl.

Zum Glück hatte Karla einen Hocker erwischt, den sich eine Brigadierin unter ihrem Bett versteckt hatte. »So, nun setz dich erst einmal, und ruhe dich ein wenig aus.« Um die Leidensgenossin unauffällig zu stützen, war sie dicht an die Sitzende herangetreten und legte behutsam ihren Arm um sie. »Ich freue mich ja so, daß du wieder da bist. Weißt du, es ist entsetzlich, wenn man so ganz allein ist. Versprich mir, daß du dich über nichts mehr aufregst. In der Zwischenzeit ist halt allerhand geschehen: Verlegungen sind erfolgt – Helga und Erna waren davon betroffen –, eine Etappe ist abgegangen, eine andere ist angekommen, und wir haben eine neue Starosta.« Ihr Aufzählen nahm kein Ende. »Da ist vorübergehend dein leerstehendes Bett belegt worden. Es ist aber ausdrücklich vereinbart, daß es bei deiner Rückkehr sofort wieder freigemacht wird. Deine Sachen sind in der ›Kaptjorka‹. Im Augenblick kannst du nicht auf deine Nare, ich werde mir aber sofort jemand angeln, der bei der Starosta dolmetscht, damit es alles in Ordnung geht. Wenn ich es mir recht überlege, so bin ich der Meinung, daß dir mit einem oberen Bett überhaupt nicht gedient ist. Du müßtest unbedingt eines der unteren bekommen. Als Kranke hast du vorrangig einen Anspruch darauf. Am besten ist, wenn Mary als Dolmetscher einspringt. Sie hat Nachtschicht und muß gleich geweckt werden. Daß du jetzt schon entlassen würdest, damit hat niemand rechnen können. Selbst Erna erklärte vor wenigen Tagen noch, daß du bestimmt nicht vor März in die Baracke zurückkommen würdest, da sie von Galina Iwanowa diesbezüglich so informiert worden war. So schön es auch ist, daß wir dich wieder bei uns haben, besser wäre es doch wohl gewesen, wenn du noch einige Zeit im Krankenhaus geblieben wärst, in deinem noch sehr labilen Zustand.«

Karla sah nur zu gut, daß die Kameradin am Ende ihrer Kräfte war. Mitleid und Zorn über die Unverantwortlichkeit der Ärztin stritten in ihr. Auf jeden Fall mußte erst einmal Platz geschaffen werden, damit sich Irmgard hinlegen konnte. Einige Neugierige hatten sich in geringer Entfernung zusammengefunden. Die Erkrankung der Deutschen war lange Zeit Gesprächsstoff im Lager gewesen. Nun war sie also von den Toten wieder auferstanden, das war schon Grund genug zum Gaffen; das ärgerte Karla, und sie stellte sich breitbeinig hin, um ihnen wenigstens die Sicht zu nehmen. Sie war froh, daß draußen der Gong ertönte. Sobald Mary sichtbar wurde, wollte Karla sie informieren.

Mary war eine Deutsche, die mit ihrem Mann während des Dritten Reiches nach Rußland emigriert war, jahrelang in Moskau gelebt hatte und nach der totalen Kapitulation von den Russen als Bürgermeisterin in einer ostpreußischen Stadt eingesetzt wurde. Obwohl ihr Mann ein bekannter Kommunist war, entging sie aus irgendeinem Anlaß nicht der Verhaftung. Nach diesen Erfahrungen war sie vom Kommunismus gründlich geheilt, fiel aber nun in ein anderes Extrem und gebärdete sich im Lager kurioserweise als Nationalsozialistin. Im Grunde hatte sie weder vom Kommunismus noch vom Nationalsozialismus eine bestimmte Vorstellung, sie folgte lediglich ihren Gefühlen. Das Gefühl sprach jetzt gegen den Kommunismus, ergo wurde sie Nationalsozialistin wie tausend andere. Zwischen Irmgards Kreis und dem Marys gab es keine Berührungspunkte. Eines mußte man ihr jedoch unbedingt zugute halten: Sie verhielt sich immer kameradschaftlich und sprang bereitwilligst ein, wenn Not am Mann war. Ihr Russisch war gewiß nicht das gepflegteste, aber es war echt und wurde am besten verstanden. Mary wußte sich durchzusetzen, denn sie konnte fluchen wie ein echter Russe, und das imponierte.

Sie war sofort Feuer und Flamme und der Meinung, daß sie das Anliegen bei der Starosta schon durchpauken würde. Wie ein Stier ging sie auf die Starosta los. Zum Gaudium der Umstehenden erfolgte die Unterredung unter gegenseitigen wüsten Beschimpfungen. So schnell gab sich aber eine Starosta nicht geschlagen, und das Rededuell endete für heute mit einem Unentschieden, da Mary durch die Glocke zum Appell gerufen wurde. Angewidert von dem Schauspiel, das ihretwegen entbrannt war, hockte Irmgard auf dem Hocker. Bloß fort von hier, raus, und wenn sie auf einer der verschneiten Holzbänke übernachten mußte, nur nicht diese Widerwärtigkeiten anhören müssen, die ihr unerträglich waren. Ehe sie sich zu einem Entschluß aufraffen konnte, stand Mary vor ihr: »Irmgard, für heute nacht schlafen Sie auf meiner Nare, und wenn es notwendig sein sollte, auch die anderen Nächte. Wir werden doch sehen, wer in diesem Fall recht behält. Soll sich die Starosta auf drei Hocker legen, wie sie das für Sie vorgeschlagen hat. So eine ...«, und wieder folgte eine Flut von Schimpfworten für die Starosta, die in der Baracke lautes Gelächter hervorrief. Mit wenigen Ausnahmen standen die Barackeninsassinnen auf seiten der Deutschen. Dies schon darum, weil die neue Starosta die berüchtigtste im ganzen Lager war, die loszuwerden im Interesse der ganzen Baracke lag. Noch immer war es zu Skandalen gekommen, wo sie als Älteste amtiert hatte. Sogar eine gehörige Tracht Prügel von ihren eigenen Landsleuten hatte sie hinnehmen müssen. Ausnahmsweise waren die Übeltäter damals nur mit leichter Einzelhaft bestraft worden, aber sie hatten erreicht, was sie wollten. Die Starosta wurde abgezogen und einer weniger angenehmen Arbeit zugewiesen. Ihre Wiederverwendung hatte sie sich mit dem Vortäuschen eines Selbstmords erzwungen. Vorsorglicherweise hatte sie sich von den drei Brunnen im Lager den mit dem niedrigsten Wasserstand ausgesucht, ehe sie hineinsprang, dabei laut um Hilfe rufend. »Laßt sie absaufen wie eine Katze«, hatten die meisten lachend geraten, damit waren jedoch die Natschalniks nicht ganz einverstanden. Sie befahlen und leiteten selbst ihre Bergung. Unter spöttischen Zurufen der Zuschauer wurde die Heulende wieder herausgezogen, mit nassem Kittel, ansonsten aber nur wenig beschädigt. Selbst die Aufseher mußten sich ein Lachen verbeißen, und ihr Befehl zum Weggehen an die Zuschauer klang lahm. Ihrer Tat war eine Unterredung mit einem Natschalnik gefolgt, wobei sie erreicht haben mußte, was sie wollte: Sie wurde neuerdings als Starosta eingesetzt, nur war diesmal die leidtragende Baracke die Irmgards. Bei allen bestand die seltsame Einmütigkeit, daß man sie wieder hinausekeln mußte. Das war also die Situation bei Irmgards Rückkehr.

Ihren Spitznamen bei den Deutschen »Tod auf Latschen« verdankte sie ihrem Aussehen. Sie war groß, hager und knochig, mit flackernden, fanatischen Augen und schlich unhörbar auf weichen Schlappen durch die Baracke, ständig auf der Suche nach einem Opfer. Kein Wunder, daß jeder Vorfall begeistert aufgegriffen wurde, der sich zuungunsten der Starosta auswirken konnte.

»Komm, Irmgard, es ist wirklich das beste, du legst dich auf Marys Bett nieder«, versuchte Karla die innerlich Widerstrebende zu beruhigen. »Morgen kommt das schon in Ordnung. Wenn nicht anders, dann müssen wir eben zum Natschalnik Regime gehen. Schließlich kann man dich nicht mit allen Mitteln wieder auf die Beine gebracht haben, um dich durch den Starrsinn einer Starosta umkommen zu lassen.«

»Ich will nicht, daß ihr zum Natschalnik lauft, so etwas überlaßt den anderen.« Aber Irmgard ließ sich doch zu Marys Bett hinführen, entkleidete sich mit Hilfe Karlas und war recht froh, als sie nach den Aufregungen des heutigen Tages endlich lag. Ihr Kopf tat ihr weh, und um sie herum schien alles zu schwanken. Das Ergebnis des Tages waren Aufregungen, nichts als Aufregungen. Im Revier hatten sie begonnen beim Empfang ihrer eigenen Sachen, da einige Stücke fehlten. Stundenlang hatte sie selbst in der Kabjorka danach herumsuchen müssen. Die Wirtschaftsschwester behauptete, daß sie die als fehlend bezeichneten Stücke gar nicht abgegeben hätte. Irmgard beharrte auf dem Gegenteil. Schließlich hatte sich Galina Iwanowa eingemischt. In ihrer und Irmgards Anwesenheit fand man dann endlich die fehlenden Stücke gut versteckt hinter anderen Bündeln. Dann wiederum fehlten ihre Stiefel. Wütend warf ihr die Wirtschaftsschwester ein Paar zerrissene Treter hin; Irmgard aber hatte die ihren erst kurz vor ihrer Einlieferung erhalten, und sie waren somit wenigstens noch heil. Die Wirtschaftsschwester beschuldigte die Deutsche, daß sie lügen würde. Wiederum mußte Galina Iwanowa energisch eingreifen, und, siehe da, sie fanden sich. Es war offensichtlich, daß man Irmgard noch zu guter Letzt ein Schnippchen schlagen wollte, aber beweisen ließ sich das nicht – und nun noch die Szene in der Baracke! Irmgard war noch viel zu schwach, um diese Widerwärtigkeiten an sich abrinnen zu lassen. Sie fühlte sich elender als je zuvor.

Karla wiederum war erschüttert, als sie zum erstenmal beim Entkleiden der Kameradin die verheerenden Folgen der Krankheit sah. Sie mußte sich abwenden, um die Tränen nicht zu zeigen. Behutsam breitete sie über die dünne Decke Irmgards Telekrejka und dachte darüber nach, wie man nachts die Kameradin besser wärmen konnte, da es dann in der Baracke empfindlich kühl wurde. Jede bedeckte sich mit allem, was sie hatte, in erster Linie den Wattesachen. Irmgards eigene kurze Telekrejka konnte nicht genügen. Karlas Nachdenken wurde von einer Ukrainerin unterbrochen, die ihre Sympathie für Irmgard schon wiederholt bekundet hatte und jetzt gerne wissen wollte, wie es der Njemka ging.

»Nicht gut, Lusja, gar nicht gut! Irmgard wird frieren, und ich weiß nicht, was ich ihr noch geben kann.«

»Das ist aber nicht gut für sie.«

Nein, es war wirklich nicht gut. Wenige Minuten später brachte die Ukrainerin eine Jacke und reichte diese freudestrahlend Karla: »Für Irmgard.«

»Danke, vielen Dank!«

Stolz ob dieses Dankes sah die Ukrainerin zu, wie Karla die wertvolle Jacke über Irmgards Decke legte. Nun würde die Kameradin nicht frieren. Buschlats gab es in diesem Lager nur in geringer Zahl, sie waren weitaus länger und wärmer als die Telekrejkas. Irmgard sah hinter Karla das freundliche Gesicht der Ukrainerin und begriff sofort. Sie streckte ihr die Hand entgegen und bedankte sich ebenfalls. Behutsam wie etwas Zerbrechliches nahm die Ukrainerin die ausgestreckte Rechte in ihre eigenen kräftigen Hände.

»Oh, so mager, so mager, und Gesicht so klein, aber Augen so groß«, bemerkte sie klagend und unterstrich ihre Worte mit übertreibenden Gesten.

Die Tat der einfachen Ukrainerin vermochte die Verbitterung über das Geschehen des Tages wieder zu lösen.

Währenddessen hielt Karla Kriegsrat mit der von der Arbeit

gekommenen Irene, die zunächst nicht glauben wollte, daß Irmgard tatsächlich wieder unter ihnen sein sollte.

»Sie spinnen wohl, Karla, das gibt es doch nicht.«

»Oh, bosche moi!« entfuhr es Irene bei dem Anblick der Schlafenden. »Das soll eine erwachsene Frau sein? Jetzt erst begreife ich ganz, wie krank Irmgard war und sicher noch ist, aber wir werden ihr schon helfen. Am Sonntag beginnt meine Nachtschicht. Wie habe ich erst geflucht, daß ich ausgerechnet am Heiligen Abend zur Arbeit muß, und wie gut trifft es sich jetzt. Wenn Sie am Tag zur Arbeit müssen, bin ich da, und nachts sind Sie es. Natürlich hole ich das Essen für Irmgard und führe sie hinaus, wenn es sein muß. Sorge macht mir nur, daß sie auf die Nare klettern muß, denn ein unteres Bett gibt ihr die Starosta ganz bestimmt nicht. Wir könnten es über den Natschalnik versuchen«, überlegte sie.

»Das will aber Irmgard nicht. Ich habe ja auch schon daran gedacht. Sie hätten nur sehen sollen, wie böse sie wurde.«

»Das kann ich mir denken, vielleicht hat sie recht. Wir werden es auch so schaffen, es muß einfach klappen. Machen Sie sich nicht zu viele Sorgen. Wir haben doch gelernt, die Dinge erst einmal an uns herankommen zu lassen. Zunächst einmal kann sie auf Marys Bett schlafen, und am Morgen bringen wir sie auf meine Nare. Bis zum Sonntag hat es sich dann ganz gewiß geregelt.« Damit war für sie die Sache erledigt.

Die Starosta brauchte zwei Tage Zeit zum Überlegen, bevor sie zu der Einsicht kam, daß es besser wäre, der Deutschen den alten Platz zurückzugeben. Als ein unterer Platz frei wurde, gab sie diesen natürlich einer aus ihrer eigenen Gefolgschaft. Freilich war das Hinaufklettern auf die Nare für Irmgard eine unerhörte Strapaze, aber leichter zu übernehmen als der ekelhafte Kampf mit einer übelwollenden Starosta, und die beiden Kameradinnen hielten ihr Versprechen, ohne zu murren. Irmgards gelegentlich geäußerte Bedenken wiesen sie energisch zurück: »Willst du uns beleidigen?« Nein, das wollte Irmgard wahrhaftig nicht. »Nun, also, dann nimm uns nicht die Freude an der Tatsache, daß wir für jemand einmal sorgen dürfen.« Ja, die Kameradinnen machten es ihr leicht, sich nach und nach in das Lagerleben zurückzufinden.

Obwohl am Heiligen Abend keine einzige Kerze für die Deutschen brannte, war doch ein unsichtbares Licht angezündet, das Wärme spendete. Bevor Irene zur Arbeit mußte, lagen sie auf ihren Naren eng aneinandergedrückt, und unsagbar leise stieg auch in einer russischen Baracke »Stille Nacht – heilige Nacht« empor in das nächtliche Dunkel, zog weit dahin, um vor den fernen Fenstern zu verklingen, hinter denen jene feierten, mit denen sie auch in der Gefangenschaft unlösbar verbunden waren. Kleine Geschenke, über die nur der lächeln konnte, der nie ein solches Weihnachten erlebte, lagen wie von Geisterhand gebracht auf Irmgards Decke: ein merkwürdiges Gebilde von Taschentuch, das hier nicht gegen das kostbarste Seidentuch der Welt eingetauscht würde, ein Stück Seife, eine dünne Scheibe Speck und, ja, sogar ein Beutelchen mit Weihnachtsgebäck. Mit schwungvoller Schrift stand auf dem Pergament: Frohe Weihnacht! Und Tannenzweiglein, auf denen Lichter brannten, waren kunstvoll darauf gemalt. Zeichen der Freundschaft und der Liebe, die auch hier nicht ausgestorben waren und die so mächtig an den Herzen rüttelten, daß sie bereit waren, tapfer ihr Kreuz zu tragen.

»Weißt du, Irmgard, im Grunde mag ich ja gerade dieses Lied nicht, es ist so schrecklich sentimental, aber …« Karla schluckte.

»Aber«, setzte Irmgard fort, »du hast es trotzdem gesungen und mit einem ganz andächtigen Kindergesicht. Du brauchst dich deswegen nicht zu schämen oder gar etwas zu erklären versuchen, was du doch nicht erklären kannst. Wir sind nicht tot, Karla, man hat uns verschicken, aber nicht ändern können. Wenn das die Absicht war, dann ist dieses Experiment komplett mißlungen. Märtyrer zu schaffen, ist ein gefährliches Unternehmen, das sich gegen jene richtet, die es unternahmen. Wir leben, Karla, wir leben! Wer könnte das nach diesem Abend noch bestreiten!«

XXXVIII.

Dem Weihnachtsfest ohne Festlichkeit folgten Monate abgründiger Einsamkeit. Wenn das morgendliche Tohuwabohu, dessen Höhepunkt die wild gestikulierende und tobende Olga Wassilowna bildete, verebbt war, dann zog sich Irmgard Heintze in ihre geheime Welt zurück. Der Russin war die untätige Deutsche, die in der leer gewordenen Baracke auf der Nare faulenzen durfte, ein Dorn im Auge, und man nahm jede Möglichkeit wahr, ihr das deutlich zu erkennen zu geben. Sei es, daß man ihre Stiefel versteckte, die unter der Nare in Reih und Glied zu stehen hatten und die sie nach langem Suchen im entferntesten Winkel der Baracke wiederfand, sei es, daß man dem achselzuckenden Aufseher immer wieder vor Augen führte, daß ein Mensch auf der Nare etwas tun könne, oder daß man laut schimpfte über die Ungerechtigkeit, daß eine Deutsche – ausgerechnet eine Deutsche – untätig dasitzen durfte, während man selbst schuften mußte. Die aber, die es anging, nahm es nicht zur Kenntnis, ihr einziges, als wirksam erkanntes Schutzmittel war das Verschanzen hinter einem Nichtverstehen-Wollen.

Die Kameradinnen, die müde von der Arbeit kamen, spürten nur, daß in Irmgard etwas vorging. Wie ein ausgeleerter Sack fielen sie in sich zusammen und hatten nur den einen Wunsch nach Schlaf, in dem ihre Träume ihnen bescherten, was bei ihrer Fronarbeit nicht zu Wort kam und dennoch in ihrem Unterbewußtsein weinte und klagte. Einigen von ihnen kam Irmgard wie ein Ort vor, zu dem man dankbar zurückkehren durfte, die ausströmende Wärme zu empfangen, deren Ursache man jedoch nicht kannte. Sie waren wie gehetzte Tiere, die sich in den Schutz eines Baus flüchteten, der ihnen durch Irmgards Anwesenheit gesichert war. Sie hätten nicht sagen können, warum das so war, nur daß es so war, fühlten sie.

Vereinzelt waren Etappen gekommen; kein neues Menschenmaterial, das von »draußen« etwas berichten konnte, sondern nur Verschiebungen innerhalb der Lager – weiter nichts. Es waren

Menschen, die nicht mehr wußten als sie selbst – und das war wenig. Für Irmgard brachten sie Grüße mit von den Freunden aus dem ersten Lager. Maria, die Gymnasialoberlehrerin aus Riga, ließ ihr sagen, daß sie sie nicht vergessen habe und daß die Ärztin nach Irmgards Fortgehen sehr krank gewesen sei und sie alle um ihr Leben gefürchtet hätten. Man habe sie aber nicht im Lager gelassen, sondern in ein anderes gebracht. Bei ihrem Weggehen habe sie viel von Irmgard gesprochen und an einem Wiedersehen gezweifelt. Die Überbringerin der Nachrichten war wiederum eine Estin von altem Schrot und Korn. In ihrem Bulldoggengesicht strahlten ein Paar unsagbar guter Augen, das sie hinter dicken Brillengläsern verbarg. Wer nur den äußeren Menschen an ihr bemerkte, fürchtete ihre Bissigkeit, die aber auch nur ein Selbstschutz war, ohne den keiner auskommen konnte. Und bissig konnte sie werden, wenn es unbedingt notwendig war. Die kleine Frau von über 60 Jahren hatte eine physische Kraft, die ihr keiner zugetraut hätte, aber noch größer war ihr weiches Herz, das die wenigsten in ihr vermuteten und das sie nicht zu zeigen bemüht war. Irmgard war für sie ein Erbe, so viel hatte sie von ihr gehört. Irmgard wollte von ihr viel von ihren alten Freunden wissen, und die Estin stand gerne Rede und Antwort. Die Art, wie sie das tat, ließ die Deutsche aufhorchen. Ein ungewöhnlicher Mensch in einer unscheinbaren Hülle! Die Estin hatte einen märchenhaft anmutenden Namen, der zu dieser Hülle so gar nicht passen wollte und daher komisch wirkte. Aber er stimmte wie selten einer mit dem inneren Menschen überein, und Irmgard wandelte ihn für sich in »Lilofee« ab.

Ein anderer ungewöhnlicher Mensch war eine ältere Ukrainerin. Auch sie war klein und gedrungen, aber von einer verfeinerten Gedrungenheit, die auf ihre tatarischen Ahnen zurückzuführen war. Das breitflächige Gesicht, aus dem ein hoher Grad an Intelligenz sprach, war von einer rosigen Frische überzogen. Ihre Erscheinung strahlte trotz langer Haftjahre immer noch eine gewisse Gepflegtheit aus, die sie sich durch die Ausübung ihres Berufes bewahren konnte. Sie war keine Professorin, obwohl sie von allen so genannt wurde, sondern Pharmazeutin und hatte als solche bisher im Zentralkrankenhaus gearbeitet. Ihre Unterbringung in einem Arbeitslager war eine Strafversetzung, denn hier wurde sie einer Arbeitsbrigade zugewiesen, wenn es sich auch um eine Brigade mit Halbinvaliden handelte, zu der auch Irmgard gehörte. Berührungspunkte mit ihr ergaben sich aber erst, als Irmgard selbst wieder an der »Prowerka« persönlich teilnahm.

Was die Etappen sonst noch gebracht hatten, war nur insofern bemerkenswert, als es sich um jene Art von Häftlingen handelte, die man normalerweise nicht in Lagern für politische Gefangene antraf und die sich, ihrer Macht durchaus bewußt, mit Terrorakten einführten. Hier zeichnete sich besonders die Russin Lydia aus, die von geschmeidiger Katzenhaftigkeit war, ein schönes, aber gefährliches Tier. Ihrer Führerschaft beugten sich die gröberen und plumperen Blatnois, die in Irmgards Baracke eingezogen waren, willig. Der Rest setzte sich aus Monaschkis zusammen, jenen weltlichen Nonnen, die jede weltliche Arbeit von sich wiesen und ihre Zeit unentwegt im Gebet verbrachten. Den Schluß der ganzen Etappe bildete eine 84jährige, eine Äbtissin aus dem früheren Zarenreich, die durch Gefängnisse und Lager geschleift worden und dem Tode nahe war. Die Monaschki, die auf ihre Unterstützung im Kampf gegen den Satan gerechnet hatten, enttäuschte sie schwer, denn sie wies auf das Wort: »Seht, es steht geschrieben, seid untertan der Obrigkeit.« Einige Jüngere gingen nachdenklich von dannen und meldeten sich wenigstens zu Lagerarbeiten, der größere Teil hielt jedoch nach wie vor an den bisher geübten Prinzipien fest.

Die Bestrebungen der Lagerleitung, die Leistungsfähigkeit des eigenen Reviers durch unnötige Esser nicht zu belasten, waren durch diese Etappen zum Teil gescheitert. Der Ausgleich wurde durch erhöhte Normen angestrebt, wozu jedes Mittel recht war. Die schlechte Stimmung wurde auch an den täglichen Filzungen deutlich. Hinzu kamen die verschärften Bestimmungen, die für sämtliche Regimelager in Anwendung gebracht wurden. Das, worüber schon lange gemunkelt worden war, traf endlich ein. Die Gefangenen durften nur noch Lagerkleidung tragen, die auf dem Rücken in Riesenlettern und an den Seiten etwas kleiner beschriftet die jeweilige Nummer des Gefangenen trug. Alle diese Verschärfungen ließen darauf schließen, daß die außenpolitische Lage äußerst gespannt und für unabsehbare Zeit mit keiner Änderung zu rechnen war. Depression und Galgenhumor hielten sich die Waage. »Gestatten Sie, Frau Heintze, hier auf dem Rücken finden Sie meine Autonummer und an der Seite meine Telefonanschrift«, rief eine junge Estin lachend aus, während es um die Mundwinkel verdächtig zuckte. Kein einziges Stück mehr ohne Nummer, auch das geringste Eigentum mußte in der Kaptjorka abgegeben werden. Wer gegen das Gebot verstieß, wanderte unbarmherzig in Einzelhaft. Die Filzungen erstreckten sich nicht nur auf die Unterkunft, sondern wurden auch gründlichst am Körper durchgeführt.

Wahrhaftig, es sah schlecht aus für alle, und am trübsten wohl für die Ausländer. Parolen überfluteten das Lager, von einem neuen Rechtskodex wurde gefaselt, der nur noch der Unterschrift bedurfte. Alle Strafen würden demnach herabgesetzt werden, wer 25 Jahre hätte, bräuchte davon »nur« 15 abzusitzen. Mit Mitleid sahen diejenigen, die zehn Jahre zudiktiert bekommen hatten, auf die mit 25 Jahren. Unter den Deutschen gab es lange Gesichter. Parolen wurden immer geglaubt, wenn auch ihre Lebensdauer begrenzt war.

»Glaubt doch solchen Unsinn nicht«, mußten Karla und Irmgard immer wieder beschwichtigen. »Selbst wenn der sagenhafte Kodex käme, würde er auf uns keine Anwendung finden.«

»Und wenn wir, wie es heißt, in einer Baracke zusammengesperrt und wieder eingeschlossen werden, nur weil wir 25 Jahre haben, hätte ich nichts einzuwenden. Wir wären dann wenigstens wieder unter uns«, fügte Karla noch brummend hinzu.

»Laßt euch von Parolen nicht beeinflussen! Sie stammen alle aus einer Quelle und haben nur den einen Zweck, uns zu beunruhigen. Glaubt an die Heimkehr, und laßt euch darin nicht beirren«, riet Irmgard.

»Irmgard, Sie sind ein unverbesserlicher Optimist«, schallte es ihr entgegen. »Wir sollten Gnadengesuche nach Moskau abschicken, sie bieten uns eher eine Chance.«

»Ich werde nie als Gnade nehmen, was mir als Recht zusteht. Wer sich mit Gnadengesuchen im Kreml lächerlich machen will, der soll es tun«, warf Karla dazwischen.

Furchtbare Zweifel quälten Irmgard, von denen nur hie und da Karla etwas erfuhr. Aber auch sie ahnte nicht den ganzen Umfang der Stunden voller Verzweiflung, die Irmgard allein auf ihrer Nare durchkämpfte. »Ich muß wieder etwas arbeiten dürfen, damit der Tag nicht so unsagbar quält«, sagte sie sich immer wieder.

Daria, die Pharmazeutin, arbeitete im Garten. Sie grub den noch harten Boden um und legte in die schmalen Furchen den Samen. An einem Tag im Mai sah Irmgard ihr dabei zu. »Lassen Sie mich Ihnen helfen«, sagte sie plötzlich und kniete schon am Boden, um mit der Hand die Erde über den Samen zu streuen.

»Sie sollten das nicht tun, Sie wissen doch, daß man in einem Lager gleich die ganze Hand nimmt, wenn nur der kleine Finger gereicht wird. Und dafür sind Sie noch lange nicht gesund genug.«

»Ich muß etwas tun dürfen, glauben Sie mir das. So krank bin ich nicht mehr, daß ich nicht wenigstens diese unbedeutende Arbeit leisten könnte. Vom ständigen Grübeln wird man auch nicht gesund.«

Daria sah sie prüfend von der Seite an: »Ich verstehe Sie, aber Sie dürfen nicht warten, bis Sie ermüdet sind. Sie sollten sich auch nicht bücken.« Sie sah sich suchend um. »Hier, nehmen Sie dieses Holzstück, es erleichtert Ihnen Ihre Arbeit. Im übrigen werde ich gut auf Sie aufpassen«, fügte sie lächelnd hinzu.

Von dieser Stunde an arbeiteten sie täglich zusammen. Mit heimlicher Freude beobachtete Daria, wie das blasse Gesicht der Deutschen unter der Sonne etwas bräunte. Ihrem scharfen Blick entging nichts. Noch ehe Irmgard selbst eine Müdigkeit bemerken konnte, erklärte Daria energisch: »Jetzt hören Sie auf. Kommen Sie, wir setzen uns für ein paar Minuten gemeinsam auf die Bank.«

Bei solchen Gelegenheiten ging Daria mehr und mehr aus sich heraus. Sie begann von ihrem Land, der Ukraine, zu erzählen, von seiner Fruchtbarkeit, die ihm immer zum Verhängnis wurde; von einem Krieg, der die Ursache zu einer Reihenverhaftung wurde;

von ihrer Studienzeit in Prag, von ihrem Elternhaus und von manch anderen Dingen – nur von der Politik sprach sie nicht. Und doch fühlte Irmgard, daß diese verhaltene, aber innerlich glühende Frau leidenschaftlichen Anteil daran nahm, ja, daß ihre Verhaftung in direktem Zusammenhang damit stand. Aber sie hütete sich, irgendwelche Fragen zu stellen. Eines Tages brachte Daria auch Fotos mit, auf denen man ein griechisch-katholisches Pfarrhaus sah, das verträumt im Schatten hoher Bäume lag. Von den Menschen davor strömte Behagen und Kultur aus. »Meine Eltern«, sagte sie mit einem bebenden Unterton, aus dem Liebe und Trauer sprach. »Sie und das Haus gibt es nicht mehr. Nur eine Schwester habe ich noch, die zum Glück in Sicherheit ist. Nein, nicht zu Hause, sie ist in Deutschland. Hier, sehen Sie, es ist das einzige Bild, das ich von ihr noch habe.« Überrascht sah Irmgard auf das Foto nieder, das ein eindrucksvolles Gesicht in ungezwungener, vornehmer Haltung zeigte. »Ja, sie ist wirklich bedeutend als Mensch und Wissenschaftlerin. Neben ihr war ich immer ein Entlein. Daß sie unbehindert schaffen und leben kann, ist das Wichtigste für mich. Es läßt mich die Zeit hier ertragen.« Stolz sprach aus diesen Worten. Irmgard hätte gerne mehr erfahren, doch Daria schwieg, als glaubte sie, schon zuviel gesagt zu haben. Auch in der Folgezeit berührte sie ihr persönliches Leben nicht mehr. Es war kaum Mißtrauen, sondern es war ihre Welt, die sie vor fremden Augen verschlossen hielt und in die sie nur der Deutschen einen kurzen Einblick gestattet hatte.

»Ich glaube, wir sollten einmal gemeinsam zur Natschalniza Santschastj gehen«, bemerkte sie eines Tages. »Daß Sie mir helfen, hat man bestimmt beobachtet. Es wäre besser, wenn Sie offiziell für diese Arbeit angewiesen würden. Ich aber habe die Möglichkeit, auf Sie zu achten, damit Ihnen nicht zuviel zugemutet wird. Was meinen Sie, Irmgard?«

Natürlich war diese begeistert von dem Plan, denn es war nicht anzunehmen, daß die Aufseherin sie auf die Dauer unbehelligt lassen würde.

Die Natschalniza wiegte bedenklich den Kopf, nachdem Daria ihr den Wunsch der Deutschen vorgetragen hatte. Die Würde, mit der es geschah, hatte ihren Eindruck nicht verfehlt. Es war bisher noch nicht vorgekommen, daß sich jemand, der wie die Deutsche ernstlich krank war, freiwillig zur Arbeit zurückmeldete. So ungewöhnlich war das, daß sie nun ihrerseits Bedenken geltend machte, um am Ende doch ihre Zustimmung zu geben. Allerdings fügte sie hinzu: »Sie darf keine Instrumente in die Hand nehmen. Lassen Sie sie nur so viel arbeiten, wie sie selbst vermag. Sie sind mir dafür verantwortlich.«

»Selbstverständlich«, versicherte Daria.

So kam es, daß Irmgard nun im Garten des Lagers arbeitete und jätete und sich langsam immer mehr erholte. Die Gespräche mit Daria berührten immer öfter das Gebiet, das jene vorher absichtlich gemieden hatte. Sie gab unumwunden zu, daß sie für ihr Vaterland gekämpft und gelitten hatte und daß sie weiterkämpfen würde, auch wenn diese Strafe verbüßt sein würde. Das ausgesprochen politische Bewußtsein dieser Frau, die nur unter diesen Umständen zur Passivität verdammt war, führte zu anregenden Diskussionen.

Als Daria dann doch wieder in das Zentralkrankenhaus zurückgeholt wurde, da man ihre Arbeitskraft dort dringender benötigte, riß ihr Weggehen eine tiefe Lücke.

Die Zeit verging, und es kam der Winter, wie schon mancher vorher. Irmgard arbeitete wieder in den »Blumen«, nur, daß es keine echten mehr waren, sondern künstliche. Sie tat es mit grimmigem Humor und brachte es bis zur »Spezialistin«, wie die Brigadierin meinte. Winter und Sommer reichten sich die Hand, nichts änderte sich, nur die Arbeit wechselte je nach der Jahreszeit. Von Jahr zu Jahr wurde es schwerer, zu glauben, daß jemals noch eine Wende in dem Schicksal der »Sakljutschonije« eintreten könne. »Man hat uns vergessen«, klang es mutlos allenthalben. »Wir haben nichts zu erwarten.«

»Und es wird doch eines Tages wahr werden«, behauptete Irmgard verbissen und konnte nicht einmal sagen, ob sie noch selbst daran glaubte.

XXXIX.

Eng aneinandergedrückt lagen am Neujahrstag 1953 auf einer Nare drei Frauen. Es war, soweit das eben im Lager möglich war, verhältnismäßig ruhig, denn für alle war Feiertag. Die Zechen waren versiegelt, von der Garnison her trieb der Wind das laute Gegröle der unter Wodka gesetzten Soldaten bis zu ihnen herüber, und die wenigen diensttuenden Aufseher ließen sich nur selten blicken. Wenn sie sich aber doch einmal zu einem Rundgang aufrafften, so nahmen sie es mit ihrer Pflicht nicht allzu ernst. Auch sie stimmte der Wodka milder und schließlich war ein neues Jahr angebrochen, von dem man nicht wissen konnte, was es noch alles bringen würde. War da nicht die Rede von Englands Premier, die selbst von sowjetischen Zeitungen ausführlicher gebracht worden war und der man eine versöhnlichere Stimmung entnahm? Man neigte heute öfter als sonst zu einem: »Nu, nitschewo!« Die drei Frauen auf der Nare fragten sich ähnlich wie ihre Bewacher: Was wird das Jahr 1953 für uns bringen? Wird es zu Ende gehen wie alle Jahre vorher? Sechsmal hatten sie diesen Tag bereits in der Gefangenschaft erlebt. 2190 Tage hatten sie so kommen und gehen sehen, und jeder Tag hatte 24 Stunden. Vor ihnen aber lagen noch 19 Jahre oder 6953 solcher Tage. Sie erschraken, wenn sie eine solche Rechnung aufstellten, und doch kamen sie von Zeit zu Zeit nicht darum herum.

Wie hilfesuchend legte sich die Hand von einer der Frauen auf die Irmgards. Tröstend gab sie den Druck wieder. Was brauchte es Worte, sie verstanden sich auch so. Und jede hing für sich ihren Gedanken nach, wie sie von allen gedacht wurden und sich kaum unterschieden.

Wie in einem Kaleidoskop zogen die Stationen der Gefangenschaft an Irmgard vorüber. Sie kam nicht von ihnen los, dagegen ließ sich nichts machen. Und sie wollte sich auch gar nicht mehr dagegen wehren. Etwas zwang sie, immer wieder in diesem Meer von Leid unterzutauchen, denn sie wollte den geheimnisvollen

Sinn solchen dunklen Geschehens begreifen. Ihr war, als würde Leben und Sterben davon abhängen.

Da war die Krankheit, von der sie unbegreiflicherweise davongekommen war. Längst schon arbeitete sie wieder in einer Brigade. Vielleicht hätte sie ihre Schwäche geschickter ausnützen können, denn sie sah noch elend genug aus, um es glaubwürdig machen zu können, doch sie wollte es einfach nicht. Zunächst steckte man sie zu einer Sonderoperation in die Zeche. Drei Monate lang hatte sie wechselweise in Tag- und Nachtschicht gearbeitet. Sie hatte sich solche Handfertigkeit erworben, daß sie zu einer Stachanowski aufstieg. Es bestand keine Gefahr, daß sie damit die Normen hochtrieb, denn von vornherein war diese Arbeit zeitlich begrenzt. Eines aber hatte sie damit erreicht – reichlicheres und besseres Essen. Es war einfach eine Lebensnotwendigkeit. Konnte jemand den Anblick der hungernden Kameradin vergessen, die vor einem Stück Brot stand, von dem noch für den Abend gespart werden mußte? Sie konnte es nicht. So arbeitete sie fieberhaft, und jeder Handgriff mußte sitzen, sonst war es nicht zu schaffen. Damals war es auch, daß ihr Milda, die kleine lettische Studentin, begegnete, die nun neben ihr saß und ihr bedingungslos ergeben war.

Irmgard hatte sich, wie immer, wortlos auf ihrem Hocker niedergelassen, ohne die Umgebung zu beachten, und gegenüber saß die junge Lettin. Vor Irmgards Platz türmte sich schon der erste Berg vollbrachter Arbeit, während vor der Lettin nur ein kleines Häufchen lag. Sie hätte es nicht bemerkt, wenn nicht ein hartes Wort der Meisterin sie kurz hätte aufblicken lassen. Ein wenig später kugelten über das verkrampfte Gesicht der Gerügten zwei Tränen, die auf die Arbeit tropften, während sich die Hände nervös abmühten. Niemand achtete darauf, nur Irmgard sah es, und sie sah auch den gequälten Ausdruck von Verlassenheit, der über der gebückten kleinen Gestalt lag. Sie wußte selbst nicht, wie es kam, daß sie plötzlich neben der Lettin stand, ihr tröstend über den Kopf strich: »Nicht weinen!« Ob jene sie verstanden hatte? Sie arbeiteten weiter, als wäre dieser kleine Zwischenfall nicht geschehen, nur daß Irmgard am Schluß von ihrer fertigen Arbeit schnell einen Teil der Lettin zuschob, womit sie ihre Norm erfüllen konnte. Mit hochrotem Kopf hatte die Lettin dagesessen und die Deutsche wie ein Wunder angeschaut. Irmgard kannte ihre Geschichte, die einfach genug war. Irgendwo am Eismeer saß ihr Bruder, während seine junge Frau mit dem ersten Neugeborenen in ein anderes Lager gesteckt wurde. Und die Schuld? Sie lag nur darin, daß der Bruder seine Frau verborgen gehalten hatte, weil sie keinen sowjetischen Paß hatte, den man in einer Sowjetrepublik haben mußte; daß seine Schwester ihn nicht verraten hatte, büßte sie nun mit zehn Jahren ihres jungen Lebens und mit der Ungewißheit, ob sie wohl jemals nach Hause zu der kranken einsamen Mutter kommen würde, die Stück für Stück von der zurückgebliebenen Habe der Kinder verkaufte, um ihnen das Notwendigste an Lebensmitteln schicken zu können. Ein Einzelschicksal? Nein, das Schicksal eines kleinen Zwei-Millionen-Volkes, das auf diese Weise ausgerottet werden sollte.

Seit diese Zechenoperation zu Ende war, arbeitete Irmgard wieder in der Sapretka-Brigade, einer Halbinvalidenbrigade, die sich durchweg aus kranken Frauen zusammensetzte. Keine dieser Frauen hatte einen Blutdruck unter 220. Zwar sollten angeblich nach Moskauer Anordnungen solche Gefangene nur begrenzte Arbeit innerhalb des Lagers leisten, aber in Wirklichkeit kümmerte sich keine Lagerleitung darum. Die Brigade wurde wie jede andere voll eingesetzt, sie schippte im Winter den Schnee und grub und harkte im Sommer die Profka oder putzte die Garnison, und doch war Irmgard zufrieden, denn die drei Estinnen, darunter Lilofee, die kleine Frau mit dem großen Herzen, hatten sie kameradschaftlich in ihre Gruppe aufgenommen, so daß keine Sticheleien der anderen sie treffen konnten.

Ja, Lilofee, sie hielt zu Irmgard. Ganz besonders seit jenem Tag im Mai, da sie vorzeitig von einer Arbeit zurückkamen, weil selbst der Natschalnik Konvoi die Unsinnigkeit einsah, mit Schaufel und Spaten gegen den tiefen Schlamm anzugehen, der auf der immer noch vereisten Erde lag. Die Spaten geschultert, bis zu den Waden mit Morast beschmutzt, war die Brigade ins Lager zurückgekehrt. Einträchtig nebeneinander stapften Lilofee und

Irmgard ihrer Baracke zu. Auf der gegenüberliegenden Lagerstraße quälte sich mühsam Schritt für Schritt der hoch aufgepackte Brotwagen, der die Aufgabe hatte, das in der Lagerbäckerei gebackene Brot in die Kasernen zu bringen. Der Wagen steckte bis zu den Achsen im Schlamm und wurde von einem Schimmel gezogen, einem ostpreußischen Kaltblüter, der als Beutegut nun hier seine Frondienste leisten mußte. Irmgard liebte dieses schöne Tier und litt mit ihm, wenn es unter rohen Knüppelhieben geduldig seine Pflicht tat. An diesem Tag hatte der Schimmel es besonders schwer, und offensichtlich war er schon ganz erschöpft. Immer wieder trieb ihn die auf dem Wagen hockende Ukrainerin mit derben Knüppelhieben und lautem Geschimpfe an. War er am Ende seiner Kraft? Die beiden Frauen sahen, wie er sich langsam auf die Beingelenke niederließ, als wollte er sagen: »Habt doch ein Einsehen, ich kann nicht mehr!« Mit weiten, schreckgeöffneten Augen hatte Irmgard diesem Schauspiel zugesehen. Aufmerksam geworden, folgte Lilofee dem Blick der Kameradin. Das Blut schoß ihr in den Kopf. Mit einer Schnelligkeit, die ihr niemand zugetraut hätte, rannte sie über den Platz zum Wagen hin, wo die stämmige Ukrainerin auf die stumme Kreatur einschlug. Mit einem Aufbrüllen riß sie den Knüppel an sich und warf ihn weit von sich. Schon im nächsten Augenblick beugte sie sich zum Kopf des Pferdes nieder, den sie an sich drückte wie eine Mutter ihr Kind. Gütig sprach sie auf das Tier ein, und als wollte es ihr zuliebe es noch einmal versuchen, richtete es sich langsam wieder auf, noch zitternd, aber es stand, dicht vor ihm die kleine Estin, die ihm bis zur Brust reichte. Mit gesenktem Kopf ruckte das Pferd wieder an und quälte sich wieder Schritt für Schritt an der zur Seite getretenen Beschützerin vorbei, die dem Wagen mit den Blicken folgte, bis er endlich hinter dem Tor verschwand. Müde, unendlich müde, als trüge sie eine schwere Last, kehrte sie dann zu Irmgard zurück, die wie erstarrt an der Barackenwand lehnte, während ihr die Tränen über das Gesicht rannen: »Oh, Bruder Tier!« Lange lehnten sie damals so nebeneinander, still und doch wissend von der aufwühlenden Not, die jede von ihnen in gleicher Art durchlitt und die sich nicht beruhigen wollte. Bruder Tier, das nicht wie der Mensch den Kameraden zur Seite hatte, das hilfloser war als der gefangene Mensch und das einmal unter Knüppelhieben seufzend seinen letzten Atemzug von sich geben würde. Wahrhaftig, es müßte einen Himmel geben für die Pferde, die gnadenlos der Bestie Mensch auf Erden ausgeliefert waren.

Alle diese Bilder, von denen sie wußte, daß sie sie niemals mehr vergessen konnte, zogen im Geist an Irmgard vorüber. Irmgard griff nach den Händen von Karla und Milda, und fast feierlich sagte sie: »Wir werden nach Hause kommen, hört ihr es?«

Karla wandte ihr den Kopf zu, es schien, als käme sie aus weiter Ferne: »Ja, wir werden nach Hause kommen!«

»Und ich weiß noch mehr, Karla, es wird noch in diesem Jahr sein. 1953 wird die Entscheidung fallen!«

Mit einer Mischung von Mitleid und Skepsis betrachtete Karla die Kameradin, aber sie entgegnete nichts. Zärtlich schmiegte sich Milda an die deutsche Kameradin und sagte zustimmend: »Ihr Deutschen werdet die ersten sein, die zurückkehren, und ich werde sehr froh darüber sein, daß du dann wieder in deiner Heimat bist.«

»Auch du, Milda, wirst dann wieder bei deiner Mutter sein!«

»Später, erst müßt ihr fahren«, beharrte Milda eigensinnig.

»Nun gut, warten wir das ab«, lachte Irmgard, ohne zu ahnen, welchen prophetischen Ausspruch Milda von sich gegeben hatte. »Aber jetzt habe ich Hunger. Habt ihr was zu essen?«

»Natürlich haben wir etwas für einen solchen Feiertag. Brotpudding ist da!«

Und sie holten ihre Becher hervor, füllten sie aus Mildas Kochtopf mit einem schwarzen eingedickten Zeug, das aus Brot, Wasser und ihren Zuckerrationen bestand, und löffelten es mit Behagen. Über allen dreien lag eine lange nicht gekannte Heiterkeit, die aus der inneren Gewißheit kam, daß sie noch einmal in die Heimat zurückkommen würden.

XL.

Es war Anfang März. Irmgard kam eben vom Schneeschippen zurück und wollte sich auf ihre Nare verziehen. Da aber pirschte sich Evi heran, eine kleine Berlinerin und ehemalige Kommunistin, die schon im Dritten Reich gesessen hatte. Inzwischen hatte sie ihre frühere politische Gesinnung unter dem nachhaltigen Eindruck der im Sowjetparadies angewandten Methoden gründlich revidiert. Der große Irrtum ihres Lebens machte sie all denen gegenüber, die ihre Freiheit im Kampf gegen jegliche Diktatur einsetzten und besonders gegen den Kommunismus, beinahe hündisch ergeben. Obwohl sie sich erst überzeugt hatte, daß niemand in der Nähe war, flüsterte sie Irmgard zu: »Bitte, Frau Heintze, kommen Sie doch einen Augenblick mit hinaus. Ich muß Ihnen etwas ganz Wichtiges erzählen.«

»Muß das jetzt sein, Evi? Ich bin hundemüde.« Irmgard kannte die Geheimnistuerei der anderen und vermutete dahinter irgendeinen Lagertratsch.

»Nein, wirklich, es ist sehr wichtig. Ich werde allein damit nicht fertig.«

Mit einem kleinen Seufzer setzte Irmgard den in der Luft hängenden Fuß wieder auf den Boden und begab sich mit der Berlinerin ins Freie. Aber erst in respektvoller Entfernung von der Baracke begann Evi zu erzählen:

»Sie kennen doch die Rosenbaum, die Russin, deren Mann in Berlin bei der ›Täglichen Rundschau‹ ist?« Irmgard nickte nur. »Die Rosenbaum«, so fuhr Evi fort, »steckt immer mit Sieglinde zusammen, an der sie einen Narren gefressen hat. So mißtrauisch sie auch sonst ist, ihr sagt sie alles.« Aha, dachte Irmgard, also doch ein Tratsch, und setzte ihr abweisendes Gesicht auf. Unbeirrt erzählte Evi weiter: »Heute morgen, als Sieglinde von der Nachtschicht kam, ist sie ganz aufgeregt zu ihr in die Baracke gekommen und berichtete, es sei gestern im Kreml bei der Sitzung des Obersten Sowjetrats zu einem fürchterlichen Krawall gekommen.« Evi machte eine Kunstpause, in die Irmgard trocken einwarf: »Das wird vermutlich öfter vorkommen!«

»Aber nein, Frau Heintze, diesmal muß mehr sein, denn, denken Sie sich bloß, es soll dabei auf Stalin geschossen worden sein. Und die Rosenbaum meinte, möglicherweise sei er schon tot. Sie hat dabei geheult und Sieglinde gebeten, keinem Menschen im Lager davon zu erzählen. Sieglinde aber kam gleich zu mir, denn sie weiß nicht, was sie davon halten soll. Wenn ich ehrlich sein soll, weiß ich es auch nicht, und so habe ich mir gedacht, daß ich Ihre Meinung dazu hören muß. Denken Sie doch bloß, wenn das wahr wäre, wenn dieser Bluthund Stalin nicht mehr lebte!«

Irmgard dachte über den Bericht nach. Zu viele Latrinenparolen waren in diesen Jahren ausgegeben worden, als daß man dieser unwahrscheinlichsten von allen hätte glauben können.

»Das ist zu schön, um wahr zu sein, Evi! Überlegen Sie doch selbst, wie will die Rosenbaum in einem Lager Kenntnis von Dingen bekommen haben, die sich vor 24 Stunden im Kreml abgespielt haben sollen? So was gibt's ja gar nicht. Es ist besser, Sie sprechen zu keiner Menschenseele mehr darüber, denn wenn Sie in Einzelhaft kommen sollten, wer würde dann die ›Schokoladenbrigade‹ anführen?«

Das war eine Anspielung auf Evis Tätigkeit. Mit Schokoladenbrigade wurden jene sieben oder acht Deutschen bezeichnet, die mit der ekelhaften Arbeit der Toilettenentsorgung beauftragt waren. Evi tat dies schon seit Jahren. Es war eine Arbeit, die ihr Blut total verseucht und überall Vereiterungen hervorgerufen hatte. Bezeichnend war eine Episode. Während Eva die stinkende Jauche in den Tonnenwagen schöpfte, hatte eine von den anderen Deutschen mit einer schweren Eisenbrechstange den vereisten Kot von den Löchern gekratzt. Dabei rutschte ihr das Gerät ab und verschwand in der bis zum Rand gefüllten Grube. Die Brechstange mußte aber nach beendeter Arbeit in der Gerätekammer gegen Quittung wieder abgegeben werden. Bei Verlust eines Werkzeuges gab es schwere Einzelhaft. Zunächst versuchten die beiden, mit Schaufeln und anderen Instrumenten die Brechstange zu angeln. Die aber hatte sich längst durch ihre Schwere in den

Schlick eingegraben. Trotz stundenlangen Bemühens blieb die Sache erfolglos. Angst, furchtbare Angst war es, die dann Evi zu ihrem letzten Entschluß veranlaßte. Sie zog sich nackt aus und stieg bei über zehn Grad Kälte in den Schlick, der ihr bis zu den Achseln reichte. Aber sie hatte es geschafft. Die Brechstange war gerettet, nur von Evis Haut ging trotz emsigen Schrubbens der penetrante Gestank nie mehr ab. Total verseucht und schwer krank kam sie auch um Jahre später in die Heimat zurück – als kleine verhutzelte, grotesk wirkende Greisin, und das im Alter von 48 Jahren.

Angst trieb die merkwürdigsten Blüten. So war eine Brigade im Winter damit beschäftigt, auf einem Fluß Eis zu hacken. Dabei brach eine junge Ukrainerin ein. Ihr letzter Schrei: »Rettet die Brechstange!«, die sie mit beiden Händen über den Kopf hielt. Nun, nicht nur die Brechstange wurde gerettet, die Kameradinnen retteten auch sie, während die Posten belustigt diesem Schauspiel zusahen. Die Ukrainerin war noch einmal mit einem blauen Auge – und das in Form einer schweren Lungenentzündung – davongekommen.

Von dem kurzen Gespräch mit Evi über die angeblichen Vorgänge im Kreml hatte Irmgard nur noch Karla in Kenntnis gesetzt, die es ebenfalls mit einem »Unsinn!« abtat.

Drei Tage später aber geschah es, daß der größte Teil der Lagerinsassen in einen Freudentaumel ausbrach. Nach dem Wecken war niemand aufgefallen, daß der Lautsprecher nicht wie sonst dröhnte. In den Baracken herrschte nur das übliche morgendliche Treiben. Irmgard brachte gerade ihr Lager in Ordnung, als der Lautsprecher eine Sondermeldung ankündigte. Eine getragene Männerstimme gab den Schlaganfall Stalins bekannt. Es schien schlecht um ihn zu stehen. Mit einem Schlag war es totenstill in der langen Baracke. Flüsternd übersetzte Milda, die lettische Bettnachbarin, Irmgard den genauen Wortlaut der Meldung, der vor Überraschung der Mund offenstehen blieb. Wie im Traum sah sie sich um und begegnete überall bedeutsamen Blicken. Aus dem Lautsprecher ertönte wieder gedämpfte Musik. Auf den oberen Naren hockten kleine Grüppchen zusammen, die leise miteinander tuschelten. Diese Meldung war keine Latrinenparole. So schnell Irmgard nur vermochte, rutschte sie von ihrem Lager herunter und direkt in die Hände der unter ihr liegenden Estin Lartop, die sie in aufwallender Freude an sich zog. Dabei begegnete Irmgards Blick dem der Ärztin Galina Iwanowa, die ihr wie gelöst zunickte. Kein Wort wurde bei diesem heimlichen Einverständnis gewechselt. Im nächsten Augenblick schon stürzte Irmgard in Karlas Baracke. Auch hier das gleiche Bild. »Karla, hast du gehört?«

»Ja. Mein Gott, das könnte die Wende sein, aber noch ist er nicht tot, und es bleibt abzuwarten, welcher Kurs dann eingeschlagen wird. Immerhin, für uns alle hier ist es bedeutsam genug.«

Nicht bei allen im Lager herrschte eitel Freude über den Gang der Dinge. Sehr viele Russinnen saßen schluchzend zusammen und bangten um Väterchen Stalin, der aus ganz Rußland ein einziges Arbeitslager gemacht hatte. Aber Mütterchen Rußland brauchte sie alle. Daß sie selbst zu zehn, 15 oder 25 Jahren verurteilt worden waren, sahen sie als einen Irrtum an, und Irrtümer kommen eben vor. Mißtrauisch belauerten sie die »Ausländer«, nur allzu gerne bereit, jene bei der Lagerobrigkeit anzuschwärzen.

Der Abenddurchsage war zu entnehmen, daß kaum noch Hoffnung für den »großen Staatsmann« bestand. Am kommenden Morgen aber wurde es dem gesamten russischen Volk kundgetan: Stalin war tot! Durch alle Lager ging ein Aufatmen: Stalin tot, Stalin tot! Noch niemals hatte man unter den Gefangenen so viele frohe Gesichter gesehen wie an diesem Tag. Das zu übersehen, mußte selbst der Wachmannschaft unmöglich sein. Es war ihre eigene Unsicherheit, daß sie es trotzdem ignorierte. Die Aufseher ließen sich in den Baracken kaum noch sehen, in denen Esten, Letten, Litauer, Polen und Deutsche debattierten und Zukunftspläne schmiedeten, während gläubige kommunistische Russinnen laut heulend trauerten. Was dem einen sin Uhl, ist dem anderen sin Nachtigall.

Der Alte hatte die Augen noch nicht geschlossen, als schon die neue Regierung genannt wurde. Malenkow? Ein unbekannter Name. Berija war schon eher bekannt. Und wieder hagelte es Parolen: Der neue Strafkodex kommt, alle Mütter mit Kindern bis zu zehn Jahren, alle Alten über 50 Jahre, alle Kranken und Jugendlichen werden entlassen. Nicht nur bei den Gefangenen gingen die Parolen um, auch die Freien sprachen davon. Mancher kleine Aufseher machte sich Sorgen, was aus ihm werden sollte, wenn nun die Lager aufgelöst werden würden. Die Näherei mußte schuften, um die vielen kurzfristigen Aufträge für Kleidungsstücke der Freien zu bewältigen. So billig würden sie niemals wieder dazu kommen. Das Leben in Rußland war teuer, es mußte also vorgesorgt werden. Zu den »Ausländern« wurde man weitaus höflicher. Man konnte nie wissen, wer morgen die Herren und wer die Gefangenen sein würden. Es gab auch Natschalniks, von denen ein Druck gewichen zu sein schien und die ihre bisherige Maske der Unnahbarkeit fallen ließen. So der Natschalnik Base etwa, bei dem eine Lettin arbeitete. An einem klaren Frühlingstag ließ er folgende Bemerkung fallen: »Es wird ein schweres Gewitter kommen.« Als die Lettin erstaunt zum Fenster hinaussah, aber nur einen wolkenlosen Himmel erblickte, lachte er: »Passen Sie auf, es gibt drei Arten von Gewittern. Bei dem einen ist es entsetzlich schwül – trotz Blitz und Donner. Der Mensch fühlt sich nach wie vor sehr unbehaglich. Bei dem zweiten Gewitter hagelt es, und alles, was wachsen will, wird zerstört. Eiskalt ist es danach, so daß man friert. Und dann die dritte Art. Es blitzt und kracht gewaltig, aber danach fühlen wir uns so frei, so leicht, daß wir wieder atmen können. Sehen Sie, ein solches Gewitter kommt noch, Sie brauchen es nicht am Himmel zu suchen!« Und damit vergrub er wieder seine Nase in den Akten, die vor ihm lagen.

Die früheren ununterbrochenen und demütigenden Schmähungen waren wie fortgeblasen, und wenn die Aufseher wieder einmal durch die Baracken gingen, sahen sie von dem verbotenen Tun und Lassen der Gefangenen nichts. Wie wäre es vor wenigen Wochen noch möglich gewesen, daß ein Aufseher vor einer Nare stehenblieb, auf der Irmgard mit Karla und Milda saß, und wahrhaftig auf deutsch den dreien einen »guten Appetit« wünschte?

Im ersten Augenblick waren die drei erschrocken, denn zum einen befand sich Karla in einer fremden Baracke, was an sich schon Grund genug für Einzelhaft war, und dann war auch das Essen auf der Nare strikt verboten. Sie waren also in doppelter Hinsicht strafwürdig geworden, und nun stand diese Uniform da und wünschte guten Appetit. »Danke!« klang es im Chor zurück, und lachend ging der Wächter weiter.

»Seht ihr«, meinte Irmgard, »es geschehen doch noch Wunder im Leben!«

»Was wirst du aber erst sagen, Irmgard, wenn ich dir erzähle, daß die Brigadierinnen heute alle die in eine Liste aufgenommen haben, die Kinder unter zehn Jahren haben? Auch mich schrieben sie auf, denn sie hatten ausdrücklich Anweisung, daß auch die Deutschen mit zu erfassen seien. Meine Lütte ist ja erst neun Jahre. Die Listen müßten heute abend schon beim Lagerkommandant sein.«

Eine kleine Weile war es still.

»Karla, wie ich mich für dich freue. So wirst du vielleicht die erste sein, die von uns nach Hause kommt. Denkst du auch an unsere Abmachung, und wirst du dich um meine Mutter kümmern?«

»Das würde das erste sein, was ich täte«, sagte Karla ernst, und es klang wie ein Schwur. »Noch etwas habe ich gehört, Irmgard, die Listen mit den Namen der Kranken sollen auch schon im Büro liegen. Daß du dann dabei bist, darüber besteht wohl kein Zweifel. So sicher ist es noch gar nicht, wer von uns zuerst fährt. Und bist du es, Irmgard, wirst du dann an meine Lütte denken?«

»So wahr mir Gott helfe«, sagte Irmgard feierlich. Und es war fast ein Gebet.

»Amen!« klang es abschließend von Milda, der Lettin.

Schuldbewußt blickten die beiden Deutschen auf Milda.

»Milda, nur keine Angst, auch du wirst bald bei deiner Mutter sein. Soviel weißt du wenigstens schon heute. Aber was wissen wir, was uns noch erwartet, ob wir noch ein Heim oder auch nur einen einzigen Menschen haben, der auf uns gewartet hat? Wer kann das heute schon sagen.«

»Sprich nicht so, Irmgard. Ich freue mich doch so für euch. Es war sehr, sehr schön mit dir. Du bist äußerlich ganz anders als meine Mutter, und doch hast du etwas, das mich irgendwie immer an sie erinnert, so daß ich mich bei dir geborgen fühle. Das wird dann alles vorbei sein, aber wie könnte ich denn anders, als dir alles Glück auf Erden zu wünschen!« Sie schmiegte sich in Irmgards Arm, doch als sie deren Lächeln unter Tränen sah, fragte sie erschrocken: »Habe ich etwas Falsches gesagt? Weißt du, die deutsche Sprache ist doch sehr schwer.«

»Nein. Du hast etwas sehr Liebes gesagt, von dem ich weiß, daß es von ganzem Herzen kam. Es war etwas, was ich nie vergessen werde, und wenn ich alt würde wie Methusalem.« Irmgard drückte die Lettin an sich, danach legten sie sich zurück, und eine jede dachte daran, wie es einmal sein würde, wenn sie vor vertrauten Türen stehen würden.

XLI.

Die Machtkämpfe im Kreml – Malenkow hatte den Posten als Erster Sekretär der allmächtigen Partei aufgeben müssen – schlugen sich in der Unsicherheit der Lagerleitung und ihrer kleinen Gehilfen nieder. Einige der gefangenen Frauen stellten sich die Frage, ob der Westen die sich bietende Chance nutzen und in diesen Stunden zum Gegenschlag ausholen würde. Nichts geschah, gar nichts, und kostbare Zeit verging. Die erwartungsvolle Stimmung sank langsam, aber sicher ab. Bittere Worte fielen, nicht nur von den Deutschen, auch von den Estinnen, den Lettinnen und Polinnen; die Ukrainerinnen und die Armenierinnen dachten nicht anders.

Im Mai wurde eine kleine Etappe von Jugendlichen zusammengestellt – es waren keine Ausländer dabei, sondern nur Angehörige der Sowjetrepubliken –, die nach Hause fahren durften. Zur Zeit ihrer Verhaftung waren sie 14- bis 15jährige Kinder, die mit fünf Jahren Arbeitslager belegt worden waren. Die fünf Jahre hatten sie nahezu alle abgebüßt. Immerhin kamen sie nicht in die »freie Ansiedlung«, irgendwohin nach Sibirien, sondern sie fuhren wirklich nach Hause. Die ersten Briefe von ihnen trafen im Lager ein, denen kleine Fotos beigefügt waren. Sie wußten zu berichten, daß die Züge voll Krimineller waren, die alle unter die Amnestie fielen. Schon auf der Fahrt trieben sie wieder ihr Unwesen, nahmen den heimkehrenden Jugendlichen die letzte Habe und das von ihren Landsleuten gesammelte Geld weg, raubten und plünderten diese Blatnois aus und schreckten selbst vor Mord nicht zurück. Viele von ihnen landeten schon innerhalb der nächsten Zeit wieder in den Lagern. So sah also die Amnestie in Wirklichkeit aus.

Der Juni brachte heiße, sonnige Tage. Unverändert ging es am Morgen um dreiviertel sechs zum Appell, ehe das Sklavinnenheer eine Viertelstunde später durch das Tor zog, um am Abend verdreckt und zu Tode erschöpft zurückzukehren. Auch die Halbinvalidenbrigade mußte hinaus, dic Sapretka bearbeiten.

Vor dem Appell standen sie noch zehn Minuten lustlos zusammen und rauchten eine letzte Machorka. Auch Milda, Karla, Irmgard und Edith standen in ihrer Arbeitskleidung wartend auf der Lagerstraße. Irmgard schien etwas zu beschäftigen, schon ein paarmal hatte sie eine kurze Frage überhört. Karla stieß sie an und fragte, was los sei.

Irmgard kämpfte noch eine Weile mit sich, aber dann wagte sie es doch:

»Ich muß euch etwas erzählen. Heute nacht hatte ich einen merkwürdigen Traum, der mir nicht aus dem Kopf geht. Ich war in meiner Wohnung in dem großen Balkonzimmer. Ganz hinten, an der Balkontür, stand meine Mutter und ordnete Blumen in einer Vase. Plötzlich sah meine Mutter auf und erkannte mich. Ein unsagbar glückliches Lächeln überzog ihr Gesicht, sie breitete ihre Arme aus, drehte sich im Walzertakt und tanzte so durch das ganze Zimmer auf mich zu. Der Glücksausdruck in ihrem Gesicht vertiefte sich. Sie zog mich an sich und sagte mit diesem immer wieder zärtlichen Lächeln: ›Komm!‹ Und während ich selbst schon die ersten Walzerschritte mit ihr tanzte, fiel mir ein, daß ich jemandem doch erst zum Geburtstag gratulieren mußte. Wem allerdings, wußte ich nicht. Meine Mutter aber meinte, daß das doch unwichtig sei und ich mit ihr tanzen solle. Und so tanzten wir durch das ganze Zimmer, und ich war in diesem Augenblick so glücklich wie selten zuvor.«

Die Kameradinnen waren still, und nur Edith entgegnete: »Tanzen bedeutet Unglück, Irmgard.« Die aber lächelte weise: »Das mag schon sein, ich aber weiß, daß etwas Gutes geschehen wird. Etwas, das meine Mutter, wo immer sie sein mag, unendlich glücklich machen würde. Nach drei Jahren ist es das erste Mal, daß ich wieder von ihr geträumt habe, und zwar so intensiv wie nie zuvor.«

Nachdenklich sog Karla an ihrer Zigarette. »Heute ist der 12. Juni, Irmgard. Du solltest dir dieses Datum merken.«

Einige Stunden später standen Irmgard und Lilofee angelehnt an dem die Sapretka einschließenden Zaun und warteten darauf, daß die anderen ihrer Gruppe die ihnen aufgetragene Arbeit beendeten, damit sie das neue Stück umgraben konnten.

»In der kommenden Woche arbeiten wir nicht mehr zusammen, Lilofee«, bemerkte Irmgard versonnen.

Die erschrak. »Wie meinen Sie das? Wissen Sie etwas von einer Etappe?« Sie fürchtete den Abtransport in ein anderes Lager, da sie die Deutsche doch so gerne in ihrer Nähe haben wollte.

»Ich weiß nur, daß ich dann nicht mehr hier sein werde.« Mehr sagte sie nicht.

Am Beginn der neuen Woche frotzelte die Estin, daß Irmgard noch immer hier sei.

Am nächsten Morgen standen die vier wieder startbereit auf der Lagerstraße, da kam die kleine Ostpreußin Dora angerannt, ganz atemlos und aufgeregt. »Frau Heintze, Sie werden in der Baracke gesucht. Sie sollen nicht mit der Brigade zum Appell gehen. Fünf von uns Deutschen wurden aufgerufen: Sie, Hanna, Ruth, Margaret und ich! Um zehn Uhr werden wir zum Natschalnik Spec gerufen, sagt die Narjadschidza. Was mag bloß los sein?«

Was Irmgard bei dieser Nachricht dachte, sprachen schon Karla und Milda zu gleicher Zeit aus: »Dein Traum, Irmgard!« Die Lagerstraße herunter kam Ria gejagt. »Wißt ihr schon, daß alle Deutschen nach Hause fahren? Frau Heintze, Sie gehören zu den ersten.«

»Heute abend bist du sicher noch da«, trösteten sich die anderen, denn so viel mußte noch gesagt werden, und jetzt würde sich alles überstürzen. Irmgard blickte den anderen nach, die sich immer wieder umsahen und winkten, als fürchteten sie, die Kameradin zum letzten Mal gesehen zu haben. Langsam, fast mechanisch, ging sie zu ihrer Baracke zurück. Es war eine ausgemachte Sache für sie, daß sie alle heimfahren würden, wenn es einmal soweit wäre. Jetzt waren es nur fünf, und 31 blieben zurück. Seufzend zog sie die Arbeitskleidung aus, zog ihr Lagerkleid an und kletterte auf ihre Nare. Wenn die Narjadschidza etwas von ihr wollte, würde sie sie schon hier zu finden wissen. In der Baracke waren außer ihr nur noch die Starosta und die Dujewalna, die die Deutsche schief von der Seite ansahen. Irmgard störte das nicht mehr, denn sie wußte, wie sich Neid und Mißgunst nun regen würden.

Einige Stunden hatte sie da oben gelegen, als an ihrer Decke gezupft wurde. Es war die Narjadschidza, eine Polin, die Irmgard an sich freundlich gesinnt war. In der Hand trug sie einige Listen. Sie winkte Irmgard ganz nahe an sich heran und flüsterte auf deutsch: »Sprechen Sie nicht zu den anderen, was ich Ihnen jetzt sagen werde. Nicht nur ihr fünf fahrt! Genau die Hälfte von euch, also 18, werden auf Transport gehen. Die anderen Deutschen fahren am Montag ab. Die mit euch fahren, dürfen es aber nicht wissen, weil für sie erst Ersatzleute beschafft werden müssen. Bei euch ist es klar, ihr könnt schon eure Sachen abgeben!«

»Stimmt das auch, Schura?«

»Aber ja doch! Hier« – und sie klopfte dabei auf die Listen –, »habe ich doch schon die Namensverzeichnisse für die Kaptjorka. Eben gab die mir der Natschalnik. Aber Sie dürfen kein Sterbenswörtchen davon sagen. Sie wissen, was mir sonst passiert.« Irmgard nickte.

Also würden sie dann doch alle fahren. Irmgard war, als fiele ihr ein Stein vom Herzen. Nun erst vermochte sie sich zu freuen. Richtig, sie sollte ja Irene gratulieren. Wie unwesentlich war das jetzt, und wie doch ihr Traum vier Tage später in allen Teilen in Erfüllung ging. Die Psychoanalyse würde es ihr anders deuten, sie aber fühlte nur, daß ihre Mutter die Kunde gebracht hatte. Wie seltsam das alles war. Was weiß der Mensch von den geheimnisvollen Strömen, von denen er umgeben ist. Er glaubt nur das, was er sehen und greifen kann, und das ist wenig genug.

Irmgard konnte sich ihrem Grübeln nicht hingeben, denn auf einmal stand die Lettin Erna vor ihr.

»Irmgard, daß Sie dabei sind! Sie ahnen ja nicht, wie uns das alle freut. Keinem gönnt man das so sehr wie Ihnen.«

»Das stimmt nicht, Erna, meine Starosta zum Beispiel und noch einige mehr freuen sich gar nicht«, meinte diese lachend.

»Ach, die zählen nicht«, erklärte Erna großzügig. »Hören Sie, Irmgard, vielleicht geht es schon morgen los. Wir müssen aber noch einmal zusammensein. Bitte seien Sie doch heute abend unser Gast. Wir müssen doch den Abschied feiern. So einfach verschwinden, das gibt es nicht. Nicht wahr, Sie kommen heute abend?«

Einen Augenblick zögerte Irmgard. Sie dachte an die Enttäuschung von Milda und Karla, die gewiß mit ihr rechneten. Vielleicht war sie aber morgen doch noch da, und alle freien Stunden sollten dann ungekürzt ihnen gehören. »Gut, Erna, ich komme!« Ernas äußere Fröhlichkeit konnte nicht darüber hinwegtäuschen, wie bewegt die Lettin war. Mit der echten Freude über die in Aussicht stehende Heimkehr der Deutschen mischten sich durch die Länge der Zeit die Zweifel an der eigenen. Jene waren Ausländer, sie aber war Sowjetbürgerin. Es war ein bitterer Wermutstropfen in dem Freudenbecher.

Kaum war Erna gegangen, als auch schon Galina Iwanowa vor ihrem Lager stand, sich vorsichtig umschauend, ob sie auch ja nicht beobachtet wurden. »Frau Heintze, wir wollen uns jetzt und hier verabschieden. Ich sage Ihnen: Auf Wiedersehen. Erschrecken Sie nicht! Wir werden uns in keinem Lager mehr wiedersehen, aber vielleicht einmal – in Jahren – in der Freiheit, wenn Sie für Ihre Heimat wirken und ich für die meine. Das wird ein anderes, ein schönes Wiedersehen werden. Ich habe Ihnen viel zu danken!« Und sie küßte Irmgard nach russischer Sitte auf Wangen und Mund.

»Leben Sie wohl, Galina Iwanowa! Ich weiß, daß Sie noch eine schwere, aber sehr schöne Aufgabe erwartet«, und sie gaben sich ernst und freundschaftlich die Hände – die Russin und die Deutsche.

Irmgard wunderte es nicht, daß schon jedermann im Lager unterrichtet war. Jede Neuigkeit ging wie ein Lauffeuer um, und erst recht die, daß die Deutschen in die Freiheit entlassen werden sollten. Immerhin gab es manche, die eine Fahrt in die Freiheit bezweifelten. Aufrichtig freuten sich nur die Frauen aus dem Baltikum; zwischen ihnen und den Deutschen herrschte ein Vertrauensverhältnis, das nur selten gestört worden war. Mit der Heimkehr der Deutschen verband sich bei ihnen die Vorstellung der eigenen Schicksalswende. Den Namen »Adenauer« umgaben sie mit einem Mythos, der erschütternd war. Von ihm, so sagten sie, gehe die Kraft aus, ein neues Europa zu schaffen. Sein Name war mit einem Strahlenglanz umgeben, vor dem alles erbleichen mußte, selbst dieses verfluchte System.

Irmgard hörte oft solche Aussprüche, die sie erschreckten. Wie konnte ein einziger Mann und dazu aus einem geschlagenen Volk derartig Übermenschliches vollbringen? Nur wenn die Vernunft in allen Ländern siegen und wenn der Westen hart bleiben würde, dann könne ein neues Europa erstehen, so warnte sie. Die Überbewertung einer einzigen Person erschien ihr verhängnisvoll, denn ihr mußte erneut eine große Enttäuschung folgen.

Am Abend, als die Brigaden einrückten, stand Irmgard wartend in der Nähe des Tores, und Karla und Milda stürmten auf Irmgard zu: »Gott sei Dank, wir hatten ja so Angst, daß ihr schon fort sein könntet!« Verstaubt und verdreckt nahmen sie die Kameradin in die Mitte und gingen in ihre Baracke. Angst hatten sie immer gehabt – vor jedem neuen Tag, vor dem Wechsel der Jahreszeiten, vor der Arbeit, vor dem Hunger, vor der ganzen Abscheulichkeit des Lagerlebens. Angst und Ekel! Jetzt kam die Angst dazu, daß die Kameradin fort sein könnte und daß sie allein zurückbleiben müßten. Und im tiefsten Winkel ihres Herzens hatten sie auch Angst vor ihrer Heimkehr und vor dem Leben, dem sie sich nicht mehr gewachsen fühlten.

»Ihr zwei dürft jetzt nicht böse werden, wenn ich nun zu Erna und Helga gehe. Dafür haben wir dann jede Stunde für uns«, erklärte Irmgard. Mit raschen Schritten verließ sie die Baracke.

Die Lettin Erna und die Estin Helga hatten sich schon auf Irmgards Kommen vorbereitet. Sie hatten echten Tee gekocht, der nun aus dem Aluminiumbecher dampfte. Auf einem Bogen weißen Papiers lagen mit Speck belegte Brote. Alles, was sie an Schätzen aus der Heimat hatten, war hier ausgebreitet, obwohl sie selbst nichts hatten. So voll ihre Herzen auch waren, immer wieder stockte das Gespräch, in dem noch einmal die kleinen Begebenheiten der gemeinsam verbrachten Zeit an ihnen vorüberzogen. Wieviel gegenseitige Dankbarkeit, wieviel Güte, welcher Grad von Selbstlosigkeit und wieviel festgefügte Freundschaft hatte sich hier aufgebaut, die sich nicht in Worte fassen ließen, aber im Blick ihrer Augen und in einer jeden ihrer Gesten lagen. Wie Kinder hielten sie sich an den Händen, diese immer wieder verloren streichelnd. Ihr stilles Nebeneinandersitzen war so beredt; nein, es brauchte keine Worte. Ein oder zwei Stunden waren so wenig, viel zu wenig Zeit. Dann aber war es doch so weit, daß Irmgard gehen mußte. Sie wurden ganz blaß, als sie sich erhoben. Noch einmal lagen sie sich in den Armen, dann riß sich Irmgard los und lief davon, um sich vor dem Mitleid zu hüten, an dem man hier zugrunde gehen konnte.

Ein wenig später stand Irmgard vor Karlas Nare, um Milda abzuholen. Beide brachten sie zu ihrer Baracke zurück. Karla war innerlich froh erregt, während Mildas Gesicht einen Anflug von Trauer erkennen ließ. Als Irmgard dann allein war, hatte sie nur den einen Wunsch: Wenn es doch schon vorbei wäre!

Aber immer noch waren es zwei Tage, die durchgestanden werden mußten. Die Tage zerrten an den Nerven. Am Abend des dritten Tages, kurz vor dem abendlichen Appell, wurde den »Heimkehrerinnen« mitgeteilt, daß sie sofort mit ihrem »Gepäck« anzutreten hätten. Die Kameradinnen ergriffen das zusammengeknotete Bündel und nahmen Irmgard in die Mitte. Das ganze Lager war auf den Beinen, um den Auszug der »Heimkehrerinnen« zu sehen. Auf dem freien Platz vor dem abgezäunten Zellenkomplex wurden die Bündel und Taschen abgelegt, die 18 wurden von ihren Freunden noch einmal umringt und immer wieder umarmt, bis es der Aufseherin zuviel wurde und sie dem Treiben ein Ende machte. Auch Irmgard nahm ihr Bündel und ging als eine der letzten durch die kleine Pforte. Das letzte Bild, das Irmgard noch in sich aufnahm, war der blonde Haarschopf der Lettin, dahinter wie versteinert Karla, Erna, Lilofee und die anderen. Oft noch, in ihren Träumen, würde dieser Anblick sie verfolgen.

Die »Heimkehrerinnen« wurden in eine Zelle eingeschlossen. Die Erregung ließ sie reden und reden, und niemand dachte an Schlaf. Es war schon spät, als der Natschalnik Regime erschien. Ob sie noch etwas benötigten, wollte er wissen. Ja, sie würden alle nach Hause fahren, bestätigte er den Fragenden. Jetzt sollten sie noch etwas ruhen, denn um zehn Uhr morgens würden sie geholt werden – soweit das festgelegte Programm.

Pünktlich um zehn Uhr erschien der Natschalnik Regime. Hinter ihm zog die kleine Karawane, von zwei Aufsehern begleitet, durch das menschenleere Lager. Nur ein paar Kranke und Alte hatten sich in respektvoller Entfernung zum Tor aufgebaut. Noch einmal wurden die Heimkehrerinnen einzeln aufgerufen, mußten Namen, Vornamen, Strafe und Paragraph herunterleiern.

Konnte man ohne umzublicken durch ein Tor gehen, hinter dem man Jahre seines Lebens verbracht hatte und hinter dem 2300 Frauen in Elend und Not dahinsiechten? Irmgard konnte es nicht. Aus den wenigen Frauen, die ihren Auszug beobachteten, ragte die hohe Gestalt der Estin Lartop hervor. Sie wischte sich mit der Hand die nassen Augen und winkte Irmgard noch einmal zu. Hinter ihr baute sich in Irmgards Phantasie das unsichtbare Sklavenheer auf, das Gesicht Karlas, die Gesichter der anderen Deutschen, der lettischen und estnischen Freunde; alle sah sie noch einmal. Dann schloß sich hinter den Gehenden das große, schwere Tor und entließ sie für immer. Und sie warteten auf den Zug, der sie in die Peresilka bringen würde.

XLII.

Die 18 Frauen zogen in die Peresilka ein. Immer noch trugen sie ihre Lagerkleider mit den großen, weithin sichtbaren Nummern auf dem Rücken und den kleineren auf der Seite. Jede von ihnen erinnerte sich daran, wie sie vor einer Ewigkeit zum erstenmal hier war, in Zivilkleidern, von jahrelanger Gefängnishaft zermürbt, mit wahnsinniger Angst, ohne jede Hoffnung, ein einziges Bündel zitternden Elends. Dort, an jener Stelle, war Irmgard im tiefen Schnee zu Tode erschöpft zusammengebrochen. War das noch wahr? Nun war sie wieder da. Von hier aus würde sie nun nach Hause fahren. Nach Hause? Gab es das überhaupt noch?

Zunächst mußten Sie das Männerlager passieren, begleitet von gierig blickenden Augen und unflätigen Zwischenrufen, so daß sie froh waren, als sie endlich den abgetrennten Frauenteil erreicht hatten.

Sie waren die letzte Etappe, die eintraf, und wurden beim Eintritt in das Lager mit lautem Hallo begrüßt, und eine jede traf in den überfüllten Unterkünften alte Leidensgenossinnen wieder.

Ein Offizier inspizierte die Räume, um sich zu überzeugen ob sie alle genügend Platz hatten, was natürlich nicht der Fall war. Am Abend wurde ihnen dann gesagt, daß eine zweite Kammer eigens für sie freigemacht worden war, die sogleich belegt wurde. Nun aber geschah wieder etwas Typisches. Ungefähr 14 Frauen wurden namentlich aufgerufen und in eine dritte Kammer eingeschlossen, während die beiden anderen Kammern offenblieben. Anscheinend wollte man die Frauen verunsichern – reine Schikane.

Am nächsten Tag wurden sie ins Bad geführt. »Alle Lagersachen mitnehmen, wir werden neu eingekleidet«, hieß es. Traurig sahen die 14 den Abmarschierenden nach, denn der Befehl galt nicht für sie.

Im Auskleideraum des Bades stand eine »Freie«. Fast freundlich forderte sie die Deutschen auf, sich zu entkleiden und alle Lagergegenstände bei ihr abzugeben. Wer noch so etwas wie ein eigenes Hemd besaß, zog sich dieses an, um nicht ganz nackt herumstehen zu müssen. Unter denjenigen, denen dies wiederfahren sollte, war die Frau eines Offiziers, die scherzhaft mit »Frau Landrätin« angesprochen wurde.

Die »Landrätin«, eine zarte, aber distinguiert wirkende Frau, stand nun vor der Freien, gestiefelt und gespornt, sogar das weiße Kopftuch mit der Nummer prangte als Turban auf ihrem Kopf. Das, was sie nicht am Körper trug, hing an ihrem Arm. Die Freie forderte sie auf, alles auszuziehen, Kleid, Stiefel, Hemd, Hose, Unterwäsche – und den Turban.

Im Waschraum plätscherten sie herum, als wollten sie allen Schmutz der Lagerjahre von sich waschen. Noch einmal wurden sie auf Läuse untersucht, dann durften sie im Umkleideraum die neuen, doch diesmal nicht numerierten Sachen in Empfang nehmen.

Als sie ihre Nummern los waren, fühlten sie sich zum erstenmal wieder als Menschen. Und die anderen? Auch sie wurden heimlich ins Bad geführt und erhielten die gleichen Sachen.

Der dritte Tag war der Abfahrtstag. Auf dem Hof waren einige Offiziere versammelt, die den Deutschen erklärten, daß sie die ihnen abgenommenen Schmucksachen zurückerhalten würden, sofern sie die Quittung darüber besäßen, was selten der Fall war. Ohne Quittung kein Schmuck, selbstverständlich! Wer irgendwelche Ansprüche an die sowjetische Regierung zu stellen hätte, sollte sich melden, doch die meisten schwiegen aus weiser Voraussicht. Dann wurde das Gepäck auf einen Wagen verladen, man machte es den Heimkehrenden bequem und scherzte und lachte mit ihnen, damit sie keinen Anlaß zur Klage mehr hatten. Vor dem Tor wurde der Zug von Offizieren erwartet. Sogar der General des Distriktes war gekommen. Für ihn stand mitten im Freien ein Sessel bereit, auf den er sich schwerfällig niederließ. Noch einmal wurden die Frauen namentlich aufgerufen, diese traten einzeln vor und beantworteten die üblichen Fragen nach Paragraphen und Jahren. Dann marschierten sie in zwei Abteilungen zu den bereitstehenden Waggons – Güterwagen natürlich. Irmgard gehörte zur zweiten Abteilung, dem Krankentransport, in dem auch zwei Mütter mit Säuglingen mitfuhren.

Und schließlich fuhr der Zug ab, und es ging in Richtung Moskau. Die kleinen Fenster waren diesmal offen und ließen Luft und Licht herein. Die Frauen konnten die Landschaft beobachten, sahen kugelförmige, am Boden klebende Erdhütten, in denen die einfachen Russen hausten. Es war ein langer Güterzug, in dessen Mitte sich zwei Waggons mit Frauen und einige Waggons mit Männern befanden; Deutsche, die in ihre Heimat zurückfuhren!

Am folgenden Tag um die Mittagszeit näherten sie sich Moskau; die neuerbaute Riesenuniversität strahlte in hellem Glanz. Der Zug hielt auf einem der Nebengleise des Hauptbahnhofs. Unweit davon führte ein breiter Weg vorbei, der, da es Sonntag war, von Spaziergängern stark begangen war. Unbeteiligt sahen sie auf die Menschen in den Güterwagen, die für sie nichts Ungewöhnliches waren. Bis zum nächsten Morgen blieb der Zug stehen, Waggons wurden abgehängt und neue dafür angekoppelt. Dann ging es weiter. Am Stand der Sonne orientierten sie sich und wußten daher, daß es zunächst nach Westen ging. In westlicher Richtung lagen Smolensk, Minsk und Brest-Litowsk, doch der Zug bog ab und fuhr nach Norden. Die »Heimkehrerinnen« in den Waggons wurden unruhig.

Tagelang fuhren sie so – Norden – Westen, Norden – Westen! Richtung Brest-Litowsk war es keinesfalls. Plötzlich ein Ruf: »Kinder, wißt ihr, wo wir sind? Wir sind in Lettland!« Tatsächlich, Ortsbezeichnungen in Lettisch und Russisch. Sie fuhren an Riga vorbei, dann wechselte wieder die Sprache, sie waren in Litauen. Kein Zweifel, die Route führte über Ostpreußen, wo auf den Straßen russische Panzer fuhren, wo zerschossene Städte und von Unkraut überwucherte Felder zu sehen waren. Nichts war hier in den vergangenen acht Jahren getan worden. Auf einmal hielt der Zug in Tapiau, und die Waggontüren wurden aufgerissen: »Aussteigen!« Posten und Gewehre erwarteten sie, und der Natschalnik Konvoi sprach sie als Strafgefangene an. Die Kranken durften einen offenen Lkw besteigen, die übrigen formierten sich in Fünferreihen und wurden in das Tapiauer Gefängnis geführt, während unbewaffnete Soldaten einen Tisch herbeischleppten, an den Offiziere mit einem Stapel großer, versiegelter Umschläge traten – den Akten der Gefangenen – und nach dem russischen Alphabet dic Gefangenen aufriefen. Einer der Offiziere löste das Siegel, zog das Aktenstück heraus und verglich es mit den ihm gegebenen Antworten.

Als diese Zeremonie beendet war, wurde ihnen das weiße Steinhaus als Unterkunft zugewiesen. Das Erdgeschoß war für Mütter mit Kindern reserviert, im ersten Stockwerk durfte sich der Rest häuslich einrichten. In kleineren bis mittelgroßen, hellen Räumen waren zweistöckige, aber breite und saubere Metallbetten aufgestellt, auf denen strohgefüllte Matratzen lagen. Einzel- und Doppelbetten gab es, die durch ein richtiges Nachttischchen getrennt waren – und im Korridor befanden sich richtige Waschbecken mit Wasserhähnen. Die Soldaten verteilten an die Frauen weiße Laken, neue Decken und Bezüge für die Kopfpolster. Keine Tür wurde abgeschlossen, und im Garten befand sich ein richtiges Klosett.

In einem Raum saßen die Ostpreußinnen zusammen, schauten durch die Fenster in die Nacht hinaus und sangen hingebungsvoll das Ostpreußenlied.

Es verging Tag um Tag, und außer immer neuen Vermutungen ereignete sich nichts.

Neue Transporte mit Deutschen waren eingetroffen, aus allen Gegenden Rußlands und Sibiriens, und Familien und Kameraden aus den Gefängnisjahren fanden sich wieder. Alle waren sie am gleichen Tag, dem 16. Juni 1953, aufgerufen und auf die Reise geschickt worden. Längst reichte das Steinhaus im Frauenlager nicht mehr aus, die Böden und die Mühle wurden belegt und sogar Zelte im Freien aufgeschlagen. Über 300 Frauen und rund 1100 Männer befanden sich nun im Lager, zu deren Unterhaltung die russische Verwaltung ständig für Abwechslung sorgte. Gesangsgruppen wurden zusammengestellt, Konzerte und Theateraufführungen veranstaltet und Filme ununterbrochen gezeigt. Dazwischen hielt der Politoffizier Vorträge, um die Deutschen noch in letzter Minute zu schulen. Im Männerlager, das nur durch einen hohen Zaun von den Frauen getrennt war, war es nicht anders.

Noch nie war solches Leben in den Mauern dieses Gefängnisses gewesen, das im 13. Jahrhundert als Burg des Deutschen Ordens erbaut worden war und im 20. Jahrhundert derart degradiert wurde.

Auf Geheiß der Leitung trat ein Kulturrat in Aktion. Zunächst bestand er nur aus männlichen Gefangenen. Erst später wurden einige Frauen hinzugezogen, die sich aber bald wieder davonmachten, als sie merkten, woher der Wind wehte. Wer glaubte, daß der »Kulturrat« irgend etwas mit Kultur zu tun hatte – und insbesondere mit deutscher Kultur –, der irrte. Er sollte zu einem kommunistischen Instrument werden, das von den Sowjets gespielt wurde. An seiner Spitze standen ein paar Männer, die in den russischen Lagern gut spuren gelernt hatten. Von ihnen wurde erzählt, daß sie mit besonderem Auftrag nach Deutschland zurückkehrten. Es mußte wohl stimmen, denn sie stiegen später in der DDR schnell auf und waren von dort aus für die UdSSR in Westdeutschland aktiv. In dem Sammelpunkt Tapiau gaben sie eine Lagerzeitung heraus, die dermaßen die kommunistische Werbetrommel rührte, daß die russischen Offiziere mit der Arbeit eines solchen Kulturrats zufrieden sein konnten. – Sie wären es weniger gewesen, hätten sie die Wirkung auf die überwiegende Mehrzahl der Heimkehrer besser studiert. Sie, für die das ganze Theater inszeniert wurde, erkannten den Sirenengesang zu gut, um ihm zu erliegen. Heimliche Zirkel bildeten sich, die aufmerksam die Radionachrichten verfolgten, denn natürlich dröhnte auch hier tagaus, tagein ein primitiver Lautsprecher. Es waren zwar nur wenige sorgfältig zurechtfrisierte Nachrichten, aber die Hellhörigen vernahmen trotzdem, was verschwiegen werden sollte. Sie erfuhren vom 17. Juni 1953, dem Aufbruch der geknebelten Massen in der DDR, und es tat weh, nicht dabeigewesen zu sein. Sie erfuhren auch von der Verhaftung ihres Todfeindes Berija und seinem gewaltsamen Ende. Keiner von ihnen glaubte der Begründung, die die russische Nachrichtenzentrale in die Welt hinausposaunte. Berija, der geheime Komplize des westlichen Imperialismus? Es war zum Lachen! Die Machtkämpfe innerhalb des Kremls ließen sie die erneute Gefahr für die zurückgebliebenen

Gefangenen erkennen, zugleich aber auch die Unsicherheit ihrer eigenen Situation.

Der Sommer verging, und nichts rührte sich in ihrer Sache. Ausgehungert von dem jahrelangen Leiden, verlangten sie nach etwas Liebe und Wärme, und so kam, was kommen mußte. Die Männer überkletterten den trennenden Zaun zum Frauenlager und nahmen sich, was sie als ihr Recht wähnten. Nur ein Bruchteil war es, der dieser hemmungslosen Gier nachgab; doch da es sich notgedrungen in aller Öffentlichkeit abspielte, gaben sie den lüsternen Russen Grund genug zu der verächtlichen Bemerkung: »Deutsche Kultura!« Die Schuld an derartigen Vorkommnissen lag einzig und allein bei denjenigen, die gesunde Menschen zu immerwährender Askese zwangen. Die vielen Besonnenen aber mahnten zur Disziplin, und es war ihr Verdienst, daß ein durch die Unsicherheit geschürtes und gefährliches Feuer bis auf diese zahlenmäßig geringen Vorkommnisse gedämpft wurde.

Die Spannung griff auch auf die Wachmannschaften über. Ein anscheinend verrückt gewordener Posten schoß vom Wachturm aus mit seiner Maschinenpistole auf harmlose Deutsche, die mit ihrem Handtuch über dem Arm zum Wäscheständer gingen. Im gleichen Augenblick lag einer von ihnen blutüberströmt am Boden: Bauchschuß! Die Kameraden, die den Schwerverletzten zurücktragen wollten, wurden ebenfalls unter Beschuß genommen. Ein zweiter, ein dritter wurden getroffen. Im Nu war das gesamte Lager alarmiert. Die Frauen stürzten aus ihren Räumen in den Garten, Offiziere eilten herbei, und im Hof des Männerlagers wimmelte es von Deutschen. Ein Offizier versuchte, sich an den Posten heranzuschleichen, doch seine Mütze wurde von einer Kugel durchschossen. In rasender Eile schleppten einige Deutsche eine Feuerspritze heran und richteten von einer gesicherten Ecke aus den Schlauch auf den ständig schußbereiten Posten. Mit Hilfe dieses Manövers konnte sich der Offizier erneut unbemerkt bis zum Posten heranschleichen, ihm die MP aus dem Arm schlagen und den Wahnsinnigen festnehmen.

Unter den Deutschen herrschte eine beispiellose Aufregung, und trotzdem wurde eine eiserne Disziplin gewahrt. Der Tatbestand war unbestritten klar. Jeder einzelne war sich bewußt, daß durch keine Unbesonnenheit den Russen eine Handhabe gegen sie alle geboten werden durfte. In erregten Gesprächen unterhielten sich Männer und Frauen im Garten und diskutierten die Folgen dieses Ereignisses. Sie folgten widerspruchslos der Bitte des Offiziers, nun wieder den alten Zustand herbeizuführen. Die Deutschen selbst brachten das Tor wieder in Ordnung und schlossen es hinter sich wieder zu. Bei der nachfolgenden Priwerka aber stellten sie ihre Bedingungen: Sofortiges Erscheinen einer Moskauer Kommission, strenge Bestrafung des Postens, Entwaffnung und Zurückziehung sämtlicher Posten, bindende Erklärung der zuständigen Moskauer Kommission zur Frage der Heimkehr. Sie betonten, daß die Nerven der hier schon seit Monaten kampierenden Deutschen durch die Unsicherheit über ihr Schicksal derart überbelastet waren, daß keine Verantwortung mehr übernommen werden könne, wenn nicht endlich einmal von russischer Seite eine verbindliche Erklärung abgegeben werden würde.

Sie forderten weiter: Öffentliche Aufbahrung des ermordeten Kameraden, offizielle Totenfeier, danach Einäscherung seiner Leiche in Gegenwart von einigen Deutschen und die Mitnahme der sterblichen Überreste in einer Urne nach Deutschland, damit sie dort in Anwesenheit der Witwe auf einem Friedhof beigesetzt werden könne.

Der in die Zange genommene Major sicherte zu, alle aufgestellten Punkte zu erfüllen, und dankte für das disziplinierte Verhalten.

Im Oktober ging ein Raunen durch das Lager, denn die Akten wurden erneut geprüft. Tatsächlich sah man neue Offiziere, die schwere Bündel in die Kommandantur schleppten und Tag für Tag, Woche für Woche dort verblieben. Plötzlich aber, an einem Tag im November, wurden alle aufgefordert, sich unverzüglich in ihre Räume zu begeben. Dann wurde das Tor geschlossen, und die Frauen beobachteten vom Fenster aus den Hof des Männerbereiches, der ebenfalls vollkommen leer war. Auf einmal öffnete sich drüben die Tür, ein Deutscher trat mit seinem Bündel heraus und wartete. Ein zweiter, ein dritter, immer mehr folgten. Am Ende wurden sie durch den Garten der Frauen zum Tor hinausgeführt. Was hinter dem Tor mit ihnen geschah, konnten die Frauen nicht erkennen. Nun wurden die Türen des Steinhauses und der Mühle aufgeschlossen. Auch hier riefen Offiziere Frauennamen auf. Gespannt wartete Irmgard auf ihren Namen, doch sie war nicht dabei. Dafür befand sich unter den 18 Aufgerufenen die harmlose Ruth. Mit zitternden Händen packten sie ihre Sachen; auch eine Mutter war darunter, die in Sachsenhausen ein Kind entbunden hatte, mit dem sie nach Rußland verschleppt worden war, und das in einem Kinderheim verschwand, bis sie es hier in Tapiau wieder zurückbekam. Es war ein qualvoller Abschied. Für die anderen wurden die Haustüren wieder geöffnet, und das frühere Leben wurde fortgeführt, nur daß 100 Männer, 28 Frauen und ein Kind weniger unter ihnen waren. Im Lager aber wußte man, daß sie direkt in das Königsberger Gefängnis gebracht worden waren. Man wußte aber auch schon, daß sie dort nicht verbleiben würden, sondern nach Rußland zurückgebracht werden sollten.

Über die Mauer flogen mit Steinen beschwerte Zettelchen, Luftpost genannt. Sie enthielten Namen und Fragen.

Im Sommer waren sie hierhergebracht worden, und jetzt war es Winter, und sie waren noch immer da. In zwei Tagen würde wieder einmal Heiliger Abend sein. Die Frauen lagen auf ihren Betten, erzählten sich Geschichten oder träumten vor sich hin. Plötzlich wurden die Türen aufgerissen, und irgend jemand schrie: »Alle Sachen packen! In einer Stunde Matratzen, Decken, Kopfkissen abgeben! Morgen früh geht der Transport ab – nach Deutschland!«

In allen Räumen brach Jubel aus, und die Männer winkten mit ihren Händen herüber! Eine Trompete blies: »Wohlauf Kameraden, aufs Pferd, aufs Pferd – in den Kampf, in die Freiheit gezogen!«

Ein Tag vor Weihnachten! Zum letzten Mal in ihrem Leben wurden sie gefilzt. Mit leuchtenden Augen marschierten sie in Fünferreihen auf der Landstraße, und das Gepäck wurde ihnen nachgefahren, wie es sich für Freie geziemte.

Voll Freude und Übermut bestiegen sie die bereitstehenden, funkelnagelneuen Pullman-Güterwagen und warteten auf die ihnen folgenden Männer. Sie winkten sich zu, Scherzworte flogen hin und her, und die Wachmannschaft grinste von einem Ohr zum anderen, als der Zug abfuhr. Zurück aber blieb die alte Ordensburg, in der ein letztes Mal deutsche Laute und deutscher Sang erklungen waren. Mißhandelt und verlassen liegt ausgebreitet, aus tausend Wunden blutend deutsches, unvergessenes Land.

Früher einmal brauchten die Reisenden von Tapiau bis Berlin zehn oder zwölf Stunden, nicht mehr. Sie brauchten nicht umzusteigen und fuhren immer durch deutsches Land. Dann kam der Erste Weltkrieg, und der Polnische Korridor schob sich dazwischen. Die Reisenden wurden zwar eingeschlossen, aber sie mußten nicht aus dem Zug aussteigen. Bald hatten sie den Streifen passiert, und wieder rollte der Zug auf deutschem Boden. Nun aber, nach dem Zweiten Weltkrieg, war alles jenseits der Oder Polen, und von Ostpreußen, das jetzt zum Teil zu Rußland gehörte, führte kein direkter Weg mehr nach Deutschland. Für den Rußlandreisenden gab es nur eine Route, und die führte über Brest-Litowsk.

So rollte also an diesem 23. Dezember der Zug wieder zurück nach Litauen, bog ab nach Weißrußland und nahm dann erst die direkte Richtung nach Brest. Es war ein langer und umständlicher Weg, aber die Reisenden waren ohne Angst, da von einer Bewachung nichts mehr zu spüren war und die Züge in normalen Bahnhöfen hielten, wobei es ihnen gestattet war, auszusteigen, die Bahnhofstoiletten zu benützen oder sich etwas zu kaufen. Sie besuchten sich gegenseitig in den Waggons, und Freunde oder Brüder fuhren streckenweise in den Frauenwaggons mit. An Weihnachten brachte einer der Männer das Wunder fertig, die Spitze einer kleinen Fichte abzubrechen, die dann wie ein winziger Weihnachtsbaum auf dem Brettertisch inmitten des Waggons stand. Der Stumpf einer Kerze wurde hervorgezaubert, und als der Abend anbrach, brannte im rollenden Waggon ein kleines Licht. Um seinen flackernden Schein saßen in Gedanken versunkene Männer und Frauen mit seltsam verkrampften Gesichtern;

um sie herum war es feierlich still, und nur die Achsen des Zuges ratterten. Heiliger Abend, wahrhaftig Heiliger Abend. Das aufflackernde Licht beleuchtete ein gespenstisches Bild: Dort hatte jemand das Gesicht in den Händen vergraben, hier lehnte sich ein Kopf an die hölzerne Wand, andere starrten mit brennenden Augen auf den kleinen Weihnachtsbaum. Noch nie waren sie Gott näher gewesen als in dieser Stunde, und niemals wieder würden sie ihm so nahe sein wie an diesem Tag. Jedem einzelnen von ihnen war dies bewußt.

Als sie Weihnachtslieder sangen, schämte sich keiner seiner Tränen, weder Mann noch Frau. In keinem Dom der Welt konnte es feierlicher zugehen als hier in dem düsteren Waggon, in dem Totgeglaubte der Heimat entgegenrollten.

Sie ließen Brest-Litowsk, Kutno und Posen hinter sich und näherten sich immer mehr der deutschen Grenze. Am Tag standen sie an der offenen Tür und sahen über das weite, ebene Land.

Der Sohn eines Landwirts neben Irmgard beschrieb mit seiner Hand einen weiten Bogen: »Sehen Sie nur, wohin man auch immer blickt, verstepptes Land. Viel Schweiß und Mühe wird es kosten, um es wieder fruchtbar zu machen.« Sein bäuerliches Herz blutete bei diesem Anblick.

Es war der 27. Dezember. Nun mußten sie doch bald in Frankfurt/Oder sein. Sie fieberten förmlich der Grenze entgegen und dachten nicht daran, daß es die sowjetisch besetzte Zone war und was das bedeutete. Für sie war es Deutschland. Der Zug fuhr langsamer, denn es ging über die Oder. Sie faßten sich an den Händen und beteten.

Der Bahnsteig, auf dem sie in Frankfurt einfuhren, war wie leergefegt von Menschen. Einige Gestalten mit Armbinden gingen an dem Zug entlang, doch diese vermieden jeglichen Blickkontakt mit den Zuginsassen.

»Freundlich begrüßen sie uns nicht gerade«, konstatierte jemand. Nein, man konnte es wirklich nicht sagen, daß dies ein freundlicher Empfang war. Die ersten sprangen heraus, unter ihnen Irmgard, die direkt auf einen der männlichen Zivilisten mit

Armbinde zusteuerte: »Nun, freundlicher geht's wohl nimmer«, sagte sie ironisch.

Er sah sie entgeistert an, und dann stammelte er: »Ja, sind denn das alles Deutsche?«

»Was sonst? Natürlich sind das alles Deutsche, die aus dem Sowjetparadies heimkehren.«

Inzwischen war ein zweiter Zivilist herangetreten: »Mensch«, sagte der erste, »renn doch gleich mal in die Stadt, das sind ja alles unsere Leute.«

Inzwischen war auch die Bahnhofsmission in Aktion getreten und verteilte aus großen Kannen Kakao. »Milch nur für die Kinder«, rief die hilfsbereite Frau, und dennoch gab ein Mann voll Mitleid auch Irmgard einen Becher Milch. Vorn auf dem Bahnsteig spielte sogar eine Musikkapelle Weihnachtslieder für die Angekommenen, was aber von herbeieilenden Vopos unterbunden wurde. Als die Volkspolizei das Bild beherrschte, war auch die freundliche Helferin von der Bahnhofsmission verschwunden. Die ganze Ankunft war ein offensichtlicher Regiefehler. »Beim nächsten Transport klappt es besser«, sagte ein Heimkehrer laut, damit es die Vopo hören konnte. Das ganze Bahnhofsgelände wurde abgesperrt. Warum? »Natürlich, wir könnten hier ja gleich die russischen Wanzen einschleppen«, ironisierte ein anderer Heimkehrer die Lage.

Auf dem gegenüberliegenden Bahnsteig fuhr ein Zug mit leeren Waggons ein. Es wurde bekanntgegeben, daß alle diejenigen, die aus Westdeutschland waren, in diesen Zug einsteigen müßten. Eine Falle?

»Schnell, Frau Heintze, holen Sie Ihre Sachen und fahren Sie mit nach Westdeutschland!«

Irmgard schüttelte den Kopf: »Ich muß erst nach Hause, muß wissen, was dort los ist.«

»Aber das ist doch gefährlich für Sie, kommen Sie mit!« Doch wer konnte schon wissen, was im Moment gefährlicher war. So dampfte also der Güterzug mit den restlichen Heimkehrern nach Fürstenwalde weiter, wo die Heimkehrer wie unliebsame Fracht im Finstern auf dem Güterbahnhof ausgeladen wurden. Vollkommen übermüdet stolperten sie mit ihren Bündeln über Gleise in die zur Abfahrt bereiten Autobusse. Während der Fahrt nahmen sie an einer Straßenbiegung herandrängende Schatten wahr: Es war die Bevölkerung von Fürstenwalde, die von Vopos zurückgehalten wurde. Kein lauter Gruß wagte sich heraus. Die Heimkehrer begannen zu verstehen, was sie erwartete: Verbrecher wurden nicht begrüßt! Das Entlassungslager Fürstenwalde war dann aber doch besser, als man nach diesem Vorspiel erwarten durfte. Die den Frauen zugewiesene Baracke reichte platzmäßig zwar nicht ganz aus, aber man konnte sich ja die Betten teilen. Sie stürzten nach der tagelangen Fahrt in den Duschraum, um sich frischzumachen.

Danach ging es in die Speisebaracke; auf dem Weg dorthin kamen ihnen andere Heimkehrer entgegen, die Wurst, Butter und Brot bekommen hatten. Eine kleine Schlange war angetreten, die immer länger wurde, da die meisten erst jetzt von der Ausgabe erfuhren. Als Irmgard an der Reihe war, wurde ihr ein Paket ausgehändigt: »Für zehn Personen.« Irmgard zögerte. Zehn Personen, wie sollte sie diese zusammenbekommen? »Na, gehen Sie schon, Sie werden schon jemanden finden!«

»Frau Heintze, Frau Heintze, wo stecken Sie denn? Eine gute halbe Stunde hüte ich schon Ihre Suppenschüssel!«

»Und ich bringe Wurst, Butter und Brot für uns«, lachte Irmgard. Die Kameradin forderte sie jedoch auf, erst mal etwas Warmes zu essen, und beide löffelten ihre Nudelsuppe, die mit Fleisch gekocht und wirklich gut war.

»So, und jetzt der Nachtisch«, meinte sie etwas später. »Der ist aber für zehn Personen gedacht, wo nehmen wir die nur her?«

Die Kameradin dirigierte noch zwei Personen heran. »Für zehn ist es ohnehin zuwenig, aber für vier reicht es gerade«, meinte sie lachend. Im übrigen waren sie nicht die einzigen, die auf diese Weise die DDR schädigten. Bei der Abrechnung stellte sich später heraus, daß, wenn es nach den ausgegebenen Mengen gegangen wäre, etwa die doppelte Anzahl Heimkehrer hätte dasein müssen.

Als erste wurden die nach Berlin Fahrenden abgefertigt und etwas später danach diejenigen, die nicht wußten, wo ihre Angehörigen waren. Beide Gruppen wurden im Gegensatz zu denen, die in die Zone fuhren, eingekleidet. Die DDR ließ sich nicht lumpen. Um halb sechs in der Frühe konnte Irmgard ihren Entlassungsschein und 50 Ostmark in Empfang nehmen. Auf dem Entlassungsschein standen in der Spalte »Beruf« nur zwei Buchstaben: o. B. Auch darüber konnte man sich nicht mehr hinwegtäuschen.

Am Vormittag wurden schon die Männer eingekleidet. Frisch rasiert, mit richtigen Anzügen, Hemden und Krawatte waren sie kaum wiederzuerkennen. Nur die Frauen wurden noch nicht eingekleidet, da sich nämlich herausgestellt hatte, daß zurückkehrende Frauen dem Lager nicht gemeldet worden waren. So sausten die Wachen nun in Ostberlin herum, um die notwendige Kleidung zu beschaffen. Um drei Uhr nachmittags kam tatsächlich ein Lieferwagen heran, und eine Stunde später war Irmgard neu eingekleidet: kunstseidene Strümpfe, grüne Schweinslederschuhe, ein Kleid, dem man ansah, daß es ein Geschenk war, und ein Mantel, der viel zu groß war. Somit war man wieder Zivilist.

»Nun aber auf – nach Hause!« Die kleine Gruppe bestand aus zwei Frauen und sechs Männern, die alle in dieselbe Richtung wollten.

»Halt, wohin?« rief sie ein Vopo an.

»Zum Bahnhof, wohin denn sonst«, antwortete einer der Männer lakonisch.

»Das dürfen Sie nicht. Warten Sie, bis die anderen fertig sind, dann werden Sie alle geschlossen zu einem Sonderzug gebracht.«

»Was, das dürfen wir nicht?« Der Heimkehrer sah rot und fuhr fort: »Ich will Ihnen mal sagen: Wir sind keine Gefangenen mehr und brauchen keinen Vormund, verstanden?«

Die kleine Gruppe stiefelte los und wartete die Antwort des Uniformierten erst gar nicht mehr ab. Unangefochten gelangten sie zum Bahnhof. Tatsächlich, es gab noch immer einen Wartesaal erster und zweiter Klasse. Zum erstenmal konnten sie wieder etwas bestellen und es auch selbst bezahlen.

»Haben Sie Bohnenkaffee?« fragte Irmgard. »Gut, dann bringen Sie mir ein Kännchen.« – »Für uns auch«, wurde gerufen. »Und wenn Sie Bockwurst mit Kartoffelsalat haben, dann davon acht Portionen.«

Es waren bescheidene Wünsche, die sie hatten. Nur, als es an das Bezahlen ging, merkten Sie, daß der Preis enorm war. Die Kellnerin, die sofort erfaßt hatte, daß es sich um Heimkehrer handelte, klärte sie leise auf. Sie hörten zum erstenmal von der HO, von Lebensmittelkarten, die für höchstens 14 Tage reichten, von dem ganzen Elend, das in der Zone herrschte. Sie wußte, daß sie hier einmal sprechen durfte, und beschönigte daher nichts. Was aber hatten sie in Rußland immer gehört? Von dem ständigen Aufstieg in Ostdeutschland und dem hungernden Westdeutschland. Geglaubt hatte es keiner, aber auf so viel Elend war man nicht gefaßt. Strafgefangener zu sein war schwer. Aber es sollte nicht leichter werden, ein Zivilist zu sein.

Dann saßen sie wieder im Zug und fuhren in Richtung Heimat. Wo früher eine Hauptlinie war, konnte jetzt nur in Etappen gefahren werden. In einem Wartesaal mußten sie stundenlang herumsitzen, ehe sie weiterfahren konnten. Überall sahen sie Uniformen, die sie nicht kannten. Sie wurden nachdenklich und schweigsam. Erst in den Morgenstunden ging die Fahrt in einem überfüllten Arbeiterzug weiter. Nur sechs Männer und Irmgard hatten ein gemeinsames Endziel. Sie drückten sich in ein Abteil und schwiegen. Als sie der Heimat immer näher kamen, fühlte Irmgard das Zittern ihres Nachbarn. Ein anderer zog eine kleine Flasche Likör heraus, die er in Fürstenwalde gekauft hatte. Und als sie den ihnen allen gut bekannten Berg erblickten, erhoben sie sich mit einem Ruck. Irmgard wurde die Flasche gereicht mit dem Wort: »Kameradin!« Sie nahm einen kleinen Schluck daraus, den Blick unverwandt auf den Berg gerichtet. Auch die anderen tranken so. Es war keine Gier in der Bewegung, sondern hatte eher etwas Feierliches. Ein Begrüßungstrunk für die Heimat.

Sie stiegen aus und gingen in den Wartesaal. Keiner wollte zu so ungewohnt früher Stunde nach Hause. Sie bestellten sich Frühstück und brachten doch keinen Bissen mehr über die Lippen. Der Jüngste von ihnen sprang auf, zahlte und ging.

Alle diese Männer hatten härteste Torturen in langen Jahren ausgestanden. Jetzt aber wurden ihre Augen naß.

»Geht«, sagte Irmgard ruhig. »Ihr könnt mich ruhig alleine lassen.« Sie brauchte es sogar, dieses Alleinsein.

Sie saß noch eine halbe Stunde in dem Lokal. Dann stand sie auf, und der große, weißhaarige Ober brachte ihr den Mantel. »Ich verstehe, wie schwer es Ihnen heute fallen muß«, und er nannte Irmgard bei ihrem früheren Amtstitel. Vom ersten Menschen, dem sie in dieser Stadt begegnete, wurde sie bereits erkannt. Sie sah kaum die ehrfurchtsvolle Verbeugung des alten Mannes, dann trat sie auf die Straße hinaus. Es regnete. Jahreswende! Irmgard fröstelte.

XLIII.

In rasender Eile und dabei fast geräuschlos jagte der Rhein-Main-Expreß an dem westlichen Schicksalsstrom Deutschlands, dem Rhein, entlang. Bekannte Ortsnamen tauchten auf und verschwanden, kaum, daß die Reisenden sie mit den Augen erfassen konnten. Die Insassen dieses Zuges waren zumeist gutgekleidete Männer, denen man die Bedeutung ihrer Person ansah, die zudem noch unterstrichen wurde durch eine elegante Diplomatentasche. Viel bedeutsamer als die sonnendurchfluteten Weinberge mit ihren alten Burgen, den Zeugen einer einstigen glanzvollen Geschichte, und der glitzernde Strom war ihnen der Inhalt ihrer prachtvollen Taschen. Sie lehnten sich in ihren Sesseln zurück, zündeten sich gelangweilt Zigarren oder Zigaretten an und vertieften sich in ihre Dokumente. Einem diskret den Zug durcheilenden Kellner, der nicht minder vornehm wirkte, teilten sie, ohne aufzublicken, ihre Wünsche mit, die in Windeseile erfüllt wurden. Hier und da stand einer der Herren auf und begab sich in das geräumige und komfortabel ausgestattete Sekretärinnenabteil, um einen Brief zu diktieren oder ein Blitztelegramm aufzugeben. Ja, es war ein wahrhaft vornehmer Zug, und die, die in ihm reisten, waren bedeutende Männer.

In einem der Sessel am Fenster saß eine einfache, dunkel gekleidete Frau. Eigentlich paßte sie in ihrer sehr bescheidenen Aufmachung gar nicht in diesen Zug. Kein Make-up verdeckte die krankhafte Blässe des abgemagerten Gesichtes mit den tiefen Schatten unter den Augen. Auf ihren Händen, die wie leblos in ihrem Schoß lagen, traten die Adern hervor. Den Kopf an das Polster gelehnt, schaute sie zu dem Fenster hinaus, als müsse sie das an ihr vorüberfliegende Bild tief in sich aufnehmen. So still und in sich gekehrt war diese Frau, daß keiner der Mitreisenden ihre Anwesenheit bemerkte. Eine Kranke vielleicht oder eine ältere kleine Angestellte? Es lohnte sich nicht, darüber auch nur einen Moment nachzudenken. Es hätte diese gepflegten Herren auch nicht im geringsten interessiert, wenn sie gewußt hätten, daß es sich bei ihr um eine Spätheimkehrerin handelte, die kostbare Jahre als politische Gefangene in einer Wüste verbracht hatte, weil sie an ein freies Deutschland geglaubt hatte und wider jedes verständliche Recht sein Opfer geworden war. Eine Fanatikerin! Sie waren stolz auf das deutsche Wirtschaftswunder, an dem sie teilhatten und von dem sie auch profitieren wollten. Sie hätten hell aufgelacht, hätten sie die Gedanken hinter der Stirn ihrer Mitreisenden lesen können, die sich mit der bedenklich knisternden Grundlage des vielbeneideten und vielbestaunten deutschen Wirtschaftswunders beschäftigten. Es waren schwere und trübe Gedanken, die sich die Spätheimkehrerin machte.

Sie war zunächst hinter dem Eisernen Vorhang gewesen und hatte in den wenigen Tagen ihres heimlichen Aufenthaltes das ganze Elend und den sich ständig verstärkenden Druck gesehen, der alles und alle bedrohte, die deutsch fühlten und handelten. Dort waren die Menschen der Willkür und der Gewalt ausgeliefert, die es aber noch nicht vermocht hatte, Begriffe wie Treue, Freiheit, Ehre und Vaterland niederzuknüppeln. Dort schwelte in vielen Gesprächen eine Glut, die von einem heiligen Ernst genährt wurde. Dort war man noch bereit, das Leben einzusetzen für Menschlichkeit und Menschenwürde, die man im Begriff zu verlieren war. Dort wartete man nur auf das Signal des freien Westens, der doch schon einmal stumm geblieben war, als sich die Wehrlosen erhoben hatten, um die Knechtschaft abzuschütteln. Sie, die ohne Waffen waren, hatten mit ihrem Wissen Waffen geschmiedet, die unblutiger, aber wirksamer als Wasserstoffbomben waren. Nicht um den höheren Lebensstandard ging es ihnen, sondern um die Freiheit, die nur der kannte, der sie verloren hat.

Die Spätheimkehrerin Irmgard Heintze erfuhr bei ihrer Heimkehr, die ganze Tragödie ihres persönlichen Schicksals. Sie kniete an Gräbern, die sich für immer geschlossen hatten. Nichts besaß sie mehr als ein fragwürdiges Leben. Sie hätte daran zerbrechen müssen, wenn ihr nicht die leidvolle und erhabene Größe der gekreuzigten Heimat begegnet wäre. Das nahm sie als unsichtbaren Besitz mit auf ihre Flucht in den freien Westen, die unvermeidlich war.

Auch Irmgard Heintze hatte die Freiheitsglocke in Friedland geläutet. Auch ihr hatten die Worte gegolten, die allen Heimkehrern Frieden und Geborgenheit versprachen. Irgendwo, so glaubte sie wie alle Heimkehrer, würde das Fleckchen Erde sein, auf dem sie säen und ernten konnte, was unter Leid und Qual in langen Jahren gekeimt und zum Licht gedrängt hatte. Sie brauchte nur so wenig Platz.

Nun also saß sie hier im Rhein-Main-Expreß. Von ihrem Fenster aus sah sie den Strom, der seines Weges sicher war. Wie oft hatte sie nun schon in einem Zug gesessen, um da und dort vorzusprechen. Wie oft hatte sie schon an Türen geklopft. Als Gast war sie empfangen worden, und als Gast war sie wieder gegangen. In den Jahren, da man sie für tot gehalten hatte, hatte sich die kleine Lücke, die sie hinterlassen hatte, wieder fest geschlossen, jeder Platz war besetzt von denen, die zur rechten Zeit zur Stelle waren. Spätheimkehrer – Zuspätgekommene! Wie hatte man ihr erst neulich gesagt: »Mit einer Geschichte von Schicksal und Not lockt man in Westdeutschland keinen Hund mehr hinter dem Ofen hervor! Das haben wir gründlich satt! Sie müssen sich Verbindungen schaffen! Denken Sie doch endlich einmal an die Brötchen!« Die Worte klangen noch in ihrem Ohr, als sie durch die hell erleuchtete Straße mit ihren prunkvollen Auslagen ging. Straßenkreuzer, ausländische Delikatessen, kostbare Pelze, Gold, Silber, überall ein Funkeln und Glitzern, alles in Hülle und Fülle. Ein Seitenspiegel in einem Schaufenster gab die vorbeiflutenden Menschen wieder. Sie sah sich selbst darunter, sah ihre eigene Armseligkeit inmitten der selbstgefälligen, eleganten Menschen, die an nichts anderes zu denken schienen als an Geld, das sich erjagen ließe. Wie gebannt blieb sie stehen und starrte auf das Bild. Ärgerlich stießen die Menschen sie an, doch sie merkte es nicht einmal. Hinter dieser besessenen Menge tauchten schemenhaft andere Gestalten auf, ein ganzes Heer grau in grau, mit Nummern auf den Kleiderfetzen, mit müden und eingesunkenen Gesichtern, in denen nur die Augen lebten. Niemand außer ihr, der Heimgekehrten, konnte die sehen, die da warteten, daß sie endlich erlöst würden. Heiß quoll es in Irmgards Augen. Was war Deutschland heute? 50 Millionen im Westen, 20 Millionen im Osten – Zahlen. Als sie wieder hinsah, war das graue Heer verschwunden. Was blieb, war eine Elendsgestalt, eine aus dem grauen Heer! Eine unbändige Lust erfüllte sie, mit der Faust dieses Spiegelbild zu zertrümmern. Sie hätte es dem Bürgermeister, den Anwälten, den Regierungsvertretern, dem Fleischer, jedem kleinen Jungen, der ganzen Stadt ins Gesicht schreien mögen – und das nennt ihr Freiheit!

Die, die zurückkehrten, gaben der freien Welt ein fast unlösbares Rätsel auf. »Man müßte wie Leonhardt in Wilhelm Raabes ›Abu Telfan‹ bei seiner Rückkehr eine Katzenmühle haben, in die man sich flüchten und von den großen Gewittern des Lebens wieder auskurieren könnte«, dachte Irmgard wehmütig. »Was wir brauchen, sind nicht Worte, sondern Güte und Wärme von Mensch zu Mensch, dann erst hätte das Geläut der Freiheitsglocke einen Sinn. Erst wenn das deutsche Wunder alles einschließen sollte, habt ihr das Recht, davon zu sprechen. Noch waren es wenige, die zurückkehren durften, aber es würde der Tag kommen, da ein vergessenes Heer von Menschen zurückfluten würde. Sie würden sich vielleicht am Anfang täuschen lassen wie wir, aber sie würden sehend werden und dann Rechenschaft fordern. Wie werdet ihr dann bestehen können? Wer die Zellen kennt – drei Schritte vorwärts und drei zurück –, weiß, daß der Gefangene ein harter Gläubiger ist.« Irmgard wurde bange bei diesem Gedanken.

So irrte Irmgard Heintze hierhin und dorthin, bis sie ein Telegramm erreichte. Beate, das Töchterchen der Kameradin, brauchte sie. Aufgabe und Ziel zeigten sich an. Sie war schwer, diese Aufgabe, Irmgard wußte es, und sie hatte nichts mitzubringen in die Kinderstube als ein tapferes Herz und ihre Kameradschaft. Aber es genügte, um einem wachsenden Leben wieder Geborgenheit zu geben und damit selbst geborgen sein. Zärtlich hing das Kind an Irmgards Hals. »Tante, woran denkst du jetzt? Du darfst nicht traurig sein.«

»Nein, ich bin nicht traurig, denn ich habe ja dich!«

Vergnügt und befriedigt spielte Beate weiter. Sie wußte an so viel Fröhliches zu denken, und Beates Lachen überholte die Stimme Leonhardts: »Wenn ihr wüßtet, was ich weiß, ihr würdet sehr viel weinen und nur wenig lachen!«

Anhang

Organisationsstruktur der Regime- oder Speziallager in der UdSSR

Zentrale Verwaltung Dubrawlag MWD in Moskau
unter der Leitung eines Generals

Operationsbeauftragter MWD
(Operupolnemotschenij MWD):
zuständig für kriminelle
Delikte und Verstöße
gegen die Lagerordnung

Spezialabteilung
(Spez-Otdjel):
zuständig für die
Verwaltung der
Akten

KB 4
(Kultursektor)

Operationsbeauftragter MGB
(Operupolnemotschenij MGB):
zuständig für
politische Delikte

Der Distrikt Potjma unterstand dem MWD der Mordwinischen ASSR, befand sich südöstlich von Moskau Richtung Kesan in den Wolgasümpfen und hatte 21 Lager.

Die russische Bezeichnung für Speziallager:
Dubrawlag MWD UdSSR

Von den 21 Lagern im **Distrikt Potjma** sind bekannt:

Lager 18:	war Quarantäne- und Durchgangslager, unweit der Bahnstation Potjma gelegen
Lager 1:	Frauenlager, Schneiderei
Lager 3:	ca. 300 Frauen (Landwirtschaft)
Lager 4:	für straffällige ehemalige Partei- und MWD-Kader; ca. vier bis fünf kleine Baracken, nahe der Bahnstrecke gelegen
Lager 5:	Männerlager; Herstellung von Schachfiguren, -brettern, Gehäusen für Fernsehgeräte
Lager 6:	ca. 2500 Frauen; Schneiderei und Torfabbau
Lager 7:	Männerlager
Lager 8:	Invalidenlager für Männer
Lager 10:	Frauenlager (Landwirtschaft)
Lager 11:	sogenanntes Zentrallager, bei der Ortschaft Jawas gelegen; Männerlager

Lagernummer unbekannt: Zentralkrankenhaus

Struktur eines sowjetischen Speziallagers (Dubrawlag)

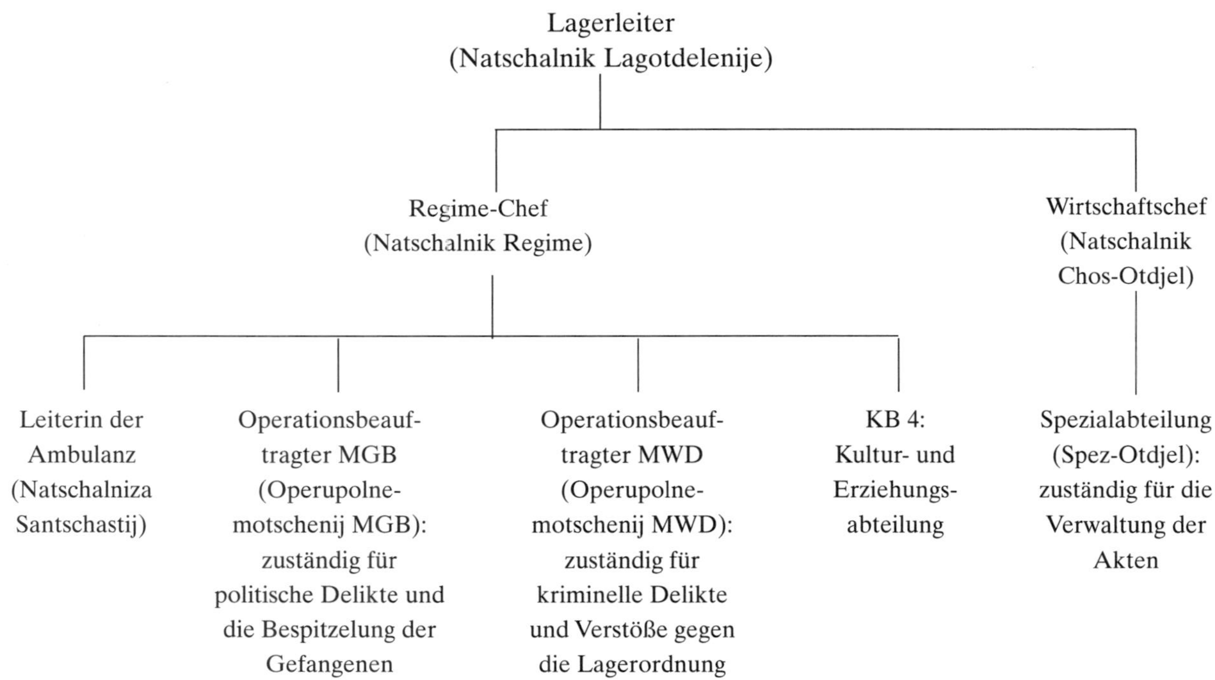

Glossar

Adboj	Zapfenstreich
Banja	Badestube
Blatnoi	Kriminelle
Bosche moi!	Mein Gott!
Buschlat	längere Wattejacke
Charascho!	Gut!
Dejurny	Diensthabender
Druschki	Holzschindel zum Dachdecken
Dujewalna	Kalfaktorin für Ordnung in der Baracke
Germanski	Deutsch
Jaswo?	Verstanden?
Kak Familia?	Wie heißen Sie?
Kaptjorka	Aufbewahrungskammer für Effekten und Pakete
Kascha	Brei
Komissja	Kommission
Konver	Brigade in der Schneiderei
Konvoi	Begleitkommando
Kruschka, Kruschki	Becher
Lubjanka	Gefängnis in Moskau
Lutsche	Besser
Maika	Turnhemd
Moneschka, Monaschki	weltliche Nonne(n)
Moschna	Kann man, kann ich
MWD	früher NKWD
Nare	Doppelstöckige Pritsche aus Holz
Narjadschidza	Arbeitseinteilerin
Natschalnik	Chef
Natschalnik Base	Chef der Schneiderei
Natschalnik Konvoi	Chef des Begleitkommandos

Natschalnik Lager	Chef des Lagers
Natschalnik Regime	Chef zuständig für Ordnung
Natschalnik Spez.	Chef zuständig für Verwaltung der Akten
Natschalniza	weiblicher Chef
Natschalniza Santschastj	Chefin der Ambulanz
Natschalniza Stationar	Chefin der Krankenstation
Natschalsta	Leitung
Nitschewo	Gar nichts, macht nichts
Njemka, Njemki (plur.)	Deutsche
Obschtje Lager	allgemeine Arbeitslager
Otchen charascho!	Sehr gut!
Parasch	Kübel für die Notdurft
Peresilka	Durchgangsgefängnis, Durchgangslager
Podjom	Wecken
Prijom	Empfang beim Arzt
Prostitutka	Prostituierte
Prowerka	Zählappell
Rabota!	Arbeite!
Raswod	Sammeln zum Abrücken zur Arbeit
Sakljutschonije	Strafgefangene
Sakljutschonych dlja	Strafgefangenenlager
Sapretka	verbotene Zone innerhalb des Lagerzauns
Schmon	Filzung, Durchsuchung
Srok	Strafmaß
Starosta	Barackenälteste
Stachanowski	Bestarbeiter(in)
Stolowaja	Eßsaal
Stolypinskiwagen	Eisenbahnwaggon zum Transport von Häftlingen
Tak	So!
Tatschka	Schubkarre
Telekrejka	kurze Wattejacke
Towarischtsch	Genosse
Tschai	Tee
Tschapka	Pelzmütze mit Ohrenschützern
Tumbotschka	Nachtschränkchen mit zwei Fächern